大学语文新编

DAXUE YUWEN XINBIAN

谢卫平 主编

高等教育出版社·北京

内容提要

本书通过对文学、写作和口才知识的系统阐述，让学生了解我国文学从古到今的发展脉络，了解著名作家及其作品的基本思想倾向和艺术风格，熟悉常见应用文文种的格式和写法，掌握生活中口语交际的艺术，以满足未来诸如行政管理、企业经营、文化教育等实际工作的需要。总之，一切以实用为前提。

高等院校讲授大学语文课程的教师在教学中可以结合专业特点，从本书中选择内容讲授。本书还可供企事业单位员工学习参考。

图书在版编目（CIP）数据

大学语文新编 / 谢卫平主编. -- 北京 : 高等教育出版社，2022.1（2025.2重印）
ISBN 978-7-04-057624-5

Ⅰ. ①大… Ⅱ. ①谢… Ⅲ. ①大学语文课－高等学校－教材 Ⅳ. ①H193.9

中国版本图书馆CIP数据核字（2022）第007821号

策划编辑 吴佳宁　　责任编辑 吴佳宁　　封面设计 张　楠　　版式设计 杨　树
插图绘制 于　博　　责任校对 高　歌　　责任印制 高　峰

出版发行 高等教育出版社
社　　址 北京市西城区德外大街 4 号
邮政编码 100120
印　　刷 固安县铭成印刷有限公司
开　　本 787 mm× 1092 mm　1/16
印　　张 18.75
字　　数 400 千字
购书热线 010-58581118
咨询电话 400-810-0598

网　　址 http://www.hep.edu.cn
　　　　 http://www.hep.com.cn
网上订购 http://www.hepmall.com.cn
　　　　 http://www.hepmall.com
　　　　 http://www.hepmall.cn
版　　次 2022 年 1 月第 1 版
印　　次 2025 年 2 月第 5 次印刷
定　　价 35.80 元

物 料 号　57624-00

编委会名单

主　编　谢卫平

副主编　杨　妍　唐林轩　黄柏青

参　编　刘　晖　梁　兰　熊龙英
李珍辉　刘奇玉　谭小明
戴　静　赵　琳

前　言

中共中央办公厅、国务院办公厅印发的《加快推进教育现代化实施方案(2018—2022)》指出，实施新时代立德树人工程要“以树人为核心，以立德为根本，发展素质教育，注重培养思想品德、基本素质、基础知识、基本能力，培养德智体美劳全面发展的社会主义建设者和接班人”。《中国教育现代化2035》也强调，推进中国教育现代化要“更加注重全面发展。大力发展素质教育，促进德育、智育、体育、美育和劳动教育有机融合，全面提升学生的综合素质”。为加快推进教育现代化，我国高校正在加快教育改革和发展步伐，大力落实立德树人根本任务，积极推进素质教育。大学语文是提高大学生综合素质的重要课程，开设大学语文课程适应了以树人为核心、全面实施素质教育的时代要求。

大学语文的教学目的是帮助非中文专业大学生系统地掌握语言文学知识，学习中华优秀传统文化，提升思想品质、思维能力、创新精神等综合素质，同时提高书面和口头表达能力，培育担当民族复兴大任的时代新人。因此我们认为，大学语文教材应该坚持“育人为本，德育为先”的理念，紧紧围绕立德树人的根本任务，弘扬社会主义核心价值观，力求以德育人、以文化人，充分发挥文质兼美的名篇佳作的价值导向功能和育人功能，彰显中华优秀传统文化的独特魅力和时代价值，引导学生厚植家国情怀、坚定文化自信、激发使命担当、践行社会责任。

目前，全国各大高校都开设了大学语文课程，且积累了比较丰富的教育教学经验，但大学语文教学仍存在着许多问题，最大的问题在于这门课程所包含的内容非常丰富，而教师的授课时数及学生的学习时间都极为有限。如何在有限的时间里达到大学语文的教学目的，是大学语文教学成功的关键。从目前的情况来看，大多数的大学语文教材，侧重于名篇佳作的阅读、鉴赏，这对于提高学生的欣赏水平固然有好处，但作为一门文化素质课程，仅止于此还远远不够。正是基于这一点，我们对大学语文的内容进行了重新建构，决定编写这本教材。

本教材力图融知识、能力、素质于一体，通过对文学、写作和口才知识的系统阐述，让学生了解我国文学从古到今的发展脉络，了解著名作家及其作品的基本思想倾向和艺术风格，熟悉常见应用文文种的格式和写法，掌握生活中常用的口语交际艺术，引导学生丰富语文素养、发展个性、提高综合素质，以满足未来社会发展对复合型人才的需要。在内容上，本教材分为文学、写作和口才三大板块。“文学篇”分为先秦、汉魏六朝、隋唐五代、宋辽金、元明清、现当代文学六章内容，以典范性和人文艺术价值作为遴选作品的原则。“写作篇”介绍了党政机关公文、企事业单位事务文书、经济管理文书、科技应用文等常用文体的体例、特点及基本写法，着眼于提高学生的写作能力。“口才篇”结合学生的实际需要，分为话说口才、称呼与介绍的艺术、演讲的技巧、论辩的才能和主持人的语言艺术等五章内容，选取了既有理论性又便于学生实际运用的内容。

本教材主编为湖南工程学院谢卫平老师，副主编为湖南工程学院杨妍、唐林轩老师和长沙学院黄柏青老师，参加编写的其他老师有：湖南工程学院刘晖、梁兰、熊龙英、谭小明、戴静、李珍辉，湖南科技大学刘奇玉，黑龙江大学赵琳。

本教材在编写过程中，参阅了大量的文献与著作，辑录了多种报刊和网络的例文和资料，其中有些已在参考文献中列出，有些未注明，敬请有关作者见谅，谨在此一并表示深切的谢意。本教材的编写还得到了众多专家学者的指导，在此特别致谢：中国社会科学院文学研究所陶文鹏先生，北京大学张剑教授，湘潭大学季水河教授、徐炼教授，湖南科技大学王友胜教授、吴广平教授，湖南工业大学范进军教授。对这些专家学者严谨的治学态度、无私的关心和帮助，编写者表示由衷的敬佩和感谢！由于编者水平有限，书中难免会出现各种不足之处，敬请读者批评指正。

编者

2021 年 8 月

目　录

文　学　篇

写　作　篇

口　才　篇

文　学　篇

第一章　先秦文学

第一节　先秦文学概述

中华民族有着5 000多年的文明史，文学史也源远流长。按照中国文学史分期，秦代及其以前的文学统称为先秦文学。

在文字产生之前，文学以口头创作的形式出现，并且在流传的过程中不断得到修改和加工，成为集体创作。神话和歌谣就是两种最古老的文学形式。

神话是远古时期的人类在幻想中对自然界和社会现象做出的具有艺术意味的描述和解释。由于当时生产力水平低下，先民在自然力量面前无能为力，便在想象中把一切自然力加以形象化和人格化，按照自己心目中的英雄人物形象，创造了许多神话故事。所以，神话尽管充满幻想和虚构，但深深植根在现实生活的土壤之中，充满艺术魅力。我国古代的神话资源十分丰富，但由于时代久远，记载和流传下来的较少，《山海经》《穆天子传》《楚辞》《淮南子》等古籍中保存了零星的片段，如盘古开天地、鲧禹治水、后羿射日、夸父逐日等。这些神话片段充分反映了我们的祖先要求改变现实的强烈愿望、顽强的斗争精神和对自身的坚定信念，体现了他们在和自然界斗争时所积累的经验和智慧。这些不但成为我国古代文化的最早源头，更影响到整个中华民族精神的形成。

古代歌谣主要保存在我国现存第一部诗歌总集《诗经》中。《诗经》原名为《诗》，编录了西周至春秋中叶500多年中流传和创作的民歌和文人作品，共305篇。这些诗在当时都是可以合乐歌唱的，分风、雅、颂三个部分。风是带有地方色彩的音乐，包括十五国风，有160篇；雅分小雅、大雅，是周王朝直接统治地区的音乐，共105篇；颂分周颂、商颂和鲁颂，是一种宗庙祭祀用的音乐，共40篇。孔子十分重视诗歌的作用，曾经做过《诗》的整理工作，并用它来教育自己的弟子。汉武帝时儒学定于一尊，《诗》被尊为“经”，称为《诗经》。当时传授《诗经》的有鲁、齐、韩、毛四家，前三家失传，只有“毛诗”流传了下来，这就是今天我们所看到的《诗经》。

《诗经》中文学价值最高的是十五国风，它从各个方面生动而真实地反映了当时丰富复杂的社会生活，包括人们的生存状态、生活处境、风俗习惯、恋爱婚姻等。国风中的诗歌大部分是抒情诗，通过抒写主人公的直接倾诉，表现了他们的欢乐和悲哀，反映出人物复杂的内心世界和不同的性格特征；它们以生动简朴的语言描摹事物，以朴素的生活画面反映社会现实，奠定了中国古代文学创作写实的优良传统。国风中大量使用赋、比、兴的表现手法，采用回环反复的重章结构，多数为四言一句，隔句用韵，普遍使用叠音词和双声叠韵词，这些对当时的文人和后世的文学创作产生了巨大而深远的影响。

随着文字发明并在社会实际生活中被广泛应用，散文逐渐发展起来。先秦散文主要可以分为两大类：历史散文和诸子散文。

西周以前，“学在官府”，文字主要由极少数担任巫师兼史官的人掌握。先秦的史籍可以分为记言和记事两类。殷商时期的甲骨卜辞是记叙散文的雏形。《尚书》是中国古代第一部以记言为主的散文总集。《尚书》就是上古之书，相传为孔子所编，汇集了虞、夏、商、周四代的重要历史文献。秦始皇焚书坑儒后，这部书一度亡佚。到了汉代，便有今、古文之分。今文《尚书》是汉初经师用当时通行的隶书写下的；汉代在孔子旧居墙壁中发现的《尚书》是用古文字书写的，所以称为古文《尚书》。流传下来的《尚书》是古文《尚书》，58 篇中只有 33 篇为今古文本所共有，其余的是魏晋人的伪造。

《春秋》所记起于鲁隐公元年（前 722 年），终于鲁哀公十四年（前 481 年），共 242 年。它极简括地记载了春秋时期周王朝、鲁国及其他各国的事件。相传《春秋》经过孔子的修订，虽然记事十分简略，但仍体现了尊王攘夷、正名定分、维护周王朝“大一统”局面的思想，这就是所谓的“春秋笔法”和“微言大义”。

战国时期，史传散文的写作有了长足的进步，最具代表性的著作是《左传》《国语》和《战国策》。

《左传》是《左氏春秋传》的简称，相传是鲁国的史官左丘明所作。“传”是古代注释的一种体式。由于《春秋》文句简短、措辞隐晦，后人在传习它时往往加以解说和补充，称为“传”。解说《春秋》的除《左传》以外，还有《公羊传》和《穀梁传》，三者合称为“春秋三传”。《左传》记事终于鲁哀公二十七年（前 468 年），比《春秋》多 13 年。它详细记载了许多历史事件的本末及相关的佚闻琐事，广泛涉及春秋列国的政治、军事、外交活动，也记载了天道、鬼神、灾祥、卜筮等作者认为可资劝戒之事，内容丰富多彩。《左传》揭露了统治者的残暴与荒淫，宣扬了民本思想，讴歌了爱国主义，但也宣扬了宗法伦理思想、正统等级观念和宗教迷信。《左传》重视对事件起因、过程和结局的完整记述，叙事生动，特别善于描写战争的场面，善于通过细节和对话来刻画人物，表现人物性格。它的叙事传统和语言艺术对后世的史传文学、叙事散文和小说创作有着深远的影响。

《国语》是记载公元前 10 世纪至前 5 世纪周王朝和诸侯各国史事的一部国别体史书，起于周穆王，终于鲁悼公，以记言为主，所以名为《国语》。司马迁认为此书是左丘明所作，但其实际上大约出自战国初期史家之手。比起《左传》来，《国语》的思想性和艺术性都较为逊色，但记言或生动有趣，或婉而多讽，有自己的特色。

《战国策》是秦汉间人杂采各国史料编纂而成，后经西汉刘向重加整理并确定书名。《战国策》记录了战国时代约240年中谋臣策士合纵连横、纵横捭阖的政治活动和有关言辞。《战国策》中的人物形象复杂，既有蔑视王侯、排难解纷而无所取的"义侠"之士，也有朝秦暮楚、追求功名富贵的利己主义者。他们共同的特点是长于分析形势和各种利害关系，辩辞铺张扬厉、气势充沛，并且大量运用生动的比喻和寓言来增强说服力。《战国策》的记事也善于铺张渲染，而又细腻传神，如苏秦失意的颓丧与得意的忘形，鲁仲连的倜傥奇伟、慷慨慕义，荆轲的慷慨悲壮、沉毅勇决，都给读者留下鲜明的印象。这标志着叙事散文语言发展达到了新的高度。

春秋战国是社会大变革的时代，王室凌夷，诸侯争霸，士阶层兴起，学术由官府向下层转移。新兴的士以学者或政治家的面目出现，讲学授徒、著书立说。百家争鸣，推动了这一时期说理散文的蓬勃发展。先秦诸子散文早期有《论语》《墨子》等，中期有《孟子》《庄子》等，晚期有《荀子》《韩非子》等，语言风格由质朴简约发展到或宽厚弘博，或恢诡恣肆，或简洁严谨，或犀利峻刻，形成了百花齐放的局面。

《论语》是一部由孔子门人及其再传弟子记录孔子言行的语录体散文著作，全书共20篇，每篇分若干节，以简短的谈话或问答来反映孔子以"仁"为中心的政治思想与各种学术观点。《论语》语言简练，寓意深远，风格雍容和顺、含蓄迂徐，能在简单的对话和描述中展示人物性格，不少话语成为格言和成语，流传至今。

《墨子》是墨家学派著作的总汇，现存53篇，既反映了学派创始人墨翟的思想，也记述了墨子弟子的言行。《墨子》的文章语言质朴，较少文学色彩，有的还保存了语录和对话的形式，但善于运用事例进行说理，从具体到抽象，逻辑性很强。《墨子》涉及的学术领域广泛，其中墨家后期学者的科学著作有较高的学术价值。

《孟子》记载战国时期儒家学派代表人物孟轲的言行，是一部由若干篇对话组成的论辩著作。全书被编订为七章，每章又分上、下。孟子的思想以"仁义"为核心，强调以民为本，施行"王道"。其散文的特点是气势充沛，感情强烈，笔带锋芒，有纵横家的气概；在辩论的开展中善设机巧，引人入彀，先纵后擒；对话语言接近口语，语气逼真，生动有趣，常常用形象的比喻、寓言来叙事说理。

《庄子》是道家学派的著作，今存33篇，其中内篇7篇相传为庄周所作，外篇和杂篇出自庄子的后学。庄子继承并发展了道家学派创始人老子的哲学，强调世界上一切事物的区别是相对的，主张顺应自然，清静无为，力图在乱世中保持人格的独立和精神的自由。《庄子》的散文善于设譬取喻，采用大量的寓言来阐述自己的哲学观点和政治思想，进行论辩，想象恢诡奇幻、形象生动，具有浓厚的文学色彩；而且构思奇特，变幻莫测，有时如风行水上自然成文，有时似万斛泉源喷薄而出，有时则汪洋恣肆、妙趣横生，不仅在先秦散文中独树一帜，而且即使后世的散文也罕有其匹。

《荀子》是战国后期儒家代表人物荀况的著作，全书32篇。荀子兼"法后王"与"法先王"，亦尚霸道，不信天命而强调人事，政治主张与孟子有显著的差异。荀子学问博通，涉猎甚广，他的散文长于辩论，思想深邃，说理透辟，逻辑严密，句法整练，比喻迭出，词采缤纷。其中韵散结合的《赋》篇开后世赋体文学的先河。

《韩非子》是战国后期法家代表人物韩非的著作。全书55篇，主要针对现实问题而发，研究君主如何运用法、术、势的各种手段进行统治，达到富国强兵的目的。韩非的散文议论透辟，逻辑严密，语言犀利，风格冷峻，既有极强的分析性，又以大量的寓言故事和历史事实为论据，是先秦说理散文论辩艺术的集大成者。其中许多寓言故事至今仍脍炙人口，流传不衰。

战国时期，在楚国出现了一种新的诗歌形式——楚辞。它以个人为创作主体，突破了以四言为主的诗歌形式，创造了一种句法参差的新诗体，书楚语、作楚声、记楚地、名楚物，具有鲜明的地方特点和浓郁的抒情色彩。汉代的刘向和王逸将楚辞作品编集在一起，定名为《楚辞》。《楚辞》与《诗经》成为先秦诗歌中的双璧，代表了中国古典诗歌浪漫主义与现实主义的两大源头。又因为《楚辞》以屈原的《离骚》为代表作，所以后世常以"诗骚"或"风骚"并称《诗经》与《楚辞》。

楚辞的代表作家屈原是一位伟大的爱国主义诗人，他处在社会急剧变化的时代，怀有进步的政治理想，一心为楚国的强大而努力，但因受猜疑而长期遭放逐，写下了许多抒发忧愤、表达爱国理想的诗篇，其中《离骚》是中国古典文学中最长的抒情诗，是光耀千古的杰作。除《离骚》外，屈原还有《九章》(9首)、《九歌》(11篇)、《天问》等作品。屈原诗歌创作中的爱国主义精神以及浪漫主义的创作方法滋养了一代又一代的作家，与屈原同时的重要作家还有宋玉，文学史上常以"屈宋"并称。宋玉的《九辩》开创了中国文学的悲秋传统，其他作品在文学史上也有深远的影响。

第二节 作品选

东山

《诗经》

在内容上，《诗经》从各个方面表现了当时的社会生活，包括周代的政治经济状况、意识形态和风俗习尚等。其中不少民间创作还深刻揭露了统治者的残暴和丑恶行为，反映了下层人民所遭受的痛苦。在艺术上，《诗经》以四言为主，常用重章叠句，语言朴素优美，韵律和谐，并广泛运用赋、比、兴的表现手法。其中不少优秀篇章极富艺术感染力，对后代文学产生了深远的影响。

我徂东山[1]，慆慆不归[2]。我来自东，零雨其濛。我东曰归，我心西悲[3]。
制彼裳衣，勿士行枚[4]。蜎蜎者蠋[5]，烝在桑野[6]。敦彼独宿[7]，亦在车下[8]。
我徂东山，慆慆不归。我来自东，零雨其濛。果赢之实，亦施于宇[9]。
伊威在室[10]，蠨蛸在户[11]。町畽鹿场，熠燿宵行[12]。不可畏也，伊可怀也[13]。
我徂东山，慆慆不归。我来自东，零雨其濛。鹳鸣于垤[14]，妇叹于室。
洒扫穹窒[15]，我征聿至[16]。有敦瓜苦，烝在栗薪[17]。自我不见，于今三年。

我徂东山，慆慆不归。我来自东，零雨其濛。仓庚于飞，熠燿其羽[18]。

之子于归，皇驳其马[19]。亲结其缡，九十其仪[20]。其新孔嘉，其旧如之何[21]？

（选自《先秦诗鉴赏辞典》，上海辞书出版社，1998 年版）

注释

[1] 徂（cú）：往。

[2] 慆慆不归：久久不归。

[3] “我东”二句：犹言我在东方刚说要回去，心已西向而悲。

[4] 裳衣：普通的服装。士：通“事”，犹言从事。行枚：即横枚。古人行军通常在口中衔枚，以防出声。

[5] 蜎（yuān）蜎：蚕类蠕动的样子。蠋（zhú）：野蚕。

[6] 烝：长久。

[7] 敦：缩成一团的样子。

[8] 亦在车下：形容征夫孤独地睡在车下。

[9] 果臝（luǒ）：野生植物，即瓜蒌。施（yì）：蔓延。宇：屋檐。

[10] 伊威：一种小昆虫，或以为即今俗称之土鳖。

[11] 蠨蛸（xiāo shāo）：一种昆虫，或以为即蜘蛛。

[12] 町畽（tǐng tuǎn）：地面上野兽践踏的痕迹。鹿场：野鹿出没的地方。熠燿（yì yào）：闪烁的样子。宵行：磷火。

[13] 伊：这里指代家乡。

[14] 鹳（guàn）：水鸟名。垤（dié）：小土堆。

[15] 洒扫穹窒：收拾房屋。

[16] 聿：句中的语气词。聿至：就要回来。

[17] 瓜苦：即瓠瓜。栗薪：柴垛。

[18] 仓庚：黄鸟。

[19] 之子于归：这个女孩要出嫁。皇驳：黄白相杂的颜色。

[20] 亲：指女孩的母亲。缡：佩巾。九十其仪：形容结婚仪式细节种类繁多。

[21] 孔嘉：非常美好。

赏析

本诗是《豳风》中的一篇，细致地描写了一位久戍在外的征夫在返回家乡途中的所思所感。

《毛诗训诂传》以为：“《东山》，周公东征也。周公东征，三年而归，劳归士，大夫美之，故作是诗也。”全诗共 4 章，每章以“我徂东山，慆慆不归。我来自东，零雨其濛”四句引起，渲染一种迷蒙的氛围，更传达出了一种难言的心绪。四章依次抒写了主人公久戍得归、自幸免于死伤之苦的欣慰，以及归途中思念家园的惶惑心情。特别是第三章，想象他的妻子正在思念自己的情形，细腻感人。最后一章写诗人回忆起三年前新婚的场面，将诗歌推向高潮。在离乱的年代，这首《东山》尤其容易引起时人的共鸣。曹操《苦寒行》就有“悲彼东山诗，悠悠使我哀”的诗句。

曹丕《与吴质书》也说:“岁月易得,别来行复四年。三年不见,《东山》犹叹其远,况乃过之。”《东山》对于后代的影响,于此可见一斑。

思考与练习

一、本诗是一首描写什么内容的诗歌?使用了怎样的艺术表现手法?

二、本诗是如何通过想象和回忆的描写来侧面凸显反战主题的?

三、背诵这首诗。

橘颂

屈原

屈原(约前340—前278),名平,字原,战国后期楚国人。中国文学史上第一位伟大的爱国主义诗人。屈原早年受楚怀王信任,任左徒、三闾大夫,兼管内政外交大事。他提倡“美政”,主张对内举贤任能,修明法度,对外力主联齐抗秦。因遭贵族排挤毁谤,被先后流放至汉北和沅湘流域。屈原创造了“楚辞”这一极具楚国地方色彩和浪漫情怀的新诗体,对后代诗歌发展产生了深远影响。屈原的代表作有《离骚》《九章》等,充满了强烈的爱国激情,他的诗可与《诗经》之写实风格相提并论,成为中国文学史上的又一个重要传统。

后皇嘉树[1],橘徕服兮[2]。受命不迁[3],生南国兮。

深固难徙[4],更壹志兮[5]。绿叶素荣[6],纷其可喜兮[7]。曾枝剡棘[8],圆实抟兮[9]。青黄杂糅[10],文章烂兮[11]。精色内白[12],类任道兮[13]。纷缊宜修[14],姱而不丑兮[15]。

嗟尔幼志[16],有以异兮[17]。独立不迁[18],岂不可喜兮。深固难徙,廓其无求兮[19]。苏世独立[20],横而不流兮[21]。闭心自慎[22],终不过失兮[23]。秉德无私[24],参天地兮[25]。

愿岁并谢[26],与长友兮[27]。淑离不淫[28],梗其有理兮[29]。年岁虽少,可师长兮[30]。行比伯夷[31],置以为象兮[32]。

(选自[清]戴震著《屈原赋注》,中华书局1999年版)

注释

[1] 后皇:后土皇天,即天地。嘉树:优良的果树。这句说橘树生于天地之间,是树木中的良好品种。

[2] 徕:同“来”。服:习惯。这句说橘树一种下来就适合于当地的气候与土壤。

[3] 受命:秉承天地的意旨。迁:迁徙。《考工记》:“橘迁淮而化为枳。”橘树一迁移就会变质,故云。

[4] 深固:橘树是多年生的灌木,根深蒂固。

[5] 壹志:志向专一。

[6] 素荣:白花。

[7] 纷:繁茂的样子。

[8] 曾:通“层”,重叠。剡(yǎn):锐利。这句说橘树重叠的枝条上长着利刺。

[9] 抟(tuán):通“团”,用人力把物体弄成圆形。这句说橘树的果实圆圆的,个个饱满。

［10］糅：混杂。这句说橘树的果实成熟时青黄相间，由青变黄。

［11］文章：花纹色彩。烂：灿烂。这句说橘树的果实色彩鲜明而又绚丽。

［12］精色：鲜明的颜色。内白：果肉洁白。

［13］类任：可以担当重任。橘树从外到内都美，就像君子一样，可以担当重任。

［14］纷缊：同“纷纭”，繁盛众多的样子。宜修：美好。

［15］姱（kuā）：美好。丑：通“俦”，同类。不丑：不同于流俗，出类拔萃。

［16］幼志：幼年时的志向。这句感叹橘树一生下来就具有美好的特性。

［17］异：不同凡响。

［18］独立：特立独行。

［19］廓：空寂。形容橘树的孤寂超脱，不与世俗同流合污。

［20］苏：醒。这句说橘树清醒地独立于世界上。

［21］横：横绝，指特立独行，决不随波逐流的品格。

［22］闭心：摈弃杂念，不为外物所动。

［23］不过失：没有过失。

［24］秉德：秉承道德。

［25］参：合。这句说可与天地相匹配。

［26］岁：岁月。并谢：一齐凋谢。这句是说随着年岁的变化，树木百草都已凋谢，但橘树却不凋谢。

［27］长友：长久为朋友。不凋谢的橘树可以长久地与天地为朋友。

［28］淑：善。离：通“丽”，美好。不淫：不偏邪。

［29］梗：坚硬挺直。有理：纹理清晰。

［30］师长：效法、学习。

［31］伯夷：人名。殷末孤竹君的长子，周灭殷后，耻食周粟，饿死于首阳山。古人认为他是富有节操的高洁之士。

［32］置：树立。象：榜样。

赏析

《橘颂》是《楚辞·九章》中的一篇。“颂”是一种古代文体。刘勰在《文心雕龙》中说：“颂者，容也，所以美盛德而述形容也。”“颂”原为歌颂神的舞歌，后为赞美、歌颂之意。本篇的写作年代，学术界尚无定论。从作品内容看，诗中表明“嗟尔幼志”“年岁虽少”，视为作者早期之作比较妥当。从作品含义来看，屈原年轻时就有着远大抱负，有着卓尔不群的气度，这来源于诗人对楚国的深情。

《橘颂》是中国诗歌史上第一篇咏物之作。本诗采用拟人化的手法，详尽地描绘了橘的外貌与特性。橘秉受天地之气而生，志向专一，不愿迁徙，橘的枝叶纷繁茂盛，橘的果实圆润饱满，橘的枝干坚硬挺拔，橘的品性特立独行。但作者的描写又并没有局限于对橘作客观写照，而是始终倾注了自己的深厚感情。秉受天地之气，寓示着作者高贵的出身；不愿迁徙，表明作者的忠诚；枝叶繁茂、果实圆润，揭示了作者内外之美；坚硬挺拔、特立独行是诗人不随流俗、卓尔不凡的人格写照。就这样，橘的特征与诗人的品格融为一体。通过对橘树形象和品格的赞扬，表现了作者高洁的品格和热爱楚国的情怀。

由于《橘颂》在托物言志方面的极大成功，此诗被称为咏物之祖。全诗通篇写橘，却句句寓意，寄寓情感而不脱离景物形象，刻画形象却通篇有着作者的主观情志。《橘颂》的确为中国古代文学的托物言志树立了很好的榜样。阅读《橘颂》，应该抓住其托物言志的特色，结合屈原热爱楚国、追求崇高的政治理想和决不与小人同流合污的高洁品格来展开联想和分析。

思考与练习

一、谈谈咏物言志诗的特点。

二、本文表达了屈原怎样的情感？

管子（节选）

管　仲

《管子》旧题为春秋时齐国管仲撰，近人多认为是假托之作。经刘向整理为 86 篇。到唐代又有 10 篇亡佚，今存 24 卷 76 篇。

管仲（？—前 645），名夷吾，字仲，谥敬，世人尊称为管子，颍上（今属安徽）人。被齐桓公任为相。为政期间，察贤任能，富国强兵，辅佐齐桓公九合诸侯，一匡天下。孔子曾赞誉他为“仁”的典范。

牧民[1]第一

经言一

凡有地牧民者，务在四时[2]，守在仓廪。国多财，则远者来，地辟举[3]，则民留处；仓廪实则知礼节，衣食足则知荣辱；上服度则六亲固，四维张则君令行[4]。故省刑之要，在禁文巧[5]；守国之度，在饰四维[6]；顺民之经[7]，在明鬼神，祗山川，敬宗庙，恭祖旧。不务天时则财不生；不务地利则仓廪不盈。野芜旷则民乃营，上无量则民乃妄，文巧不禁则民乃淫，不璋两原则刑乃繁[8]。不明鬼神则陋民不悟，不祗山川则威令不闻，不敬宗庙则民乃上校[9]，不恭祖旧则孝悌不备。四维不张，国乃灭亡。

右国颂[10]

国有四维，一维绝则倾，二维绝则危，三维绝则覆，四维绝则灭。倾可正也，危可安也，覆可起也，灭不可复错也[11]。何谓四维？一曰礼，二曰义，三曰廉，四曰耻。礼不逾节，义不自进，廉不蔽恶，耻不从枉[12]。故不逾节则上位安，不自进则民无巧诈，不蔽恶则行自全，不从枉则邪事不生。

右四维

政之所兴，在顺民心；政之所废，在逆民心。民恶忧劳[13]，我佚乐之[14]；民恶贫贱，我富贵之；民恶危坠，我存安之；民恶灭绝，我生育之。能佚乐之，则民为之忧劳；能富贵之，则民为之贫贱；

能存安之，则民为之危坠；能生育之，则民为之灭绝。故刑罚不足以畏其意，杀戮不足以服其心。故刑罚繁而意不恐，则令不行矣；杀戮众而心不服，则上位危矣。故从其四欲，则远者自亲；行其四恶，则近者叛之。故知予之为取者[15]，政之宝也。

右四顺

霸言第二十三

夫霸王之所始也，以人为本。本理则国固，本乱则国危。故上明则下敬，政平则人安，士教和，则兵胜敌，使能则百事理，亲仁则上不危，任贤则诸侯服。

（选自《诸子集成·管子校正》，上海书店1986年版）

注释

[1] 牧民：统治、管理人民。牧，牧养。

[2] 四时：指春夏秋冬四季的农事。

[3] 辟举：辟，开垦；举，尽、全。

[4] 四维：系在网四角的绳索，提起四维才能张网。

[5] 文巧：指舞文弄法。

[6] 饰：通“饬”。整顿、整饬。

[7] 顺：通“训”。

[8] 不璋两原：璋，明也；两原，指导致民妄、民淫的两种缘由，即“上无量”“文巧不禁”。

[9] 校：通“效”，效仿。

[10] 右：指上面的文字，古代书写均竖行从右到左排列。故“右”即今之“上”。国颂：是这一章的小标题。颂，仪容，此指国家的仪容。

[11] 错：通“措”，放置的意思。

[12] 枉：歪门邪道。

[13] 忧劳：指愁苦劳顿的生活状态。

[14] 佚乐：同“逸乐”，指安逸喜悦的生活状态。

[15] 予之为取：予，给予；取，取得。指给予与获得的辩证法。

赏析

这里节选的是两则政论散文。主要论述治国、治民的原则与经验。

“国颂”是论述治国、治民的一般原则，管子提出了著名的论断：“仓廪实则知礼节，衣食足则知荣辱。”四维，论述了礼、义、廉、耻对于治国的重要性。这四者如同维系国家存在的四条巨绳，共同支撑着一个国家。“四顺”论述为政必顺民心的原则与经验。本章全面列举民之四欲和四恶，指出从其四欲则亲，行其四恶则叛，予之于民就是取之于民，是为政者的根本法宝。

《管子》关于“国颂”“四维”“四顺”的论述，简明扼要，应是国家治理及民生民事之大策。可惜，此后直至近代却很少有人真正懂得其中奥妙并予以实践。

“霸言”论述成就霸王之业的道理。霸王之业的开始，就是以人民为根本：本治，国家就稳固；本乱，国家就危险。就目前文献记载，这是我国关于“以人为本”的最早表述。

思考与联系

一、谈谈你对“仓廪实则知礼节，衣食足则知荣辱”的理解。

二、“四维”有何现实意义？

三、谈谈对管子“以人为本”这一中国传统文化基本精神的理解。新时代，我们应该如何对其继承和超越？

论语（节选）

孔 子

孔子（前551—前479），名丘，字仲尼，鲁国陬邑（今山东曲阜）人。春秋末期著名的思想家、教育家，儒家学派的创始人。其核心思想是“仁”，提倡“仁者爱人”“克己复礼”，在教育上提倡“有教无类”“因材施教”。曾为了施展政治抱负而周游列国，但终不见用。晚年致力于教育及文化整理。

《论语》主要记载孔子及其弟子的言行，由孔子弟子及其再传弟子记录编纂而成。它对中国文化产生了巨大而深远的影响，也是研究孔子学说和整个儒家思想的重要著作。

子曰：“学而时习之，不亦说乎[1]？有朋自远方来，不亦乐乎？人不知而不愠[2]，不亦君子乎？”（《学而》）

子曰：“学而不思则罔，思而不学则殆。[3]”（《为政》）

子曰：“由！诲女，知之乎？知之为知之，不知为不知，是知也。[4]”（《为政》）

子曰：“三人行，必有我师焉。择其善者而从之，其不善者而改之。”（《述而》）

子曰：“君子食无求饱，居无求安，敏于事而慎于言，就有道而正焉[5]，可谓好学也已。”（《学而》）

子曰：“不患人之不己知，患不知人也。”（《学而》）

子曰：“君子不以言举人，不以人废言。”（《卫灵公》）

子曰：“岁寒然后知松柏之后彫也。”（《子罕》）

季康子问政于孔子[6]。孔子对曰：“政者正也。子帅以正，孰敢不正。”（《颜渊》）

子曰：“其身正，不令而行；其身不正，虽令不从。[7]”（《子路》）

子曰：“富与贵，是人之所欲也，不以其道得之[8]，不处也[9]。贫与贱，是人之所恶也[10]，不以其道得之，不去也[11]。君子去仁，恶乎成名[12]？君子无终食之间违仁[13]，造次必于是[14]，颠沛必于是[15]。”（《里仁》）

子曰：“志士仁人，无求生以害仁，有杀身以成仁。”（《卫灵公》）

子曰：“道听而途说，德之弃也。[16]”（《阳货》）

（选自《论语鉴赏辞典》，上海辞书出版社2007年版）

注释

［1］说（yuè）：通“悦”，高兴，愉快。

［2］愠：怨恨。

［3］罔：惘然，昏乱；一说无所得。殆：危险；一说疑惑。

［4］由：即仲由，孔子弟子，姓仲，名由，字子路。女：通“汝”。知：前五个知字为知道、明白的意思，“是知也”的“知”通“智”，聪明、明智之意。

［5］就有道而正焉：接近有道德学问的人以端正自己的思想和言行。就，接近，靠近。正，端正。焉，代词，指代自己的思想、言行。

［6］季康子：复姓季孙，名肥。鲁哀公时的宰相。

［7］不令而行：没有或不发布政令也有人服从实行。虽令不从：即使三令五申也没人听从。

［8］不以其道得之：不从正当的途径得到它（文中指“富与贵”）。

［9］处：接受。

［10］恶（wù）：厌恶。

［11］去：摈弃，摆脱。

［12］恶（wū）乎成名：以什么成就功名呢？

［13］终食之间：吃完一顿饭的时间，形容时间短。

［14］造次：匆忙，紧迫。

［15］颠沛：流离失所。

［16］道听而途说，德之弃也：道路上听来就又在道路上传播，这是有道德的人坚决抛弃的。

赏析

出自《论语》的这13则语录，内容侧重增进学生的学业，提高学生的人格和素质修养。这两个方面其实是相互关联的。要提高个人的素质修养，首先必须树立好学上进的思想。勤奋好学、多思善思、实事求是以及“就有道而正”的态度，都是好学精神的具体要求和体现。也只有这样才能成为有道德、有学问的君子。但在道德与学问的关系问题上，孔子强调立德高于立功、立言，更看重个人的道德修养。道德修养的关键则是如何做人。孔子的这些见解来源于长期学识积累和丰富人生经验的积淀，充满真知灼见，且言简意赅。

思考与练习

一、逐条分析所选语录的内涵，并说明它们在今天有何借鉴意义。

二、背诵所选语录。

大学（节选）

《大学》原是《礼记》中的一篇，作于战国初期，写定于秦统一全国以后不久。《礼记》又名《小戴礼记》《小戴记》，成书于汉代，为西汉礼学家戴圣所编。《礼记》是中国古代一部重要的典章制度选集，书中内容主要写先秦的礼制，体现了先秦儒家的哲学思想、教育思想、政治思想、美学思想，是研究先秦社会的重要资料，是一部儒家思想的资料汇编。按传统说法，《大学》的传文是孔子门生曾参所作。曾参（前 505—前 434），又称曾子，字子舆，春秋末年鲁国南武城（今山东临沂市平邑县南武城）人。是中国著名的思想家，孔子的早期弟子之一，与其父曾点同师孔子，是儒家学派的重要代表人物。曾子主张以“孝恕忠信”为核心的儒家思想，他的修齐治平的政治观，内省、慎独的修养观，以孝为本的孝道观至今仍具有极其宝贵的社会意义和实用价值。曾子在儒学发展史上占有重要的地位，被后世尊奉为“宗圣”。

大学之道，在明明德，在亲民，在止于至善[1]。知止而后有定，定而后能静，静而后能安，安而后能虑，虑而后能得[2]。物有本末，事有终始，知所先后，则近道矣[3]。

古之欲明明德于天下者，先治其国；欲治其国者，先齐其家[4]；欲齐其家者，先修其身[5]；欲修其身者，先正其心[6]；欲正其心者，先诚其意[7]；欲诚其意者先致其知；致知在格物[8]。物格而后知至，知至而后意诚，意诚而后心正，心正而后身修，身修而后家齐，家齐而后国治，国治而后天下平[9]。自天子以至于庶人，壹是皆以修身为本[10]。其本乱而末治者否矣[11]，其所厚者薄而其所薄者厚，未之有也[12]。此谓知本，此谓知之至也[13]。

（选自[清]朱彬著《礼记训纂》，中华书局 1996 年版）

注释

[1] 大：旧读为“太”，大学，古代一种高级学校的名称。《大戴礼记·保傅》说：“古者年八岁而出就外舍（即小学），学小艺焉，履小节焉；束发（指成童，约十五岁）而就大学，学大艺焉，履大节焉。”当时能入大学学习者，多为贵族子弟，即“王太子、王子、群后之子以至卿大夫、元士之适（嫡）子”（《尚书·大传》）。至于用大学为篇题，郑玄认为：“名曰大学者，以其记博学可以为政也。”朱熹读“大”为 dà，认为：“大学者，大人之学也。”明明德：前一个“明”字用作动词，义为“显明”；明德，即光辉的品德。亲民：依字面可解为“亲爱人民”；程颐认为“亲”当作“新”，“新民”，使人民的道德境界不断更新。止：达到且能坚守不移。关于“明明德”“亲民”“止于至善”，朱熹说：“此三者，大学之纲领也。”

[2] 知止：知道应该达到的目标。定：有确定的志向。静：心态平静。安：精神安宁。虑：思虑。得：有所收获。

[3] 物有本末：万物都有主次轻重。事有终始：万事都有先后次序。

[4] 齐其家：依字面可解为“整顿其家庭”，但本文所说的“家”，与现代意义上的“家庭”有所不同，内含封建家族所特有的宗法、等级含义。

[5] 修其身：修养其自身。朱熹说：“正心以上，皆所以修身也。”

[6] 正其心：端正其心。朱熹说：“心者，身之主也。”

[7] 诚其意：使其意念诚实。

[8] 致其知：获得知识。格：至；物：事物。“格物”一词，解说颇有分歧，依朱熹的解释，应理解为“穷究事物的道理”，但依陆、王心学的解释，则是格除物欲的意思。关于“格物”“致知”“诚意”“正心”“修身”“齐家”“治国”“平天下”，朱熹说：“此八者，大学之条目也。”

[9] 而后：与上句“欲……先……”同样表示逻辑的条件关系，上句是由果及因的倒溯，此句则是由因及果的

顺推。

[10] 壹是：一律。以修身为本，朱熹说："正心以上，皆所以修身也。齐家以下，则举此而措之耳。"

[11] 本：指"修身"。末：指身外的种种事务。否：意为"不可能"。

[12] 所厚者：指"本"。所薄者：指"末"。

[13] 知之至：智慧的极致。知，即智。

赏析

《大学》自唐宋以来，地位越来越高，许多话语为世人所熟悉和传诵，成为使用频率较高的文化格言，激励着一代又一代的知识分子走向自强不息、奋斗不已的人生之路。

本文集中阐述了儒家关于教育的宗旨、步骤及作用的理论，鲜明地体现了儒家学派"内圣外王"的人格理想。

本文的第一自然段概括了大学教育的基本宗旨，即以"明明德""亲（新）民"和"止于至善"为内容的所谓"三纲领"。"明明德"，强调的是自我的道德完善；"亲（新）民"，强调的是推己及人的道德感化作用；"止于至善"，则强调的是为善不已、守善不渝的道德境界。它以道德的修养为教育的首要内容，以道德的完美为教育的最高目标，鲜明地体现了自殷周以来逐渐形成并为儒家学派所发扬光大的重德思想，具有浓厚的道德理想主义色彩。第二自然段反复论述了修养的步骤及其实践效果，即所谓"八条目"。从"格物""致知"至"诚意""正心""修身"，强调的是教育的根本，即自我道德的修养；从"齐家""治国"至"平天下"，则是内在道德修养的外化的展开。前者可谓之"体"，后者可谓之"用"；前者可谓之"微"，后者可谓之"显"；前者可谓之"内圣"，后者可谓之"外王"。将这八条合而观之，正是所谓"体用一源""显微无间"的关系，也正是"内圣外王"的人格理想的最佳表述，凝聚了儒家学派关于人生与社会、道德与政治等问题的思想精髓，表达了完善自我并改造社会的强烈愿望。所蕴含的人格理想和社会责任意识，成为有志之士用以自励并为之奋斗的人生目标。

本文的语言也很有特色。它大量使用了排比和蝉联句法，造成了一种环环相扣、间不容发的逻辑感和不容置疑的雄辩气势。

思考与练习

一、本文所使用的排比、蝉联句式有何作用？

二、本文所说的"大学"，与今天的大学有什么不同之处？

三、道德的修养与知识的探求是什么关系？二者是否是一回事？能否统一起来？

秋水（节选）

庄 子

庄子（约前369—前286），名周，战国中期宋国蒙（今河南商丘东北）人。庄子是老子之后道家的主要代表人物，后世将他与老子并称“老庄”。他的主要思想主张是顺应自然，提倡无为而无不为。其中既有合理因素，也有消极成分。其著作收入《庄子》。这些文章富有浪漫主义色彩，想象丰富，文笔恣肆，机智幽默，辞藻瑰奇，在先秦诸子散文中有独特的艺术风格，对后人的人生观、文艺观和文艺创作，都产生了深远影响。

本文节选自《庄子·秋水》，原文分七部分，这里节选的是第一部分。

秋水时至[1]，百川灌河[2]。泾流之大[3]，两涘渚崖之间[4]，不辩牛马[5]。于是焉河伯欣然自喜[6]，以天下之美为尽在己[7]。顺流而东行，至于北海，东面而视，不见水端。于是焉河伯始旋其面目[8]，望洋向若而叹曰[9]：“野语有之曰[10]：‘闻道百，以为莫己若者。’我之谓也。且夫我尝闻少仲尼之闻而轻伯夷之义者[11]，始吾弗信。今我睹子之难穷也[12]，吾非至于子之门则殆矣，吾长见笑于大方之家。[13]”

北海若曰：“井蛙不可以语于海者，拘于虚也[14]；夏虫不可以语于冰者，笃于时也[15]；曲士不可以语于道者[16]，束于教也[17]。今尔出于崖涘[18]，观于大海，乃知尔丑[19]，尔将可与语大理矣[20]。天下之水，莫大于海；万川归之，不知何时止而不盈；尾闾泄之[21]，不知何时已而不虚[22]；春秋不变，水旱不知。此其过江河之流[23]，不可为量数[24]。而吾未尝以此自多者[25]，自以比形于天地，而受气于阴阳[26]，吾在于天地之间，犹小石小木之在大山也。方存乎见少[27]，又奚以自多[28]！计四海之在天地之间也[29]，不似礨空之在大泽乎[30]？计中国之在海内[31]，不似稊米之在大仓乎[32]？号物之数谓之万[33]，人处一焉[34]；人卒九州[35]，谷食之所生，舟车之所通[36]，人处一焉[37]。此其比万物也，不似豪末之在于马体乎[38]？五帝之所连[39]，三王之所争[40]，仁人之所忧[41]，任士之所劳[42]，尽此矣！伯夷辞之以为名[43]，仲尼语之以为博[44]。此其自多也，不似尔向之自多于水乎[45]？”

（选自《诸子百家名篇鉴赏辞典》，上海辞书出版社2003年版）

注释

[1] 时：按季节。

[2] 灌：注入。河：黄河。

[3] 泾（jīng）流：指水流。

[4] 两涘：河的两岸。涘（sì）：水边，河岸。渚崖：水洲岸边。渚：水中小岛。

[5] 辩：同“辨”，辨别，识别。

[6] 焉：乎。河伯：黄河之神。

[7] 尽在己：全都集中在自己这里。尽，全部。

[8] 旋其面目：改变了他（欣然自喜）的面容。旋，转、转变。

[9] 望洋：联绵词，仰视的样子，也作“望羊”“望阳”。若：即海若，北海海神名。

[10] 野语：俗语，谚语。之：这样，代下文所引野语内容。

[11] 尝闻：曾经听说。少仲尼之闻：小看孔子的学识。轻伯夷之义：轻视伯夷的义行。

[12] 睹：看。子：您；本指海神，这里借指整个北海。难穷：难以穷尽。

[13] 长:长久,永远。大方之家:明白大道理的人。大方,大道。

[14] 拘于虚:眼界受狭小居处的局限。拘,受拘束局限。虚,同“墟”,狭小的居处。

[15] 笃:限制,拘限。时:时令季节。

[16] 曲士:乡曲之士,指见识浅陋的人。

[17] 束于教也:受所受教育情况的束缚。束,束缚、限制。

[18] 尔:你。

[19] 丑:鄙陋。

[20] 大理:大道理。

[21] 尾闾:神话中排泄海水的地方。

[22] 已:停止。虚:虚空。

[23] 此其过江河之流:海的容水量超过了长江黄河的水流。江,长江。

[24] 量数(shǔ):测量计算。上古的“量”一般指计算容积。

[25] 自多:自我夸耀。多,赞美。

[26] 自以比形于天地,而受气于阴阳:我自以为寄身于天地之间,禀受了阴阳之气。比,通“庇”,寄托、依托。形,身形。

[27] 方存乎见少:正想到自己见识很少。方,正。存,存想、想到。

[28] 奚以:何以,怎么。

[29] 计:盘算。

[30] 礨(lěi)空:蚁穴,小孔穴。

[31] 中国:这里指当时的中原地区。海内:指四海之内。

[32] 稊(tí)米:一种稗草的籽粒。大仓:即太仓,帝王的粮仓。

[33] 号:称。

[34] 人处一焉:人类只是天下万物中的一类。处,居、占。

[35] 卒:尽。九州:天下。

[36] 通:通达,到达。

[37] 人处一焉:这里意谓个人只是天下人中的一个。

[38] 豪末:毫毛的末梢。豪,通“毫”。

[39] 五帝:指传说中的黄帝、颛顼(zhuān xū)、帝喾(kù)、尧、舜。一说指伏羲、神农、黄帝、尧、舜。所连:所连续统治的。

[40] 三王:指夏启、商汤、周武王。所争:所争夺的。

[41] 仁人:指崇尚仁的人。

[42] 任士:指以天下为己任的贤能之士。

[43] 伯夷辞之以为名:伯夷以辞让君位而获得名声。

[44] 仲尼语之以为博:孔子以谈说天下而显示知识渊博。

[45] 向:刚才。

赏析

《庄子》具有鲜明的浪漫主义色彩,善于将抽象的哲理寓于形象的描绘之中,借助具体可感的客观事物表达深微玄奥的哲学道理。

本文主要由河伯与北海若的对话构成。当秋水来时,黄河“两涘渚崖之间,不辩牛马”,河伯欣然自喜,以为“天下之美为尽在己”,直到顺流东行,至于北海,面对眼前更加广大无边的大海,他才发现自己见闻的浅陋,自惭“见笑于大方之家”,北海若趁势加以开导。这个寓言故事揭示了,在广袤无垠的宇宙中,个人的认识和作为都要受到时间、空间及知识水平等种种主客观条件的制约,因此是十分有限的,启迪人们不可囿于个人有限的见识而自满。

本文形象说理的方式也颇具特色。文章中展开的现实世界,显示了由微观到宏观、由局部到整体、由具体到抽象的不同层次。在对现实世界的逐步展开过程中,文章的道理也逐层推进,表达了主旨。在修辞方面,大量的排比句与反诘句配合使用,渲染气氛,烘托意境,驰骋想象,造成莽莽滔滔的气势,强化了形象说理的力量。

思考与练习

一、本文揭示了什么哲学道理?在阐述该道理时存在何种局限?

二、本文在整体构思上有何特点?

三、仔细体会本文形象说理的方法与语言风格对表达文章主旨的作用。

第二章　汉魏六朝文学

第一节　汉魏六朝文学概述

自公元前206年汉高祖刘邦建立西汉政权，到公元589年隋文帝杨坚完成南北统一，其间近800年，中国封建社会经历了由强大统一的中央集权到分裂对抗、地方割据的变化，文学也逐步摆脱了哲学、史学附庸的地位，开始独立发展。这一时期的前400年，特别是西汉时期，社会政治稳定，经济迅速发展，国力空前强盛。于是，规模宏大、铺陈扬厉、“润色鸿业”的辞赋创作，成为一时的风气。同时，散文和文人五言诗也渐次发展起来。后400年中，陆续出现群雄逐鹿、王室内乱、异族入侵、南北对峙、争战不息的混乱局面。社会的动荡、政治的黑暗、民生的艰难，对封建统治以及居于统治地位的儒家思想造成了极大的冲击和破坏，人们开始摆脱经学的束缚，对宇宙和人生进行哲学的思考，更为注重生命本质、个人感受、审美趣味，更多关注文学的形式和技巧，文学进入了一个自觉的时代。为具体了解这一时期文学发展的脉络，我们分两部分介绍。

一、两汉文学

在两汉文学中，赋是最有代表性的文学样式。它由楚辞演化而来，经过了骚体赋、汉大赋、抒情小赋等几个发展阶段。早期汉赋的内容多以批判现实、抒发个人愤懑感情为主，形式上带有楚辞的句法特点，代表作有贾谊的《吊屈原赋》《鹏鸟赋》等。西汉中期，从枚乘的《七发》开始，赋的内容向“体物”的方向转变，主要描写京都、宫室、苑囿、畋猎等事物，形成辞藻华丽、想象丰富、专事铺陈、讲究排偶的鸿篇巨制。至司马相如的《子虚赋》《上林赋》，描述楚王云梦和天子上林游猎的盛况，使汉大赋的铺采摛文达到了顶峰。此后，跟进者络绎不绝。如扬雄的《甘泉赋》《羽猎赋》、班固的《两都赋》、张衡的《二京赋》等，都洋洋洒洒，蔚为壮观。赋的作者可能意在讽喻，但实际上只能起到“劝百讽一”的效果。东汉中期以后，虽然汉大赋创作仍然不衰，但开始出现了抒情小赋，张衡的《思玄赋》、王粲的《登楼赋》等就是优秀的代表。

西汉前期的散文，总体上带有鲜明的政治色彩和实用性质，内容或是总结秦王朝覆灭的教训，或是为新王朝提供统治的良策。如贾谊的《过秦论》、晁错的《论贵粟疏》等，政治眼光敏锐，论说缜密睿智，保持了战国纵横家雄辩的风格。到了西汉中期，散文开始出现了追求对偶工整的趋向。如桓宽的《盐铁论》，本是国家财政方针讨论会议的记录，也有很多对仗工整的偶句，这成了东汉散文普遍的特点。东汉后期散文多批评时政，期以补救，如王符的《潜夫论》等。

代表汉代散文最高成就的是司马迁的《史记》。它以记人为经，叙事为纬，开纪传体史书体例的先河。全书分本纪、表、书、世家、列传五部分，共130篇，规模宏大，结构严谨，真实地反映了古代社会、政治、经济、军事、文化等各方面的状况。司马迁首次以人为本位来记载历史，表现出对人在历史发展进程中的地位与作用的高度重视。他对历史和社会具有深刻的理解与认识，善于处理复杂的事件与宏大的场面，通过情节的发展与细节的刻画，塑造出栩栩如生的人物，语言既精练丰富，又准确传神，达到了思想性和艺术性的高度统一。《史记》既是传记文学的典范，也对后世叙事散文和古典小说的创作产生了深远的影响，无愧“史家之绝唱，无韵之离骚”之称。

两汉乐府诗是继《诗经》《楚辞》之后我国诗歌史上的又一成就。乐府是秦代建立的掌管音乐的官署名称，主要任务是收集民歌，训练乐工，编制乐曲，汉武帝时得到大规模的扩充和发展。乐府机构采集的民歌称为乐府诗或乐府。两汉乐府诗主要来自民间，有着民间文学刚健清新的气息，关怀社会人生，贴近现实生活，叙事技巧娴熟，抒情直率大胆，语言质朴，句式以五言和杂言为主，反映了下层人民的生活状况和思想感情。汉代乐府诗以叙事诗成就更为突出，长篇叙事诗《孔雀东南飞》是古典诗歌中的瑰宝。此后，乐府古题成为历代诗人反复创作的重要母题和形式，它“感于哀乐，缘事而发”的现实主义精神与《诗经》一脉相承，直接影响了后世的文人诗歌创作，成为唐代新乐府的源头。

东汉时期，文人五言诗逐渐孕育形成，东汉末年出现的《古诗十九首》，是文人五言诗成熟的标志。这组无名作家的作品，中心主题是咏唱对生命短促、人生无常的感伤。它以悲伤的基调，展示了闺怨、友情、相思、怀乡、游宦、行役、劝慰等多方面的生活内容，融叙事、写景、抒情为一体，非常大胆地表现强烈的生命意识和个体意识，毫无矫饰地展示内心世界，语言质朴自然而又洗练概括，极富艺术感染力。此后，五言诗在相当长的一段时期内成为文人诗歌创作的主要形式。

二、魏晋南北朝文学

魏晋南北朝在文学史上是一个新趋势和新因素孕育、萌生、成长的时期，其鲜活而富于创造力的文学冲动，使文坛出现一幕接一幕的新景观。首先是建安文学。建安(196—219)是汉献帝的年号，从文学史分期来说，建安文学则包括建安年间和曹魏的前期。当时，形成了以“三曹”(曹操、曹丕、曹植)为核心，“建安七子”(孔融、陈琳、王粲、徐幹、阮瑀、应玚、刘桢)为羽翼的邺下文人集团。他们强调文学的社会价值，创作了许多个性化的作品，推动文学进入自觉的时代。其中，以曹氏父子和王粲的文学成就最为突出。他们继承了汉乐府关怀现实的传统，以诗歌反映时代的动乱，表现自己的政治理想，喟叹人生的短促和民众的苦难，个性强烈，情感深沉，充满浓郁的悲剧气氛，由此形成的慷慨悲凉的时代风格，被称为“建安风骨”。这为后世的诗人所景慕，成为他们反对淫靡柔弱诗风的一面旗帜。

曹魏后期文学，文学史上称之为“正始[①]文学”，主要代表作家是“竹林七贤”中的阮籍和嵇康。他们身处魏、晋易代，司马氏残酷屠杀异己的恐怖政治环境之中，理想破灭，危机四伏，诗歌

① 正始：魏齐王曹芳年号，公元240—248年。

风格也由悲凉慷慨的高扬转化为兴旨遥深的“渊水”。隐逸、玄言、游仙开始成为诗歌的主要内容。阮籍《咏怀诗》用隐晦曲折的手法抒写内心深处无法解脱的孤独和苦闷，不乏对礼教的揭露，对政治重压的抗议，“虽志在刺讥，而文多隐避，百代之下，难以情测”[①]。嵇康为人孤高、任侠，反抗现实较阮籍激烈，散文比诗歌成就要高。其《与山巨源绝交书》言辞犀利，保持了建安文学的基本风格，成为这一阶段散文最突出的代表。

西晋太康[②]年间，社会出现了短暂的稳定和繁荣。虽然门阀士族垄断文化，文学离现实生活越来越远，但仍有所发展，出现了一批比较重要的作家，如张华和“三张”（张载、张协、张亢）、“二陆”（陆机、陆云）、“两潘”（潘岳、潘尼）、“一左”（左思）等。他们的诗作笔触细腻，描写繁复，辞藻华缛，大量运用对偶句，反映了文人诗歌向讲求技巧的方向发展的新趋势，为齐梁诗歌的格律化和唐代近体诗的形成奠定了基础。这一时期的诗人中，曾作《三都赋》使“洛阳纸贵”的左思卓尔不群，他的 8 首《咏史诗》集中抒发了寒士的不平，对门阀制度提出了强烈的抗议，犹存建安风力，胡应麟《诗薮》誉之为“千古绝唱”。

东晋时期玄言诗泛滥，以诗说理，大多平淡寡味，只有郭璞的《游仙诗》抒写了仕途偃蹇、壮志难酬的苦闷，继承了诗骚比兴寄托的传统，和左思《咏史诗》异曲同工。陶渊明的田园诗以最平淡朴实的语言，抒写率真自然的情感和怡然自得的心境。他的《五柳先生传》《归去来兮辞》和《桃花源记》，同样反映了他的人生态度和社会理想，是脍炙人口的散文名篇。由于和当时文坛的华丽文风相左，他的作品并不为人所重，其价值至后世才逐渐显现出来，对文人思想和文学发展产生了巨大影响。

南朝宋代最著名的诗人谢灵运、鲍照和颜延之并称为“元嘉[③]三大家”。谢灵运是第一个大力写作山水诗的诗人，他注重字句锤炼，善于用富丽精工的语言描摹自然景物，但有时因过分雕琢而流于晦涩。鲍照出身贫寒，郁郁不得志。他的诗歌“发唱惊挺，操调险急”[④]，对世家大族垄断政权表示了强烈不满，对下层人民遭受的压迫和剥削表示了极大同情。他们进一步拓宽了诗歌题材。谢灵运的诗作影响了南朝一代诗风。鲍照的《拟行路难》等诗也为七言诗体开创了新的局面。

齐永明[⑤]年间，沈约、王融、谢朓等人，把四声的发现应用到诗歌创作中来，形成了讲求格律和对偶的新体诗，被称为“永明体”。他们的追求虽然偏于艺术形式技巧，但同样为古典诗歌的发展作出了贡献。没有永明体，就没有后代的近体诗，唐宋诗歌的成就也就不会那样辉煌。谢朓继承了谢灵运山水诗清丽工致的特点，把写景和抒情有机地结合起来，做到情景交融，形成了清新流丽的风格，是这一时期最杰出的诗人。

---

① 出自钟嵘《诗品》。
② 太康：晋武帝年号，公元 280—289 年。
③ 元嘉：宋文帝年号，公元 424—453 年。
④ 出自钟嵘《诗品》。
⑤ 永明：齐武帝年号，公元 483—493 年。

梁、陈两代形成了一些以宫廷为中心的文人集团，应酬唱和蔚成风气。由于文人生活圈子狭窄，诗歌内容相对贫乏，主要以咏物和女性描写为题材，格调轻艳，风格柔靡，追求声律、对偶和辞藻之美，成为文坛普遍的风尚。这类诗歌人们称之为“宫体”，这种风气一直延续到初唐。

受诗歌讲求格律形式的影响，东汉以来散文骈偶化的倾向也得到进一步的发展，出现了骈四俪六的骈文和骈赋，对偶工整、音韵和谐、词藻华赡、大量用典，是它们最显著的特点。其中虽然不乏名篇佳作，但发展到后来，骈文不但用于散文创作，而且广泛用在表章奏议、碑志铭诔等日常应用文的写作之中，形成了畸形繁荣的局面。

南北的分裂对峙和文化发展的不平衡，加大了地区间文风的差异。由南入北的作家庾信，集南北文学之大成，将南方清丽的文学传统和北方雄浑的格调融合起来，创造出一批既秀丽细腻又清新刚健的诗文。北魏郦道元的《水经注》是一部阐释和补充《水经》的地理著作，它生动地描绘了祖国雄伟秀丽的山川，记载了很多饶有风趣的民歌民谣、历史事迹和神话传说，文笔优美，对后代山水游记文学的发展产生了很大影响。

南北朝乐府民歌也因为南北地域、民族、文化及心理的差异，呈现出不同的面貌。吴歌、西曲等南朝民歌大都是反映男女爱情的恋歌，语言清新，情致缠绵，风格明丽柔婉；北朝少数民族歌曲更接近社会现实生活，语言质朴，感情直率粗犷，风格刚健雄浑。

魏晋南北朝是古典小说萌芽的时期。这时的小说观念和近代不同，还是指那些“街谈巷语，道听途说”，主要保存在一些笔记类著作之中，可以分为志怪和志人两类。晋代干宝的《搜神记》作为志怪小说的代表，保存了一些优秀的神话故事和民间传说，如《干将》《韩凭》《吴王小女》《李寄》等。南朝刘义庆的《世说新语》则是志人小说的代表，集中记载了汉末到东晋的名人轶事和言谈，在只言片语中勾勒出人物的肖像和风神。它们是我国古典文言小说的滥觞，唐传奇就是由此发展起来的。

文学发展的繁荣，创作技巧的讲求，都要求理论的指导，魏晋南北朝时期文学理论因之有了突破性的发展。人们开始进行文体的讨论，把哲学和史学的著作与文区别开来，又将文分为有韵的文和无韵的笔。尽管这里的文和今天的文学还有相当大的距离，但毕竟是观念上巨大的进步。梁昭明太子萧统的《文选》，就是在区分文体的基础上编选的一部影响深远的文学作品总集。齐梁时代刘勰的《文心雕龙》和钟嵘的《诗品》，是两部文学理论批评的专门著作。《文心雕龙》对文学的创作方法、文体的源流演变以及作家作品的优劣作了全面系统的论述。《诗品》则把汉代以来的五言体诗分为上、中、下三品，追源溯流，进行了中肯的评论。这两部著作和曹丕的《典论·论文》、陆机的《文赋》，在中国文学理论批评史上具有划时代的意义。

总之，汉魏六朝的文学进入了自觉的独立发展的时代，在辞赋、散文、诗歌、小说、文学理论等方面都取得了独特的成就，为唐代文学的全面繁荣奠定了坚实的基础。

第二节 作 品 选

行行重行行

《古诗十九首》

《古诗十九首》作者不详。其内容多为描写离别、失意，忧虑人生无常。内涵丰厚，感情缠绵，有较强的艺术审美性，意境营造独具匠心，对后世五言诗发展有较大的影响。

行行重行行，与君生别离[1]。相去万余里，各在天一涯[2]；道路阻且长，会面安可知！胡马依北风[3]，越鸟巢南枝[4]。相去日已远，衣带日已缓[5]；浮云蔽白日[6]，游子不顾反[7]。思君令人老，岁月忽已晚。弃捐勿复道，努力加餐饭[8]！

（选自《汉魏六朝诗鉴赏辞典》，上海辞书出版社 1992 年版）

注释

[1] 行行重(chóng)行行：走了又走，越走越远。生别离：用《九歌·少司命》中“悲莫悲兮生别离”句，意谓生离如同死别。

[2] 天一涯：天的一边。涯，边。

[3] 胡马：西北民族地区的马。依：依恋。

[4] 越鸟：南方的鸟。巢：筑巢。此两句暗示鸟兽尚有依恋故土之情，何况是人。

[5] 缓：宽松。衣带缓说明人因思念而日益消瘦。

[6] 浮云蔽白日：比喻游子在外受人蒙蔽或迷惑。

[7] 顾反：同义复词，即返。

[8] 弃捐：抛开。加餐饭：加餐以保重身体。

赏析

这首诗写思妇对久别不归的丈夫的思念、哀怨以及强作宽慰的复杂感情。全诗由两部分组成，前六句追溯离别之初的情形，采用复沓回环的修辞手法，以浅白的叙事性语言，温厚缠绵地写出游子离乡，漂泊远行，道路遥远艰险，想再见面是难上加难的“生离别”。后十句主要是抒写离别以后的种种感受。本诗用胡马、越鸟为喻，责备丈夫不知留恋家乡。用“衣带日已缓”这样一个典型的细节来表现思妇的忧虑、悲苦、惆怅情怀，“浮云”句以比喻写出不知丈夫是否在外另有恋情的疑惑。最后有感于年华易逝，美人迟暮，转而勉强宽慰自己。

这首诗用生动的比喻、浅近无华的语言，委婉尽致地表达了思妇缠绵悱恻的感情。

思考与练习

一、诗中表达了思妇怎样的复杂感情。

二、诗中哪些句子运用了比喻？表达了什么感情？

白马篇

曹 植

曹植(192—232),字子建,曹操的第三子。封陈王,死后谥思,世称陈思王。少时才华卓异,曹操几次欲立他为太子,但终因其放荡不羁而罢。曹丕称帝后,曹植备受猜忌迫害,后抑郁而死,年仅41岁。

曹植诗以曹丕称帝为界,分前后两期。前期诗虽有诗酒悠游之作,但主要是歌唱理想和抱负,充满积极进取的精神;后期诗歌主要表达理想和现实的矛盾所激起的悲愤之情。

白马饰金羁[1],连翩西北驰。借问谁家子,幽并游侠儿[2]。少小去乡邑,扬声沙漠垂[3]。宿昔秉良弓,楛矢何参差[4]。控弦破左的,右发摧月支[5]。仰手接飞猱,俯身散马蹄[6]。狡捷过猴猿,勇剽若豹螭[7]。边城多警急,胡虏数迁移。羽檄从北来[8],厉马登高堤[9]。长驱蹈匈奴,左顾陵鲜卑[10]。弃身锋刃端,性命安可怀?父母且不顾,何言子与妻?名编壮士籍,不得中顾私。捐躯赴国难,视死忽如归。

(选自《汉魏六朝诗鉴赏辞典》,上海辞书出版社1992年版)

注释

[1] 羁(jī):马络头。

[2] 幽并:幽州和并州,今河北、山西部分地方。游侠儿:重义轻生之士。

[3] 垂:同“陲”,边远地区。

[4] 楛(hù)矢:用楛木作箭杆的箭。

[5] 月支:箭靶的名称。

[6] 散:摧毁。马蹄:一种箭靶的名称。

[7] 剽(piào):行动轻捷。螭(chī):传说中的动物,如龙而黄。

[8] 羽檄:上插羽毛的军事文书,表示情况紧急。

[9] 厉马:策马。

[10] 鲜卑:我国古代东北方的少数民族,东汉末年开始强大。

赏析

这首诗歌颂了边疆地区一位武艺高强又富有爱国精神的青年英雄,借以抒发作者的报国之志。诗中的英雄形象既是诗人的自我写照,又凝聚和闪耀着时代的光辉,是曹植前期的重要代表作品。开头两句以奇警飞动之笔,描绘出驰马奔赴战场的英雄身影,显示出军情紧急,扣动读者心弦；接着以“借问”领起，以铺陈的笔墨补叙英雄的来历；“边城”六句遥接篇首，具体说明“西北驰”的原因，表现英勇赴敌的气概。末八句展示英雄为国捐躯、视死如归的崇高精神境界。

思考与练习

一、诗人塑造了怎样的英雄形象？

二、联系作者生平，理解本诗的思想感情。

三、背诵这首诗。

饮酒（其七）

陶渊明

陶渊明（约365—427），字元亮，后更名潜，浔阳柴桑（今江西九江）人，我国文学史上伟大的诗人。年轻时做过江州祭酒、镇军参军、彭泽令等小官，后因不满当时社会的黑暗和官场的龌龊，毅然辞官归隐。隐居期间，陶渊明和农民有较多的交往，也偶尔参加农业劳动，写作了许多田园诗。他的散文和诗歌成就都很高，对后世产生了深远的影响。有《陶渊明集》传世。

《饮酒》是陶渊明所作的一组诗歌的总题，共20首，这是其中的第七首。

秋菊有佳色，裛露掇其英[1]。泛此忘忧物，远我遗世情[2]。一觞虽独进，杯尽壶自倾[3]。日入群动息，归鸟趋林鸣[4]。啸傲东轩下，聊复得此生[5]。

（选自《汉魏六朝诗鉴赏辞典》，上海辞书出版社1992年版）

注释

［1］裛（yì）：濡湿。掇（duō）：采摘。英：花。此句的意思是采下带露的菊花。

［2］泛：漂浮。忘忧物：指酒。曹操《短歌行》有“何以解忧，唯有杜康”句。古人用菊花泡酒，认为饮后可以益寿延年。遗：弃。此句的意思是，把世俗之情抛得远远的。

［3］壶自倾：壶自行倾倒。这两句说，独自一杯杯地饮酒，直喝到杯尽壶倾。

［4］日入：太阳落山。群动：各种生物。

［5］啸傲：撮口长啸，无拘无束的样子。轩：有窗的廊或小屋。这两句说，我在小屋的东窗下长啸，就这样度过这一生吧。

赏析

陶渊明的诗作大多可归为出仕与归隐的主题，酒和菊常成为他的描写对象。他是把菊作为自己高洁品格的象征，让酒助自己进入物我两忘的情境。他常用“日入”和“归鸟”作为“归隐”的意象，让读者和他一起体悟对宇宙和人生的认识。诗中的“壶自倾”“啸傲”，勾勒出一个清高、洒脱、怡然自得、安贫乐道的隐士形象。纵观全诗，写景状物，清淡疏爽，平淡中见警策，言有尽而意无穷。

思考与练习

一、本诗表现了作者怎样的思想感情?

二、背诵这首诗。

登江中孤屿[1]

谢灵运

谢灵运(385—433),祖籍陈郡阳夏(今河南太康县),出生于会稽(今浙江绍兴市),晋末南朝宋初著名的文学家。袭封康乐公,人称“谢康乐”。曾任永嘉太守、侍中、临川内史等职。因不满刘宋统治,元嘉十年以谋反罪被诛。他是文学史上第一个大量创作山水诗的诗人,长于描摹自然景物,诗风清新朗丽。有《谢康乐集》传世。

江南倦历览,江北旷周旋[2]。怀新道转迥,寻异景不延[3]。乱流趋正绝,孤屿媚中川[4]。云日相晖映,空水共澄鲜[5]。表灵物莫赏,蕴真谁为传[6]。想象昆山姿,缅邈区中缘[7]。始信安期术,得尽养生年[8]。

(选自《汉魏六朝诗鉴赏辞典》,上海辞书出版社 1992 年版)

注释

[1] 孤屿:在温州南 40 里处的永嘉江中,也叫孤洲,孤洲上有山。

[2] 江:指永嘉江。历览:遍览。旷周旋:久未周游。

[3] “怀新”两句:怀着探寻新奇山水景物的心情,反而觉得道路遥远,时间短了。迥:遥远。景:日光。延:延留。

[4] 乱流:横绝水流直渡。《尔雅·释水》:“正绝流曰乱。”趋:快走。媚:美好,惹人喜爱。中川:江中。

[5] 空水共澄鲜:天空和江水一样的清澈、明亮。

[6] 表灵:显现灵秀。物:人,世人。真:真人,仙人。这两句的意思是,江屿之美是仙人显现出的灵秀,然而世人不知欣赏,躲着的仙人又有谁能为之传述呢?

[7] 昆山:昆仑山,传说中神仙的住处。缅邈:辽远。区中缘:人世的尘缘。这两句由江屿的灵秀想到昆仑山的姿容,世间之事反觉得辽远了。

[8] 安期:即安期生,传说中的仙人,有长生不老之术。这两句是说,诗人见此灵山,想到如有长生之术,便可以尽养天年。

赏析

本诗通过对江中孤屿秀丽景色的描绘,抒发自己登山的感慨和求仙的遐想。叙事、写景、说理,层次分明,诗人用富丽精工的语言来描绘自然景色,如“媚”字的传神、“云日”的境界。诗人以移步换景、转换角度透视等手法,逼真而细腻地营造了一个清新自然的意境。这种意境不同于陶渊明的写意和物我合一,而专注对山水景物的精雕细琢,展示的是自然之美本身。当然,那个时代的山水诗是少不了谈玄问仙的，谢灵运也不例外。

思考与练习

一、分析本诗融情于景的表现手法。

二、背诵这首诗。

登　楼　赋

王　粲

王粲（177—217），字仲宣，山阳高平（今山东微山西北）人。东汉末年著名文学家。汉献帝初平元年（190），因董卓劫持汉室君臣迁都，王粲随父由洛阳西至长安。西京扰乱，遂南下投奔荆州牧刘表，未被重用，羁留荆州达15年之久。后归曹操，辟为丞相掾，赐爵关内侯。官至侍中。

王粲少有才名，身遭乱离，其诗慷慨，部分诗作反映了社会动乱和人民疾苦，现实性比较强烈。其小赋抒情真挚，风格清丽。他在“建安七子”中成就最高，与曹植并称“曹王”。后人辑有《王侍中集》。

这篇小赋是王粲于建安九年（205年）在荆州登麦城城楼时所作。

登兹楼以四望兮[1]，聊暇日以销忧[2]。览斯宇之所处兮[3]，实显敞而寡仇[4]。挟清漳之通浦兮[5]，倚曲沮之长洲[6]。背坟衍之广陆兮[7]，临皋隰之沃流[8]。北弥陶牧[9]，西接昭丘[10]。华实蔽野[11]，黍稷盈畴[12]。虽信美而非吾土兮[13]，曾何足以少留[14]？

遭纷浊而迁逝兮[15]，漫逾纪以迄今[16]。情眷眷而怀归兮，孰忧思之可任[17]？凭轩槛以遥望兮[18]，向北风而开襟[19]。平原远而极目兮，蔽荆山之高岑[20]。路逶迤而修迥兮[21]，川既漾而济深[22]。悲旧乡之壅隔兮[23]，涕横坠而弗禁。昔尼父之在陈兮，有归欤之叹音[24]。钟仪幽而楚奏兮[25]，庄舄显而越吟[26]。人情同于怀土兮[27]，岂穷达而异心[28]？

惟日月之逾迈兮[29]，俟河清其未极[30]。冀王道之一平兮[31]，假高衢而骋力[32]。惧匏瓜之徒悬兮[33]，畏井渫之莫食[34]。步栖迟以徙倚兮[35]，白日忽其将匿。风萧瑟而并兴兮，天惨惨而无色。兽狂顾以求群兮，鸟相鸣而举翼。原野阒其无人兮，征夫行而未息[36]。心凄怆以感发兮，意忉怛而憯恻[37]。循阶除而下降兮[38]，气交愤于胸臆。夜参半而不寐兮[39]，怅盘桓以反侧[40]。

（选自《文选》，上海古籍出版社1986年版）

注释

［1］兹楼：此楼，指麦城城楼。麦城故城在今湖北当阳东南，漳、沮二水会合处。

［2］聊：姑且，暂且。暇日：假借此日。暇，通“假”，借。

［3］斯宇：此楼。

［4］显敞：明亮宽敞。寡仇：很少能与之匹敌。仇，匹敌。

［5］挟：带。漳：漳水，在麦城东。浦：大水有旁口别通它水叫“浦”。

[6] 沮(jū):沮水,在麦城西,与漳水会合南流入长江。长洲:水边沙洲。

[7] 背:背靠,指北面。坟衍:地势高起为坟,广平为衍。

[8] 临:面对,指南面。皋隰(xí):水边之地为皋,低湿之地为隰。

[9] 弥:终极。陶牧:相传为春秋时越国大夫范蠡葬地。范蠡人称陶朱公。

[10] 昭丘:楚昭王墓,在沮水边。楚昭王是春秋时楚国的明君。

[11] 华:同"花"。

[12] 盈畴:长满田野。

[13] 信美:确实很好。信,诚然、确实。

[14] 少:稍许。

[15] 纷浊:指动乱时世。迁逝:迁徙流亡。

[16] 纪:一纪为十二年。

[17] 任:当,受。

[18] 轩槛:栏杆。

[19] 向北风:王粲家乡在荆州之北,故云。

[20] 荆山:在今湖北南漳,漳水发源于此。岑:小而高的山。

[21] 修:长。迥:远。

[22] 漾:水流漫长。济:渡。

[23] 壅隔:阻塞隔绝。

[24] "昔尼父"二句:孔子在陈国曾绝粮,只得叹息说:"归欤!归欤!"事见《论语·公冶长》。尼父:孔子。

[25] "钟仪"句:钟仪是楚国乐官,为晋侯所俘,晋侯命他弹琴,他仍操楚国乐调,所以《左传·成公九年》说:"乐操土风,不忘旧也。"幽:囚禁。

[26] "庄舄(xì)"句:越人庄舄在楚国做大官,病中呻吟,仍为越国的语音。显:显达,做大官。

[27] 土:故土,故乡。

[28] 穷:逆境。达:顺境。

[29] 惟:念。日月:指光阴。逾迈:流走,消逝。

[30] 河清:古人以黄河水清比喻时世太平。极:至,到。

[31] 冀:希望。王道:即"王政",朝廷政局。一:统一。平:平定。

[32] 假:借。高衢:大道。

[33] "惧匏(páo)瓜"句:据《论语·阳货》载,孔子曾说:"吾岂匏瓜也哉,焉能系而不食?"这是以匏瓜徒悬比喻不被任用。匏瓜:葫芦。

[34] "畏井渫(xiè)"句:《周易·井卦》:"井渫不食,为我心恻。"这是比喻自己虽志向高洁,却不被任用。渫:除去井中污浊。

[35] 栖迟:游息。徙倚:徘徊。

[36] 阒(qù):寂静。征夫:行人。

[37] 忉怛(dāo dá):悲痛。憯(cǎn)恻:凄伤。

[38] 阶除:阶梯。

[39] 夜参半:半夜。参,分。

[40] 盘桓:逗留不进的样子。这里意为思前想后。反侧:翻来覆去,难以入睡。

赏析

《登楼赋》是王粲滞留荆州、依附刘表时所作,抒发了因战乱而漂泊异乡、对故土浓厚的思念之情,倾吐了怀才不遇、宏图难展的苦闷。

全文可分为三部分。第一部分自开篇至“曾何足以少留”,写登楼的缘起及眼中所见。作者寄人篱下,为销忧而登楼散心,结果事与愿违,眼前辽阔美丽的原野,非但没有使他获得慰藉,反而生出“虽信美而非吾土”的感慨,心中之忧随即而出。第一部分奠定抒情基调,成为全文的文眼。第二部分自“遭纷浊而迁逝兮”至“岂穷达而异心”,写思乡怀旧之情。前两句回忆往事,“漫”字尽显作者去国怀乡、度日如年的心境。结尾几句连用孔子厄陈叹归、钟仪囚于晋仍奏楚音、庄舄显于楚而不忘越吟三个典故,说明思乡之情无论穷达,自古皆同。第三部分自“惟日月之逾迈兮”至最后一句,感叹日月流逝,惧匏瓜之徒悬,冀王道一平,自己能够“假高衢而骋力”,但纷乱的现实击碎了他建功立业的梦想。萧瑟秋风中,作者徘徊踯躅,满怀悲愤,夜半难寐,从中可以窥见建安时代民不聊生的社会景象。

《登楼赋》具有两个显著特点:一是通过写景抒情,情景交融。在写法上,有时虚实相间,如第一段中实写秋野景色;有时则由实转虚,如以“陶牧”“昭丘”的古人故事暗示未遇明君的现实处境;有时明暗相映,如第一段的明朗之景与第三段中的昏暗暮景,有感发感情之效;有时主客相兼,如第一、三段所写之景偏于客观描绘,而第二段中凭栏遥望所见,则属主观虚撰。无论是情随景迁,还是因情设景,都有情景相生之妙。二是恰到好处地运用典故成语,增强了思想感情的表达力度。

全文风格清雅,措辞洗练,音节和谐,体现了魏晋抒情小赋的基本特色。

思考与练习

一、本文中抒发的忧思,其内涵是如何逐步深化的?

二、找出本文中景物描写的部分,说明这些景物描写对抒情起了什么作用?

三、文中多处用典,分别说出这些典故在文中的含义。

垓下之围[1]

司马迁

司马迁(约前145—?),字子长,夏阳(今陕西韩城南)人。青年时多次出外游历,足迹遍及南北各地。初任郎中,数年后承袭父职任太史令,读到大量朝廷藏书。他继承父志,于太初元年(前104年)开始着手编写《史记》。天汉二年(前99年),由于替投降匈奴的李陵辩解,得罪汉武帝,被处宫刑。出狱后任中书令。为了完成《史记》的写作,他含垢忍辱,发愤著书,终于在征和初年(前92年)左右基本写成。不久即去世。

《史记》记叙了上自传说中的黄帝、下至汉武帝太初年间共3000多年的历史，是我国第一部纪传体通史，全面而生动地反映了历史的真实，对不合理的社会现实和统治阶级争权夺利、尔虞我诈的面目进行了揭露和批判，对社会中下层被压迫者和反抗者则寄予一定的同情。由于他在记叙历史人物时注入了自己的深厚感情，加上语言表达精练生动，书中的人物往往写得栩栩如生，具有强烈的艺术感染力。

本文节选自《史记·项羽本纪》。题目系编者所加。

项王军壁垓下[2]，兵少食尽，汉军及诸侯兵围之数重。夜闻汉军四面皆楚歌[3]，项王乃大惊曰："汉皆已得楚乎？是何楚人之多也！"项王则夜起，饮帐中。有美人名虞，常幸从[4]；骏马名骓[5]，常骑之。于是项王乃悲歌慷慨[6]，自为诗曰："力拔山兮气盖世，时不利兮骓不逝[7]。骓不逝兮可奈何，虞兮虞兮奈若何[8]！"歌数阕[9]，美人和之。项王泣数行下，左右皆泣，莫能仰视[10]。

于是项王乃上马骑[11]，麾下壮士骑从者八百馀人，直夜溃围南出[12]，驰走。平明[13]，汉军乃觉之，令骑将灌婴以五千骑追之。项王渡淮，骑能属者百馀人耳[14]。项王至阴陵[15]，迷失道，问一田父，田父绐曰[16]："左。"左，乃陷大泽中。以故汉追及之。项王乃复引兵而东，至东城[17]，乃有二十八骑。汉骑追者数千人。项王自度不得脱[18]。谓其骑曰："吾起兵至今八岁矣，身七十馀战[19]，所当者破[20]，所击者服，未尝败北[21]，遂霸有天下。然今卒困于此[22]，此天之亡我，非战之罪也。今日固决死[23]，愿为诸君快战[24]，必三胜之，为诸君溃围，斩将，刈旗[25]。令诸君知天亡我，非战之罪也。"乃分其骑以为四队，四向[26]。汉军围之数重。项王谓其骑曰："吾为公取彼一将。"令四面骑驰下，期山东为三处[27]。于是项王大呼驰下。汉军皆披靡[28]。遂斩汉一将。是时，赤泉侯为骑将[29]，追项王，项王瞋目而叱之[30]，赤泉侯人马俱惊，辟易数里[31]。与其骑会为三处。汉军不知项王所在，乃分军为三，复围之[32]。项王乃驰，复斩汉一都尉，杀数十百人。复聚其骑，亡其两骑耳。乃谓其骑曰："何如？"骑皆伏曰[33]："如大王言。"

于是项王乃欲东渡乌江[34]。乌江亭长檥船待[35]，谓项王曰："江东虽小，地方千里，众数十万人，亦足王也。愿大王急渡。今独臣有船，汉军至，无以渡。"项王笑曰："天之亡我，我何渡为！且籍与江东子弟八千人渡江而西，今无一人还，纵江东父兄怜而王我[36]，我何面目见之？纵彼不言，籍独不愧于心乎？"乃谓亭长曰："吾知公长者[37]。吾骑此马五岁，所当无敌，尝一日行千里，不忍杀之，以赐公。"乃令骑皆下马步行，持短兵接战。独籍所杀汉军数百人。项王身亦被十馀创[38]。顾见汉骑司马吕马童[39]，曰："若非吾故人乎[40]？"马童面之[41]，指王翳曰[42]："此项王也。"项王乃曰："吾闻汉购我头千金，邑万户，吾为汝德[43]。"乃自刎而死。王翳取其头，馀骑相蹂践争项王，相杀者数十人。最其后，郎中骑杨喜，骑司马吕马童，郎中吕胜、杨武各得其一体。五人共会其体，皆是。故分其地为五：封吕马童为中水侯，封王翳为杜衍侯，封杨喜为赤泉侯，封杨武为吴防侯，封吕胜为涅阳侯。

……

太史公曰[44]：吾闻之周生曰[45]"舜目盖重瞳子[46]"，又闻项羽亦重瞳子。羽岂其苗裔邪[47]？何兴之暴也！[48]夫秦失其政，陈涉首难，豪杰蜂起，相与并争，不可胜数。然羽非有尺寸[49]，乘势起陇亩之中[50]，三年，遂将五诸侯灭秦[51]，分裂天下，而封王侯，政由羽出[52]，号为“霸王”，位虽不终[53]，近古以来未尝有也。及羽背关怀楚[54]，放逐义帝而自立[55]，怨王侯叛己，难矣[56]。自矜功伐[57]，奋其私智而不师古[58]，谓霸王之业，欲以力征经营天下[59]。五年卒亡其国，身死东城，尚不觉寤而不自责，过矣[60]。乃引“天亡我，非用兵之罪也[61]”，岂不谬哉！

（选自《史记》，岳麓书社 1988 年版）

注释

[1] 垓下：地名，故址在今安徽固镇东北沱河南岸。

[2] 壁：营垒；此处用作动词，在……扎营。

[3] 四面皆楚歌：四面八方都响起用楚方言所唱的歌曲。喻指楚人多已降汉。

[4] 幸从：得到宠爱，跟随在项羽身边。

[5] 骓（zhuī）：毛色黑白相间的马。这里是以毛色为马命名。

[6] 慷慨：悲愤激昂。

[7] 逝：奔驰。

[8] 奈若何：将你怎么办。若，你。

[9] 阕（què）：乐歌终了一次叫作一阕。

[10] 莫：没有人。

[11] 骑：一人乘一马为一骑。

[12] 直夜：当夜。溃围：突破重围。

[13] 平明：天亮时。

[14] 骑能属者：能跟从而来的骑兵。属，随从。

[15] 阴陵：秦时地名，故址在今安徽定远县西北。

[16] 田父：农夫。绐（dài）：欺骗。

[17] 东城：秦时地名，故址在今安徽定远县东南。

[18] 度（duó）：揣测，估计。脱：脱身。

[19] 身：亲身参加。

[20] 所当者：所遇到的敌方。

[21] 尝：曾。败北：战败，败走。

[22] 卒：最终。

[23] 固：必，一定。

[24] 快战：痛痛快快地打一仗。

[25] 刈（yì）：割，砍。

[26] 四向：面朝四个方向。

[27] 期：约定。山东：山的东面。为三处：意谓分三处集合。

[28] 披靡：惊溃散乱的样子。

[29] 赤泉侯：汉将杨喜，后封赤泉侯。赤泉，古地名。

[30] 瞋(chēn)目：瞪大眼睛。叱(chì)：大声呵斥。

[31] 辟易：倒退。

[32] 复：又，再。

[33] 伏：通“服”。

[34] 乌江：即今安徽和县东北之乌江浦。

[35] 亭长：乡官。秦、汉时制度，十里一亭，设亭长一人。杈(yǐ)：同“舣”，移船靠岸。

[36] 纵：即使。王我：让我为王。

[37] 长者：性情谨厚的人。

[38] 创：创伤。

[39] 顾：回头看。

[40] 故人：旧相识。

[41] 面之：面对着项王。

[42] 指王翳：把项王指给王翳看。

[43] 吾为汝德：我就给你个好处吧。

[44] 太史公：即太史令，司马迁自称。《史记》每篇传记文后均设“太史公曰”一段文字，抒发对传主一生行事、遭遇的总结、评价。

[45] 周生：汉时儒者，姓周，名不详。

[46] 盖：表推测，或许、可能之意。重瞳子：旧说指一只眼睛里有两个眸子。

[47] 苗裔：后代。

[48] 暴：骤然，突然。

[49] 尺寸：指极少的封地、权势等凭借。

[50] 陇亩：田间，指民间。

[51] 将：率领。五诸侯：齐、赵、韩、魏、燕五国。此处泛指楚以外的各路义军。

[52] 政：政令。

[53] 不终：没有取得好结果。

[54] 背关怀楚：放弃关中，怀归楚地。指的是项羽不扼据关中而还军建都彭城。

[55] 放逐义帝：项羽之叔项梁起兵时，立楚王后代熊心为怀王。灭秦后项羽尊其为义帝。后项羽自立为西楚霸王，徙义帝往长沙郴县，并阴令人于途中杀之。

[56] 难矣：意思是说，项羽在这种情况下还想成大事，那就太困难了。

[57] 自矜：自夸，自负。功伐：指武力征伐之功。

[58] 私智：一己之能。师古：以古代成功立业的帝王为师。

[59] 经营：治理，整顿。

[60] 过矣：实在是大错特错了。

[61] 引：援引，以……为理由。

赏析

《项羽本纪》是《史记》中写得最富文学色彩的人物传记之一。作者打破了“成者为王，败者为寇”的统治阶级的历史偏见，将项羽放在“述帝王”的“本纪”中，并赋予这个失败者以较多的赞颂和同情，既肯定项羽起兵灭秦的重大历史功绩，又批评他缺乏政治远见、专恃武力以经营天下的致命错误。这在当时是颇具胆识的。《垓下之围》中的项羽是个悲剧英雄，但作者没有着力渲染他的悲剧性，而是更注重多角度、多层面刻画、丰富他的英雄主义色彩。

文章描写了三个场面：在四面楚歌中霸王别姬，悲歌慷慨，表现了英雄末路多情而又无可奈何的心境；在东城“快战”中连斩数将，说到做到，展现了他勇猛无比的英姿；因愧见江东父老而自刎乌江，宁死不辱，揭示了他内心知耻重义的一面。这样的描写使一个表里如一、刚柔相济、个性鲜明、功过参半的悲剧英雄形象呈现在读者面前。

司马迁写人物传记，善于在历史事实的关键环节进行合乎情理的艺术加工，细节描写有血有肉、生动传神。本文中“虞兮虞兮”的悲歌、“泣数行下”的悲情、“天之亡我”的反复呼告、瞋目吓退吕马童数里的气势、宁死愧见江东父老的诉说、将宝马赠给乌江亭长的举动等细节描写，无不为塑造一个惊天地、泣鬼神的悲剧英雄形象添色增彩，同时也收到了使人物性格突出、情致丰赡动人的艺术效果。

思考与练习

一、本文主要描述了垓下之围中的哪三个场面？这三个场面各表现了项羽怎样的性格？

二、指出文中的细节加工之处，说明这些细节加工的表现作用，思考人物传记写作中尊重事实与艺术加工的关系。

三、结合文中“太史公曰”一段评议，谈谈你对项羽功过及其失败原因的看法。

第三章　隋唐五代文学

第一节　隋唐五代文学概述

唐代是我国历史上又一个强盛和繁荣的时代，也是我国古代文学特别是古典诗歌大放异彩的时代。唐代繁荣稳定的社会环境为文学的发展提供了良好的土壤。唐代前期经济繁荣，国力强大，社会相对稳定，国家的统一和政策的开放，为中西方和地区间文化的交流与融合创造了良好的条件；滥觞于隋而成熟于唐的科举取士制度，为广大读书人尤其是下层知识分子提供了晋升之阶；读书、漫游、应举、从军、入仕等多样化的活动使人们的视野更为开阔，精神生活更加丰富。开放的社会氛围、乐观的社会心态、积极进取的精神，为文学特别是诗歌带来了明朗健康、昂扬奋发的情调。安史之乱后，唐王朝由盛转衰，文学向揭露社会矛盾、抨击社会弊端的方向发展，艺术上也不断有所创新。唐代的统治者十分重视文学，这对于文学的发展特别是诗歌的繁荣起了很大的促进作用。唐太宗在即位前，就设有文学馆招揽人才，武后时曾设珠英学士，中宗时有修文馆，玄宗时有集贤院和翰林院，集中了当时的精英，诗歌唱和成为一时风气；加之唐代进士科"以诗取士"，这些都促进了诗歌创作的普及、技巧的讲求和质量的提高。唐代文学的繁荣也是文学自身发展的结果。前代文学的发展，如先秦两汉《诗》《骚》、乐府的优秀传统，魏晋以来文学理论的研讨，创作经验的积累和格律形式的探求，都为文学的发展打下了坚实的基础，从而在极富创造精神的唐人手中绽放出绚丽之花，结下丰硕之果。

唐代文学的繁荣主要表现在：第一，作品数量很多，作者身份复杂。以唐诗为例，据清代康熙年间编的《全唐诗》所录，唐代有诗人 2 800 余人，诗作 49 000 余首，上自帝王将相、后妃宫女，下至贩夫走卒、娼优释道，社会各个阶层都参与其中。第二，题材多样，内容丰富。大至政治风云变幻、社会民生疾苦，小至个人生活感受，举凡士卒征戍、边塞风光、贬谪流徙、羁旅行役、游宴别离、爱情闺怨、民俗风情、山水田园等，无不入诗。题材之广阔，内容之丰富，主题之深刻，情感之热烈，大大超过了前人，形成了唐代社会生活的绚丽多彩的画卷。第三，文学体裁的完备与成熟。从诗歌来看，诗体至唐而大备，不但有了五言、六言、七言、杂言等多种形式，还出现了近体诗，古体诗也有新的发展，七言歌行体就是古诗律化的产物。在散文方面，既有沿袭旧体的骈俪之作，又有上继先秦两汉的古文写作的各类作品。词由民间转入文人手中，开始显露它作为新兴文学样式的生命力。传奇的出现标志着古代短篇小说的成熟，变文和俗讲成为后世白话长篇小说以及弹词等民间说唱文学的源头。第四，风格流派异彩纷呈。就诗歌来说，唐朝不仅出现了像李白、杜甫这样伟大的诗人，还产生了王维、白居易、李贺、李商隐、杜牧等一大批杰出的诗人。他们勇于探索和实践，积累了丰富的创作经验，形成了自己的独特风貌。他们的作品或飘逸豪放，或沉郁顿挫，或悲壮，或奇丽，或险怪，或浅俗，或俊逸豪健，或深曲工丽，形成了百花齐放的局面。以韩愈、柳宗元作品为代表的散文，抒情议论，笔意纵横，状物叙事，生动形象，标志着散文的发展和成熟。晚唐时皮日休、陆龟蒙等人的小品文，针砭现实，笔调犀利流畅，对后世此类文体的发展产生了重大的影响。

唐代文学的发展，大致可分为初、盛、中、晚四个阶段。各个阶段的诗歌及其他体裁的文学都有各自的特点。

隋文帝平陈为南北文风融合创造了条件，唐太宗提倡“雅正”，去华崇实，但齐梁浮艳柔靡的诗风仍然是诗坛的主流。高宗时，“初唐四杰”王勃、杨炯、卢照邻、骆宾王率先起来反对齐梁余风，突破了宫廷诗的局限，转向江山塞漠和个人情志的抒写；稍后的陈子昂进一步抨击六朝以来的绮靡诗风，明确提出恢复汉魏“兴寄”“风骨”的文学主张，这些都为唐诗的健康发展指明了方向。近体诗在沈佺期、宋之问手中的定型，则为诗歌的发展创造了更有利的条件。这一时期出现的传奇，虽然没有摆脱骈文的影响，但不再粗陈梗概，而是具有小说的特质和规模了。

经过初唐的酝酿，玄宗开元、天宝年间，迎来了诗歌的全面繁荣，大家、名家迭出，风格流派纷呈。李白以豪迈激昂的气魄讴歌理想，抒写抱负，追求光明，抨击黑暗，唱出了时代的最强音。杜甫大胆地揭露社会矛盾，为国家的命运、人民的苦难而歌唱，他的诗被誉为一代“诗史”。他们成为诗歌史上两颗耀眼的明星。此外，以高适、岑参为代表的边塞诗派以歌行体见长，以王维、孟浩然为代表的山水田园诗派以五言取胜，王昌龄被誉为“七绝圣手”，崔颢、李颀等都各有成就。至此，唐诗风骨、声律、兴象大备。昂扬奋发、健康明朗的感情基调，情景交融、兴象玲珑的意境创造，完善的格律形式，精练、自然、优美的语言，个性化的风格，标志着唐诗的完全成熟。

中唐前期，安史之乱影响了一代诗人，他们的作品中虽然犹存盛唐余韵，但更多地表现了孤独寂寞的情怀，追求清雅高逸的情调。不久后，人们开始从战乱的打击中恢复过来。与政治上要求革新、思想界要求重新确认儒学的地位相适应，文学上也出现了一股新浪潮，这就是韩愈、柳宗元提倡的古文和以张籍、王建、元稹、白居易为代表的写实讽喻诗派。他们或以“文以载道”为号召，或以揭露时弊为目的，但在挽回唐王朝江河日下的局面、再现盛唐的辉煌这一点上，是完全一致的。这一阶段的诗歌创作形成了又一个高潮。写实诗派之外，还有韩愈、孟郊、李贺的重主观、尚怪奇诗派。元轻白俗，郊寒岛瘦，韩愈的险怪奇崛，李贺的奇诡，刘禹锡的豪放洒脱，柳宗元的幽深峻洁，都卓然自成一家。一代散文大家韩愈、柳宗元以复古为革新，反对六朝以来的骈俪文风，提倡先秦两汉奇句单行的古文，取得了丰硕的成果。韩文气势磅礴、雄浑奔放，柳文条理井然、意味隽永，成为后世散文的典范，影响深远。中唐传奇摆脱志怪传统，反映社会现实生活，情节曲折生动，人物形象鲜明，标志着古典短篇小说的完全成熟。张志和、白居易等创作的词成为第一批成熟的文人词作。

随着唐王朝的没落衰亡，晚唐文学包括诗歌也走向了衰落。动乱的现实、破碎的理想，给士人心头投下挥之不去的阴影，人们或沉浸在对辉煌历史的追忆之中，或转向对身边的琐屑事物和内心情感世界的描写。有“小李杜”之称的李商隐、杜牧，是这一时期最杰出的诗人，为暮色苍茫的黄昏帝国投射出一抹明丽的落日余晖。杜牧擅长七绝，诗风清丽俊逸。李商隐工于七律，格调绮丽绵密，他的无题诗深情绵邈，隐约幽微，自成一家。此外，皮日休、聂夷中、杜荀鹤的诗歌，陆龟蒙、罗隐、皮日休的散文直指社会现实，揭露黑暗丑恶，都在晚唐显现出光彩和锋芒。词至晚唐已经获得独立发展的地位。温庭筠是第一位大力从事词创作的词人，其词风浓艳而绵密。五代时期的韦庄词风清丽疏朗，和《花间集》中其他词人一样，他们的作品多写男欢女爱和离愁别绪，柔婉隐约，奠定了词的风格类型。南唐后主李煜以词抒写亡国之恨，感情真挚，忧愤深广，在五代词人中成就最高。

在我国古代文学发展史上，唐代文学不仅达到了前所未有的高度，而且承前启后，居于重要的地位。唐代古文运动创造了被后世奉为典范的作品，为散文的健康发展开辟了宽广的道路。唐人传奇直接影响了宋以后的文言小说、白话小说和戏曲。唐五代词作为新兴文体，在取得很高成就的同时，为后人留下了宽广的发展余地。唐代的变文成为后世话本、鼓子词以及明清盛行的宝卷、弹词的直接源头。当然，唐代文学的最大贡献还在诗歌方面。唐代是中国诗歌史上的黄金时代。诗人们爱国忧民的情怀，批判现实的精神，娴熟精深的技巧和他们所创作的大量诗歌作品，成为后人学习的光辉榜样。文学作品的传播从来没有像唐诗这样广泛，它不但深深地渗入散文、戏曲、小说等其他文学体裁里，也成为中华民族文化最核心的组成部分，是全世界人民的宝贵精神遗产。

第二节 作品选

春江花月夜[1]

张若虚

张若虚（生卒年不详），江苏省扬州人，初唐诗人。中宗神龙年间，与贺知章、张旭、包融并称“吴中四士”，曾官兖州兵曹参军。生平事迹已不可详考，《全唐诗》仅存其诗两首。

春江潮水连海平，海上明月共潮生。滟滟随波千万里[2]，何处春江无月明。江流宛转绕芳甸[3]，月照花林皆似霰[4]。空里流霜不觉飞，汀上白沙看不见[5]。江天一色无纤尘，皎皎空中孤月轮[6]。江畔何人初见月，江月何年初照人？人生代代无穷已[7]，江月年年只相似。不知江月待何人，但见长江送流水[8]。白云一片去悠悠[9]，清枫浦上不胜愁[10]。谁家今夜扁舟子，何处相思明月楼[11]。可怜楼上月徘徊[12]，应照离人妆镜台。玉户帘中卷不去，捣衣砧上拂还来[13]。此时相望不相闻，愿逐月华流照君[14]。鸿雁长飞光不度，鱼龙潜跃水成文[15]。昨夜闲潭梦落花[16]，可怜春半不还家。江水流春去欲尽，江潭落月复西斜。斜月沉沉藏海雾，碣石潇湘无限路[17]。不知乘月几人归，落月摇情满江树。

（选自《全唐诗》，卷一百十七，中华书局1960年版）

注释

[1] 春江花月夜:乐府旧题,属《清商曲辞·吴声歌曲》,相传为南朝陈后主所创。

[2] 滟滟:波光闪烁的样子。

[3] 芳甸:花草丛生、美丽芳香的郊野。

[4] 霰:细密的雪珠。这里形容映着月光的花朵。

[5] 空里流霜不觉飞:月光皎洁柔和如流霜飞泻。形容江上白茫茫一片空明。汀:水中或水边平地。

[6] 皎皎:皎洁。

[7] 穷已:穷尽。

[8] 但:只。"江畔"句至"但见"句是在写景基础上描写诗人对宇宙奥秘的探索和对人生哲理的认识。

[9] 白云:指游子。去悠悠:形容游子在外如白云飘荡。悠悠,悠远貌。

[10] 清枫浦:地名,在今湖南浏阳境内。浦,原指大江和支流的交汇处,在诗中常常用为送别的处所。

[11] 扁舟:小船。这两句是说,在此月夜,有多少游子舟行江中,在漂泊中思念家人;又有多少思妇伫立楼头,思念丈夫。"白云"句至"何处"句总写游子、思妇两地相思之情。

[12] 徘徊:形容月影缓缓移动。

[13] 玉户:闺房的美称。捣衣:古时以练制衣,要先在石砧上用木杵捣软,才便于缝纫。这两句是说,引起相思之情的月光,似乎故意与思妇为难,帘卷不去,手拂还来。

[14] 月华:月光。

[15] 光不度:不能逾越月光。度,通"渡"。鱼龙:指鲤鱼。潜跃水成文:鲤鱼在水底潜游,水面上激起波纹。文,通"纹"。鸿雁、鲤鱼都是指信使。《汉书·苏武传》有鸿雁传书的记载。蔡邕《饮马长城窟行》:"客从远方来,遗我双鲤鱼。呼儿烹鲤鱼,中有尺素书。"这两句是说游子、思妇彼此间难通音讯。

[16] 闲潭梦落花:即梦见花落闲潭。用闲潭落花暗示春将尽。

[17] 碣石:山名,故址在今河北省。一说碣石山已沉入海。潇湘:潇水和湘水,在今湖南省境内。这句是说,游子、思妇分处天南地北,难以相见。

赏析

这首七言古诗紧扣春、江、花、月、夜五种自然景物,构成奇妙的艺术境界。春江潮水滚滚向东,与大海连成一片,空中皎皎明月映照江中,江天一色;洲上花林、江岸沙滩、空中流霜都笼罩在月光下,整个世界空明莹洁,浑然一体。在这广大无边的空间下,诗人又生出奇想:"江畔何人初见月,江月何年初照人?"将时间从此情、此景、此刻拉回到遥不可知的往昔。在时空交织的宇宙中,个体生命短暂易逝,生命之流却生生不息。诗人将游子思妇间刻骨铭心的相思之情置于春江花月夜的美好背景下,以良辰美景衬离愁之苦。与江月相比,人生如此短暂。在短暂的人生里,离愁越发显得浓郁。诗虽有感伤和凄凉,但并不颓废,有着对美好生活的向往,对青春年华的珍惜,以及对人生宇宙的探索。诗境开阔,融诗情、画意、哲理为一炉,是一篇情、景、理完美交融的佳作。

诗中写到多种景物，如海潮、芳甸、花林、白云、青枫、落花、海雾、江树，唤起人的视觉享受。又以月为中心，种种景物的色彩被笼罩于皎洁的月光中。全诗语言优美自然，声韵和谐流畅。张若虚虽存诗两首，只此一诗，就“以孤篇压倒全唐”，诗人也因此“孤篇横绝，竟为大家”。

思考与练习

一、古人常有慨叹宇宙永恒、人生苦短的诗句，如“天地无终极，人命若朝露”“人生若尘露，天道邈悠悠”，等等，张若虚对于宇宙与人生关系的看法和上述两句表现的观点有何不同？谈谈你对这个问题的理解。

二、分析全诗的线索，了解诗歌的层次以及各层次是如何展开的。

渭川田家[1]

王　维

王维(701—761)，字摩诘，原籍太原祁州(今山西祁县)。20岁中进士，为大乐丞。张九龄任命他为右拾遗，他表现出积极的政治态度。张九龄罢相后，王维无意仕进，先后在终南山和辋川过着亦官亦隐的生活。天宝十五年(756)，安禄山兵入长安，王维为叛军所俘，被迫接受伪官。安史之乱平定，因陷贼官论罪，降为太子中允，从此吃斋奉佛，以禅诵为事。最后任尚书右丞，世称“王右丞”。

王维的诗歌创作以山水田园题材为主，与孟浩然同为盛唐山水田园诗派的代表人物。王维有着很高的艺术修养，精通绘画、音乐、书法等，故他的诗兼容画法乐理，形成“诗中有画”的艺术特色。有《王右丞集》传世。

斜光照墟落，穷巷牛羊归[2]。野老念牧童，倚杖候荆扉[3]。雉雊麦苗秀，蚕眠桑叶稀[4]。田夫荷锄至，相见语依依。即此羡闲逸，怅然吟《式微》[5]。

(选自《全唐诗》，卷一百二十五，中华书局1960年版)

注释

[1] 渭川：即渭河，发源于甘肃，东流入陕西，至潼关入黄河。

[2] 墟落：村落。墟，有人住的地方。穷巷：偏僻小巷。

[3] 野老：老农。荆扉：柴门，用树枝编成的简陋的门。

[4] 雉：野鸡。雊(gòu)：野鸡鸣叫。秀：花，扬花。蚕眠：蚕休眠。

[5] 即此：指上面所说的情景。怅然：失意的样子。式微：《式微》是《诗经·邶风》中的篇名，诗中反复吟叹：“式微，式微，胡不归。”诗人这里是用来表达希望归隐田园的心情。

赏析

唐人殷璠在他的盛唐诗歌选本《河岳英灵集》中评王维的诗：“词秀调雅，意新理惬，在泉为珠，着壁成绘，一字一句，皆出常境。”王维的诗以鲜明生动的形象表达真实鲜活的生活感受，形成情景交融、富于情韵的诗歌境界，境界一经形成，往往能传达出超出情景之外更为丰富的含义，具有言有尽而意无穷的效果。本诗以白描的艺术手法,生动细致地描绘了秦中农村一幅充满情趣的生活画卷。夕阳斜照、牛羊暮归、野老候门、农夫荷锄,依次写来,整个画面布局匀称,色调协调,勾勒出诗意盎然的田家晚归图,借以表达自己归隐田园的心情。

思考与练习

一、王维的《渭川田家》描绘的是一幅安逸闲适的农家图,诗人要通过它表达什么感情?他是怎样做到写景与抒情契合无间、浑然一体的?

二、背诵这首诗。

燕　歌　行[1]

高　适

高适(约700—765),字达夫,渤海蓨(今河北景县南)人。盛唐边塞诗派的代表人物,与岑参齐名,并称"高岑"。高适早年生活困顿,仕途失意,常混迹于市井,甚至"以求丐自给"。唐玄宗天宝八年(749),经人举荐,中"有道科",授封丘县尉,因不能忍受"拜迎官长心欲碎,鞭挞黎庶令人悲"的痛苦,弃官而去。后客游河西,为河西节度使哥舒翰掌书记。安史之乱平息后,得到唐肃宗的重用,历任淮南、西川节度使等职,官终散骑常侍,封渤海县侯。

高适半生潦倒,其诗自叹遭遇的篇章较多,对民生疾苦也有所反映。他的边塞诗数量不多,但揭露出当时军旅中的多种矛盾,较为深刻地反映了社会现实。高适诗以七言歌行见长,笔墨老成,风格雄放。有《高常侍集》存世。

汉家烟尘在东北[2],汉将辞家破残贼[3]。男儿本自重横行[4],天子非常赐颜色[5]。摐金伐鼓下榆关[6],旌旆逶迤碣石间[7]。校尉羽书飞瀚海[8],单于猎火照狼山[9]。山川萧条极边土[10],胡骑凭陵杂风雨[11]。战士军前半死生,美人帐下犹歌舞[12]!大漠穷秋塞草腓[13],孤城落日斗兵稀[14]。身当恩遇恒轻敌[15],力尽关山未解围[16]。铁衣远戍辛勤久[17],玉箸应啼别离后[18]。少妇城南欲断肠[19],征人蓟北空回首[20]。边庭飘摇那可度[21],绝域苍茫更何有[22]!杀气三时作阵云[23],寒声一夜传刁斗[24]。相看白刃血纷纷[25],死节从来岂顾勋[26]?君不见沙场征战苦[27],至今犹忆李将军[28]!

(选自《全唐诗》,卷二百十三,中华书局1960年版)

注释

[1] 燕歌行:汉乐府《相和歌辞·平调曲》旧题。燕(yān):今河北省一带地区,这里泛指东北边塞。这首诗作于唐玄宗开元二十六年(738)。诗前原有序云:"开元二十六年,客有从御史大夫张公出塞而还者,作《燕歌行》以示适,感征戍之事,因而和焉。"张公,即张守珪。当时,河北节度副大使张守珪部为契丹所败,张隐匿败绩,谎报军功,诗人得悉真情,写了这首诗,寓讽刺之意。

[2] 汉家:汉朝,这里借指唐朝。烟尘:指发生战争。开元十八年(730)以后的数年里,唐与东北契丹、奚的战争连年不绝,所以说"烟尘在东北"。

［3］汉将：指代唐将。残贼：凶暴的敌人。残，凶残。

［4］本自：本来就是。重：看重，崇尚。横行：指为国效劳，驰骋疆场，英勇杀敌。

［5］天子：皇帝。非常：特别。赐颜色：赏脸，器重，厚加礼遇。

［6］摐(chuāng)金伐鼓：敲锣击鼓，指行军。古代军中以鸣金击鼓为进退信号。摐，敲击。金，指军中所用的锣之类的铜制响器。伐，击。下：出。榆关：山海关，在今河北省秦皇岛市，是通往东北的要隘。

［7］旌旆(jīng pèi)：泛指军中各种旗帜。旌，竿头上饰有羽毛的旗。旆，大旗。逶迤(wēi yí)：宛延绵长的样子。

［8］校尉：武官名，位次于将军。羽书：插有羽毛的信，指军中紧急文书。瀚(hàn)海：大沙漠。

［9］单(chán)于：本是匈奴部落酋长的称号，这里借指侵扰唐帝国的契丹等部族的首领。猎火：打猎时燃起的火光，这里借指战火。古代北方游牧部族在发动战争之前，常常举行大规模的打猎活动作为军事演习。狼山：即狼居胥山，这里泛指接战之地。

［10］"山川"句：山河荒凉的景象一直延伸到边疆的尽头。萧条：荒凉。极：到达……尽头。边土：边境。

［11］胡骑：敌人的马队。胡，古代汉族人对北方少数民族的通称。凭陵：凭借暴力进行侵扰。杂风雨：风雨交加，形容敌人骑兵来势迅猛，有如暴风骤雨。

［12］"战士"两句：战士们在阵前殊死奋战，伤亡惨重；将帅们却在营帐里欣赏着美人的轻歌曼舞，恣意享乐。军前：阵地前。半死生：死生各半，形容伤亡惨重。帐：将帅的营帐。犹：还，还在。

［13］大漠：指边塞荒凉地区。穷秋：深秋。腓(féi)：枯萎，变黄。

［14］斗兵稀：兵器击打的声音稀少，暗示唐军伤亡惨重。

［15］身当：身受。恩遇：皇帝的恩德和优厚待遇。恒：常常，总是。

［16］力尽关山：指战士们在战场上用尽了力量。关山：指边境险要的地方。未解围：未能解除敌军对孤城的包围。

［17］铁衣：金属制的铠甲，借指出征的战士。远戍(shù)：远离家园，驻守边疆。

［18］玉箸：玉制的筷子，比喻思妇的眼泪。

［19］少妇：泛指出征战士的妻室。城南：长安城南。宫廷在长安城北，住宅区在城南。这里指少妇的住处。欲断肠：哀痛思念之极。

［20］征人：指远戍的战士。蓟(jì)北：蓟州之北，泛指北部边塞地区。唐代蓟州治所在今天津蓟州区。

［21］边庭：边境。飘摇：动荡不安。度：度日。

［22］绝域：指人烟稀少、环境荒凉的塞外。苍茫：迷茫无际的样子。

［23］"杀气"句：战场上从早到晚杀气腾腾，战云密布。三时：指晨、午、晚，即一整天。一说指春、夏、秋三季。阵云：战云。

［24］"寒声"句：夜晚军营戒备森严，寒风中不时传来刁斗的声音。刁斗：古代军中值宿巡更时敲击的铜器，白天用来煮饭。

［25］白刃：雪亮的战刀。

［26］死节：指为国牺牲。顾：顾及，关心。勋：功劳。

［27］沙场：战场。

［28］李将军：指汉代名将李广。他智勇双全，爱护士卒。《史记·李将军列传》："……广之将兵，乏绝之处，见水，士卒不尽饮，广不近水；士卒不尽食，广不尝食。宽缓不苛，士以此爱乐为用。"

赏析

严羽在《沧浪诗话·诗评》中指出:"高岑之诗悲壮,读之使人感慨",高适的诗具有阳刚雄健之美。

本诗是高适的代表作,也是唐代边塞诗的著名篇章,描写了边关的征战生活,谴责将领骄傲轻敌,荒淫失职,造成战争失败,对征人思妇的痛苦寄予了深切的同情,具有强烈的现实意义。就思想内容的丰富性和深刻性而言,这首诗可谓盛唐边塞诗的压卷之作。

全诗可分为四个部分。开头八句为第一部分,交代了战争的性质和地点,边关告急,唐军奉命出师增援。"山川萧条"以下八句为第二部分,写战斗进程和结果,其中"战士"二句揭明战斗失利的原因:士兵拼死疆场,将领却寻欢作乐。笔墨极为沉痛。"铁衣远戍"以下四句为第三部分,写战斗结束后,士兵归期无望、思乡怀亲之痛苦心情,幽怨凄楚。最后八句为第四部分,写戍边生活的紧张艰苦与士卒们不怕牺牲但渴盼良将的心情。全诗气势畅达,笔力雄健,在鲜明的对比中,隐伏着诗人的讽刺,主题深刻含蓄,内容、声情和谐统一。

全诗成功地运用了对比手法,如出师时的铺张扬厉与战败后的痛苦凄凉对比,士兵的效命死节与汉将的怙宠贪功对比,结尾提出李广引起的今昔对比等,突出作品主题。"战士军前半死生,美人帐下犹歌舞"为历来传诵的警句。诗人只是陈述事实,并未下评语加以褒贬,但旨意显豁,对比鲜明,艺术效果十分强烈。与杜甫"朱门酒肉臭,路有冻死骨"的名句有异曲同工之妙。

思考与练习

一、本篇所描写的征战生活有哪些具体内容?

二、"至今犹忆李将军"的言外之意是什么?

三、为什么在战斗结束以后,作者还花费许多笔墨描写士兵们的心理活动?

四、为何说"战士军前半死生,美人帐下犹歌舞"两句诗精警深刻?

五、有人说"大漠穷秋塞草腓,孤城落日斗兵稀"两句意境苍凉悲壮,请谈谈你的体会。

梁 甫 吟

李 白

李白(701—762),字太白,号青莲居士,祖籍陇西成纪(今甘肃静宁西南)。幼时跟随父亲从西北迁居绵州昌隆县(今四川江油市)。他青少年时期在蜀中度过,二十五六岁时出蜀漫游。玄宗天宝元年(742),奉召至长安,供奉翰林院,后得罪权贵,被赐金放还,漫游南北各地。安史之乱中,应召入永王李璘幕府,王室内讧,永王被杀,李白也被流放夜郎,途中遇赦。晚年漂泊江南,病逝于当涂(今属安徽)。李白的诗作以古体见长,内容大多为抒发对理想的追求和豪情壮志,表现对大自然的热爱、对国事的关心和对人民的同情。其诗风飘逸豪放、想象奇伟瑰丽、语言真率自然,对当时和后世影响巨大。有《李太白集》传世。

长啸梁甫吟,何时见阳春?君不见朝歌屠叟辞棘津[1],八十西来钓渭滨!宁羞白发照清水,逢时壮气思经纶[2]。广张三千六百钓，风期暗与文王亲[3]。大贤虎变愚不测[4]，当年颇似寻常人。君不见高阳酒徒起草中，长揖山东隆准公！入门不拜骋雄辩，两女辍洗来趋风[5]。东下齐城七十二，指挥楚汉如旋蓬[6]。狂客落魄尚如此，何况壮士当群雄。我欲攀龙见明主，雷公砰訇震天鼓[7]。帝傍投壶多玉女[8]，三时大笑开电光，倏烁晦冥起风雨[9]。阊阖九门不可通，以额扣关阍者怒[10]。白日不照吾精诚，杞国无事忧天倾。猰貐磨牙竞人肉[11]，驺虞不折生草茎[12]。手接飞猱搏雕虎，侧足焦原未言苦[13]。智者可卷愚者豪，世人见我轻鸿毛[14]。力排南山三壮士，齐相杀之费二桃[15]。吴楚弄兵无剧孟，亚夫咍尔为徒劳[16]。梁甫吟，梁甫吟，声正悲。张公两龙剑，神物合有时[17]。风云感会起屠钓，大人岘屼当安之[18]。

（选自《全唐诗》，卷一百六十二，中华书局 1960 年版）

注释

[1] 朝歌屠叟：指吕望佐武王灭殷，封于齐。吕望又名吕尚（即姜太公），传说他 50 岁时在棘津（今河南延津东北）做小贩，70 岁在朝歌（殷代京城，今河南汤阴县）宰牛，80 岁在磻溪（今陕西宝鸡东南）边钓鱼，90 岁遇到文王被重用。

[2] 经纶：原指整理丝线，此指规划政治。

[3] 广张：指每天设置钓具。三千六百钓：吕望 80 岁垂钓于渭水边，90 岁遇文王，垂钓 10 年，共 3 600 日，故说三千六百钓。风期：风度，此为谋略。

[4] 大贤：指吕尚。虎变：《周易·革》："大人虎变。"以虎的皮毛因季节更换后焕发光彩比喻政治上得志。

[5] "君不见"四句：《史记·郦生陆贾列传》载，郦食其（yì jī），汉初陈留高阳（今河南杞县）人，好读书，自称高阳酒徒。刘邦起兵过陈留时，郦食其到门前谒见。当时刘邦正在让两个女子给自己洗脚，听说郦是儒生打扮，拒不接见。郦高喊："我是高阳酒徒，并非儒生。"刘邦于是相见，郦长揖不拜并责备说："你既起兵讨秦，就不该对长辈这样无理。"刘邦听后，停止洗脚，以礼相待。起草中：喻出身微贱。隆准公：指刘邦。隆，高。准，鼻子。

[6] 东下齐城七十二：《史记·郦生陆贾列传》载，楚汉在荥阳、成皋一带相对峙时，郦食其受命游说齐国，孤立项羽，使齐王田光愿以所管辖七十二城归汉。旋蓬：在空中飘旋的蓬草，这里形容轻而易举。

[7] 砰訇（pēng hōng）：形容声音洪大。震天鼓：指打雷。《初学记·天部》引《抱朴子》："雷，天之鼓也。"

[8] 投壶：古代的一种游戏，个人依次将箭投入壶中，负者喝酒。

[9] 三时：春、夏、秋三季。大笑：指天笑。古人称天不下雨而有闪电为天笑。倏烁：电光闪动的样子。晦冥（huì míng）：昏暗。

[10] 阊阖（chāng hé）：神话中的天门。九门：九重门。叩关：敲门。阍（hūn）者：看守天门的人。

[11] 猰貐（yà yǔ）：古代神话中一种吃人的野兽，这里比喻阴险凶恶的人物。

[12] 驺（zōu）虞：古代神话中一种白质黑纹的虎，不伤人畜，不践踏草木，谓之仁兽。这里以驺虞自比，表示不与猰貐同流合污。

[13] 猱（náo）：猕猴，攀援轻捷，故称飞猱。雕虎：皮毛斑驳的猛虎。侧足：恐惧而不敢站立的样子。焦原：传说春秋莒（jǔ）国有一块叫焦原的大石，下面是百丈深渊，只有勇敢的人才敢站上去。

[14] 可：却。卷：曲。豪：放纵。两句意思是说有智慧的人受压抑，而愚蠢的人得以放肆，因此世俗的人将

我看得比鸿毛还轻。

［15］“力排”两句：《晏子春秋·谏下》载，春秋时齐景公手下有三个勇士，分别是公孙接、田开疆、古冶子。他们曾得罪过相国晏婴，晏婴便以齐景公名义送他们两个桃子，要他们自己比较功劳的大小，功劳大的可以吃桃子。公孙接、田开疆叙功后先拿了桃子，古冶子认为自己的功劳比他们二人大得多，要他们把桃子退出来。于是二人羞愧自杀，古冶子觉得对不起他们，也自杀了。此即“二桃杀三士”之典。

［16］剧孟：西汉洛阳人，侠士。亚夫：周亚夫，汉景帝时名将。咍（hāi）：嗤笑。《史记·游侠列传》载，西汉景帝三年，分封在吴楚等国的宗室七王起兵叛乱，景帝派周亚夫率兵平叛。周亚夫到河南找到剧孟，高兴地说：“吴楚造反，不用剧孟，他们必然失败。”这两句以剧孟自比，暗示不被重用。

［17］“张公”两句：《晋书·张华传》载，西晋时丰城县令雷焕在掘地时得一对宝剑，即古代名剑干将和莫邪，他把干将给了张华。后张华被杀，干将从此失踪。雷焕死后，他的儿子雷华带莫邪经过平津（今福建南平市东），剑忽然从腰间跃入水中。一会儿，水中出现两条蛟龙。原来是莫邪入水与干将会合。诗人用此典故表示相信自己的才能终会得以施展。

［18］风云感会：即风云际会。古人认为云从龙，风从虎。常以风云际会形容君臣相得，成就大业。大人：指有才干的人。峴屼（niè wù）：危险，不安。这两句是说有才干有抱负的人应安于困厄，以待时机。

赏析

本诗与李白的《梁园吟》《将进酒》等篇颇有共同之处，即人生失意，仕途坎坷，却全然不露哀伤低靡之气，依然是神采飞扬，虽悲不遇，犹寄希望于未来。往往在感叹唏嘘之际尚能自慰自解。把本诗判断为李白初入长安时所作，比较合情合理。开元之世政治清明，诗人也正当盛年，等待时机，期盼风云之际大展宏图，是这一时期的情感主调。

诗人以历史上辅佐君王成就霸业的英雄自比，是未谙世事的少年人的理想，也正是典型的盛唐诗人的理想。诗中闪耀着鲜明的乐观情绪和浪漫色彩，跳动着勃勃的青春气息和高亢昂扬的旋律。壮观的景色，跌宕的情感，铿锵的声韵，形成排山倒海般的气势，不仅将一腔愤懑挥洒得淋漓尽致，更从中流露出一股乐观自信的精神与横扫万古的豪迈气概。本诗在艺术表现上具有两个特点：

一是思维的跳跃。全诗大致可分四个部分。第一部分（开篇至“何况壮士当群雄”）写吕望与郦食其的遭际；第二部分（“我欲攀龙见明主”至“杞国无事忧天倾”）写谒见天帝的阻隔；第三部分（“猰貐磨牙竞人肉”至“亚夫咍尔为徒劳”）写了一连串七个传说或历史故事，忽而自负，忽而自伤，忽而自慰；第四部分（“梁甫吟”至结尾）既照应开端，又以神剑传说表达信心。诗的内容从人间到天上、从史实到传说，错杂交融，显示出诗人立足历史高峰俯视人寰的眼界与气派。

二是节奏的变化。全诗开头部分夹叙夹议，写得舒缓从容；接下来诡谲变幻，“三时大笑”“倏烁晦冥”给读者以匆急之感；第三部分不仅内容密集，而且情绪抑扬转折，节奏变得十分紧张；结尾以“梁甫吟，声正悲”过渡，复归于舒缓从容。这种节奏的变化与作者心理的变化同步，直观地显现了作者复杂的心灵世界。

诗中无论是思维跳跃，还是节奏变化，读来全然不觉有安排的痕迹，一切由胸臆中喷薄而出，率真自然，奇伟豪放，这便是太白的天才之处，也是太白的成功之处。

思考与练习

一、举出本诗所使用的典故，分析一下用典的好处。

二、李白最终都没有实现自己的政治抱负，你认为原因是什么？

观公孙大娘弟子舞剑器行（并序）

杜　甫

杜甫(712—770)，字子美，因曾住于长安南少陵原，故自号少陵野老，河南巩县（今河南巩义市）人。其诗全面而真实地反映了其所处时代广阔的社会生活，充满强烈的忧国忧民之情，被誉为“诗史”。风格以沉郁顿挫为主而兼具多种格调。古近律绝、长篇短制等各体皆精，尤其对七律的发展有杰出贡献。有《杜少陵集》传世。

大历二年十月十九日，夔府别驾元持宅，见临颍李十二娘舞剑器[1]，壮其蔚跂[2]，问其所师，曰：“余公孙大娘弟子也。”开元三载，余尚童稚，记于郾城观公孙氏舞剑器浑脱[3]，浏漓顿挫，独出冠时。自高头宜春梨园二伎坊内人洎外供奉[4]，晓是舞者，圣文神武皇帝初[5]，公孙一人而已。玉貌锦衣，况余白首；今兹弟子，亦匪盛颜。既辨其由来，知波澜莫二[6]。抚事慷慨，聊为《剑器行》。往者吴人张旭[7]，善草书帖，数常于邺县见公孙大娘舞西河剑器[8]，自此草书长进，豪荡感激，即公孙可知矣。

昔有佳人公孙氏，一舞剑器动四方。观者如山色沮丧，天地为之久低昂。㸌如羿射九日落[9]，矫如群帝骖龙翔[10]。来如雷霆收震怒，罢如江海凝清光。绛唇珠袖两寂寞，况有弟子传芬芳。临颍美人在白帝[11]，妙舞此曲神扬扬。与余问答既有以，感时抚事增惋伤。先帝侍女八千人，公孙剑器初第一。五十年间似反掌，风尘倾动昏王室[12]。梨园弟子散如烟，女乐馀姿映寒日。金粟堆南木已拱[13]，瞿唐石城草萧瑟[14]。玳筵急管曲复终，乐极哀来月东出。老夫不知其所往，足茧荒山转愁疾。

（选自《全唐诗》，卷二百二十二，中华书局1960年版）

注释

[1] 夔府：夔州，即四川奉节，今属重庆市。别驾：郡守的属僚。临颍：在今河南省。剑器：唐时流行的健舞之一种。舞者着戎装，执剑器舞蹈，表现战斗情景。

[2] 蔚跂(qí)：豪放貌。

[3] 郾城：在今河南，位于临颍之南。浑脱(tuó)：舞蹈名，由波斯传入，后与剑器舞结合为剑器浑脱。

[4] 高头宜春梨园二伎坊内人：唐自开元初置教坊，其学员称“梨园弟子”。天宝年间，于东宫置宜春院，其中宫女数百人，亦称“梨园弟子”或“宜春内人”，因其常在皇帝跟前，亦称“前头人”。这里的“高头”，或即为“前

头”之意。洎:及。外供奉:与梨园弟子、宜春内人等前头人、内供奉相对,身在宫外的官妓和艺人。这一句囊括了当时一切官方艺妓。

［5］圣文神武皇帝:唐玄宗在世时的尊号。

［6］波澜莫二:犹言一脉相承、深得真传。

［7］吴人张旭:张旭是今苏州人,盛唐著名书法家,善狂草,有“草圣”之称。

［8］郾县:在今河南安阳市。西河剑器:剑器舞的一种。

［9］㸌(huò):闪烁貌。羿射九日:古代神话说远古时天上十日施虐,后羿射落九日仅留一日。这里以之形容公孙氏剑器舞的光亮和气势。

［10］群帝:指众天神。骖龙翔:以龙为骖马在天上飞翔。骖(cān),在车两旁拉套的马。

［11］白帝:白帝城,即夔府。

［12］倾动:水势浩大貌。此处用以形容安史之乱灾难的巨大。

［13］金粟堆:唐玄宗泰陵建在今陕西蒲城县东北的金粟堆。木已拱:谓墓树已可合围,指死去已久。

［14］瞿塘石城:指夔州,因其距瞿塘峡颇近。

赏析

这是杜甫大历二年(767)寓居夔州时的感时抚事诗。在鲜明的今昔对比中,揭示了唐王朝五十年“似反掌”般的巨变,抒发了悲痛的心情。

诗序点明创作意旨:目睹李十二娘舞姿并闻其先师,触景生情,抚今思昔,记起童年观看公孙大娘之舞剑。全诗交织着三条脉络,诗人由童年变苍老,舞蹈家在芬芳承传中由光彩变孤寒,唐王朝也由繁荣到衰落。三条脉络相互转递,相互阐释,互为复调,层层开拓,形成了一首豪荡而沉郁的关于王朝、关于艺术、关于自我的命运交响曲。

思考与练习

一、本篇是如何体现杜甫诗歌“沉郁顿挫”这一特点的?

二、你还读过杜甫哪些作品?试联系这些作品,谈谈你对其创作的认识。

长　恨　歌

白居易

白居易(772—846),字乐天,晚年号香山居士。祖籍下邽(今陕西渭南市),生于郑州新郑。唐贞元十六年(800)中进士,历任翰林学士、左拾遗、太子左赞善大夫,因作诗讽刺得罪权贵,贬官江州司马。后历任中书舍人、杭苏二州刺史、刑部侍郎、河南尹、太子少傅等职。白居易是中唐重要的诗人,前期与元稹、后期与刘禹锡结为诗友,唱和酬答,在当时有很大的影响。白居易的诗歌题材广泛,形式多样,反映现实生活,语言平易通俗,是中唐通俗讽喻诗派的代表作家。他主张“文章合为时而著,歌诗合为事而作”。他的讽喻诗敢于揭露当朝弊政,反映人民疾苦,有强烈的现实性。他的长篇叙事诗叙事曲折,描写细腻,语言流畅,音韵和谐,影响极为广泛。白居易的诗明白晓畅,自成一家。有《白氏长庆集》传世。

汉皇重色思倾国[1],御宇多年求不得[2]。杨家有女初长成,养在深闺人未识[3]。天生丽质难自弃,一朝选在君王侧。回眸一笑百媚生,六宫粉黛无颜色。春寒赐浴华清池[4],温泉水滑洗凝脂;侍儿扶起娇无力,始是新承恩泽时[5]。云鬓花颜金步摇[6],芙蓉帐暖度春宵;春宵苦短日高起,从此君王不早朝。承欢侍宴无闲暇,春从春游夜专夜[7];后宫佳丽三千人,三千宠爱在一身。金屋妆成娇侍夜[8],玉楼宴罢醉和春。姊妹弟兄皆列土[9],可怜光彩生门户;遂令天下父母心,不重生男重生女。骊宫高处入青云[10],仙乐风飘处处闻。缓歌慢舞凝丝竹[11],尽日君王看不足。渔阳鼙鼓动地来[12],惊破《霓裳羽衣曲》[13]。

九重城阙烟尘生,千乘万骑西南行。翠华摇摇行复止,西出都门百余里。六军不发无奈何,宛转蛾眉马前死[14]。花钿委地无人收,翠翘金雀玉搔头[15]。君王掩面救不得,回看血泪相和流。黄埃散漫风萧索,云栈萦纡登剑阁;峨嵋山下少人行,旌旗无光日色薄。蜀江水碧蜀山青,圣主朝朝暮暮情;行宫见月伤心色,夜雨闻铃肠断声[16]。

天旋日转回龙驭[17],到此踌躇不能去;马嵬坡下泥土中,不见玉颜空死处[18]。君臣相顾尽沾衣,东望都门信马归。归来池苑皆依旧,太液芙蓉未央柳[19]。芙蓉如面柳如眉,对此如何不泪垂?春风桃李花开夜,秋雨梧桐叶落时。西宫南苑多秋草[20],宫叶满阶红不扫。梨园弟子白发新[21],椒房阿监青娥老[22]。夕殿萤飞思悄然,孤灯挑尽未成眠;迟迟钟鼓初长夜,耿耿星河欲曙天。鸳鸯瓦冷霜华重[23],翡翠衾寒谁与共?悠悠生死别经年,魂魄不曾来入梦。

临邛道士鸿都客[24],能以精诚致魂魄;为感君王展转思,遂教方士殷勤觅。排空驭气奔如电,升天入地求之遍。上穷碧落下黄泉[25],两处茫茫皆不见。忽闻海上有仙山,山在虚无缥缈间。楼阁玲珑五云起,其中绰约多仙子。中有一人字太真[26],雪肤花貌参差是。金阙西厢叩玉扃[27],转教小玉报双成[28]。闻道汉家天子使,九华帐里梦魂惊。揽衣推枕起徘徊,珠箔银屏迤逦开[29];云鬓半偏新睡觉[30],花冠不整下堂来。风吹仙袂飘飖举,犹似霓裳羽衣舞;玉容寂寞泪阑干[31],梨花一枝春带雨。含情凝睇谢君王[32],一别音容两渺茫;昭阳殿里恩爱绝[33],蓬莱宫中日月长。回头下望人寰处,不见长安见尘雾。唯将旧物表深情,钿合金钗寄将去。钗留一股合一扇,钗擘黄金合分钿[34];但教心似金钿坚,天上人间会相见。临别殷勤重寄词[35],词中有誓两心知;七月七日长生殿,夜半无人私语时:在天愿作比翼鸟,在地愿为连理枝。天长地久有时尽,此恨绵绵无绝期!

(选自《全唐诗》,卷四百三十五,中华书局 1960 年版)

注释

[1] 汉皇:这里借指李隆基。重色:贪爱女色。倾国:汉武帝乐人李延年,一次在武帝前起舞唱歌,赞叹他妹妹的美色说:"北方有佳人,绝世而独立。一顾倾人城,再顾倾人国……"后来,"倾城倾国"就成为美色的代称。

[2] 御宇:统治天下。

[3] 杨家有女:指杨贵妃,名玉环,蒲州永乐(今山西芮城境内)人,幼时养在叔父杨玄珪家,开元二十三年,册封为寿王李瑁(李隆基儿子)妃。开元二十八年,李隆基欲夺为己有,先度她为女道士。天宝四年正式册封为

贵妃。这里说“养在深闺人未识”,是为尊者讳。

[4] 华清池:唐华清宫的温泉浴池,在今陕西临潼骊山上。

[5] 承恩泽:指得到皇帝的宠爱。

[6] 金步摇:古代贵族妇女首饰的名称,上有垂珠,行则颤动。

[7] 专夜:指专宠。

[8] 金屋:据传说,汉武帝幼时,姑母将他抱到膝上,问他要不要她的女儿阿娇做妻子。武帝笑着说:“若得阿娇,当以金屋贮之。”后来就以金屋指男子所宠爱的妇女的住所。

[9] 姊妹弟兄:指杨玉环一家。列土:把土地分封给贵族。这里指杨玉环受到册封后,全家都受了封赏。

[10] 骊宫:指骊山的华清宫。

[11] 凝丝竹:管、弦乐器徐徐发出声音来。

[12] 渔阳鼙(pí)鼓:指安禄山从渔阳(今天津蓟州区)出兵叛乱之事。鼙鼓,骑兵用的小鼓。

[13]《霓裳羽衣曲》:舞曲名。本名《婆罗门曲》,开元中,西凉节度使杨敬述所献,后经李隆基润色,并制作歌词。

[14] 六军:《周礼》说,天子有六军,后泛指皇帝护从的军队。不发:指军队不肯前进,纷纷要求杀掉杨国忠和杨玉环。李隆基无奈,只得把杨国忠杀死,又令将杨玉环缢死于马嵬驿(今陕西兴平市)。

[15] 花钿(diàn):古代一种镶嵌金花的首饰。翠翘:一种形似翡翠鸟尾的首饰。金雀:钗名。玉搔头:玉簪。

[16] 夜雨闻铃:《太真外传》说,李隆基入蜀,到了斜谷口,接连遇上十多天的大雨,在栈道上听见雨中铃声,隔山相应,十分凄凉。他更加思念贵妃,因采其声作《雨霖铃曲》。

[17] 天旋日转:指政局转机,唐王朝转败为胜,于肃宗至德二年收复长安。回龙驭:唐玄宗从蜀回来。龙驭,皇帝车驾。

[18] 空死处:空见死处。见字省略,意承上半句“不见玉颜”的“见”。

[19] 太液、未央:泛指宫廷池苑。太液,汉建章宫北池名。未央,汉宫名,汉朝开国时丞相萧何所营建。

[20] 西宫:即西内,指太极宫。南苑:指兴庆宫。玄宗回宫后先住在兴庆宫,后迁西内。

[21] 梨园弟子:李隆基曾经挑选教坊(教习歌舞百戏的机关)乐师三百人和宫女数百人,亲自在梨园教练,称“皇帝梨园弟子”。

[22] 椒房:后妃居住的宫殿。阿监:宫中女官名。

[23] 鸳鸯瓦:瓦片俯仰相对。霜华:即霜花。

[24] 临邛(qióng):今四川邛崃市。鸿都:东汉时京都洛阳有鸿都门,设学校和藏书处,此借指长安。

[25] 碧落:指天。道教经典说,东方第一天,有碧霞遍布,叫碧落。黄泉:地下深处见水的地方,泛指地下。

[26] 太真:杨贵妃曾一度为道士,道号“太真”。

[27] 玉扃(jiōng):玉作的门户。扃,门。

[28] 小玉:传说中吴王夫差的小女。双成:董双成,传说中西王母的侍女。小玉、双成都是指杨玉环在仙山中的侍女。

[29] 珠箔:即珠帘;汉武帝建造神室,用白珠编织箔。箔,帘。银屏:银制的屏风。迤逦(yǐ lǐ):曲折连绵。

[30] 云鬓半偏:发髻偏斜,刚刚睡起的样子。睡觉:睡醒。

[31] 阑干:横斜的样子,这里形容泪水纵横。

[32] 凝睇(dì):注视。

[33] 昭阳殿:汉宫殿名,汉成帝皇后赵飞燕所居。借指杨贵妃生前居住的宫殿。

[34] 擘(bò):分开。合分钿:盒子上面镶着的金花分为两半。

[35] 重寄词:郑重其事地捎话。

赏析

这首长篇叙事诗写的是唐玄宗李隆基和杨贵妃的爱情悲剧。全诗可分四个部分。第一部分(开篇至“惊破《霓裳羽衣曲》”)写李隆基、杨贵妃会合经过及李隆基对杨贵妃的宠幸。第二部分(“九重城阙烟尘生”至“夜雨闻铃肠断声”)写安史之乱爆发,贵妃殒命,李隆基伤痛不已。第三部分(“天旋日转回龙驭”至“魂魄不曾来入梦”)写李隆基重归长安后对杨贵妃的无穷思念。第四部分(“临邛道士鸿都客”至结尾)写李隆基对杨贵妃的忠贞不渝之情。

从白居易的诗论主张出发,《长恨歌》应该成为一首讽喻诗,但事实上,这首诗更多描写了一个“天长地久有时尽,此恨绵绵无绝期”的爱情悲剧,将李杨二人的热恋、动乱中的悲情、生死离别后的相思,都表现得十分真挚,以致后世读者往往忽略了李杨的特殊身份,而将其完全看作悲剧爱情的典范。

《长恨歌》的艺术成就很高,前半写实,后半则运用了浪漫主义的手法。没有丰富的想象和虚构,便不可能有“归来池苑皆依旧”一段传神写照,特别是海上仙山的奇境。但虚构中仍有现实主义的精确描绘,人物形象生动,使人不觉得是虚构。全诗辞采华美,描写传神,语言和声调优美,抒情写景和叙事融合无间,当之无愧地成为叙事诗第一名篇。

思考与练习

一、本篇中对李杨爱情有无批判、讽刺?如果有,请指出并加以评论。

二、长期以来,对本诗的理解众说纷纭,为什么?

三、你认为本诗中写得最精彩的句子有哪些?试说明其精彩之处。

无题[1]

李商隐

李商隐(约813—约858),字义山,号玉溪生,又号樊南生,怀州河内(今河南沁阳)人。开成二年(837)进士,授秘书省校书郎,补宏农尉。因被卷入牛、李党争之中,在政治上受到排挤,一生困顿失意,漂泊无依,最后死于荥阳。在晚唐诗坛,李商隐与杜牧齐名,人称“小李杜”;又与温庭筠并称“温李”。他的诗歌有写伤时忧乱的感慨和个人失意的苦闷等内容,其中以缠绵深挚的爱情诗尤为引人注目。在各种诗歌体裁中,李商隐尤擅长七言律绝,善于运用象征、暗示、比兴、用典等手法,使诗歌具有朦胧美。但有时因过于朦胧而使诗作流于晦涩。有《李义山诗集》和《樊南文集》传世。

昨夜星辰昨夜风,画楼西畔桂堂东。身无彩凤双飞翼,心有灵犀一点通[2]。隔座送钩春酒暖[3],分曹射覆蜡灯红[4]。嗟余听鼓应官去,走马兰台类断蓬[5]。

(选自《全唐诗》,卷五百三十九,中华书局1960年版)

注释

[1] 李商隐以“无题”为标题的诗多写爱情,或表面写爱情而别有寄托。

[2] 灵犀:古代把犀牛看作灵异之物。犀牛角中心的髓质像一条白线上下相通,这里借喻两心相印。

[3] 送钩:古代一种游戏,又称藏钩,藏钩于手中令人猜。

[4] 分曹:分队。射覆:古代的一种游戏,器皿下覆盖东西令人猜。射,猜。

[5] 兰台:指秘书省。

赏析

本诗应作于诗人任秘书省校书郎时,在叙写两情相悦却不能相爱的愁苦的同时,也流露了屈居下僚、志不获展的个人身世之慨。

诗的首两句写昨夜楼下想望的情景。一句中两用“昨夜”,表现出诗人对“昨夜”刻骨铭心的珍重之情。三、四句以彩凤、灵犀作比,既表明想望之苦,又写出心心相印的愉悦。五、六句是对楼上欢会的想象,隐含着自己不能参与的遗憾。最后结合身世之感,进一步渲染有情人难以亲近的无奈与遗憾。

诗中的场面描写偏重于通过人物心理活动来展现,加之运用比喻、暗示、对比、映衬等手法,使诗意蕴丰厚而抒情曲折、意境朦胧。

思考与练习

一、这首诗抒发了作者怎样的感情?

二、颔联表达了作者怎样的心理?运用了什么艺术手法?

三、背诵这首诗。

祭十二郎文[1]

韩 愈

韩愈(768—824),字退之,河阳(今河南孟州)人。因其郡望昌黎,故世称韩昌黎。唐代杰出的诗人和散文家,与柳宗元并称“韩柳”。贞观八年(792)中进士,曾任国子博士、刑部侍郎等职,因谏阻宪宗迎佛骨,被贬为潮州刺史。后回京任兵部侍郎、吏部侍郎。卒谥“文”,世称“韩文公”。他是唐代古文运动的倡导者和文坛领袖,主张文以载道,文道合一。其散文形式自由、构思巧妙、气势充沛、雄奇奔放,对当时及后世都有重大影响,因而他被列于“唐宋八大家”之首。有《昌黎先生集》传世。

年月日[2],季父愈闻汝丧之七日[3],乃能衔哀致诚,使建中远具时羞之奠[4],告汝十二郎之灵:

呜呼！吾少孤[5]，及长不省所怙[6]，惟兄嫂是依[7]。中年兄殁南方[8]，吾与汝俱幼，从嫂归葬河阳[9]，既又与汝就食江南[10]，零丁孤苦，未尝一日相离也。吾上有三兄[11]，皆不幸早世，承先人后者，在孙惟汝，在子惟吾；两世一身[12]，形单影只。嫂常抚汝指吾而言曰："韩氏两世，惟此而已！"汝时尤小，当不复记忆；吾时虽能记忆，亦未知其言之悲也！

吾年十九，始来京城；其后四年，而归视汝。又四年，吾往河阳省坟墓，遇汝从嫂丧来葬[13]。又二年，吾佐董丞相于汴州[14]，汝来省吾，止一岁，请归取其孥[15]；明年丞相薨，吾去汴州，汝不果来。是年，吾佐戎徐州[16]，使取汝者始行，吾又罢去，汝又不果来。吾念汝从于东，东亦客也，不可以久；图久远者，莫如西归，将成家而致汝。呜呼，孰谓汝遽去吾而殁乎！吾与汝俱少年，以为虽暂相别，终当久相与处；故舍汝而旅食京师，以求斗斛之禄[17]；诚知其如此，虽万乘之公相[18]，吾不以一日辍汝而就也！

去年孟东野往[19]，吾书与汝曰："吾年未四十，而视茫茫，而发苍苍，而齿牙动摇。念诸父与诸兄[20]，皆康强而早世，如吾之衰者，其能久存乎！吾不可去，汝不肯来，恐旦暮死，而汝抱无涯之戚也！"孰谓少者殁而长者存，强者夭而病者全乎！呜呼，其信然邪？其梦邪？其传之非其真邪？信也，吾兄之盛德而夭其嗣乎？汝之纯明而不克蒙其泽乎[21]？少者强者而夭殁，长者衰者而存全乎？未可以为信也，梦也，传之非其真也，东野之书，耿兰之报[22]，何为而在吾侧也？呜呼！其信然矣，吾兄之盛德而夭其嗣矣！汝之纯明宜业其家者[23]不克蒙其泽矣！所谓天者诚难测，而神者诚难明矣！所谓理者不可推，而寿者不可知矣！虽然，吾自今年来，苍苍者或化而为白矣，动摇者或脱而落矣，毛血日益衰，志气日益微，几何不从汝而死也[24]！死而有知，其几何离[25]；其无知，悲不几时，而不悲者无穷期矣[26]！汝之子始十岁，吾之子始五岁[27]，少而强者不可保，如此孩提者又可冀其成立邪？呜呼哀哉，呜呼哀哉！

汝去年书云："比得软脚病[28]，往往而剧。"吾曰：是疾也，江南之人常常有之。未始以为忧也。呜呼！其竟以此而殒其生乎？抑别有疾而至斯乎？汝之书六月十七日也[29]；东野云：汝殁以六月二日，耿兰之报无月日：盖东野之使者不知问家人以月日，如耿兰之报不知当言月日，东野与吾书乃问使者，使者妄称以应之耳[30]。其然乎？其不然乎？

今吾使建中祭汝，吊汝之孤与汝之乳母。彼有食可守以待终丧[31]，则待终丧而取以来；如不能守以终丧，则遂取以来。其馀奴婢，并令守汝丧。吾力能改葬，终葬汝于先人之兆，然后惟其所愿[32]。呜呼！汝病吾不知时，汝殁吾不知日；生不能相养以共居，殁不得抚汝以尽哀，敛不凭其棺，窆不临其穴[33]；吾行负神明而使汝夭，不孝不慈，而不得与汝相养以生，相守以死；一在天之涯，一在地之角，生而影不与吾形相依，死而魂不与吾梦相接：吾实为之，其又何尤？彼苍者天，曷其有极[34]！

自今已往，吾其无意于人世矣。当求数顷之田于伊颍之上[35]，以待余年。教吾子与汝子，幸其成；长吾女与汝女，待其嫁——如此而已。呜呼！言有尽而情不可终，汝其知也邪？其不知也邪？呜呼哀哉，尚飨[36]！

（选自《韩昌黎文集校注》，上海古籍出版社 1986 年版）

注释

［1］十二郎：韩愈的侄子，名老成，是韩愈二哥韩介之子，过继给韩愈大哥韩会。唐时口语称年轻男子为郎子，郎即郎子。老成在族中排行第十二，所以称十二郎。韩愈与侄十二郎自幼相依，历尽忧患，虽为叔侄，实同兄弟。后因韩愈求禄远离，南迁北徙，见面日少，常以为憾。正当韩愈官运好转之时，十二郎却突然逝去。韩愈哀恸难抑，在骤闻死讯七天后，方写下这篇凄楚动人的千古祭文。

［2］年月日：写祭文的时间。这里的具体时间在拟稿时做了省略。

［3］季父：叔父。古人兄弟间以伯、仲、叔、季排行，韩愈上有三兄，故自称季父。

［4］建中：人名，并下文“耿兰”，可能都是韩愈的家人。时羞：应时的鲜美食物。奠：这里指祭品。

［5］孤：幼年丧父。韩愈的父亲去世时，韩愈只有三岁。

［6］不省（xǐng）所怙（hù）：不记得父亲了。所怙，指父亲。怙，依靠。

［7］兄嫂：指韩愈的哥哥韩会、嫂郑氏，即十二郎的嗣父母。

［8］“中年”句：大历十二年（777）五月，韩愈的大哥韩会贬为韶州刺史，不久死于任内，时年42岁，故称“中年”。韶州：唐属岭南道，治所在今广东省韶关市曲江区，故曰“南方”。

［9］河阳：地名，在今河南省孟州市西，是韩愈祖坟所在地。

［10］就食江南：到江南谋生。建中二年（781），因中原地区兵乱不息，韩愈随嫂避居宣州（今安徽宣城），这里韩氏置有田宅，所以说“就食”。

［11］三兄：指韩愈的哥哥韩会、韩介和一个未及命名而夭折的哥哥。另一种解释说，“吾”代指韩愈和十二郎，韩愈有两个哥哥，十二郎有一个哥哥（百川），共是“三兄”。

［12］两世一身：子辈和孙辈都只剩下了一个男丁。

［13］“又四年”三句：韩愈大嫂郑氏于贞元九年（793）死在宣州。贞元十一年（795），韩愈往河阳祭扫祖坟，恰好这时十二郎送其母灵柩归葬，叔侄又得相遇。

［14］董丞相：即董晋。贞元十二年（796），董晋任宣武军节度使，汴、宋、亳、颍等州观察使，韩愈在他属下任节度推官（掌刑狱）。汴州：治所在今河南开封。

［15］请归取其孥：请求回宣州接妻、子来汴州同住。孥（nǔ）：妻子儿女的统称。

［16］佐戎徐州：韩愈离开汴州后，当年秋天，在武宁节度使张建封属下任节度推官。徐州，武宁军治所，今江苏徐州市。

［17］“故舍汝”二句：韩愈离开徐州后，于贞元十七年（801）到长安选官，调四门博士，贞元十九年（803），迁监察御史。斗斛之禄：很少的俸禄。古代以十斗为斛。一本作“开斗之禄”。

［18］万乘之公相：指高官厚禄。万乘，指万乘之国。在周代，封国的大小以兵车和赋税的多少计算，千里大国可出万辆兵车，称为万乘之国。乘（shèng），四马一车为一乘。

［19］去年：贞元十八年（802）。孟东野：即孟郊，与韩愈友谊极厚。当时孟郊在长安选官，出任溧阳（今江苏溧阳市）尉，溧阳距宣州不远，所以托他带家信。

［20］诸父：伯父和叔父。

［21］“信也”三句：若是真的，以我哥哥的美好德行，他的儿子会短寿吗？像你这样的资质聪明，不能够承受他的恩泽么？克：能够。

[22] 耿兰：送报丧信的仆人。报：指报丧信。

[23] 宜业其家者：应该继承家业的人。业，用作动词，继承。

[24] 几何：意思是过不多久。

[25] “死而有知”二句：死后如果有知觉，那我们的分离又会有多久呢？意思是死后仍可相会。

[26] 不悲者：指死后无喜无悲的状态。

[27] “汝之子”二句：韩老成有二子，长韩湘，次韩滂，此指韩湘。韩愈有子三人，此指长子韩昶。

[28] 比：近来。软脚病：脚气病。

[29] “汝之书”句：十二郎死前，韩愈还收到他最后一封信，信是六月十七日写的。所以，他的死期，绝不可能是下文孟郊信里所说的六月二日。

[30] 使者：指报丧的人。

[31] 终丧：守满丧期。古礼，父死，子应守孝三年。

[32] “吾力”三句：我将来有力量改葬的时候，一定把你的灵柩从宣州迁回，最终葬于祖先的坟地河阳。那时（守丧的奴婢）就可以任其自由了。兆：坟地。

[33] 窆（biǎn）：落葬，即下棺木于墓穴。

[34] “彼苍者天”二句：语本《诗经·唐风·鸨羽》：“悠悠苍天，曷其有极！”这里意思是说，那青青的天啊，我的痛苦哪里有穷尽！

[35] 伊颍：伊河和颍河，都在今河南境内，靠近韩愈的家乡。

[36] 尚飨：古代祭文常用的结束语，意思是希望死者来享受祭品。

赏析

人世间的悲哀莫过于生离和死别。本篇倾诉了死别的深创巨恸。韩愈三岁丧父，随长兄韩会夫妇生活，和韩老成（十二郎）自幼朝夕相伴，虽为叔侄，情同兄弟。不久，韩会夫妇亦相继去世，家门多故，叔侄俩更是相濡以沫，这种亲厚的特殊关系，使得韩愈骤闻韩老成英年早逝这一噩耗后，痛不欲生，挥笔写下这一被誉为“祭文中千古绝调”的名篇。

文章感人至深的是其情意的真挚与深切。无论是追忆叔侄幼时“未尝一日相离”的童稚旧事，还是历数成年后两人几度离合的因由衷曲，无论是坦陈“生不能相养以共居”的歉疚悔恨，还是直抒“呜呼哀哉”的深切悲痛，字字句句都是从肺腑中流出，浸透着骨肉亲情。尤其是“死而有知，其几何离；其无知，悲不几时，而不悲者无穷期矣”几句，悲痛之至，情意深挚。

韩愈此文情之所至，不受检束，一破祭文之常套，纯用散文笔法，自然质朴，絮絮写来，宛如在和亡者相对而语，变千里遥祭为当面凭吊。这种不拘常格的变体祭文，在古代祭文中较为罕见。形式的特殊，感情的浓烈，以及由此生发出的巨大感染力，正是本文的一大特色。韩愈的散文历来被认为结构严谨而又富于变化，且具有不凡的气势与力度。这两个特点在《祭十二郎文》中都得到了鲜明体现。

思考与练习

一、古人说“情真自然成至文”。以本文为例，谈谈你的体会。

二、一般祭文多使用韵语，本文则通篇散体。由此生发，你认为内容决定形式的说法正确吗？

三、有生则必有死，谈谈你对死亡的看法。

种树郭橐驼传[1]

柳宗元

柳宗元(773—819)，字子厚，河东(今山西永济)人。世称“柳河东”。唐代著名政治家、文学家。21岁中进士，任监察御史里行。公元805年，积极参加王叔文为首的政治革新运动，并升任礼部员外郎。革新失败后，被贬为“永州司马”。10年后，改任柳州刺史，故又称“柳柳州”。

柳宗元与韩愈齐名，并称“韩柳”，同为中唐古文运动的倡导者，同是“唐宋八大家”之一。他的文学主张与韩愈相近。其为文骈散兼用，各体皆工，尤其在杂文、寓言、山水游记等文体的发展上，更具有开拓性的功绩。同时，柳宗元的诗歌创作在中唐诗坛也自成一家。有《柳河东集》存世。

郭橐驼，不知始何名。病偻[2]，隆然伏行[3]，有类橐驼者，故乡人号之“驼”。驼闻之曰：“甚善，名我固当[4]。”因舍其名，亦自谓“橐驼”云。

其乡曰丰乐乡，在长安西。驼业种树[5]，凡长安豪富人为观游及卖果者[6]，皆争迎取养[7]。视驼所种树，或移徙，无不活，且硕茂、早实以蕃[8]。他植者虽窥伺效慕[9]，莫能如也。

有问之，对曰：“橐驼非能使木寿且孳也[10]，能顺木之天，以致其性焉尔[11]。凡植木之性，其本欲舒，其培欲平，其土欲故[12]，其筑欲密。既然已[13]，勿动勿虑，去不复顾。其莳也若子[14]，其置也若弃，则其天者全而其性得矣。故吾不害其长而已[15]，非有能硕茂之也；不抑耗其实而已[16]，非有能早而蕃之也。他植者则不然。根拳而土易[17]，其培之也，若不过焉则不及。苟有能反是者，则又爱之太恩，忧之太勤，旦视而暮抚，已去而复顾。甚者爪其肤以验其生枯[18]，摇其本以观其疏密，而木之性日以离矣[19]。虽曰爱之，其实害之；虽曰忧之，其实仇之：故不我若也[20]。吾又何能为哉！”

问者曰：“以子之道，移之官理[21]，可乎？”驼曰：“我知种树而已，理，非吾业也。然吾居乡，见长人者好烦其令[22]，若甚怜焉，而卒以祸[23]。旦暮吏来而呼曰：‘官命促尔耕，勖尔植[24]，督尔获；早缫而绪[25]，早织而缕[26]；字而幼孩[27]，遂而鸡豚。[28]’鸣鼓而聚之，击木而召之。吾小人辍飧饔以劳吏者[29]，且不得暇[30]，又何以蕃吾生而安吾性耶？故病且怠[31]。若是则与吾业者其亦有类乎？”

问者嘻曰：“不亦善夫！吾问养树得养人术[32]。”

传其事以为官戒。

(选自《柳河东集》，上海人民出版社1974年版)

注释

[1] 本文作于贞元二十一年(805),作者时在长安。郭橐驼不一定实有其人。橐(tuó)驼:骆驼,这里指驼背。

[2] 偻(lǚ):背脊弯曲。

[3] 隆然:突起的样子。伏行:俯着身体走路。

[4] 名我固当:用这个名字叫我很适当。名,作动词用。固,本来。

[5] 业种树:以种树为职业。

[6] 为观游:修建观赏游览的场所。

[7] 争迎取养:争相迎接供养(请他栽种花木)。

[8] 硕茂:高大茂盛。早实:早结果实。以:连词,同“而”。蕃:繁殖增多。

[9] 窥伺效慕:偷看模仿。

[10] 寿:活得久。孳(zī):繁殖得多。

[11] 天:自然规律。性:本性;焉尔:双音节语末助词。

[12] 故:旧,指原来的土。

[13] 既然已:这样做了以后。

[14] 莳(shì):移栽。若子:像对子女一样精心照顾。

[15] 长(zhǎng):生长。

[16] 抑耗:抑制减损。

[17] 根拳:根部弯曲得像拳头一样。土易:泥土更换。

[18] 爪其肤:用手指抓破树皮。

[19] 离:背离,丧失。

[20] 不我若:不若我。

[21] 移之官理:移用来为官治民。理,治。唐人避高宗李治讳,以“理”代“治”。

[22] 长(zhǎng)人者:治理人民的官吏。避唐太宗李世民讳,以“人”代“民”。好烦其令:喜欢把他们的政令搞得很烦琐。

[23] 卒:最后,结果。

[24] 勖:勉励。

[25] 缫(sāo):煮茧抽丝。“而”通“尔”,下三句同。绪:丝头。

[26] 缕(lǚ):纱。

[27] 字:抚养,养育。

[28] 遂而鸡豚:使你的鸡猪长得又快又壮。遂,成功,实现。这里作使动词。

[29] 辍(chuò):停止。飧(sūn):晚饭。饔(yōng):早餐。劳:慰劳。

[30] 暇:空闲。

[31] 病:困苦。怠:疲乏。

[32] 养人术:让人民休养生息的方法。

赏析

本文是一篇讽喻散文。文章借郭橐驼谈种树之道，讽刺了当时官吏令烦扰民的弊政，揭示了治民要顺应人事、使民蕃生安性的道理。

本文最大的特点是巧用类比：用种树类比治民，用“顺木之天以致其性”类比“顺民之天以致民之性”，用“其莳也若子”类比爱护老百姓，用“其置也若弃”类比要让老百姓休养生息，用种树态度马虎类比为官不顾人民死活，用种树“爱之太恩，忧之太勤”类比“长人者好烦其令”。层层类比，环环相扣，把复杂的道理简易化，把抽象的道理具体化。

通过层层对比，作者把种树的方法、态度、结果、道理，从正反两个方面说得十分透彻，将郭橐驼种树之“是”和“他植者”种树之“非”，映衬得十分鲜明。

思考与练习

一、本文主要揭露了当时社会什么样的弊病？

二、文章是怎样通过种树的道理来说明养民治民的道理的？

三、本文是怎样通过对比的方法来阐明种树之道的？

第四章　宋辽金文学

第一节　宋辽金文学概述

公元960年赵匡胤建立了宋朝，在其后的近20年中，先后吞并了南唐、吴越和北汉，结束了五代十国长期分裂的局面。但宋王朝实行崇文抑武的政策，维持着庞大的官僚机构和军队，武备不修，统治集团内部党争不断，致使国家积贫积弱，在对抗外族入侵中连打败仗，国土不断沦丧，最终导致汴京沦陷，徽钦二帝被掳，北宋王朝覆亡。南宋王朝建立后，也只能勉强维持偏安一隅的局面。然而，赵宋一朝在文化方面却有很大的建树，宋代文学也在唐代的基础上有较大的发展和创新。诗词、散文方面涌现出一大批著名的作家。晚唐、五代兴起的词，经过宋代的发展，取得了很高的成就，成为宋代标志性的文学样式。小说在宋代也有很大的进步。

宋代文学中词的成就最为突出，在词史上占有崇高的地位。词这种新诗体，在晚唐、五代花间词人手中开始规范化，多以男女情爱离愁别绪为题材，风格柔媚婉约，确立了语言、风格、意境的文体特征。宋初，词继承了花间一派的婉约词风，成为娱宾遣兴的工具。有代表性的词家是晏殊、晏几道父子，他们的词多为恋情欢宴、伤春感时之作，但语言风格趋于清丽，技巧上多有创新。较早为宋词开辟新的意境的是范仲淹，尽管他并不以词知名，留下的词作也寥寥可数，但成就很高，其《渔家傲》一词，境界开阔、格调苍凉，上承唐人边塞诗，为宋词开拓了新的领域。欧阳修的词同他的诗文中表现的严肃庄重完全不同，大部分也是写情爱，但那些描写个人抱负、即景抒怀的词作也表现了洒脱放旷的情怀，向清疏峻洁方面发展。

柳永是北宋第一个专力写词的作家。柳词多取材于都市生活，描写汴京、杭州等都市的富庶繁华以及市井风情的丰富多彩，也包括他个人流落江湖、留连坊曲的体验和感受，其中不乏对下层妇女特别是妓女的深切同情以及自己失志的不平。柳永精通音乐，创制了许多新调，填写了大量的长调慢词，对词的发展做出了贡献。他的作品以铺叙和白描见长，写景抒情融合无间而又绝少雕饰，且多以口语入词，适合传唱，故能广泛流传。相传当时“凡有井水饮处，即能歌柳词”，可见其巨大的影响力。

苏轼是宋词中豪放派的创始人和代表作家。他打破了晚唐五代以来词和诗的界限，以诗为词，把词从专写男女恋情、离愁别绪的旧框子里解放出来，举凡言志、怀古、感旧、记游、说理，他都用以入词。他突破了音乐对词的制约和束缚，使词摆脱了仅作为乐曲歌词存在的状态，发展成为一种独立的新的抒情诗体。他的词大量用典，感情充沛，想象丰富，语言多姿多彩，雄健豪放，一扫柔靡婉约的词风，在两宋词风转变中起到了关键性的作用。

北宋中后期的代表词人有秦观、黄庭坚、贺铸、周邦彦等。秦观、黄庭坚等人的词仍显现出婉约之风,而贺铸词则豪放、婉约兼而有之。他们共同创造了北宋词坛的繁荣局面,为宋词的发展做出了贡献。周邦彦作为北宋末期最有影响力的词人,由婉约转向典雅,被称为“词中老杜”。他的词作力求在艺术上有规律可以遵循,格律精严,章法繁复多变,语言工丽典雅,“下字运意,皆有法度”,对南宋后期的雅词派有巨大的影响。

两宋之际,汴京的沦陷、北宋的覆亡给词人带来了心灵上的强烈震撼和创作的巨大变化,这在朱敦儒、陈与义、叶梦得等南渡词人的作品中都可以见到,而在杰出的女词人李清照身上表现得特别突出。她的词感情真挚,表现细腻,语言生活化而又极具表现力。特别是她后期的词作,抒写国破家亡之后的漂泊生活和内心感受,反映了时代的苦难和普通人的深哀积愤,凄恻感人。

南宋时期,民族矛盾空前尖锐,感时伤乱、爱国抗金成为词的主旋律,出现了一大批爱国词人。较早的有张元干、张孝祥等,其后出现了伟大的爱国词人辛弃疾。作为抗金英雄,辛弃疾渴望收复中原,统一祖国,但屡遭苟且偷安的小朝廷的猜忌、排挤和打击,这就使他的词既洋溢着饱满的爱国热情和战斗精神,也表达出英雄失路、有志难展的愤慨和不平。在艺术上,他既继承和发展了苏轼豪放雄浑的词风,有着雄奇阔大的意境,政治上的孤危处境又使得他较多地采用幽隐曲折的比兴手法,大量运用典故托古喻今,形成强烈的浪漫主义色彩。辛弃疾在赋闲隐居时写的一些农村词和闲适词,也有不少清新自然、妩媚秀婉之作。南宋时期的爱国词人还有陆游、陈亮、刘过、刘克庄等,他们的词作不但表现出忧国忧民的爱国情怀,也呈现出多彩多姿的面貌。他们和辛弃疾一道,用词来抒情言志、议事说理,使词和社会现实生活、词人自身的人格及命运更紧密地结合起来,将词体的艺术表现功能发挥到了极致。

姜夔是南宋后期的重要词作家。他主要沿着周邦彦的风格写恋情和咏物,意境清幽,格调清雅,音律严整,冠绝一时。当时词人如吴文英、史达祖等都受姜词的影响。而吴文英词想象丰富,构思奇特,语言生新密丽,有较多的创造性。由宋入元的词人尚有周密、张炎、王沂孙、刘辰翁等。随着南宋覆灭,词人们哀怨衰飒的歌唱成了宋词的尾声余韵。

宋代是我国古代散文的重要发展阶段。文学史上所说的“古文”,即与骈体文相对的、先秦两汉奇句单行的散文,在宋代得到进一步发展。文学史上“唐宋八大家”中,宋代就有欧阳修、王安石、“三苏”(苏洵、苏轼、苏辙)、曾巩六家。他们的作品一直是人们学习古代散文的楷模。

欧阳修是宋代诗文革新运动的领袖、宋代散文的奠基人。他强调文章的内容,反对华而不实的形式主义文风,认为“文章所宗,必以理实为要”,提倡平易畅达的文风,奠定了宋代散文的基本风格。他的政论性散文,委婉纡徐,含蓄流畅;写景记事散文,从容自然,圆融轻快。他同时也积极提携后学,培养新人,如王安石、苏轼兄弟、曾巩等。

王安石是北宋著名的政治家和文学家。在文学创作上主张为文要“有补于世”“以适用为本”。其散文以政论为多,注重理论的说服力,具有较强的概括性和逻辑性,立意超卓,笔势矫健,雄辩简洁。

苏氏父子中以苏轼散文的成就最高,他的散文笔力纵横,气象开阔,诚如他自己所说的“如万斛泉源,不择地皆可出”“常行于所当行,常止于不可不止”“文理自然,姿态横生”,代表了宋代散文的最高水平。苏洵的散文以议论见长,苏辙则长于记叙。曾巩的散文简括凝练,风格和欧阳修相近。还有范仲淹、宋祁、刘敞、司马光等,其散文都有较大成就。

南宋虽然没有出现欧阳修之类的大家,但在政论文、小品文和游记等文体中,对前人仍有所发展和突破。

诗歌是宋代另一重要的文学样式。在唐诗已经取得的辉煌成就面前,宋人要有所建树,就不得不自出机杼,另辟蹊径,在继承的基础上有所发展和创造。经过北宋初年学习和模仿的阶段,宋人终于走出了唐诗的阴影,创造出具有自己的风格和面貌的宋诗,这正是宋人善学唐人处。从总体上来说,唐诗以情韵胜,贵蕴藉空灵,富奇情壮采;宋诗以理趣胜,贵深析透辟,更平易近人。乍一看来,唐、宋诗仿佛截然不同,但实际上,宋诗是从唐诗发展而来,宋诗写日常生活题材,含蕴理趣,语言通俗化、散文化的倾向在杜甫、韩愈、白居易诗中已现端倪。宋诗不如唐诗情韵醇厚,用事堆砌,书卷气较浓,后世往往称宋人“以文为诗”“以才学为诗”“以议论为诗”。对于这种评价必须一分为二地看待,应当说,这是宋诗的缺点,但也是宋诗的特点和优点,是唐诗发展的必然结果。

宋诗发展也可以分为几个阶段。具体来说,宋初诗坛效仿唐人,形成了三大诗派:林逋、潘阆和希昼等宗法贾岛、姚合,是为晚唐体;杨亿、钱惟演、刘筠学习李商隐,多作音韵铿锵、对仗精工、辞藻华美的近体诗,人称“西昆体”;徐铉、李昉等诗学习白居易诗歌酬唱的一面,人称“白体”。其中的王禹偁则继承杜甫、白居易的写实精神,诗风平易自然,简雅古淡,开宋诗一代新风。

随着梅尧臣、苏舜钦、欧阳修等人登上文坛,兴起了一场诗文革新运动,他们更重视诗歌的思想内容,反对一味浮艳华靡的文风,以散文手法和议论入诗,扭转了西昆体脱离现实的倾向,形成了宋诗自身的特色。其中王安石的诗作更以立意新颖和议论警辟著称。

苏轼和黄庭坚是北宋诗坛上影响力最大的诗人,在文学史上以“苏黄”并称。但两人各有风格,苏诗自由奔放,写景、叙事、说理、抒情,意到笔随,无拘无束,发展了宋诗议论化、散文化的倾向,代表了北宋诗歌革新运动的最高成就。黄庭坚的诗则有更多的书斋味和书卷气,音律拗峭,喜用僻典,语言锐意求新,风格生新峭硬,影响了南北宋之交的一大批诗人。他是宋诗的代表作家,与陈师道、陈与义一道被尊为“江西诗派”的“三宗”。

和宋词一样,南渡之后的宋诗也发生了巨大的变化,强烈的忧时伤世情怀也成为曾巩、陈与义等诗人创作的南渡诗歌中的重要内容。中兴四大诗人中的杨万里、范成大的诗歌也不例外。但杨万里以活法为诗,师法自然,冲出了江西诗派的藩篱,自创了“诚斋体”;而范成大则以描绘农家四时生活风情的长篇画卷组诗《田园四时杂兴》饮誉后代。中兴四大诗人中的陆游是南宋伟大的爱国诗人。他传世诗近万首,其中关心民瘼、渴望统一、抒发爱国情怀的诗篇占有相当一部分。陆游的诗受李白、杜甫的影响较大。他关怀现实,忧国忧民,又胸怀大志,形诸梦寐,既有杜诗的沉郁顿挫、悲壮苍凉,又具李诗的想象瑰伟、飘逸豪迈。他很少对生活进行细致的摹写和刻画,而是重在主观情感的抒发,气势奔放,境界壮大,语言又晓畅平易,精练自然,所谓“清空一气，明白如话”。他律诗、绝句、古诗无体不备，尤其擅长于近体诗，是南宋成就最高的诗人。

南宋末期的诗坛上有“永嘉四灵”，即徐照、徐玑、翁卷、赵师秀。他们的作品现实精神不强，风格也较柔弱。至宋末，文天祥、汪元量等人的诗篇内容宏阔，正气磅礴，充满民族气节和爱国豪情，慷慨悲壮，为宋代诗坛增添了最后一抹光彩。

通俗文学在宋代也得到了长足的发展，在唐代讲唱文学的基础上演化产生了话本，成为后世演义小说和白话小说的滥觞。

话本原是指说话艺人的底本，是随着说话技艺发展起来的文学式样。话本肇始于唐代，成熟于宋、元。当时在城市娱乐场所瓦肆中，属于说话的有四家：一是小说，二是讲史，三是说经，四是合生。其中以小说和讲史两家最为重要，影响也最大。宋代话本中的小说多就现实生活取材，内容新鲜活泼。现存的宋元话本小说包括《京本通俗小说》的全部，《清平山堂话本》中的大部分，还有冯梦龙“三言”中的小部分。就题材来看，以公案和爱情两类为最多。在结构上，往往在正文之前先来一两个与主题相关的故事，作为说话时的定场，这一部分叫入话，故事中又常穿插一些骈句或诗词。话本小说故事情节生动曲折，在运用具有典型意义的细节刻画人物性格、描写人物心理活动等方面，比唐传奇又前进了一步。讲史的话本大都是根据史书敷演而成的，其艺术成就不及话本小说，但对后来的《三国演义》《水浒传》《列国志传》等历史小说的创作有很大的影响。

与宋代并存的辽、金两个少数民族政权，其文学主要受汉文学的影响。辽代所存文学作品不多，以契丹族作家为主。金代文学作家作品众多，但以汉人的作品为主。金代著名作家元好问存诗 1 300 余首、词 300 余首。他生活在金王朝没落衰亡的时期，饱经战乱，写下了许多反映乱离的纪乱诗，词作亦不乏名篇，其成就足可与宋代的作家相颉颃。

第二节 作 品 选

望 海 潮

柳 永

柳永（约 987—约 1053），原名三变，字景庄。后改名为永，字耆卿，崇安（今属福建）人。早年屡试不第，中年后进士及第，曾任屯田员外郎。有《乐章集》传世。

东南形胜，三吴都会，钱塘自古繁华[1]。烟柳画桥，风帘翠幕，参差十万人家[2]。云树绕堤沙[3]。怒涛卷霜雪，天堑无涯[4]。市列珠玑，户盈罗绮，竞豪奢[5]。重湖叠巘清嘉[6]。有三秋桂子，十里荷花[7]。羌管弄晴，菱歌泛夜，嬉嬉钓叟莲娃[8]。千骑拥高牙[9]，乘醉听箫鼓，吟赏烟霞[10]。异日图将好景，归去凤池夸[11]。

（选自《宋词鉴赏词典》，上海辞书出版社 2003 年版）

注释

[1] 形胜：地理形势优越、交通便利的地方。都会：人口集中的城市。钱塘：今浙江杭州市。

[2] 风帘翠幕：挡风的帘子，翠色的帷幕。参差（cēn cī）：形容房屋高低不齐。

[3] 云树：极言树之高。

[4] 霜雪：形容浪涛白如霜雪。天堑（qiàn）：天然的阻险。古代习惯上称长江为天堑，此指钱塘江。堑，护城壕。

[5] 珠玑：泛指珠宝之类的珍贵商品。罗绮（qǐ）：绫罗绸缎。

[6] 重湖：西湖以白堤为界，分里湖、外湖，故称。叠巘（yǎn）：重叠的山峦。清嘉：清秀佳丽。

[7] 三秋：指阴历九月。桂子：桂花。

[8] 菱歌泛夜：采菱小船夜行，传来歌声。嬉嬉：形容人心情快乐的样子。莲娃：采莲姑娘。

[9] 千骑：指随从人员之多。牙：牙旗，原指将帅军前的大旗，此指大官出时的仪仗旗帜。

[10] 烟霞：水光山色。

[11] 图将：画出来。将，语助词。凤池：凤凰池，本代指中书省，此代指朝廷。

赏析

这是柳永颇负盛名的一首词作。全词多方面分述，层层铺展，且写景时远望、近观相结合。每一层的铺展都有总括，那些给人亲临其境之感的具体景物都被囊括于其中。由是，这些具体的景物处处可感：处处烟柳画桥，风帘翠幕，处处云树怒涛，处处珠宝罗绮，处处昼夜欢歌，西湖处处山湖交映，处处桂子荷花，杭州繁华如在目前。

全词铺叙展衍，备足无余，语意妥帖，音律和谐。尤值得称道者，是摹写景物，历历在目。据说金主完颜亮就是读了这首词，“遂起投鞭渡江之志”。历史、政治的责任当然不用柳永承担，但从侧面可说明柳词的魅力。

思考与练习

一、词人是如何运用铺叙的手法展现杭州繁荣的景象的？

二、结合作品，了解柳永在词史上的地位。

三、背诵这首词。

明妃曲[1]

王安石

王安石(1021—1086)，字介甫，号半山，临川(今江西抚州)人。北宋著名的政治家和文学家。少有济世之志，神宗即位，以知制诰知江宁府，召为翰林学士兼侍讲，拜相。他提出并积极推行一系列变法主张，但遭到保守派的反对，晚年退居金陵，潜心著述。在文学上，他主张文章应“有补于世”，以适用为本。其散文笔力雄健，词作意境开阔，诗风质朴遒劲。有《临川先生集》《王文公文集》传世。

明妃初出汉宫时，泪湿春风鬓脚垂[2]。低徊顾影无颜色[3]，尚得君王不自持[4]。归来却怪丹青手[5],入眼平生未曾有[6]。意态由来画不成[7],当时枉杀毛延寿。一去心知更不归,可怜着尽汉宫衣。寄声欲问塞南事[8],只有年年鸿雁飞。家人万里传消息,好在毡城莫相忆[9]!君不见咫尺长门闭阿娇,人生失意无南北[10]。

(选自《宋诗鉴赏辞典》,上海辞书出版社 1987 年版)

注释

[1] 明妃:即王昭君。据《后汉书·南匈奴传》,昭君字嫱,汉元帝时,选入宫中。时匈奴呼韩邪来朝,元帝赏赐宫女五名。昭君因入宫数年,不见幸御,主动请行。临行,盛妆艳饰,光彩照人,元帝想留下她,又怕失信,遂与匈奴。晋时避司马昭的讳,改称明君,即明妃。《明妃曲》是汉朝歌曲的旧题,后世作者很多。

[2] 泪湿春风:泪流满面。杜甫《咏怀古迹五首》有“画图省识春风面”的诗句,这里以“春风”比喻昭君的美丽。鬓脚:两鬓的头发。

[3] 低徊:徘徊留恋的样子。顾影:回顾自身。无颜色:失色,因黯然伤神而面容憔悴。

[4] 不自持:把持不住自己。指元帝几乎反悔,不让昭君出嫁匈奴一事。

[5] 丹青手:指画师。《西京杂记》记载,汉元帝选妃,无暇一个个亲自去看,便让画师毛延寿为她们画像,宫人们纷纷向画工行贿。王昭君不肯行贿,毛延寿故意将她画得很丑,致使她落选。汉元帝答应匈奴单于的求婚,按图挑选,以王昭君与匈奴。临行,元帝见到王昭君容颜绝代,一怒之下,杀了包括毛延寿在内的画工。

[6] “入眼”句:平生从未见过像王昭君这般美貌的女子。

[7] 意态:指仪态风神。这句的意思是,昭君的仪态风神天然美丽,是画不出来的。

[8] 寄声:传口信。塞(sài)南:关塞南边,指汉朝。

[9] 毡城:游牧民族居住的毛毡帐篷,这里指代匈奴。

[10] 咫尺:形容距离极近,古以8寸为咫。长门:汉代宫殿名。阿娇:汉武帝刘彻的皇后陈阿娇。武帝曾说“若得阿娇,当以金屋贮之”,但后来阿娇失宠,幽居在长门宫。这两句的意思是,陈皇后阿娇也被幽禁在长门宫里,人生失意,又有什么匈奴和汉朝的分别呢!

赏析

此诗歌咏的是王昭君远嫁匈奴和亲一事。文学史上同类题材的诗歌很多,大多指责索贿的画工,对昭君出塞表示同情。北宋诗人梅尧臣、欧阳修和作,则直斥“汉计拙”,借以批评宋王朝对外屈辱的行径。王安石此诗一扫历代描写王昭君留恋君恩、怨而不怒的传统,以昭君失意的遭遇为主题,立意新颖,刻画细致。王安石诗歌立意精警,好做翻案文章,此即一例。此诗一出,欧阳修、梅尧臣、司马光、曾巩、刘敞等人争相唱和,一时影响颇大。

思考与练习

一、领悟诗句“人生失意无南北”的深刻寓意。

二、体会诗中对王昭君形象细腻而生动的描写。

三、背诵这首诗。

水龙吟·次韵章质夫杨花词[1]

苏 轼

苏轼(1037—1101),字子瞻,号东坡居士,眉州(今四川眉山)人。北宋著名文学家。与父苏洵、弟苏辙合称“三苏”。

苏轼为宋仁宗嘉祐二年(1057)进士。神宗熙宁年间,由于与王安石政见不合,自请外放,历任杭州通判,密州、徐州、湖州知州。元丰二年(1079),因被诬作诗“谤讪朝廷”,遭御史弹劾,被捕入狱,史称“乌台诗案”。后贬为黄州(今湖北黄冈)团练副使。绍圣初,又以“为文讥斥朝廷”的罪名远谪惠州、儋州,至徽宗即位遇赦北还。苏轼一生宦海浮沉、历经坎坷,但失意时能超脱旷放,达观自解,随遇而安。

苏轼在文艺创作的各方面都有突出的成就。散文自然畅达,如行云流水,文理自然,姿态横生,为“唐宋八大家”之一;词开豪放一派,与辛弃疾并称“苏辛”;诗歌好议论、尚理趣,平淡中见风骨;绘画、书法亦有很高造诣。有《苏东坡集》《东坡乐府》传世。

似花还似非花[2],也无人惜从教坠[3]。抛家傍路,思量却是,无情有思[4]。萦损柔肠,困酣娇眼,欲开还闭。梦随风万里,寻郎去处,又还被、莺呼起[5]。

不恨此花飞尽,恨西园、落红难缀[6]。晓来雨过,遗踪何在,一池萍碎[7]。春色三分,二分尘土,一分流水[8]。细看来,不是杨花,点点是离人泪[9]。

(选自《宋词鉴赏词典》,上海辞书出版社2003年版)

注释

[1] 次韵:依照诗词作品原来韵脚及其次序和作。章质夫:章楶(jié),字质夫,宰相章惇之兄,浦城(今属福建)人,历官吏部侍郎、同知枢密院事、资政殿学士。

[2] “似花”句:说柳絮似花但不是花。暗用梁元帝《咏阳云楼檐柳》诗“杨柳非花树”和白居易《花非花》诗“花非花,雾非雾”句意。

[3] 从教(jiāo):听任。坠:飘落。

[4] 无情有思:似乎无情,却是有意。这里情思的“思”与柳丝的“丝”谐音双关。梁简文帝《折杨柳》有“杨柳乱成丝”,杜甫《白丝行》有“落絮游丝亦有情”,韩愈《晚春》有“杨花榆荚无才思”,均为此句所本。

[5] “梦随”四句:化用唐金昌绪《春怨》“打起黄莺儿,莫教枝上啼。啼时惊妾梦,不得到辽西”诗意。

[6] 缀:连接,缀合。

[7] 萍碎:作者自注“杨花落水为浮萍,验之信然”,这是不符合科学的说法,但作为诗的想象是美妙的。

[8] “春色”三句:宋初叶清臣《贺圣朝》词有“三分春色二分愁,更一分风雨”句,这里借鉴其写法。

[9] “点点”句:这里化用了唐人诗句“君看陌上梅花红,尽是离人眼中血”句意。

赏析

对于章质夫的《杨花词》与苏轼的和词,历来有不同的评价。有人说二者不可轩轾;有人说章词曲尽杨花妙处,苏词不及;多数人认为苏词胜于章词。从咏物角度看,章词写杨花,只把它作为烘托离思的景物意象，用工笔细描杨花的形态，确能穷形尽态、曲传其妙；而苏词将杨花与思妇紧密糅合在一起，句句写杨花又句句写思妇，既绘形逼肖，又传神微妙，将咏物拟人融为一体。神似高于形似，象征、隐喻的境界和创作难度胜于一般借物咏情的写实境界。从抒情角度看，章词只是写闺妇相思之情；苏词既表现思妇青春已逝、情人不归的幽怨，又抒发自己怜春惜春的深情，更在词中融入对于宦海浮沉的感慨和对于时事的怅惘，抒情更浓挚，意蕴更丰富，韵味更深长。这种表面婉约而骨子沉郁的风格，胜于章词单纯的婉约。从和词角度看，多了一重限制，但他写得舒卷自如，圆润顺畅，笔墨空灵洒脱，毫无束缚之感，显出过人的才气。

全词构思巧妙，想象丰富，刻画细致，咏物与拟人浑然一体，上片惜杨花之飘坠，下片恨落红之尘委，伤春悲逝之间塑造了一个凄美的思妇形象。清代沈谦《填词杂说》云："东坡'似花还似非花'一篇，幽怨缠绵，直是言情，非复赋物。"刘熙载《艺概·词曲概》亦云："东坡《水龙吟》起云：'似花还似非花'，此句可作全词评语，盖不离不即也。"近代王国维《人间词话》更直截了当："东坡《水龙吟》咏杨花，和韵而似原唱；章质夫词，原唱而似和韵。才之不可强也如是！"

思考与练习

一、试分析"杨花"与"思妇"的意象是怎样交融成为一体的。

二、试品味此词婉约的风格。

三、你还读过苏轼哪些作品？试联系这些作品，谈谈你对其创作的认识。

四、背诵这首词。

雨中登岳阳楼望君山[1]

黄庭坚

黄庭坚（1045—1105），字鲁直，号山谷道人，又号涪翁，洪州分宁（今江西修水）人。北宋著名的文学家，"江西诗派"的领袖。曾任国子监教授，任过国史编修官。哲宗绍圣二年（1095），时新党当政，他被以修史不实的罪名贬涪州（今四川涪陵）别驾。久方起用，后又被除名羁管宜州（今广西宜山），死于宜州。他的诗以抒发个人情怀、描写个人生活居多。重视诗法，勤苦锻炼，诗歌艺术上追求拗峭纵横、生新硬涩的风格。有《山谷集》传世。

其　一

投荒万死鬓毛斑[2]，生入瞿塘滟滪关[3]。未到江南先一笑，岳阳楼上对君山。

其　二

满川风雨独凭栏，绾结湘娥十二鬟[4]。可惜不当湖水面[5]，银山堆里看青山[6]。

（选自《宋诗鉴赏辞典》，上海辞书出版社 1987 年版）

注释

[1] 岳阳楼：位于今湖南岳阳西门的城楼上，西临洞庭湖。君山：在洞庭湖中，正对岳阳楼，也叫洞庭山。这

首诗是崇宁元年(1102)诗人自四川贬所遇赦后回老家分宁,途经岳州时写的。

[2] 投荒:流放到荒凉的偏远地区。万死:九死一生。鬓毛斑:鬓毛斑白。

[3] 瞿塘:长江三峡之一,在重庆市奉节县东。滟滪关:指滟滪堆,瞿塘峡中的险滩,船行至此容易触礁致祸。

[4] 湘娥:指娥皇、女英。传说为尧的女、舜的妃子。舜南巡,死于苍梧之野,二女追至洞庭,闻舜死,溺水而死,成为湘水之神。十二鬟:众多的发髻,这里将君山比喻为美人头上的发髻。

[5] 不当湖水面:不在湖面上。

[6] 银山:指洞庭湖中白浪如山。刘禹锡《望洞庭》:"湖光秋月两相和,潭面无风镜未磨。遥望洞庭山水翠,白银盘里一青螺。"黄庭坚是在正月枯水季节"行二十里螺蚌中"到君山的,此处用刘禹锡诗而加以改造,想象秋水平满时的洞庭湖白波若山,一定是另一番壮观的景象。

赏析

《雨中登岳阳楼望君山》两首七绝抒发了作者虽历经患难而仍达观豪健的情怀。诗人在第一首诗中未正面描写登临所见,而是尽情抒发被赦生还的欣喜与快感;第二首写作者登上岳阳楼之所见,赞湖水壮阔、君山秀美。两首诗总的特点是"雄奇"。第一首偏于雄,极写登临岳阳楼的欢畅。第二首偏于奇,把群山当成湘娥头上的发髻,是一奇;遐想在波翻浪涌的湖上看君山,此为二奇;把白浪比作银山,是三奇。此诗造语奇特,笔力雄健,充满达观之情和兀傲之气,称得上诗人七绝中的冠冕之作。

思考与练习

一、第一首诗表达了作者怎样的思想感情?

二、领会第二首诗中描写湖水和君山的诗句中比喻的新奇以及所体现的情感。

三、背诵这两首诗。

永遇乐

李清照

李清照(1084—1155),号易安居士,章丘(今属山东济南)人。宋代杰出女作家,工诗善文,尤以词著称。她出身于书香门第,仕宦之家。父亲李格非是著名学者,丈夫赵明诚是宰相之子、金石学家。北宋灭亡,她经历了战乱漂泊、丈夫病逝、贫困孤独等不幸遭遇,词风发生了显著变化。李清照的词作以1126年靖康之变为界,前期多闺情相思之作,后期大多抒写个人身世的哀痛和河山破碎的感慨。她善于塑造鲜明的形象,语言清丽动人,富有创造性。有《漱玉词》存世。

落日熔金[1],暮云合璧[2],人在何处[3]?染柳烟浓[4],吹梅笛怨[5],春意知几许[6]!元宵佳节,融和天气[7],次第岂无风雨[8]?来相召[9],香车宝马[10],谢他酒朋诗侣[11]。

中州盛日[12],闺门多暇[13],记得偏重三五[14]。铺翠冠儿[15],撚金雪柳[16],簇带争济楚[17]。

如今憔悴[18],风鬟霜鬓[19],怕见夜间出去[20]。不如向、帘儿底下,听人笑语[21]。

（选自《宋词鉴赏词典》,上海辞书出版社 2003 年版）

注释

[1] 落日熔金:快下山的太阳,光焰像熔化了的黄金那么灿烂。

[2] 暮云合璧:傍晚的云彩像聚拢起来的美玉。

[3] 人在何处:人,指去世的丈夫赵明诚。一说指漂泊无依的词人。

[4] 染柳烟浓:暮霭笼罩下柳色更加深远。

[5] 吹梅笛怨:梅,春梅,兼指《梅花落》曲调。这句说,在春梅正开的时候,笛子吹出幽怨的《梅花落》曲。

[6] 几许:多少。

[7] 融和:和暖。

[8] 次第岂无风雨:转眼间难道就不会有风雨吗? 次第,转眼,接着。

[9] 召:邀请。

[10] 香车宝马:泛指华美的车马。

[11] 酒朋诗侣:同饮酒共作诗的朋友。

[12] 中州:这里指的是北宋的汴京(今河南省开封市)。盛:繁盛。

[13] 闺门:妇女住的地方。这句是说:妇女们在家里闲着没事。

[14] 偏重三五:特别注重元宵节。三五,即正月十五。

[15] 铺翠冠儿:镶了翡翠的帽子。

[16] 撚金雪柳:当时妇女在元宵节插戴的一种装饰品,用金线搓转制成的绢花。撚(niān),用指搓转。

[17] 簇带争济楚:人人插戴满头,比赛谁打扮得漂亮。簇带,宋时方言,插戴满头。济楚,也是宋时方言,整齐美丽的意思。

[18] 憔悴:脸色黄瘦、精神萎靡的样子。

[19] 风鬟霜鬓:两鬓斑白,头发松乱。形容自己衰老。鬟,环形的发髻。鬓,额角边的头发。

[20] 怕见:懒得,怕得。

[21] "不如"二句:不如独自躲在帘子里面,听听街坊邻居有说有笑地过节吧。

赏析

这是词人在元宵佳节的所见所感。词的上片写今年元宵佳节的情景,"落日熔金,暮云合璧"是元夕绚丽的暮景,"人在何处"是饱经丧乱的人在似曾相识的情景中发出的迷惘而痛苦的长叹。"染柳烟浓"三句则是写初春之景。接下来又在不经意间透露出饱经忧患后寂寞冷落的心情。词的下片转为忆昔,遥想当年自己有的是闲暇游乐的时间,着意穿戴打扮欢庆元宵佳节,再由忆昔转到眼前:经历了历史的巨变、人事的沧桑,词人由"簇带争济楚"的少女变为"憔悴""风鬟霜鬓"的老妇,因此而不敢面对现实的繁华。

这首词艺术上运用今昔对照、情景反衬等手法,还有意识地将浅显平易富有表现力的口语与锤炼工致的书面语言交错融和，造成雅俗相济、俗中见雅、雅不避俗的特殊语言风格。

思考与练习

一、这首词上片的景物描写有何特点？对突出词人心情有何作用？

二、这首词运用的主要写作手法是什么？这样写有什么好处？

沈园二首[1]

陆 游

陆游（1125—1210），字务观，号放翁，越州山阴（今浙江绍兴）人。南宋杰出的爱国诗人。年轻时就立下“上马击狂胡”的壮志。高宗时应试礼部，名列前茅，因“喜论恢复”，被秦桧除名，孝宗时被赐进士出身，历任镇江、隆兴通判，不久因支持张浚北伐而落职，入蜀任夔州通判。曾参加王炎、范成大幕府，共谋恢复大计。光宗时官朝议大夫、礼部郎中。后被弹劾去职，返归故乡，闲居20年之久。

陆游生平作诗近万首，其诗题材广阔，现实针对性强，洋溢着浓烈的战斗激情和深沉的悲愤情绪，也有表现日常生活情趣和自身人生际遇的作品。他早年受江西诗派熏陶，后又取法李白、杜甫，终于自成一家。其诗风格多样，以雄浑豪放为主，语言明快，联想丰富。有《渭南文集》《剑南诗稿》传世。

其 一

城上斜阳画角哀[2]，沈园非复旧池台。伤心桥下春波绿，曾是惊鸿照影来[3]。

其 二

梦断香销四十年[4]，沈园柳老不吹绵[5]。此身行作稽山土[6]，犹吊遗踪一泫然[7]！

（选自《宋诗鉴赏辞典》，上海辞书出版社1987年版）

注释

[1] 沈园：故址在今浙江绍兴禹迹寺南。陆游曾娶表妹唐婉为妻，然陆母不称意，婚后3年，夫妻被迫离异。唐婉另嫁赵士程。陆游曾在园中与唐婉不期而遇，后唐婉抑郁而死。宋宁宗庆元五年(1199)秋天，作者重游沈园，感伤往事，乃作此诗。

[2] 画角：涂有色彩的军中乐器。

[3] 惊鸿：喻唐婉当年体态的优美轻盈。

[4] “梦断”句：作此诗与上次在沈园遇见唐婉，相距44年，“四十”是取其整数。香销，指唐婉亡故。

[5] 不吹绵：柳絮不再飞扬。

[6] 行：即将。稽山：会稽山，在今浙江绍兴东南。

[7] 吊：凭吊。泫然：流泪的样子。

赏析

这两首悼亡诗，是陆游75岁时对40多年前的爱情悲剧的回味，是作者故地重游时的触景生情之作。

第一首诗回忆与唐婉离异后在沈园邂逅的往事，写物是人非之悲。诗中先以斜阳暗淡、画角哀鸣来渲染气氛，眼中之色、耳中之声无不凄凉哀怨，自然触动诗人的伤心情怀。第三句“伤心”二字由眼前景象转入回忆，第四句借桥下春波映照过当年唐婉的身影，再现深藏诗人心底的那翩若惊鸿的美好形象。

第二首诗表达对唐婉坚贞不渝的感情，写刻骨铭心之思。诗中用反衬笔法，以“柳老不吹绵”反衬自己至老弥坚的深情。

思考与练习

一、《沈园》(其一)是如何借景抒情，来表达对往事的感伤的？

二、《沈园》(其二)是如何运用反衬笔法，来表达诗人对爱情的忠贞不渝的？

三、背诵这两首诗。

水龙吟·登建康赏心亭[1]

辛弃疾

辛弃疾(1140—1207)，字幼安，号稼轩，历城(今山东济南)人。南宋伟大的爱国词人。他 21 岁时在北方参加耿京领导的抗金义军，后渡江南归宋廷。一生主张抗战，志在恢复中原，但始终不被信任。历任建康通判、滁州知州、湖南江西安抚使等职，42 岁后落职闲居江西上饶 20 余年。现存词 600 多首。他是南宋豪放词派的主要代表，词作题材广泛，意境深远，具有雄浑豪壮、苍凉沉郁的风格，对后世词的发展产生了极大的影响。有《稼轩长短句》传世。

楚天千里清秋，水随天去秋无际。遥岑远目，献愁供恨，玉簪螺髻[2]。落日楼头，断鸿声里，江南游子[3]。把吴钩看了[4]，栏杆拍遍，无人会、登临意。

休说鲈鱼堪脍，尽西风、季鹰归未[5]？求田问舍，怕应羞见，刘郎才气[6]。可惜流年，忧愁风雨，树犹如此[7]！倩何人唤取，红巾翠袖，揾英雄泪[8]！

(选自《宋词鉴赏词典》，上海辞书出版社 2003 年版)

注释

[1] 水龙吟：词调名。建康：今江苏南京。赏心亭：在下水门城上，下临秦淮，可尽观览之胜。这首词是宋孝宗乾道五年(1169)辛弃疾任建康通判时所作。

[2] 遥岑远目：放眼远处的小山。岑，小而高的山。玉簪螺髻：形容山峰如同美人头上的碧玉簪、青螺髻。

[3] 断鸿：失群的大雁。江南游子：词人的自称。彼时词人北方的家已经沦陷。

[4] 吴钩：一种弯形的刀。看吴钩和拍栏杆的动作，都是抒发词人报国无门的苦闷。

[5] 脍：将鱼肉切细。《晋书·张翰传》中写晋人张翰在洛阳做官，见秋风起，想到家乡苏州味美的鲈鱼，便弃官回乡。词人借此典表示自己不甘心学张翰忘怀时事，弃官归乡，但也有有家难归的乡思。

[6] 求田问舍：买土地房屋。刘郎：刘备。《三国志·魏书·陈登传》记载，许汜忘却天下忧患，一心求田问舍，受到刘备的讥嘲。这三句是说自己不愿只知添置田舍而忘却天下忧患。

[7] 流年：流逝的岁月。这三句感叹年华流逝，恢复中原的雄心壮志不能实现。

[8] 倩(qiàn)：请求。红巾翠袖：女子装束，指歌女，宴会上多用歌妓劝酒。揾(wèn)：擦拭。

赏析

这首词上片由景入情。先写东南无边秋色，眺望江北，青山在“献愁供恨”，暗寓着大好山河沦陷，收复遥遥无期。落日的苍茫，断鸿的哀叫，都勾起词人飘泊南方、渴望报国而无用武之地的忧愤。下片直接言志。三个典故有着丰富复杂的情感内涵，表达了三层意思：一抒思乡之情，二表报国之愿，三嗟叹岁月蹉跎功业无成。词人不仅善于将内在情感渗透在描写之中，而且能寄情于物，情感层层递进，渐趋强烈，章法严谨，富于节奏，用典切意，言简意丰。

这首词，沉郁悲凉，是辛词名作之一，它反映了那个时代的矛盾，情感内涵丰富深厚，至今仍然具有极其强烈的感染力。

思考与练习

一、分别说明词中所用典故的含义，体会稼轩“以文为词”的艺术特色。

二、词中描写的自然景物是怎样呈现深厚的主观色彩的？

三、背诵这首词。

摸鱼儿[1]

元好问

元好问(1190—1257)，字裕之，自号遗山山人，太原秀容(今山西忻州)人。金代著名的文学家。金宣宗兴定五年(1221)进士，曾做过几任县令，官至尚书省左司员外郎。金亡后不仕，以编纂故国文献自任。他是金代成就最高的作家。其诗写乱离景象和民生疾苦，悲壮苍凉，意境阔大。其词与散文成就也很高。有《遗山集》传世。

乙丑岁赴试并州[2]，道逢捕雁者云：“今旦获一雁，杀之矣。其脱网者悲鸣不能去，竟自投于地而死。”予因买得之，葬之汾水之上，累石为识[3]，号曰雁丘。时同行者多为赋诗，予亦有《雁丘辞》。旧所作无宫商[4]，今改定之。

恨人间、情是何物，直教生死相许。天南地北双飞客，老翅几回寒暑[5]。欢乐趣。离别苦。是中更有痴儿女。君应有语。渺万里层云，千山暮景，只影为谁去[6]。

横汾路。寂寞当年箫鼓[7]。荒烟依旧平楚[8]。招魂楚些何嗟及，山鬼自啼风雨[9]。天也妒。未信与、莺儿燕子俱黄土[10]。千秋万古。为留待骚人，狂歌痛饮，来访雁丘处[11]。

(选自《遗山乐府校注》，凤凰出版社 2006 年版)

注释

[1]《摸鱼儿》:词调名,又名《迈陂塘》。

[2]乙丑岁:金章宗泰和五年(1205)。并州:今山西太原。

[3]汾水:流经今山西境内,注入黄河。识(zhì):标志。

[4]无宫商:未配曲调。

[5]天南地北:大雁是候鸟,冬日南下,春天北上,故云。

[6]层云:多层浓密的云。只影:只身。此三句是对殉情的大雁的心理刻画。

[7]横汾:汾水。横,大。当年:指汉代。汉武帝多次渡过汾河,祭祀河东汾阴后土。他渡汾水时所作的《秋风辞》中说:"横中流兮扬素波,箫鼓鸣兮发棹歌。"

[8]平楚:平远的树林。楚,丛生的树木。

[9]楚些:《楚辞》中有《招魂》一篇,相传是宋玉为楚王招魂所作,文中多用楚语,不少句子以虚词"些"字收尾,故言"楚些"。何嗟及:可叹无济于事。山鬼:《楚辞·九歌》中篇名,中有"东风飘兮神灵雨""雷填填兮雨冥冥"等句子。这两句是说雁死不能复生。

[10]莺儿燕子:黄莺、燕子,诗词中多喻歌女,这里指世俗用情不专的女子。

[11]骚人:诗人。

赏析

这是一首咏物词。上片写大雁丧偶后的悲痛。开头的问句高度概括,极为抽象,由于是胸中郁积的深厚情感,经千回万转后激荡喷薄而出,震人心魄,引人思索,力能扛鼎。接下来作者运用想象、拟人等艺术手法,围绕"情"字,歌颂了超越时空、真挚动人的世间真情。下片以当年汉武帝行幸河东的盛况与现实环境的凄凉作对比,渲染出悲凉的气氛,将词境进一步拓展,把大雁殉情上升为人间崇高的至美之情,并坚信这种真情的永存,哀婉而又悲壮,词意也更显浑厚。

思考与练习

一、《摸鱼儿》一词的下片写大雁殉情处环境的凄凉,这种渲染有何意义?它与后面的抒情是如何有机联系的?

二、背诵这首词。

第五章　元明清文学

第一节　元明清文学概述

元明清时期是中国古代文学发展的重要时期。这一时期文学最大的特点是大众化和通俗化，而促成文学普及的则是戏曲与小说取代诗文成为人民群众最为喜闻乐见的文学形式。

元代文学涵盖的时间，自 1234 年蒙古国灭金、统一北中国起，到 1368 年元朝被朱元璋领导的义军推翻、元顺帝逃离大都止，其间约 134 年(忽必烈以汉地为中心建立的元朝始自 1271 年)。

在中国文学史上，元代文学最为突出的成就首推元杂剧，它的发展可分为前后两期。前期作家创作活动最兴盛的年代是元世祖至元到元成宗元贞、大德时期。这时产生了伟大的戏曲家关汉卿，他的杂剧《窦娥冤》《救风尘》《单刀会》等，表现了强烈的反封建压迫和反侵略的思想倾向。同时期的王实甫、康进之、马致远、白朴等作家也留下了许多优秀的作品。他们从不同方面反映了当时的社会现实，歌颂了被压迫人民的斗争。后期是从大德以后直到元朝灭亡，这时杂剧中心逐渐南移，虽然也产生过郑光祖等著名剧作家，但杂剧脱离现实和宣扬封建道德的倾向日益严重。此时在元代前期一度衰微的南戏又重新兴盛起来。南戏著名作家有高明、施惠等人，他们创作的《琵琶记》《拜月亭》等作品影响深远，为明清传奇创作奠定了基础。

元散曲是金元时期在北方民间流行起来的新的诗歌样式。曲和词一样，也是长短句形式，也有曲调名称，也是依声填词；但用韵不像词那样严格，平仄自由，通常是一曲一韵，句句押韵且一韵到底，同时，它在定句、定字的基础上，还可以根据实际需要，适当增加字数，这些所增之字，称为“衬词”。元散曲分为小令和套数。小令是单支的曲子；套数和剧曲的组织相同，是由两支或两支以上同一宫调的曲子依次连缀而成的组曲。散曲作家的成分十分复杂，作品的风格也有很大的差异。

在诗文创作方面，北方早期作家受元好问的影响较大，其中以刘因最为突出。南方作家则承袭南宋江湖诗人的余绪。到元仁宗以后，虞集、杨载、范梈、揭傒斯继起，号称“元诗四大家”。

自 1368 年朱元璋称帝于南京，至 1644 年崇祯自缢于北京，明代的历史延续了近 280 年。明朝前期文学的优秀作品几乎都集中在元明之际。主要有宋濂、刘基、高启等，他们由元入明，经历了元末的大动乱，接触到了广阔的实际生活，对当时尖锐的阶级矛盾和民族矛盾有一定的认识，因此写出了一些揭露现实黑暗、富有社会内容的作品。但在开国以后的 100 多年中，统治阶级提倡程朱理学，在思想文化领域实行禁锢政策和以八股文取士，使明代文学的发展失去了良好的氛围。直到明中叶，文学创作才呈现出新的局面。就诗歌创作来说，明初诗坛最有影响力的是以三杨(杨士奇、杨荣、杨溥)为代表的台阁体和以李东阳为代表的茶陵诗派,但他们的实际成就并不高。从明朝中期开始,诗歌掀起了一场以复古面目出现的革新活动。以李梦阳、何景明为核心,包括康海、王九思、边贡、王廷相、徐祯卿等人的文学群体,称“前七子”。他们提出了“文必秦汉,诗必盛唐”的口号,目的是扫荡台阁体的无聊文风,力图恢复文学自身的独立地位。至嘉靖、隆庆时期,又出现了以李攀龙、王世贞为代表,包括谢榛、宗臣、梁有誉等在内的文学群体,称“后七子”,后七子在复古的道路上比前七子走得更远。前后七子的复古运动在反对台阁体的空廓、浮泛和八股文的恶劣影响方面虽有一定的积极意义,但“文必秦汉,诗必盛唐”的文学主张实质上仍然是一种形式主义。以王慎中、唐顺之、茅坤、归有光为首的唐宋派首先起来反对复古派,主张恢复唐宋八大家的散文传统,倡导文道统一。明代后期出现以三袁(袁宗道、袁宏道、袁中道)为首的“公安派”,公安派主张“独抒性灵,不拘格套”,其反对前后七子的拟古风气,发前人之所未发。其创作成就主要在散文方面,清新活泼,自然率真。

在小说方面,杰出的作家施耐庵、罗贯中在长期、广泛流传的水浒、三国故事和有关话本、杂剧的基础上,分别创作了《水浒传》《三国演义》。《西游记》是我国杰出的浪漫主义神话小说,幻想的情节中交织着深刻的现实内容。《西游记》之后,出现了第一部文人独创的以描写家庭生活为题材的长篇小说《金瓶梅》。该作品对当时社会上自最高的统治者、王侯贵族、各级文武官员,下至地主、恶霸、市井无赖的种种罪恶和腐朽淫荡的生活,有着比较全面深刻的揭露。短篇小说的代表则是冯梦龙所编的“三言”(《喻世明言》《警世通言》《醒世恒言》)和凌濛初的“二拍”(《初刻拍案惊奇》《二刻拍案惊奇》)。

戏剧方面,明杂剧已趋于衰微,传奇取代明杂剧居于主导地位,明代的传奇创作有两个主要派别:以沈璟为代表的吴江派和以汤显祖为代表的临川派。沈璟及其同派作家,虽然在创作上的成就一般不高,但对明中叶后流传最广、影响最大的唱腔之一昆曲在音律的整理上有一定的贡献,在剧坛上的影响很大。临川派的主要作家则是汤显祖,他的代表作《牡丹亭》是我国戏曲史上优秀的浪漫主义作品。它热情地歌颂了反叛封建礼教、追求爱情幸福的社会理想,也在一定程度上体现了要求个性解放的时代精神。此外,这时还有一些优秀的戏剧作品如《宝剑记》《鸣凤记》《浣纱记》等,它们直接或间接地反映了当时尖锐的政治斗争。

明人重视民间文学,出现了搜集、整理民歌的新现象,冯梦龙就编有《山歌》和《挂枝儿》等民歌集。而明代的散曲虽有新的发展,思想内容却比较消极。晚明的小品文和明末一些表现爱国思想的诗文成就也不算太高。

1644 年,明朝在农民起义的浪潮中覆灭。清王朝强化了君主专制,并对思想文化严加控制。在严密的禁锢下,不少文人选择治学之途,使得清代的文字、音韵、训诂之学极其兴盛。1840 年鸦片战争爆发后,中国社会受到外来力量的强烈冲击而发生了剧变。清代文学就是在这样的背景下发展的。

诗坛上,清前期成就最高的诗人应推吴伟业。他的作品注重真实情感的抒发,关怀个人在社会中的命运,同时又讲究诗歌的艺术性和声调韵律的美感。到了乾隆时代,出现了沈德潜倡导的以“温柔敦厚”为准则的“格调说”，翁方纲倡导的重学问、重义理的“肌理说”和袁枚倡导的“性灵说”。另外，赵翼、黄景仁也是当时很有个性的诗人，他们比较重视诗中有“我”、重视诗歌艺术的独创性。嘉庆、道光时期，杰出的思想家兼优秀诗人龚自珍在诗歌创作中表现出强烈的自我意识，用以抗击社会的沉闷与压抑。

清初散文，侯方域、魏禧、汪琬被称为三大家，但桐城派的出现才真正建立了清代古文的阵营。桐城派的代表人物是方苞、刘大櫆和姚鼐。对于文章，方苞、刘大櫆讲究义理和文法，至姚鼐又加上考据，提出一系列清规戒律。他们的理论影响一直延续到民国。

清代文学成就最大的当数小说。晚明异常活跃的白话短篇小说到清初开始衰退，文言短篇小说更受到文人的重视，最著名的是蒲松龄的《聊斋志异》。《聊斋志异》多以记怪志异的形式广泛地反映社会生活，有不少揭露现实黑暗腐败的作品，如《促织》《席方平》等。清代长篇小说的创作也很兴旺。吴敬梓的《儒林外史》深刻地揭露了封建科举制度带来的种种社会弊端，塑造了许多醉心于功名利禄的封建知识分子形象，开晚清讽刺小说之先河。曹雪芹的《红楼梦》更是古代长篇小说的最高峰，它以一个封建家族的兴衰史为线索，多角度地反映社会矛盾，塑造了一批封建叛逆者的形象，表现了作家进步的社会理想和审美趣味。

清代前期的戏剧延续了晚明的繁盛局面。到了康熙年间，先后出现洪昇的《长生殿》和孔尚任的《桃花扇》。前者取材于唐明皇与杨贵妃的故事，反映广阔的社会生活，歌颂感天动地的人间至情，场面壮阔，情节曲折，曲词清丽，有很浓的抒情色彩。《桃花扇》则是一部通过借离合之情反映兴亡之感的历史剧，在同类题材的创作上达到了新的艺术高度。

此外，从清代前期到中期，以词名世的文人很多。影响较大的有陈维崧、纳兰性德，以及“浙西词派”的盟主朱彝尊、厉鹗，和“常州词派”的盟主张惠言、周济等。骈文在清代也受到了重视。乾隆、嘉庆时期，骈文尤盛，形成与桐城派古文相抗的局面。

1840 年以后，封闭的中国社会被迫向世界开放，文学的发展也不可避免地受到影响。

这一时期的诗坛上，以黄遵宪为代表的具有变革意义的“新派诗”，提出了“我手写我口”的创作主张。其后，梁启超提出了“诗界革命”的口号。清代后期动荡危急的时世，激起许多仁人志士的忧时愤世，从林则徐到秋瑾，留下了大量的纪实和抒愤的诗篇。

散文领域中，曾国藩重振了桐城派的声威，一时造成很大影响。但他并不能挽救古文的衰落，所谓“桐城派中兴”，实际成了回光返照。代表着革新倾向的是梁启超，他发表于报刊的许多文章流利晓畅，富有情感，具有很强的煽动力，与向来的古文大不相同。因而刊登其文章的《时务报》“一时风靡海内”，“举国趋之，如饮狂泉”。这种新文体也是文言散文向白话散文过渡的桥梁。

小说是清代后期最为兴盛的文学样式。客观上是因为印刷技术有了提高，主观上则是因为这一时期人们对小说的看法有了很大改变，小说的价值被提得很高。梁启超鼓吹“小说界革命”，对小说的艺术特征是有所认识的，但这种认识附属于以小说为政治服务的核心宗旨，因此，清后期小说的总体成就不高。

清后期的戏曲演出十分繁盛，但大都沿袭或改编旧有剧目。值得注意的是，清末时在留日学生中第一次出现了由“春柳社”组织的话剧演出，虽然表演的是《茶花女》《黑奴吁天录》等外国文学故事，但这一新的剧种为“五四”以后新的戏剧文学的兴起提供了条件。

总之，在整个清代，中国古代的各种文学样式都产生了一些优秀的作品，这是其他时代没有的特点。从这个意义上说，清代文学可以说是中国古典文学的总结。

第二节　作　品　选

南吕·一枝花　不伏老[1]

关汉卿

关汉卿生于金末，大都（今北京）人，号已斋叟，元代伟大的戏剧作家，元杂剧的奠基人。作为元代剧坛最杰出的代表之一，一生创作丰富，现知他所创作的剧本达60多种，今存18种。在题材上大致可分为三类：以《窦娥冤》《蝴蝶梦》《鲁斋郎》为代表的社会剧，以《单刀会》《西蜀梦》《哭存孝》为代表的历史剧，以《救风尘》《金线池》《谢天香》《诈妮子》《望江亭》为代表的爱情婚姻剧。他的杂剧大多揭露社会黑暗，歌颂人民的反抗斗争，描写下层妇女的生活或歌颂历史英雄，具有很高的艺术成就。他也创作了不少散曲。今存有小令50多首，套数十余套。

【一枝花】攀出墙朵朵花，折临路枝枝柳[2]。花攀红蕊嫩，柳折翠条柔。浪子风流。凭着我折柳攀花手，直煞得花残柳败休。半生来折柳攀花，一世里眠花卧柳。

【梁州】我是个普天下郎君领袖，盖世界浪子班头。愿朱颜不改常依旧，花中消遣，酒内忘忧；分茶攧竹，打马藏阄，通五音六律滑熟，甚闲愁到我心头[3]。伴的是银筝女银台前理银筝笑倚银屏；伴的是玉天仙携玉手并玉肩同登玉楼；伴的是金钗客歌《金缕》捧金樽满泛金瓯[4]。你道我老也，暂休，占排场风月功名首，更玲珑又剔透。我是个锦阵花营都帅头，曾玩府游州。

【隔尾】子弟每是个茅草岗沙土窝初生的兔羔儿乍向围场上走，我是个经笼罩受索网苍翎毛老野鸡蹅踏的阵马儿熟[5]。经了些窝弓冷箭蜡枪头[6]，不曾落人后。恰不道“人到中年万事休”，我怎肯虚度了春秋。

【尾】我是个蒸不烂煮不熟捶不扁炒不爆响珰珰一粒铜豌豆，恁子弟每谁教你钻入他锄不断斫不下解不开顿不脱慢腾腾千层锦套头[7]。我玩的是梁园月，饮的是东京酒，赏的是洛阳花，攀的是章台柳[8]。我也会围棋会蹴踘会打围会插科，会歌舞会吹弹会嚥作会吟诗会双陆[9]。你便是落了我牙，歪了我嘴，瘸了我腿，折了我手，天赐与我这几般儿歹症候，尚兀自不肯休[10]。则除是阎王亲唤取，神鬼自来勾，三魂归地府，七魄丧冥幽，天哪，那其间才不向烟花路儿上走[11]。

（选自《全元散曲》，中华书局1964年版）

注释

［1］《南吕·一枝花》：属散曲中的套数。南吕：宫调名。元曲中的套数必须由同一宫调的几支曲子组成。如本篇中的《一枝花》《梁州》《隔尾》和《尾》是属于同一个宫调的几种曲子。不伏老：曲子的题目。

［2］攀出墙朵朵花，折临路枝枝柳：这里的“出墙花”“临路柳”都是妓女的代称。

［3］分茶攧竹：品茶画竹。打马藏阄：古代的两种搏戏。打马，即打双陆，双陆棋子称马，所以叫做“打马”。五音：宫、商、角、徵、羽。六律：黄钟、太簇、姑洗、蕤宾、夷则、无射。五音六律滑熟，即精通音律。

［4］金缕：曲调名。金瓯：金杯，酒杯。

［5］子弟每：这里指年轻的嫖客们。每，即表复数的“们”。兔羔儿：兔崽子，喻未经世故的青年。围场：猎场，此指妓院。陈马儿熟：烂熟的狩猎技术，这里指狎妓的经验。陈马，老马。前面的“经笼罩受索网苍翎毛老野鸡”是指自己在风月场中经历了各种艰难困苦。

［6］窝弓：伏弩。冷箭：暗箭。蜡枪头：蜡做的枪头，典出《西厢记》，本是比喻好看不中用，但在此与“窝弓”“伏弩”同义，写自己经受了各种打击。

［7］锦套头：锦绳结成的套头，喻妓女笼络客人的伎俩。

［8］梁园月：汉代梁孝王所经营的兔园，代指汴京。洛阳花：牡丹的别名。章台柳：唐代诗人韩翃有爱姬柳氏，在战乱中为一军将所得，韩得知后曾作诗寄之，诗中说：“章台柳，章台柳，昔日青青今在否。纵使长条似旧时，亦应攀折他人手。”其后的文学作品中常以此喻妓女。

［9］蹴踘（jū）：古代一种踢球游戏，类似今天的足球。

［10］尚兀自：尚自，还自。

［11］冥幽：阴间，地府。烟花路儿：指勾栏妓院。

赏析

《南吕·一枝花》以通俗、欢畅、滔滔若江河奔泻的语言，自我赞赏、自我调侃，塑造特殊环境中的特殊人物。全套由四支曲子组成，第一支曲子将“攀花”“折柳”两事颠来倒去，极力地表现“浪子风流”的行径，为人物性格定下基调。以极度夸张之词赞美自己的风流，是以一种玩世不恭的形式表现对黑暗社会的反抗。在关汉卿生活的元代，汉族文人地位低下，杂剧家兼杂剧演员，更被视为低贱的人物，与妓女地位等同。作者因此故意以一个流连妓院的风流形象来描绘自己。这种傲岸和疏狂，实际上正是向正统的挑战，对社会的反抗，有一定的积极意义。全篇纵横恣肆，挥洒如意，气势磅礴。

思考与练习

一、《南吕·一枝花》中，作者以“自我招供”的形式为自己画像，实际上是怨愤之词，表现的是不屈的精神。只要对最后一支曲子做深入全面的理解，便可窥测出其中真情，请你试着对此进行分析。

二、《南吕·一枝花》运用了大量的修辞手法，指出这些修辞手法并仔细分析其艺术效果。

游　园[1]

汤显祖

汤显祖(1550—1616),字义仍,号海若、若士、清远道人,江西临川(今江西抚州)人。明代著名的戏曲作家。著有“玉茗堂四梦”,即《紫钗记》《牡丹亭》《南柯记》《邯郸记》。

【绕池游】(旦上[2])梦回莺啭,乱煞年光遍[3]。人立小庭深院。(贴[4])炷尽沉烟[5],抛残绣线,恁今春关情似去年[6]?

〔乌夜啼〕(旦)晓来望断梅关,宿妆残[7]。(贴)你侧着宜春髻子恰凭阑[8]。(旦)翦不断,理还乱[9],闷无端。(贴)已分付催花莺燕借春看。(旦)春香,可曾叫人扫除花迳?(贴)分付了。(旦)取镜台衣服来。(贴取镜台、衣服上)云髻罢梳还对镜,罗衣欲换更添香[10]。镜台衣服在此。

【步步娇】(旦)袅晴丝吹来闲庭院[11],摇漾春如线。停半晌整花钿,没揣菱花[12],偷人半面,迤逗的彩云偏[13]。(行介)步香闺怎便把全身现?

(贴)今日穿插的好。

【醉扶归】(旦)你道翠生生出落的裙衫儿茜[14],艳晶晶花簪八宝填[15],可知我常一生儿爱好是天然[16]。恰三春好处无人见[17],不提防沉鱼落雁鸟惊喧[18],则怕的羞花闭月花愁颤。

(贴)早茶时了,请行。(行介)你看,画廊金粉半零星,池馆苍苔一片青。踏草怕泥新绣袜[19],惜花疼煞小金铃[20]。(旦)不到园林,怎知春色如许!

【皂罗袍】(旦)原来姹紫嫣红开遍[21],似这般都付与断井颓垣。良辰美景奈何天,赏心乐事谁家院[22]!恁般景致,我老爷和奶奶再不提起。(合)朝飞暮卷[23],云霞翠轩;雨丝风片,烟波画船。锦屏人忒看的这韶光贱[24]!

(贴)是花都放了,那牡丹还早。

【好姐姐】(旦)遍青山啼红了杜鹃[25],荼蘼外烟丝醉软[26]。春香呵,牡丹虽好,他春归怎占的先[27]?(贴)成对儿莺燕呵。(合)闲凝眄[28],生生燕语明如翦,呖呖莺歌溜的圆[29]。

(旦)去罢。(贴)这园子委是观之不足也[30]。(旦)提他怎的?(行介)

【隔尾】(旦)观之不足由他缱[31],便赏遍了十二亭台是枉然,到不如兴尽回家闲过遣[32]。

(作到介)(贴)开我西阁门,展我东阁床[33]。瓶插映山紫[34],炉添沉水香。小姐,你歇息片时,俺瞧老夫人去也。

(选自《牡丹亭》,中华书局1959年版)

注释

[1] 游园:选自《牡丹亭》第10出《惊梦》。这一出包括“游园”和“惊梦”两部分。这里只选了【绕池游】一套。《牡丹亭》全剧共分55出,演绎南安太守的女儿杜丽娘的爱情故事。丽娘春日游园后梦中与理想的情人柳梦梅相会,相思成疾而死。后托梦于柳梦梅,经过柳的调护,情之所至,丽娘复生,与梦梅结为夫妇。

[2] 旦:扮演女主角的演员称“旦”,这里指扮演杜丽娘的演员。上:上场。

[3] 梦回莺啭:睡梦中醒来,听到户外黄莺婉转的叫声。乱煞年光遍:使人眼花缭乱的春光到处都是。

[4] 贴:即贴旦,扮演剧中次要角色的女性。这里指扮演丫头春香的演员。

[5] 炷:燃烧。沉烟:沉香,一种珍贵的香料。这句是说室内的沉香燃尽,缕缕轻烟飘散。

[6] 恁:“恁么”的省文,即为什么。关情:牵动人的情怀。此句意为,为什么今年的春情比去年来得更浓呢?

[7] 梅关:即大庾岭,在本剧故事发生地的江西省南安府(今江西大余)的南面。宿妆:夜妆。指先一天的梳妆。残:乱。

[8] 宜春髻子:发髻的一种。相传立春那天,妇女剪彩绸为燕子状,戴在髻上,上贴“宜春”二字。

[9] 剪不断,理还乱:南唐后主李煜词《乌夜啼》中的两句。这里比喻杜丽娘无法摆脱由于长期禁锢而产生的苦闷。

[10] 云髻:形容妇女的发髻卷曲如云。更添香:再熏些香料。

[11] 袅:摇曳不定的样子。晴丝:在春天晴朗的日子水汽蒸发时呈现出飘荡在空中的隐隐约现的游丝。

[12] 花钿(diàn):妇女头上用金片做成的装饰品。没揣:不料。菱花:镜子。古时用铜镜,背面所铸花纹一般为菱花,因此称菱花镜,诗文中常用菱花作为镜子的代称。

[13] 迤逗:元曲中或作拖逗,引惹,是“牵引”的意思。彩云:比喻美丽的发卷。

[14] 翠生生:极言色彩鲜艳。出落的:显出,衬托出。茜:红色。

[15] 花簪八宝填:镶嵌着多种宝石的簪子。是“八宝填花簪”的倒装。填,镶嵌。

[16] 爱好:犹言爱美。

[17] 三春好处:美丽的春光。这里用来比喻美丽的青春和容貌。三春,即春天,春季有三个月。

[18] 沉鱼落雁:形容女子的异常美貌。下文的“羞花闭月”与此同义。“沉”“落”“羞”“闭”皆为使动用法。

[19] 泥:玷污,这里作使动用。

[20] 惜花疼煞小金铃:《开元天宝遗事》载,唐天宝年间,宁王惜花,怕被鸟雀啄坏,便在花园扯上红绳,系上金铃,一有鸟便拉响金铃驱赶。这里是说,因为拉的多了,连小金铃都被拉得疼煞了。

[21] 姹紫嫣红:花色鲜艳的样子。

[22] 谁家:哪一家。谢灵运《拟魏太子邺中集诗·序》:“天下良辰、美景、赏心、乐事,四者难并。”

[23] 朝飞暮卷:是王勃《滕王阁诗》“画栋朝飞南浦云,朱帘暮卷西山雨”的省文。

[24] 锦屏人:深闺中人。忒:太,过于。韶光:春光。

[25] 啼红了杜鹃:开遍了红色的杜鹃花。因杜鹃又是鸟名,古人用“杜鹃啼血”来表现哀怨之情。这里用“啼”表示杜鹃花的“开放”。

[26] 荼蘼:花名,晚春时开放。

[27] “牡丹”二句:这里是说牡丹虽美,但开在春尽之时,怎能占得春季百花之先?这里暗寓杜丽娘对美好青春被耽误的伤感和幽怨的情绪。

[28] 凝眄:注视。

[29] “生生”二句:形容乳燕的叫声像剪刀一样明快,莺的叫声圆润婉转。翦,通“剪”。

[30] 委:委实,确实。观之不足:看不厌。

[31] 缱:留恋、牵绾。

［32］闲过遣：闲消遣。

［33］“开我”二句：改用《木兰辞》“开我东阁门，坐我西阁床”句。

［34］映山紫：映山红的一种。

赏析

“游园”写的是南安太守杜宝的女儿杜丽娘受到《诗经·关雎》的启发，在婢女春香的鼓励之下，违背父命，私自到后花园赏春的情况。前三支曲子表现了杜丽娘游园前的心绪，既写了她对美好春光的向往与对青春的热爱，同时也形象地表现了她初出深闺的彷徨与娇羞。后三支则写游园中的种种思想活动。游园本是为了消愁解闷，不料美好春光引发了她内心的春情，激化了与封建礼教的矛盾。通过描绘杜丽娘在游园过程中“迎春—爱春—惜春—伤春”的感情变化，表现出她面对美丽的自然景色时春心的萌动和觉醒。曲中抒发了她对封建礼教的不满、对幸福自由的向往，也揭露了封建礼教对少女的束缚和摧残。作者采用寓情于景、以景衬情的表现手法，明写春景，暗喻春情，情景交融。语言华丽优美，化用前人成句，贴近自然。

思考与练习

一、通过这一套曲理解《牡丹亭》一剧深刻的社会意义。

二、具体分析这一套曲（前六支曲子）是如何细腻刻画人物心理活动的曲折变化的。

叶　生[1]

蒲松龄

蒲松龄（1640—1715），字留仙，一字剑臣，别号柳泉居士。山东淄川（今属淄博市）人。清代著名文学家。出身没落地主家庭。一生刻苦好学，但自19岁“弁冕童科”之后，屡试不第，直到71岁高龄才援例成为贡生。他创作的文言小说《聊斋志异》大多记述民间和下层文士的故事传说，深刻揭露官场的腐败，抨击科举制度的种种弊端，尤其是以狐鬼故事来描写爱情的主题，表现出反封建礼教的精神。其情节曲折丰富，引人入胜；人物形象鲜明，讲究细节描写，代表了文言小说创作的最高成就。

淮阳叶生者，失其名字。文章词赋，冠绝当时，而所如不偶，困于名场[2]。会关东丁乘鹤来令是邑[3]，见其文，奇之；召与语，大悦。使即官署受灯火[4]，时赐钱谷恤其家。值科试，公游扬于学使[5]，遂领冠军。公期望綦切[6]。闱后索文读之，击节称叹[7]。不意时数限人，文章憎命，榜既放，依然铩羽[8]。生嗒丧而归[9]，愧负知己，形销骨立，痴若木偶。公闻，召之来而慰之；生零涕不已。公怜之，相期考满入都[10]，携与俱北。生甚感佩。辞而归，杜门不出。无何寝疾[11]。公遗问不绝，而服药百裹，殊罔所效。

公适以忤上官免，将解任去。函致生，其略云：“仆东归有日，所以迟迟者，待足下耳。足下朝至，则仆夕发矣。”传之卧榻。生持书啜泣，寄语来使：“疾革，难遽瘥[12]，请先发。”使人返白，公不忍去，徐待之。逾数日，门者忽通叶生至。公喜，逆而问之。生曰："以犬马病，劳夫子久待，万虑不宁。今幸可从杖履。"公乃束装戒旦[13]。抵里，命子师事生，夙夜与俱。公子名再昌，时年十六，尚不能文。然绝惠，凡文艺三两过[14]，辄无遗忘。居之期岁，便能落笔成文。益之公力，遂人邑庠[15]。生以生平所拟举子业，悉录授读，闱中七题，并无脱漏，中亚魁。公一日谓生曰："君出馀绪[16]，遂使孺子成名。然黄钟长弃[17]，奈何！"生曰："是殆有命！借福泽为文章吐气，使天下人知半生沦落，非战之罪也[18]，愿亦足矣。且士得一人知己可无憾，何必抛却白纻，乃谓之利市哉[19]！"公以其久客，恐误岁试[20]，劝令归省。惨然不乐。公不忍强，嘱公子至都为之纳粟[21]。公子又捷南宫，授部中主政[22]，携生赴监，与共晨夕。逾岁，生入北闱，竟领乡荐[23]。会公子差南河典务，因谓生曰："此去离贵乡不远。先生奋迹云霄，锦还为快[24]。"生亦喜。择吉就道，抵淮阳界，命仆马送生归。

归见门户萧条，意甚悲恻。逡巡至庭中，妻携簸具以出，见生，掷具骇走。生凄然曰："我今贵矣！三四年不觌[25]，何遂顿不相识？"妻遥谓曰："君死已久，何复言贵？所以久淹君柩者[26]，以家贫子幼耳。今阿大亦已成立，行将卜窀穸[27]。勿作怪异吓生人。"生闻之，怃然惆怅[28]。逡巡入室，见灵柩俨然，扑地而灭。妻惊视之，衣冠履舄如脱委焉[29]。大恸，抱衣悲哭。子自塾中归，见结驷于门[30]，审所自来，骇奔告母。母挥涕告诉。又细询从者，始得颠末[31]。从者返，公子闻之，涕堕垂膺。即命驾哭诸其室；出橐营丧，葬以孝廉礼。又厚遗其子，为延师教读。言于学使，逾年游泮[32]。

异史氏曰："魂从知己，竟忘死耶？闻者疑之，余深信焉。同心倩女，至离枕上之魂[33]；千里良朋，犹识梦中之路[34]。而况茧丝蝇迹，呕学士之心肝；流水高山，通我曹之性命者哉[35]！嗟乎！遇合难期，遭逢不偶[36]。行踪落落，对影长愁；傲骨嶙嶙[37]，搔头自爱。叹面目之酸涩，来鬼物之揶揄[38]。频居康了之中，则须发之条条可丑[39]；一落孙山之外，则文章之处处皆疵[40]。古今痛哭之人，卞和惟尔[41]；颠倒逸群之物，伯乐伊谁[42]？抱刺于怀，三年灭字[43]，侧身以望，四海无家。人生世上，只须合眼放步，以听造物之低昂而已[44]。天下之昂藏沦落如叶生其人者[45]，亦复不少，顾安得令威复来，而生死从之也哉[46]？噫！"

（选自《聊斋志异详注新评》，人民文学出版社2016年版）

注释

[1] 叶生：《聊斋志异》中的篇名，亦为故事中的主人公。

[2] 不偶：命运不好。古人认为偶数好，奇数不好，所以常把办事不称心或运气不好说成是"不偶"或"命奇"。这里指考试不称心，不能遇到赏识自己的考官。困于名场：受困于功名之场，即在科举之途受困，屡试不第。

[3] 关东：山海关以东地区，包括辽宁、吉林、黑龙江三省。来令是邑：来这个县做县令。

[4] 使即官署受灯火：让叶生到县衙读书。即，就，到。灯火，读书、学习的费用。

[5] 科试：乡试前的预试。游扬于学使：向学使介绍和推荐。

[6] 綦(qí)切：殷切。

[7] 闱后:此处指乡试之后。闱(wéi),指科举考试。击节:打拍子。这里指拍手或拍桌子等,表示赞赏。

[8] 时数限人:命运作弄人。文章憎命:文章好的人命运却不好。铩羽:鸟类由于受伤而羽毛残损脱落。这里比喻失败,不得意。

[9] 嗒(tà)丧:颓丧。

[10] 考满:任职期满。明清时,朝廷立有考核各级官吏的制度,一般三年为一个阶段,考核期满,按称职、平常和不称职三种类型分别升调降免。

[11] 寝疾:卧病。即抱病在床。

[12] 疾(jí)革:病重。革,危急。瘥(chài):病愈。

[13] 戒旦:原意是公鸡报晓,戒人勿睡,此处指天将亮时。

[14] 文艺:明清时期,科举所规定的八股文因为要用"四书""五经"的书理和经理命题,所以又称"四书文""经义"。此外尚有"制义""制艺""时文"等名称。

[15] 邑庠:官办的学校。取得了秀才资格的人才能到此读书。

[16] 馀绪:多余的一点东西。馀,同"余",这是夸耀叶生的才学。

[17] 黄钟:古代的一种乐器,在文学作品中常常用以比喻正派而有才能的人。

[18] 非战之罪也:语出《史记·项羽本纪》,本意指不是作战上的过错。本篇中比喻叶生所以落榜并不是文章作得不好。

[19] 白纻(zhù):白衣。古代没做官的人穿白衣。后来也称没考上功名的人为"白衣"或"白纻"。利市:吉利,好运气。这句的意思是,何必一定要自己夺取了功名,才算没有埋没才学?

[20] 岁试:清代各省的学使到所属的府、州巡回举行考试,目的是检查生员的课业。

[21] 纳粟:这里指向有关官府捐钱买监生。监生可以做官或直接参加礼部的考试。

[22] 部中主政:指朝廷里部一级的主事。清代进士分到各部去任职时,必须先补任主事。主政,即各部主事的别称。主事为部中长官下属之各司的官员。

[23] 竟领乡荐:竟然考中了举人。乡荐,唐代参加进士考试,由地方推荐,称乡荐。后来把各省的乡试(举人考试)中试者称为乡荐。

[24] 锦还:"衣锦还乡"的省略。

[25] 觌(dí):相见。

[26] 久淹:长久地停留。这是指叶生的灵柩长久地留在家中而没入土。

[27] 卜:占卜,这里是选择的意思。窀穸(zhūn xī):坟墓。

[28] 怃(wǔ)然:失望的样子。

[29] 衣冠履舄(xì):衣帽和鞋子。脱(tuì)委:蛇蜕下的皮。脱,通"蜕"。

[30] 结驷于门:门前停着车马。结,系。

[31] 颠末:始末。

[32] 游泮:又称"入泮",考中秀才。"泮"是古代的学校。

[33] 至离枕上之魂:以至灵魂离开肉体而外出。

[34] "千里良朋"二句:相传战国时,张敏与高惠为友,张因思念高,三次梦中探望,都因迷路而未能见到。这里比喻知己之间的感情深厚。

[35]“茧丝”句:指叶生像蚕吐丝一般,使用蝇头小楷录出制艺文章来教授丁再昌,真可谓呕心沥血。流水高山:比喻知音、知己。此句的意思是,知音之间的感情,是生死相通的。

[36]遇合难期,遭逢不偶:像叶生与丁公这样的知遇实在是难以碰到的。

[37]嶙嶙:山高多石,棱角突出。这里比喻人的性格刚直不阿。

[38]揶揄:嘲笑,戏弄。晋人罗友在大司马桓温身边做事,桓温为某人将出任太守而设宴饯行,罗友故意迟到。桓温问他为什么迟到,罗友说,方才他在半路上遇到鬼嘲弄他说:“我只看到你送别人去做太守,怎么没看到别人送你去做太守?”后来桓温也荐他出任太守。作者在这里是借典说明,人一旦命运不济,鬼都会来嘲笑他。

[39]康了:相传唐柳冕应考时忌说“落”字,而“落”与“乐”音同,所以将仆人安乐的名字改为“安康”。发榜时他叫安康去看榜,安发现他落榜,但为了避开“落”音,回来对他说:“秀才康了”。后来用“康了”作“落第”的代称。这句的意思是,落第之人,在别人眼里,连面目都是丑陋的。

[40]孙山:士人孙山与同乡某一起去应考,孙山考取最后一名,同乡某落榜。孙山回到家,同乡某的父亲向他打听儿子考上与否,孙山说:“解名尽处是孙山,贤郎更在孙山外。”后来称考试未中为“名落孙山”。此句的意思是,考场失意之人,纵然是锦绣文章,人家也会认为处处是毛病。

[41]卞和:《韩非子·和氏》载:楚人和氏得一块璞,先后献给楚厉王、楚武王,均被认为欺骗,被砍去双脚。后楚文王即位,卞和在山下痛哭三日三夜,文王知道后,叫玉工剖开璞,得美玉,即“和氏璧”。这句是说,古往今来,怀宝怀才者,只有卞和最后被赏识。

[42]颠倒逸群之物:把有才与无才的人颠倒。逸群,超群。物:即“人”,用“物”字是为了避免和前文重复。伯乐伊谁:谁是今天的伯乐?

[43]“三年灭字”二句:东汉时,名士祢衡怀揣自己的名片到许昌,想求得权势者的赏识。等了三年,其名片上的字都磨掉了,也没人赏识他的文才。

[44]合眼放步:闭上眼睛,放松脚步。意思是调整心态,莫把功名之事看得太认真。造物:运气,福分。低昂:高低。这句是说,人生在世,只有把功名富贵看淡些,听从命运的安排。

[45]昂藏:身材高大,气度不凡。这里指才学出众。

[46]令威:即丁令威。《搜神记》记载:汉代辽东人丁令威在外学道成仙后,变成一只鹤飞回家乡,落在城门华表柱上,唱道:“有鸟有鸟丁令威,去家千年今始归;城郭如故人民非,何不学仙冢累累?”这两句的意思是:怎得有丁令威再来,与他生死相从好了。意思是从丁令威去学道,就不再有功名富贵的烦恼。

赏析

《聊斋志异》的一个重要主题是抨击科举制度的腐败。《叶生》中的叶生“文章词赋,冠绝当时”,却屡试不中,郁闷而死。作者饱含感情地揭露了科举制度埋没人才的罪恶。

叶生是久困考场的名士,虽然结识了独具慧眼的丁公,却得不到主考官的垂青,终于忧愧而死。叶生为科举而死,本乃悲剧的高潮,但在本文中只是序幕。叶生为报知遇之恩,同时为了了却生前夙愿,其魂魄帮助丁公的儿子丁再昌,将生平所学所拟,悉录授读,结果丁再昌“中亚魁”,自己也考上了举人。故事结尾进一步表现了“时数限人,文章憎命”的主题。

思考与练习

一、联系蒲松龄的人生经历,分析作者在《叶生》中寄寓的思想情感。课外阅读《王子安》《司文郎》《于去恶》等篇章,并与本篇作一比较。

二、分析该篇的艺术手法,体会"喜者不真喜,悲者却更悲"的表现手法。

宝 玉 挨 打

曹雪芹

曹雪芹(?—1763,一作1764),名霑,字梦阮,号雪芹,又号芹圃、芹溪。清代伟大的现实主义作家。祖籍辽阳。从曾祖父起,三代任江宁织造。曹雪芹少年时代生活在豪贵之家,到雍正初年,因受朝廷政治斗争的牵连,其父曹寅被革职抄家,举家迁居北京,从此家业一蹶不振。曹雪芹晚年生活艰难,贫病而卒。

曹雪芹生性放达,能诗善画,具有深厚的文化修养和卓越的艺术才能。他虽身处盛世,但因经历了盛衰变迁,颇有憬悟,遂以其毕生精力创作出了现实主义巨著《石头记》(即《红楼梦》)。可惜未能完成全书,今存前八十回,后四十回传为高鹗所续。

《红楼梦》以贾、王、史、薛四大家族为背景,以贾宝玉、林黛玉的爱情悲剧为主要线索,着重描写了荣、宁二府由盛到衰的过程,从多方面对封建社会和封建礼教进行了深刻的揭露和批判,客观上显示出中国封建社会行将灭亡的历史趋势,对贵族阶级中具有叛逆精神的青年争取男女平等、婚姻自由的思想行为进行了热情的歌颂。此书规模宏大,结构严谨,塑造了众多具有典型性格的艺术形象。《红楼梦》的思想和艺术成就,使之成为中国古代长篇小说的高峰。

却说王夫人唤他母亲上来,拿几件簪环当面赏与[1],又吩咐请几众僧人念经超度[2]。他母亲磕头谢了出去。

原来宝玉会过雨村回来听见了[3],便知金钏儿含羞赌气自尽,心中早又五内摧伤[4],进来被王夫人数落教训,也无可回说。见宝钗进来[5],方得便出来,茫然不知何往,背着手,低头一面感叹,一面慢慢的走着,信步来至厅上。刚转过屏门,不想对面来了一人正往里走,可巧儿撞了个满怀。只听那人喝了一声"站住!"宝玉唬了一跳,抬头一看,不是别人,却是他父亲[6],不觉的倒抽了一口气,只得垂手一旁站了。贾政道:"好端端的,你垂头丧气嗐些什么[7]?方才雨村来了要见你,叫你那半天你才出来;既出来了,全无一点慷慨挥洒谈吐,仍是葳葳蕤蕤[8]。我看你脸上一团思欲愁闷气色,这会子又咳声叹气。你那些还不足,还不自在?无故这样,却是为何?"宝玉素日虽是口角伶俐,只是此时一心总为金钏儿感伤,恨不得此时也身亡命殒[9],跟了金钏儿去。如今见了他父亲说这些话,究竟不曾听见,只是怔呵呵的站着。

贾政见他惶悚,应对不似往日,原本无气的,这一来倒生了三分气。方欲说话,忽有回事人来回:"忠顺亲王府里有人来[10],要见老爷。"贾政听了,心下疑惑,暗暗思忖道:"素日并不和忠顺府来往,为什么今日打发人来?"一面想,一面令"快请",急走出来看时,却是忠顺府长史官[11],忙接进厅上坐了献茶。未及叙谈,那长史官先就说道:"下官此来,并非擅造潭府[12],皆因奉王命而来，有一件事相求。看王爷面上，敢烦老大人作主，不但王爷知情，且连下官辈亦感谢不尽。”贾政听了这话，抓不住头脑，忙陪笑起身问道：“大人既奉王命而来，不知有何见谕，望大人宣明，学生好遵谕承办。”那长史官便冷笑道：“也不必承办，只用大人一句话就完了。我们府里有一个做小旦的琪官[13]，一向好好在府里，如今竟三五日不见回去，各处去找，又摸不着他的道路，因此各处访察。这一城内，十停人倒有八停人都说[14]，他近日和衔玉的那位令郎相与甚厚[15]。下官辈等听了，尊府不比别家，可以擅入索取，因此启明王爷。王爷亦云：‘若是别的戏子呢，一百个也罢了；只是这琪官随机应答，谨慎老诚，甚合我老人家的心，竟断断少不得此人。’故此求老大人转谕令郎，请将琪官放回，一则可慰王爷谆谆奉恳，二则下官辈也可免操劳求觅之苦。”说毕，忙打一躬。

贾政听了这话，又惊又气，即命唤宝玉来。宝玉也不知是何原故，忙赶来时，贾政便问：“该死的奴才！你在家不读书也罢了，怎么又做出这些无法无天的事来！那琪官现是忠顺王爷驾前承奉的人，你是何等草芥[16]，无故引逗他出来，如今祸及于我。”宝玉听了唬了一跳，忙回道：“实在不知此事。究竟连‘琪官’两个字不知为何物，岂更又加‘引逗’二字！”说着便哭了。贾政未及开言，只见那长史官冷笑道：“公子也不必掩饰。或隐藏在家，或知其下落，早说了出来，我们也少受些辛苦，岂不念公子之德？”宝玉连说不知，“恐是讹传，也未见得。”那长史官冷笑道：“现有据证，何必还赖？必定当着老大人说了出来，公子岂不吃亏？既云不知此人，那红汗巾子怎么到了公子腰里[17]？”宝玉听了这话，不觉轰去魂魄，目瞪口呆，心下自思：“这话他如何得知！他既连这样机密事都知道了，大约别的瞒他不过，不如打发他去了，免的再说出别的事来。”因说道：“大人既知他的底细，如何连他置买房舍这样大事倒不晓得了？听得说他如今在东郊离城二十里有个什么紫檀堡，他在那里置了几亩田地几间房舍。想是在那里也未可知。”那长史官听了，笑道：“这样说，一定是在那里。我且去找一回，若有了便罢，若没有，还要来请教。”说着，便忙忙的走了。

贾政此时气的目瞪口歪，一面送那长史官，一面回头命宝玉“不许动！回来有话问你！”一直送那官员去了。才回身，忽见贾环带着几个小厮一阵乱跑[18]。贾政喝令小厮“快打，快打！”贾环见了他父亲，唬的骨软筋酥，忙低头站住。贾政便问：“你跑什么？带着你的那些人都不管你，不知往那里逛去，由你野马一般！”喝令叫跟上学的人来。贾环见他父亲盛怒，便乘机说道：“方才原不曾跑，只因从那井边一过，那井里淹死了一个丫头，我看见人头这样大，身子这样粗，泡的实在可怕，所以才赶着跑了过来。”贾政听了惊疑，问道：“好端端的，谁去跳井？我家从无这样事情，自祖宗以来，皆是宽柔以待下人。——大约我近年于家务疏懒，自然执事人操克夺之权[19]，致使生出这暴殄轻生的祸患[20]。若外人知道，祖宗颜面何在！”喝令快叫贾琏、赖大、来兴[21]。小厮们答应了一声，方欲叫去，贾环忙上前拉住贾政的袍襟，贴膝跪下道：“父亲不用生气。此事除太太房里的人，别人一点也不知道。我听见我母亲说……”说到这里，便回头四顾一看。贾政知意，将眼一看众小厮，小厮们明白，都往两边后面退去。贾环便悄悄说道：“我母亲告诉我说，宝玉哥哥前日在太太屋里，拉着太太的丫头金钏儿强奸不遂，打了一顿。那金钏儿便赌气投井死了。”话未说完，把个贾政气的面如金纸，大喝“快拿宝玉来！”一面说一面便往里边书房里去，喝令“今日再有人劝我，我把这冠带家私一应交与他与宝玉过去[22]！我免不得做个罪人，把这几根烦恼鬓毛剃去[23]，寻个干净去处自了[24]，也免得上辱先人下生逆子之罪。”众门客仆从见贾政这个形景，便知又是为宝玉了，一个个都是啖指咬舌，连忙退出。那贾政喘吁吁直挺挺坐在椅子上，满面泪痕，一叠声“拿宝玉！拿大棍！拿索子捆上！把各门都关上！有人传信往里头去，立刻打死！”众小厮们只得齐声答应，有几个来找宝玉。

那宝玉听见贾政吩咐他“不许动”，早知多凶少吉，那里承望贾环又添了许多的话。正在厅上干转，怎得个人来往里头去捎信，偏生没个人，连焙茗也不知在那里[25]。正盼望时，只见一个老姆姆出来。宝玉如得了珍宝，便赶上来拉他，说道：“快进去告诉：老爷要打我呢！快去，快去！要紧，要紧！”宝玉一则急了，说话不明白；二则老婆子偏生又聋，竟不曾听见是什么话，把“要紧”二字只听作“跳井”二字，便笑道：“跳井让他跳去，二爷怕什么？”宝玉见是个聋子，便着急道：“你出去叫我的小厮来罢。”那婆子道：“有什么不了的事？老早的完了[26]。太太又赏了衣服，又赏了银子，怎么不了事的！”

宝玉急的跺脚，正没抓寻处，只见贾政的小厮走来，逼着他出去了。贾政一见，眼都红紫了，也不暇问他在外流荡优伶，表赠私物，在家荒疏学业，淫辱母婢等语，只喝令“堵起嘴来，着实打死[27]！”小厮们不敢违拗，只得将宝玉按在凳上，举起大板打了十来下。贾政犹嫌打轻了，一脚踢开掌板的，自己夺过来，咬着牙狠命盖了三四十下。众门客见打的不祥了[28]，忙上前夺劝。贾政那里肯听，说道：“你们问问他干的勾当可饶不可饶！素日皆是你们这些人把他酿坏了，到这步田地还来解劝[29]。明日酿到他弑君杀父[30]，你们才不劝不成！”

众人听这话不好听，知道气急了，忙又退出，只得觅人进去给信。王夫人不敢先回贾母，只得忙穿衣出来，也不顾有人没人，忙忙赶往书房中来，慌的众门客小厮等避之不及。王夫人一进房来，贾政更如火上浇油一般，那板子越发下去的又狠又快。按宝玉的两个小厮忙松了手走开，宝玉早已动弹不得了。贾政还欲打时，早被王夫人抱住板子。贾政道：“罢了，罢了！今日必定要气死我才罢！”王夫人哭道：“宝玉虽然该打，老爷也要自重。况且炎天暑日的，老太太身上也不大好，打死宝玉事小，倘或老太太一时不自在了，岂不事大！”贾政冷笑道：“倒休提这话。我养了这不肖的孽障，已不孝；教训他一番，又有众人护持；不如趁今日一发勒死了，以绝将来之患！”说着，便要绳索来勒死。王夫人连忙抱住哭道：“老爷虽然应当管教儿子，也要看夫妻分上。我如今已将五十岁的人，只有这个孽障，必定苦苦的以他为法，我也不敢深劝。今日越发要他死，岂不是有意绝我。既要勒死他，快拿绳子来先勒死我，再勒死他。我们娘儿们不敢含怨，到底在阴司里得个依靠。”说毕，爬在宝玉身上大哭起来。贾政听了此话，不觉长叹一声，向椅上坐了，泪如雨下。王夫人抱着宝玉，只见他面白气弱，底下穿着一条绿纱小衣皆是血渍，禁不住解下汗巾看，由臀至胫，或青或紫，或整或破，竟无一点好处，不觉失声大哭起来，“苦命的儿吓！”因哭出“苦命儿”来，忽又想起贾珠来[31]，便叫着贾珠哭道：“若有你活着，便死一百个我也不管了。”此时里面的人闻得王夫人出来，那李宫裁王熙凤与迎春姊妹早已出来了[32]。王夫人哭着贾珠的名字，别人还可，惟有宫裁禁不住也放声哭了。贾政听了，那泪珠更似滚瓜一般滚了下来。

正没开交处，忽听丫鬟来说：“老太太来了。”一句话未了，只听窗外颤巍巍的声气说道：“先打死我，再打死他，岂不干净了！”贾政见他母亲来了，又急又痛，连忙迎接出来，只见贾母扶着丫头[33]，喘吁吁的走来。贾政上前躬身陪笑道：“大暑热天，母亲有何生气亲自走来？有话只该叫了儿子进去吩咐。”贾母听说，便止住步喘息一回，厉声说道：“你原来是和我说话！我倒有话吩咐，只是可怜我一生没养个好儿子，却教我和谁说去！”贾政听这话不象，忙跪下含泪说道：“为儿的教训儿子，也为的是光宗耀祖。母亲这话，我做儿的如何禁得起？”贾母听说，便啐了一口，说道：“我说一句话，你就禁不起，你那样下死手的板子，难道宝玉就禁得起了？你说教训儿子是光宗耀祖，当初你父亲怎么教训你来！”说着，不觉就滚下泪来。贾政又陪笑道：“母亲也不必伤感，皆是作儿的一时性起，从此以后再不打他了。”贾母便冷笑道：“你也不必和我使性子赌气的。你的儿子，我也不该管你打不打。我猜着你也厌烦我们娘儿们。不如我们赶早儿离了你，大家干净！”说着便令人去看轿马，“我和你太太宝玉立刻回南京去！”家下人只得干答应着。贾母又叫王夫人道：“你也不必哭了。如今宝玉年纪小，你疼他，他将来长大成人，为官作宰的，也未必想着你是他母亲了。你如今倒不要疼他，只怕将来还少生一口气呢。”贾政听说，忙叩头哭道：“母亲如此说，贾政无立足之地。”贾母冷笑道：“你分明使我无立足之地，你反说起你来！只是我们回去了，你心里干净，看有谁来许你打。”一面说，一面只令快打点行李车轿回去。贾政苦苦叩求认罪。

贾母一面说话，一面又记挂宝玉，忙进来看时，只见今日这顿打不比往日，又是心疼，又是生气，也抱着哭个不了。王夫人与凤姐等解劝了一会，方渐渐的止住。早有丫鬟媳妇等上来，要搀宝玉，凤姐便骂道：“糊涂东西，也不睁开眼瞧瞧！打的这么个样儿，还要搀着走！还不快进去把那藤屉子春凳抬出来呢[34]。”众人听说连忙进去，果然抬出春凳来，将宝玉抬放凳上，随着贾母王夫人等进去，送至贾母房中。

彼时贾政见贾母气未全消，不敢自便，也跟了进去。看看宝玉，果然打重了。再看看王夫人，“儿”一声，“肉”一声，“你替珠儿早死了，留着珠儿，免你父亲生气，我也不白操这半世的心了。这会子你倘或有个好歹，丢下我，叫我靠那一个！”数落一场，又哭“不争气的儿”。贾政听了，也就灰心，自悔不该下毒手打到如此地步。先劝贾母，贾母含泪说道：“你不出去，还在这里做什么！难道于心不足，还要眼看着他死了才去不成！”贾政听说，方退了出来。

此时薛姨妈同宝钗、香菱、袭人、史湘云也都在这里[35]。袭人满心委屈，只不好十分使出来，见众人围着，灌水的灌水，打扇的打扇，自己插不下手去，便越性走出来到二门前，令小厮们找了焙茗来细问：“方才好端端的，为什么打起来？你也不早来透个信儿！”焙茗急的说：“偏生我没在跟前，打到半中间我才听见了。忙打听原故，却是为琪官金钏姐姐的事。”袭人道：“老爷怎么得知道的？”焙茗道：“那琪官的事，多半是薛大爷素日吃醋[36]，没法儿出气，不知在外头唆挑了谁来，在老爷跟前下的火。那金钏儿的事是三爷说的，我也是听见老爷的人说的。”袭人听了这两件事都对景[37]，心中也就信了八九分。然后回来，只见众人都替宝玉疗治。调停完备，贾母令“好生抬到他房内去”。众人答应，七手八脚，忙把宝玉送入怡红院内自己床上卧好。又乱了半日，众人渐渐散去，袭人方进前来经心服侍，问他端的。且听下回分解。

话说袭人见贾母王夫人等去后，便走来宝玉身边坐下，含泪问他："怎么就打到这步田地？"宝玉叹气说道："不过为那些事，问他做什么！只是下半截疼的很，你瞧瞧打坏了那里。"袭人听说，便轻轻的伸手进去，将中衣褪下[38]。宝玉略动一动，便咬着牙叫"嗳哟"，袭人连忙停住手，如此三四次才褪了下来。袭人看时，只见腿上半段青紫，都有四指宽的僵痕高了起来。袭人咬着牙说道："我的娘，怎么下这般的狠手！你但凡听我一句话，也不得到这步地位。幸而没动筋骨，倘或打出个残疾来，可叫人怎么样呢！"

正说着，只听丫鬟们说："宝姑娘来了。"袭人听见，知道穿不及中衣，便拿了一床袷纱被替宝玉盖了[39]。只见宝钗手里托着一丸药走进来，向袭人说道："晚上把这药用酒研开，替他敷上，把那淤血的热毒散开，可以就好了。"说毕，递与袭人，又问道："这会子可好些？"宝玉一面道谢说："好了。"又让坐。宝钗见他睁开眼说话，不象先时，心中也宽慰了好些，便点头叹道："早听人一句话，也不至今日。别说老太太、太太心疼，就是我们看着，心里也疼。"刚说了半句又忙咽住，自悔说的话急了，不觉的就红了脸，低下头来。宝玉听得这话如此亲切稠密，大有深意，忽见他又咽住不往下说，红了脸，低下头只管弄衣带，那一种娇羞怯怯，非可形容得出者，不觉心中大畅，将疼痛早丢在九霄云外，心中自思："我不过捱了几下打，他们一个个就有这些怜惜悲感之态露出，令人可玩可观，可怜可敬。假若我一时竟遭殃横死，他们还不知是何等悲感呢！既是他们这样，我便一时死了，得他们如此，一生事业纵然尽付东流，亦无足叹惜，冥冥之中若不怡然自得，亦可谓糊涂鬼祟矣。"想着，只听宝钗问袭人道："怎么好好的动了气，就打起来了？"袭人便把焙茗的话说了出来。宝玉原来还不知道贾环的话，见袭人说出方才知道。因又拉上薛蟠，惟恐宝钗沉心[40]，忙又止住袭人道："薛大哥哥从来不这样的，你们不可混猜度。"宝钗听说，便知道是怕他多心，用话相拦袭人，因心中暗暗想道："打的这个形象，疼还顾不过来，还是这样细心，怕得罪了人，可见在我们身上也算是用心了。你既这样用心，何不在外头大事上做工夫，老爷也欢喜了，也不能吃这样亏。但你固然怕我沉心，所以拦袭人的话，难道我就不知我的哥哥素日恣心纵欲，毫无防范的那种心性。当日为一个秦钟[41]，还闹的天翻地覆，自然如今比先又更利害了。"想毕，因笑道："你们也不必怨这个，怨那个。据我想，到底宝兄弟素日不正，肯和那些人来往，老爷才生气。就是我哥哥说话不防头，一时说出宝兄弟来，也不是有心调唆：一则也是本来的实话，二则他原不理论这些防嫌小事。袭姑娘从小儿只见宝兄弟这么样细心的人，你何尝见过天不怕地不怕、心里有什么口里就说什么的人。"袭人因说出薛蟠来，见宝玉拦他的话，早已明白自己说造次了[42]，恐宝钗没意思，听宝钗如此说，更觉羞愧无言。宝玉又听宝钗这番话，一半是堂皇正大，一半是去已疑心，更觉比先畅快了。方欲说话时，只见宝钗起身说道："明儿再来看你，你好生养着罢。方才我拿了药来交给袭人，晚上敷上管就好了。"说着便走出门去。袭人赶着送出院外，说："姑娘倒费心了。改日宝二爷好了，亲自来谢。"宝钗回头笑道："有什么谢处。你只劝他好生静养，别胡思乱想的就好了。不必惊动老太太、太太众人，倘或吹到老爷耳朵里，虽然彼时不怎么样，将来对景，终是要吃亏的。"说着，一面去了。

袭人抽身回来，心内着实感激宝钗。进来见宝玉沉思默默似睡非睡的模样，因而退出房外，自去栉沐[43]。宝玉默默的躺在床上，无奈臀上作痛，如针挑刀挖一般，更又热如火炙[44]，略展转时，禁不住“嗳哟”之声。那时天色将晚，因见袭人去了，却有两三个丫鬟伺候，此时并无呼唤之事，因说道：“你们且去梳洗，等我叫时再来。”众人听了，也都退出。

这里宝玉昏昏默默，只见蒋玉菡走了进来，诉说忠顺府拿他之事；又见金钏儿进来哭说为他投井之情[45]。宝玉半梦半醒，都不在意。忽又觉有人推他，恍恍忽忽听得有人悲戚之声。宝玉从梦中惊醒，睁眼一看，不是别人，却是林黛玉。宝玉犹恐是梦，忙又将身子欠起来，向脸上细细一认，只见两个眼睛肿的桃儿一般，满面泪光，不是黛玉，却是那个？宝玉还欲看时，怎奈下半截疼痛难忍，支持不住，便“嗳哟”一声，仍就倒下，叹了一声，说道：“你又做什么跑来！虽说太阳落下去，那地上的余热未散，走两趟又要受了暑。我虽然捱了打，并不觉疼痛。我这个样儿，只装出来哄他们，好在外头布散与老爷听，其实是假的。你不可认真。”此时林黛玉虽不是嚎啕大哭，然越是这等无声之泣，气噎喉堵，更觉得利害。听了宝玉这番话，心中虽然有万句言词，只是不能说得，半日，方抽抽噎噎的说道：“你从此可都改了罢！”宝玉听说，便长叹一声，道：“你放心，别说这样话。就便为这些人死了，也是情愿的！”一句话未了，只见院外人说：“二奶奶来了。”林黛玉便知是凤姐来了，连忙立起身说道：“我从后院子去罢，回来再来。”宝玉一把拉住道：“这可奇了，好好的怎么怕起他来。”林黛玉急的跺脚，悄悄的说道：“你瞧瞧我的眼睛，又该他取笑开心呢。”宝玉听说赶忙的放手。黛玉三步两步转过床后，出后院而去。凤姐从前头已进来了，问宝玉：“可好些了？想什么吃，叫人往我那里取去。”接着，薛姨妈又来了。一时贾母又打发了人来。

至掌灯时分，宝玉只喝了两口汤，便昏昏沉沉的睡去。接着，周瑞媳妇、吴新登媳妇、郑好时媳妇这几个有年纪常往来的，听见宝玉捱了打，也都进来。袭人忙迎出来，悄悄的笑道：“婶婶们来迟了一步，二爷才睡着了。”说着，一面带他们到那边房里坐了，倒茶与他们吃。那几个媳妇子都悄悄的坐了一回，向袭人说：“等二爷醒了，你替我们说罢。”

袭人答应了，送他们出去。

（选自《红楼梦》，人民文学出版社 1974 年版）

注释

[1] 簪(zān)环：女子所戴的首饰。

[2] 超度：为死者消灾，度过苦难。

[3] 雨村：贾化，号雨村，一个与贾家有密切关系的贪酷县官，革职后得贾家帮助又做了官，升应天府尹。

[4] 五内：脾、肺、肾、肝、心为五脏，这里表示满怀、全身心。

[5] 宝钗：薛宝钗，《红楼梦》中的女主人公之一。

[6] 父亲：即宝玉的父亲贾政。

[7] 瞎(hài)：叹息声，与“咳”同。

[8] 葳葳蕤蕤：无精打采、萎靡不振的样子。

[9] 殒(yǔn)：死亡。

[10] 忠顺亲王府：当时有权势的一家皇亲国戚。是把“一个做小旦的琪官”即下文所说的优伶蒋玉函豢养占有的主子。

[11] 长史官：总管王府内务事务的官吏。从南朝起始设，其后代王府都沿袭设此职。

[12] 造：拜访。潭府：深宅大院。对别人所住深宅大院表示尊重仰慕的敬称。

[13] 做小旦的：演青年女角色的优伶。琪官：艺名，本名蒋玉函，温柔能文，与贾宝玉情谊相投，私有来往。

[14] 十停人倒有八停人：意谓众所周知。停，成，份。

[15] 衔玉的那位令郎：即指贾政的儿子贾宝玉，前文有贾宝玉口中衔玉出生之说。

[16] 草芥：比喻轻微没有价值的东西。

[17] 红汗巾子：见第28回“蒋玉函情赠茜香罗，薛宝钗羞笼红麝串”。红汗巾是北静王给蒋玉函的礼物，是其贴身所系。

[18] 贾环：贾政姨太太赵姨娘所生的儿子。

[19] 执事人：指府中管事之人。克夺之权：生杀予夺之权。

[20] 暴殄轻生：指金钏儿突然投井自杀丢掉生命。

[21] 贾琏：管家王熙凤（凤姐）的丈夫。赖大：贾府家人。

[22] 冠带家私：官帽、腰带和家产，意指官职、家财等一切。

[23] 烦恼鬓毛：佛家称头发为“烦恼丝”。

[24] 自了：意谓自己了结。干净去处：指佛门，佛门通向清净，可免烦恼。

[25] 焙茗：宝玉的贴身男仆。

[26] 了：了结，完成。

[27] 流荡优伶：指宝玉与琪官来往。表赠私物：指琪官赠宝玉体己汗巾。淫辱母婢：指贾环造谣说宝玉强奸金钏儿。

[28] 门客：在贾家帮闲的清客。不祥：很危险的样子。

[29] 田地：地步。

[30] 弑（shì）：子杀父，臣杀君。

[31] 贾珠：贾宝玉的哥哥，已早死。贾珠一心想走读书上进、做官、光宗耀祖的道路，贾政极喜欢贾珠。

[32] 李宫裁：即李纨，贾珠的寡妻。

[33] 贾母：贾政的母亲。大观园中最高的长辈。

[34] 藤屉（tì）子春凳：用藤皮编成的一种可坐可卧的长凳。

[35] “此时”句：薛姨妈是宝钗的母亲，宝玉母亲王夫人之妹。香菱是宝钗的丫头，袭人是宝玉的贴身丫头。湘云是贾母的内侄孙女，常在大观园中居住。

[36] 薛大爷：薛蟠，薛宝钗的哥哥。

[37] 对景：符合她所知的实际情况。

[38] 中衣：内衣。

[39] 袷纱被：表里两层的纱被。

[40] 沉心：多心，不快。

[41] 秦钟：秦可卿之弟，宝玉的密友，早死。

[42] 造次：莽莽撞撞，不小心。

[43] 栉沐：梳洗。

[44] 火炙(zhì)：像火在烧灼。

[45] “这里”数句：写宝玉昏昏沉沉半梦半醒中的幻觉。

赏析

本篇摘取了《红楼梦》中的第三十三回《手足耽耽小动唇舌 不肖种种大承笞挞》，篇名为编者自拟，大体可成一完整故事。先叙述宝玉挨打的原因：丫头金钏儿被逼跳井，贾环出于嫡庶间的嫉恨而挑拨是非，宝玉与戏子琪官的私下交往成了挨打的导火线，从侧面描写出这个封建大家庭内部的复杂情况。次写毒打的经过，贾政认为宝玉的想法和行为发展下去一定会酿成弑父弑君，显示挨打的根本原因在于宝玉的思想感情和他父亲贾政南辕北辙，荒疏学业，对封建仕途经济的叛逆，揭示出叛逆者与卫道士之间不可调和的矛盾。最后写宝玉挨打后府里众人都来探望宝玉，她们各有自己的表现，反映出在同一个生活环境中，由于各自地位、性格和感情关系不同，人物呈现出不同的个性。文章着重描绘了薛宝钗、林黛玉对待宝玉挨打的不同态度，鲜明地表现了人物形象的特征。薛宝钗八面玲珑、深受封建礼教熏陶，而林黛玉感情纯真，与贾宝玉有着相通的叛逆心性。

本文围绕宝玉挨打的前前后后，生动地刻画了贾府众生态，对封建制度、封建礼教束缚人性、压抑自由的罪恶进行了鞭挞，加深了我们对封建社会的认识。

作者通过言语、动作、表情、心理的白描来刻画人物性格，而且不同的人物有各自不同的言行和心理活动，有鲜明生动、栩栩如生的个性特点。此外，本篇叙事有条不紊，情节起伏跌宕，行文张弛有致，语言生动传神，表现出很高的艺术造诣。

思考与练习

一、贾政身上反映了怎样的封建思想？

二、贾宝玉的性格在哪些方面有一定的叛逆性？他对宝钗和黛玉两人的感情反应有何差异？

三、这篇作品的艺术表现最成功的地方在哪里？试作具体分析。

金缕曲·赠梁汾[1]

纳兰性德

纳兰性德(1655—1685)，清词人。原名成德，字容若，号楞伽山人，满族正黄旗人，康熙朝进士，官至一等侍卫。其父明珠，是康熙朝权倾一时的重臣。纳兰性德广结名士贤达，于功名利禄淡然处之，极富文学天才，诗文俱佳，尤以词作著称于世。有《通志堂集》传世，词集名《纳兰词》。

德也狂生耳[2]！偶然间、缁尘京国[3]，乌衣门第[4]。有酒惟浇赵州土[5]，谁会成生此意[6]？不信道、遂成知己。青眼高歌俱未老[7]，向樽前、拭尽英雄泪。君不见，月如水。

共君此夜须沉醉。且由他、蛾眉谣诼[8],古今同忌。身世悠悠何足问,冷笑置之而已。寻思起、从头翻悔。一日心期千劫在[9],后身缘恐结他生里。然诺重,君须记!

(选自《纳兰词笺注》,北京出版社1996年版)

注释

[1] 金缕曲:词牌名,又称《贺新郎》。梁汾:作者挚友顾贞观。顾贞观(1637—1714),字华封(一作华峰),号梁汾,无锡人。早年曾在京城做过小官,后郁郁不得志,返回故里,退出仕途。康熙十五年(1676)再度入京,结识年轻的纳兰性德,这首词就是作者与顾贞观初识时的题赠之作。

[2] 德:作者自称。

[3] 缁尘:污尘。缁,黑色,喻指京城世俗的污浊。

[4] 乌衣门第:东晋时王导、谢安等名门望族居住在建康(今南京市)乌衣巷,后以乌衣门第为贵族的指代。

[5] 赵州土:战国时赵国公子平原君,礼贤下士,喜结宾客,名重千古。李贺《浩歌》:"买丝绣作平原君,有酒惟浇赵州土。"

[6] 成生:作者自称,纳兰原名成德。

[7] 青眼:表示喜爱和敬重。晋时阮籍"能为青白眼",见鄙俗之人,以白眼对之;见高朋良士,则用青眼。

[8] 蛾眉谣诼:指群小的造谣毁谤。屈原《离骚》:"众女疾余之蛾眉兮,谣诼谓余以善淫。"

[9] 千劫:极言变化之大,时间之久。劫,佛家用语,谓天地一成一毁为一劫。

赏析

纳兰性德其词感伤之调与缠绵之境,直追南唐后主李煜。但纳兰词也有壮观的一面,如《长相思》之"夜深千帐灯",《如梦令》之"万帐穹庐人醉,星影摇摇欲坠"。这首词亦为狂态奔放之作。顾贞观乃一介书生,仕途失意,只任过秘书院典籍的微职。但纳兰把他视为知己,不仅平等相待,而且尽力相助。两人志趣相投,追求与同,心心相印。

这首词作于二人订交之初,表现出作者乍逢知音的狂喜、豪情与深慨。

全词情感表达酣畅淋漓,一个既坦诚又高傲,既狂放又愤激的贵公子形象鲜活地现于读者面前。情感跳荡、激扬、转折,如同激流奔腾于溪涧,自生景致。如上阕由开篇以"狂生"自许,转入"谁会"的落寞,再转为"青眼高歌"的昂扬,继而跌入"英雄泪"的感慨,最后以"月如水"宕开一笔,既是写景,又展胸襟,首尾一气贯穿而又跌宕起落。作者能恰切、自然地使用典故,使读者由典故自然联想到屈原、阮籍、李贺和平原君,作品表达的人生态度也因此具有了历史的厚重感。

思考与练习

一、具体分析这首词表达情感直露而不浅薄的特点。

二、说一说词中几处用典的含义及其作用。

第六章　现当代文学

第一节　现当代文学概述

1917年1月，胡适在《新青年》发表《文学改良刍议》，提出他的文学改革主张；同年2月，陈独秀发表《文学革命论》，真正高举文学革命的大旗。文学史上以此为现代文学开端。中国现代文学是用现代文学语言与文学形式，表达现代中国人的思想、感情、心理的文学。

中国现代文学的发展经历了三个阶段：

一是1917—1927年，新文化运动到第一次国内革命战争时期的文学，俗称现代文学的第一个十年；

二是1928—1937年，第二次国内革命战争时期的文学，通称现代文学的第二个十年或30年代文学；

三是1938—1949年，抗日战争和解放战争时期的文学，为现代文学的第三个十年。

现代文学史阶段的作家与作品举不胜举，唐弢先生主编的《中国现代文学史》就介绍、分析了514位作家的创作，兹择其显要，略述于下：鲁迅，被毛泽东称为伟大的文学家、思想家和革命家，是现代文学当之无愧的奠基者。他的小说集《呐喊》《彷徨》，成为中国反封建民主革命的一面镜子，中国现代小说在他笔下开端，同时在他笔下走向成熟。他的杂文共16集700余篇100多万字，是中国历史文化的百科全书，至今未有能比肩者，更不要说超越。他的散文集《朝花夕拾》和散文诗集《野草》也各有情致与风采，就连略显次要些的历史小说集《故事新编》，也古为今用，充分表现了作者不懈地追求艺术创新的品格。

紧步鲁迅的郭沫若，文学上的主要成就首先是诗歌，他的《女神》诗集，思想上极具“五四”时代精神，艺术上想象奇特，寄意高远，激情迸发，风格豪放，名副其实地“开一代诗风”。其次是历史剧创作。抗战中期以《屈原》为代表的六个历史剧借古说今，特色鲜明。

除上述两位，在第一个十年中，郁达夫、叶圣陶等人的小说，朱自清、冰心、周作人等人的散文和闻一多、徐志摩等人的诗歌，各有堪称经典之作，无不各具特色，影响深远。

群星璀璨的第二个十年，小说领域贡献最大的，首推沈从文、茅盾、巴金和老舍。

沈从文素以乡下人自居，以湘西情结著称，他以中篇小说《边城》为代表的一系列作品，用生花妙笔写出了充满田园牧歌情调的湘西世界的社会人生。这里不乏古朴的人情美，读之令人神往。

茅盾是以社会科学理论为特长与优势的社会分析小说家，其代表作有长篇小说《子夜》和短篇小说《林家铺子》与《春蚕》等，对同代和后代作家产生了深远的影响，在半个世纪左右的时间里，他的小说创作几乎成为后人创作的圭臬。

巴金对生活抱有火一样的热情，他的反封建小说力作《家》和创作于20世纪40年代，暴露国民党统治下人民苦痛的名作《寒夜》，代表了他的家庭题材小说的创作水准，思想艺术魅力历久不衰。

老舍是杰出的城市市民世界的表现者和批判者，又是一位刻意追求语言艺术的京派作家。他的小说《骆驼祥子》《四世同堂》《月牙儿》等，以对北京市民社会的出色描写而著名，充满北京文化意蕴，京味十足。巴金和老舍同是勤奋高产的作家，直到当代文学阶段，他们还各有新的贡献。

除了上述的四位，第二个十年的小说家，左翼如丁玲、张天翼、吴组缃、柔石、沙汀、艾芜、萧红，京派的废名、萧乾、芦焚，海派所属的新感觉派小说家刘呐鸥、穆时英、施蛰存以及稍后的上海才女张爱玲，都以自己的创作实绩，在文学史上各占一席之地。

曹禺是杰出的话剧大师。他的《雷雨》《日出》《原野》《北京人》等多幕剧的相继诞生，使话剧这种外来剧种在中国真正扎下了根。除曹禺外，在话剧领域不倦耕耘并成绩斐然的还有田汉、夏衍、洪深、欧阳予倩等。

诗歌方面，以殷夫和中国诗歌会为代表的革命诗派和以戴望舒、卞之琳、何其芳等为代表的唯美诗派互竞互渗，形成了对立统一的局面。将他们双方特点熔铸于一身的，是被称为农村诗人和苦吟诗人的臧克家。第二个十年的散文，林语堂提倡的幽默闲适小品，受鲁迅杂文影响的“鲁迅风”杂文，何其芳、李广田为代表的唯美的京派散文，陆蠡、丽尼的美文，以及以夏衍的《包身工》为代表的报告文学，都属不容忽视的存在。

第三个十年的杰出作家，首推艾青和赵树理。

艾青有名诗《大堰河——我的保姆》《手推车》《雪落在中国的土地上》《我爱这土地》《吹号者》《火把》《向太阳》等。他的诗，紧贴祖国大地，紧贴时代政治，代表人民的心声，意象鲜明，感情真挚。他对自由诗体的发展、成熟作出的贡献是有目共睹的。

赵树理是解放区实践《在延安文艺座谈会上的讲话》精神的代表作家，其贡献主要在小说方面。他的小说《小二黑结婚》《李有才板话》，吸收民间说唱和说书的艺术营养，故事性强，充满时代气息，语言通俗风趣，赢得了广大读者特别是农村读者的喜爱，为文艺通俗化、大众化树起了一面旗帜。

除此之外，诗歌领域，受胡风影响的七月诗派继承了此前的中国诗歌紧贴时代政治的革命诗风，是为抗战而歌的一派；承续了上段唯美诗派的走势、致力于现代唯美诗歌探索的九叶诗人以及被誉为“时代的鼓手”的田间和解放区长篇叙事诗的代表作家李季、阮章竞，都作出了各自的贡献。而小说，在国统区，有钱钟书的讽刺长篇小说《围城》，有张爱玲的描写上海上层家庭落日黄昏的《金锁记》等；在解放区，有孙犁的《荷花淀》等短篇小说，有周立波和丁玲的反映土改斗争的长篇小说《暴风骤雨》《太阳照在桑干河上》。总之，三十二年的现代文学，完成了文学由旧到新的转型。与时俱进，流派纷呈，作家辈出，佳作迭出，是中国新民主主义革命的历史折射，又是努力走向现代世界文学的步履印记。

中国当代文学以1949年7月第一次中华全国文学艺术工作者代表大会(简称文代会)召开为起点,到目前已经走过了半个多世纪的发展历程。半个多世纪的当代文学可以划分为三个阶段:

第一阶段:1949—1966年,从新中国成立到“文化大革命”17年的文学。

第二阶段:1966—1976年,“文化大革命”10年的文学。

第三阶段:1976年至今,通称为新时期文学。

半个多世纪的当代文学成就呈现了马鞍形的格局:新中国成立后的17年文学既成绩显著,又存在明显的局限性;新时期文学既有长足的发展和进步,同时也夹杂着不良因素。这是马鞍的两端。而“文化大革命”十年,几乎谈不上有真正意义的文学,属于马鞍的低凹段。

新中国成立后17年的当代文学,可以说是现代文学第三阶段的解放区文学在全国范围的推广和普及。

这一时期,长篇小说方面,梁斌的《红旗谱》,杨沫的《青春之歌》,罗广斌、杨益言的《红岩》,杜鹏程的《保卫延安》和吴强的《红日》,描写的是革命历史斗争题材;赵树理的《三里湾》、周立波的《山乡巨变》和柳青的《创业史》,描写的是农村合作化运动;还有周而复写改造资本主义工商业的《上海的早晨》和杜鹏程写工业题材的中篇《在和平的日子里》。上述作品都是影响颇大的得力之作。茹志鹃、李准、孙犁、周立波、马烽、王愿坚等人各有优秀的短篇小说相继问世,构成这一阶段短篇小说的风景线。

诗歌方面最值得列举的有郭小川、闻捷、贺敬之等人。臧克家、艾青和流沙河也曾贡献了一些值得称颂的好诗。

戏剧创作以话剧的成就最为突出,老舍的《龙须沟》、陈其通的《万水千山》和胡可的《战斗里成长》是较早出现的优秀剧目。到了20世纪50年代末,许多剧作家转向现代历史和古代历史题材的创作,产生了田汉的《关汉卿》,郭沫若的《蔡文姬》,曹禺、梅阡、于是之合作的《胆剑篇》和老舍的《茶馆》等佳作。这其中尤其以老舍的《茶馆》成就最高,代表了整个17年话剧创作的最高水准。此外,改编传统剧的成就以昆曲《十五贯》和京剧《将相和》为代表;现代戏创作的实绩首推京剧《红灯记》《智取威虎山》,豫剧《朝阳沟》和花鼓戏《打铜锣》;新编历史剧则有吴晗的《海瑞罢官》和田汉的《谢瑶环》等;新歌剧产生了《洪湖赤卫队》《江姐》和《刘三姐》等深受群众欢迎的好作品。

散文创作在本阶段曾出现过两次高潮:先是新中国成立至1956年,再是60年代初期。这两次散文创作高潮都发生在政治相对稳定、经济比较繁荣和艺术较为民主的大气候下。前一次高潮中涌现的名篇,有魏巍的《谁是最可爱的人》、巴金的《忆鲁迅先生》、杨朔的《香山红叶》、秦牧的《社稷坛抒情》、碧野的《天山景物记》、何为的《第二次考试》等。后一次创作高潮中涌现的名作更多。当代散文名家杨朔、秦牧、刘白羽、吴伯箫、曹靖华的主要代表作都产生在这个时期,他们的艺术风格也都在这时定型。像杨朔的《雪浪花》《荔枝蜜》《茶花赋》,秦牧的《土地》《花城》,刘白羽的《长江三日》,吴伯箫的《记一辆纺车》,冰心的《樱花赞》以及方纪的《挥手之间》、李健吾的《雨中登泰山》等，都可以称得上是美文中难得的精品。

“文化大革命”是中国历史上的一场大灾难，文艺界更是“文化大革命”的重灾区。十年“文化大革命”中，现实主义传统几乎中断。不过，现实主义的火种并未完全灭绝。张扬以手抄本流传的长篇小说《第二次握手》，姚雪垠在毛泽东的支持下写成的《李自成》第二卷，莫应丰冒着风险创作的《将军吟》，是写作于这一阶段而在打倒“四人帮”以后才正式出版的较好作品。特别是1976年“四五”天安门诗歌运动，人民用诗歌为武器，歌颂和悼念周总理，声讨“四人帮”，留下了诗歌史上可歌可泣、威武悲壮的一页。

1976年10月粉碎“四人帮”，1978年12月党的十一届三中全会召开，1979年10月中国文学艺术工作者第四次代表大会召开，为文学的繁荣发展提供了前所未有的气候条件。人们的文学热情像火山爆发般释放出来，形成了持久的文学创作和理论批评热潮。从1978年“伤痕文学”轰动一时开始，文坛相继出现了“反思文学”“改革文学”“寻根文学”“先锋文学”“新现实主义”等创作潮流，使这一阶段成为一个激动人心的文学时代。五花八门的新名词、新概念一下子涌进文学创作和批评的语境之中，叫人目不暇接。人道主义文学观的回归，对“五四”传统的回归，对创作自由和开放境界的追求，成为这个生气勃勃的文学时代的时尚和标志。老作家焕发青春，新作家锐意进取，创作了一批又一批引人瞩目的作品。像刘心武的《班主任》，陈国凯的《我该怎么办》，从维熙的《大墙下的红玉兰》，戴厚英的《人啊，人》，茹志鹃的《剪辑错了的故事》，高晓声的《李顺大造屋》，古华的《芙蓉镇》，路遥的《人生》，汪曾祺的《受戒》，张一弓的《犯人李铜钟的故事》，王蒙的《蝴蝶》，谌容的《人到中年》，张贤亮的《灵与肉》，梁晓声的《这是一片神奇的土地》，蒋子龙的《乔厂长上任记》，张洁的《沉重的翅膀》，李国文的《花园街五号》，韩少功的《爸爸爸》，陆文夫的《美食家》，阿城的《棋王》，张承志的《北方的河》，贾平凹的《古堡》，王安忆的《小鲍庄》《长恨歌》，何申的《年前年后》，关仁山的《大雪无乡》，莫言的《红高粱》《丰乳肥臀》，铁凝的《哦，香雪》等，已经成了这一时代的标志性作品。

新时期的诗歌、散文、报告文学与戏剧，虽然不像小说创作那样高潮迭起，蔚为壮观，却也与时俱进，各有相应的发展与收获。这一时期涌现出来的一批新诗人，如舒婷、顾城、北岛、海子等，不断给文学带来新的气象，把艺术创新从20世纪80年代推进和延伸到了世纪之交。

新时期文学在艺术形式上的进展，是从挣脱庸俗社会学的文学观和突破现实主义的固有模式开始的。新时期作家立足本土，在坚持现实主义基本精神的前提下，从西方的文学流派，诸如象征主义、表现主义、意识流、荒诞派、黑色幽默、魔幻现实主义那里受到启迪。他们吸取种种流派观念上的合理因素和形式上的优长之处，扩大了现实主义文学的艺术空间，增强了它的表现力。新时期作家对于形式变革的普遍的自觉态度和取得的成绩，在当代文学史上是前所未有的。

总之，新时期文学的崛起和繁荣，是在改革开放的背景下，对社会全面进步、人民思想大解放的历史进程的反映。进入新千年之后，特别是进入中国特色社会主义新时代后，中国文学呈现出多元发展的态势，继续谱写着与时俱进的新篇章，为构建和谐社会，实现中华民族伟大复兴的中国梦作出应有的贡献。

第二节 作 品 选

复 仇

鲁 迅

鲁迅(1881—1936),原名周树人,字豫才。浙江绍兴人,中国现代文学的奠基者,伟大的文学家、思想家、革命家。1902 年赴日本留学,其间弃医从文,开始翻译与创作活动。1912—1917 年任职于临时政府教育部,并先后在北京大学、北京女子师范大学、厦门大学、中山大学任教。1927 年 10 月后定居上海,成为职业作家。一生著译近千万字。除外国作品翻译和中国古籍整理外,创作了《呐喊》《彷徨》《故事新编》等小说集,《野草》《朝花夕拾》等散文集,及十余部杂文集。其中包括《阿 Q 正传》《狂人日记》《孤独者》《伤逝》《过客》等新文学经典作品。鲁迅是 20 世纪中国重要的文学家,也是一生致力于国民性改造的伟大的思想家,有多种版本的《鲁迅全集》行世,较通行的是人民文学出版社 1981 年出版的 16 卷本。

人的皮肤之厚,大概不到半分,鲜红的热血,就循着那后面,在比密密层层地爬在墙壁的槐蚕更其密的血管里奔流[1],散出温热。于是各以这温热互相蛊惑,煽动,牵引,拼命地希求偎倚,接吻,拥抱,以得生命的沉酣的大欢喜[2]。

但倘若用一柄尖锐的利刃,只一击,穿透这桃红色的,菲薄的皮肤,将见那鲜红的热血激箭似的以所有温热直接灌溉杀戮者;其次,则给以冰冷的呼吸,示以淡白的嘴唇,使之人性茫然,得到生命的飞扬的极致的大欢喜;而其自身,则永远沉浸于生命的飞扬的极致的大欢喜中。

这样,所以,有他们俩裸着全身,捏着利刃,对立于广漠的旷野之上。

他们俩将要拥抱,将要杀戮……

路人们从四面奔来,密密层层地,如槐蚕爬上墙壁,如马蚁要扛鲞头[3]。衣服都漂亮,手倒空的。然而从四面奔来,而且拼命地伸长颈子,要赏鉴这拥抱或杀戮。他们已经豫觉着事后的自己的舌上的汗或血的鲜味。

然而他们俩对立着,在广漠的旷野之上,裸着全身,捏着利刃,然而也不拥抱,也不杀戮,而且也不见有拥抱或杀戮之意。

他们俩这样地至于永久,圆活的身体,已将干枯,然而毫不见有拥抱或杀戮之意。

路人们于是乎无聊;觉得有无聊钻进他们的毛孔,觉得有无聊从他们自己的心中由毛孔钻出,爬满旷野,又钻进别人的毛孔中。他们于是觉得喉舌干燥,脖子也乏了;终至于面面相觑,慢慢走散;甚而至于居然觉得干枯到失了生趣。

于是只剩下广漠的旷野,而他们俩在其间裸着全身,捏着利刃,干枯地立着;以死人似的眼光,赏鉴这路人们的干枯,无血的大戮,而永远沉浸于生命的飞扬的极致的大欢喜中。

一九二四年十二月二十日

(选自《鲁迅全集》第 2 卷,人民文学出版社 1981 年版)

注释

［1］槐蚕：生长在槐树上的蛾类幼虫，在北方俗称"吊死鬼"。

［2］大欢喜：佛家语。佛教中的天神"欲天"和"爱神"又名"欢喜天"，作裸身拥抱状。

［3］鲞（xiǎng）头：指干的海鱼头。鲞，剖开晾干的海鱼。

赏析

本篇是《野草》中的重要作品，集中深刻地表现了以毫无动作对看客进行复仇这一主题。

"复仇"是鲁迅作品和思想的重要主题之一。鲁迅揭示的中国国民的劣根性之一，即看客心理：庸众因无聊而将他人的一切举动事件化，戏剧化，从而旁观之，赏鉴之，以慰其无聊；他人特别是其中的所谓独异个人，因之被迫成为演员，其爱与死——这生命中最庄严神圣的举动，均在看客的围观中成为表演作秀。文中裸立的两人与路人的关系即是如此。而被看者欲摆脱此尴尬处境，或者再进一步，欲还以颜色，只有毫无动作，使旁观者无戏可看，仍旧无聊，乃至干枯、老死，以此向看客们复仇。从中不难看出作者憎恶、愤激的强烈情感。

鲁迅之所以如此歌咏复仇，其内在的意涵不尽在于鼓吹向看客们复仇，更是将这看作一种疗救。而作者清醒地知道，这将是一个漫长的过程，在改造这种国民性的途中，"正无需乎震骇一时的牺牲，不如深沉的韧性的战斗！"

在本篇中，精巧的构思，象征性的人物，细腻而尖锐的描写，复沓而有力的语句，铸成了强烈的感觉和思想的冲击力。这一成就也是《野草》中许多篇什的特点。

思考与练习

一、本篇中两次写到"永远沉浸于生命的飞扬的极致的大欢喜中"，其用意有何不同？

二、依你所见，篇中二人有此处境，应毫无动作，还是或相爱、或相杀，照所欲而行？

赞　美[1]

穆　旦

穆旦（1918—1977），原名查良铮，曾用笔名梁真，祖籍浙江省海宁市，出生于天津。诗人、翻译家。1940 年在西南联大毕业后留校任教。1949 年赴美国留学，入芝加哥大学英国文学系学习。1952 年获文学硕士学位。1953 年回国后，任南开大学外文系副教授。1977 年 2 月 26 日，穆旦因心脏病突发去世，享年 59 岁。

在中国现代文学史上，穆旦以其风格独特的现代诗享誉三四十年代诗坛，是"九叶诗派"的代表诗人。穆旦于 20 世纪 40 年代出版了《探险队》《穆旦诗集（1939—1945）》《旗》三部诗集，将西欧现代主义和中国诗歌传统结合起来，诗风富于象征寓意和心灵思辨。主要译作有俄国普希金的作品《青铜骑士》《普希金抒情诗集》，英国雪莱的《云雀》《雪莱抒情诗选》，英国拜伦的《唐璜》《拜伦抒情诗选》《拜伦诗选》，英国《布莱克诗选》《济慈诗选》。

走不尽的山峦的起伏,河流和草原,
数不尽的密密的村庄,鸡鸣和狗吠,
接连在原是荒凉的亚洲的土地上,
在野草的茫茫中呼啸着干燥的风,
在低压的暗云下唱着单调的东流的水,
在忧郁的森林里有无数埋藏的年代
它们静静地和我拥抱:
说不尽的故事是说不尽的灾难,沉默的,
是爱情,是在天空飞翔的鹰群,
是干枯的眼睛期待着泉涌的热泪,
当不移的灰色的行列在遥远的天际爬行;
我有太多的话语,太悠久的感情,
我要以荒凉的沙漠,坎坷的小路,骡子车,
我要以槽子船,漫山的野花,阴雨的天气,
我要以一切拥抱你,你
我到处看见的人民呵,
在耻辱里生活的人民,佝偻的人民,
我要以带血的手和你们一一拥抱,
因为一个民族已经起来。

一个农夫,他粗糙的身躯移动在田野中,
他是一个女人的孩子,许多孩子的父亲,
多少朝代在他的身上升起又降落了
而把希望和失望压在他身上,
而他永远无言地跟在犁后旋转,
翻起同样的泥土溶解过他祖先的,
是同样的受难的形象凝固在路旁。
在大路上多少次愉快的歌声流过去了,
多少次跟来的是临到他的忧患,
在大路上人们演说,叫嚣,欢快,
然而他没有,他只放下了古代的锄头,
再一次相信名辞,溶进了大众的爱,
坚定地,他看着自己溶进死亡里,
而这样的路是无限的悠长的,

而他是不能够流泪的，
他没有流泪，因为一个民族已经起来。

在群山的包围里，在蔚蓝的天空下，
在春天和秋天经过他家园的时候，
在幽深的谷里隐着最含蓄的悲哀：
一个老妇期待着孩子，许多孩子期待着
饥饿，而又在饥饿里忍耐，
在路旁仍是那聚集着黑暗的茅屋，
一样的是不可知的恐惧，一样的是
大自然中那侵蚀着生活的泥土，
而他走去了从不回头诅咒。
为了他我要拥抱每一个人，
为了他我失去了拥抱的安慰，
因为他，我们是不能给以幸福的，
痛哭吧，让我们在他的身上痛哭吧，
因为一个民族已经起来。

一样的是这悠久的年代的风，
一样的是从这倾圮的屋檐下散开的
无尽的呻吟和寒冷，
它歌唱在一片枯槁的树顶上，
它吹过了荒芜的沼泽，芦苇和虫鸣，
一样的是这飞过的乌鸦的声音，
当我走过，站在路上踟蹰，
我踟蹰着为了多年耻辱的历史
仍在这广大的山河中等待，
等待着，我们无言的痛苦是太多了，
然而一个民族已经起来，
然而一个民族已经起来。

一九四一，十二月。

（选自《穆旦诗集（1939—1945）》，人民文学出版社2000年版）

注释

[1]《赞美》最初发表于昆明文聚社出版的《文聚》第1卷第1期。

赏析

此诗是穆旦的名作。内容是描写抗日战争时期中国农民的痛苦和坚忍。诗人对在艰难和耻辱中生活的中国农民给予了由衷的赞叹,因为在他们的辛勤劳作和坚忍不拔中,一个民族已经站立起来。在诗中,作者对现实的关注、对未来的期望、对历史的反思、对人生的探索交织在一起,情感既忧郁、沉痛,又凝重、激昂。诗的第一节用密集的意象来描绘祖国,传达出对祖国与人民的热爱之情;第二、三节集中刻画了一个"农夫"的形象,这个"农夫",实际上是广大劳苦民众的典型,是灾难深重中的中华民族的象征;第四节是诗人的自我解剖,为严酷的现实、"耻辱的历史"而"踟蹰",同时也十分清醒地意识到,等待的结果只能是"无言的痛苦",唯有像"农夫"那样奋起,祖国才能获得新生。这首诗在形式上也有特点:每行都很长,非常地自由奔放,每节都以"一个民族已经起来"作为结束语。每个复句给了全诗一种秩序,也是意义的重点所在。全诗博大恢弘,体现了作者对时代和民族的思索与热爱。

思考与练习

一、此诗有什么特色?

二、此诗最后两句重复"然而一个民族已经起来",表达了诗人怎样的情感?

追悼志摩[1]

胡　适

胡适(1891—1962),学名洪骍,字适之,安徽绩溪人,现代著名学者,教育家,诗人,"五四"文学革命运动的主要倡导者。"五四"时期,胡适发表了《文学改良刍议》《历史的文学观念论》《建设的文学革命论》等文,提倡文学改良,以白话代替文言,并率先从事白话文学创作,于1920年3月出版了现代文学史上的第一部白话诗集《尝试集》。

悄悄的我走了,
　正如我悄悄的来;
我挥一挥衣袖,
　不带走一片云彩。

(《再别康桥》)

志摩这一回真走了!可不是悄悄的走。在那淋漓的大雨里,在那迷濛的大雾里,一个猛烈的大震动,三百匹马力的飞机碰在一座终古不动的山上,我们的朋友额上受了一下致命的撞伤,大概立刻失去了知觉。半空中起了一团大火,像天上陨了一颗大星似的直掉下地去。我们的志摩和他的两个同伴就死在那烈焰里了！

我们初得着他的死信，却不肯相信，都不信志摩这样一个可爱的人会死的这么惨酷。但在那几天的精神大震撼稍稍过去之后，我们忍不住要想，那样的死法也许只有志摩最配。我们不相信志摩会“悄悄的走了”，也不忍想志摩会死一个“平凡的死”，死在天空之中，大雨淋着，大雾笼罩着，大火焚烧着，那撞不倒的山头在旁边冷眼瞧着，我们新时代的新诗人，就是要自己挑一种死法，也挑不出更合适，更悲壮的了。

志摩走了，我们这个世界里被他带走了不少云彩。他在我们这些朋友之中，真是一片最可爱的云彩，永远是温暖的颜色，永远是美的花样，永远是可爱。他常说：

我不知道风
是在哪一个方向吹——

我们也不知风是在哪一个方向吹，可是狂风过去之后，我们的天空变惨淡了，变寂寞了，我们才感觉我们的天上的一片最可爱的云彩被狂风卷去了，永远不回来了！

这十几天里，常有朋友到家里来谈志摩，谈起来常常有人痛哭。在别处痛哭他的，一定还不少。志摩所以能使朋友这样哀念他，只是因为他的为人整个的只是一团同情心，只是一团爱。叶公超先生说：

> 他对于任何人，任何事，从未有过绝对的怨恨，甚至于无意中都没有表示过一些憎嫉的神气。

陈通伯先生说，

> 尤其朋友里缺不了他。他是我们的连索，他是粘着性的，发酵性的。在这七八年中，国内文艺界里起了不少的风波，吵了不少的架，许多很熟的朋友往往弄的不能见面。但我没有听见有人怨恨过志摩。谁也不能抵抗志摩的同情心，谁也不能避开他的粘着性。他才是和事佬有无穷的同情，他总是朋友中间的“连索”。他从没有疑心，他从不会妒忌，使这些多疑善妒的人们十分惭愧，又十分羡慕。

他的一生真是爱的象征。爱是他的宗教，他的上帝。

我攀登了万仞的高冈[2]，
荆棘扎烂了我的衣裳，
我向飘渺的云天外望——
　上帝，我望不见你！
……
我在道旁见一个小孩，
活泼，秀丽，褴褛的衣衫，
他叫声“妈”，眼里亮着爱——
　上帝，他眼里有你！

（《他眼里有你》）

志摩今年在他的《猛虎集·自序》里，曾说他的心境是“一个曾经有单纯信仰的流入怀疑的颓废”。这句话是他最好的自述。他的人生观真是一种“单纯信仰”，这里面只有三个大字：一个是爱，一个是自由，一个是美。他梦想这三个理想的条件能够会合在一个人生里，这是他的“单纯信仰”。他的一生的历史，只是他追求这个单纯信仰的实现的历史。

社会上对于他的行为，往往有不能谅解的地方，都只因为社会上批评他的人不曾懂得志摩的“单纯信仰”的人生观。他的离婚和他的第二次结婚，是他一生最受社会严厉批评的两件事。现在志摩的棺已盖了，而社会上的议论还未定。但我们知道这两件事的人，都能明白，至少在志摩的方面，这两件事最可以代表志摩的单纯理想的追求。他万分诚恳的相信那两件事都是他实现他那“美与爱与自由”的人生的正当步骤。这两件事的结果，在别人看来，似乎都不曾能够实现志摩的理想生活。但到了今日，我们还忍用成败来议论他吗？

我忍不住我的历史癖，今天我要引用一点神圣的历史材料，来说明志摩决心离婚时的心理。民国十一年三月，他正式向他的夫人提议离婚，他告诉她，他们不应该继续他们的没有爱情没有自由的结婚生活了，他提议“自由之偿还自由”，他认为这是“彼此重见生命之曙光，不世之荣业[3]”。他说：

> 故转夜为日，转地狱为天堂，直指顾间事矣[4]。……真生命必自奋斗自求得来，真幸福亦必自奋斗自求得来，真恋爱亦必自奋斗自求得来！彼此前途无限，……彼此有改良社会之心，彼此有造福人类之心，其先自作榜样，勇决智断，彼此尊重人格，自由离婚，止绝苦痛，始兆幸福，皆在此矣。

这信里完全是青年的志摩的单纯的理想主义，他觉得那没有爱又没有自由的家庭是可以摧毁他们的人格的，所以他下了决心，要把自由偿还自由，要从自由求得他们的真生命，真幸福，真恋爱。

后来他回国了，婚是离了，而家庭和社会都不能谅解他。最奇怪的是他和他已离婚的夫人通信更勤，感情更好。社会上的人更不明白了。志摩是梁任公先生最爱护的学生[5]，所以民国十二年任公先生曾写一封很长很恳切的信去劝他。在这信里，任公提出两点：

> 其一，万不容以他人之苦痛，易自己之快乐。弟之此举，其于弟将来之快乐能得与否，殆茫如捕风，然先已予多数人以无量之苦痛。
>
> 其二，恋爱神圣为今之少年所乐道。……兹事盖可遇而不可求。……况多情多感之人，其幻象起落鹘突[6]，而得满足得宁帖也极难[7]。所梦想之神圣境界恐终不可得，徒以烦恼终其身已耳。

任公又说：

> 呜呼志摩！天下岂有圆满之宇宙？……当知吾侪以不求圆满为生活态度，斯可以领略生活水平之妙味矣。……若沉迷于不可必得之梦境，挫折数次，生意尽矣，郁悒侘傺以死，死为无名。死犹可也，最可畏者，不死不生而堕落至不复能自拔。呜呼志摩，可无惧耶！可无惧耶！
>
> （十二年一月二日信）

任公一眼看透了志摩的行为是追求一种“梦想的神圣境界”,他料到他必要失望,又怕少年人受不起几次挫折,就会死,就会堕落。所以他以老师的资格警告他:“天下岂有圆满之宇宙?”

但这种反理想主义是志摩所不能承认的。他答复任公的信,第一不承认他是把他人的苦痛来换自己的快乐。他说:

我之甘冒世之不韪,竭全力以斗者,非特求免凶惨之苦痛,实求良心之安顺,求人格之确立,求灵魂之救度耳[8]。

人谁不求庸德[9]?人谁不安现成?人谁不畏艰险?然且有突围而出者,夫岂得已而然哉[10]?

第二,他也承认恋爱是可遇不可求的,但他不能不去追求。他说:

我将于茫茫人海中访我唯一灵魂之伴侣;得之,我幸;不得,我命,如此而已。

他又相信他的理想是可以创造出来的。他对任公说:

嗟夫吾师!我尝奋我灵魂之精髓,以凝成一理想之明珠,涵之以热满之心血[11],朗照我深奥之灵府。而庸俗忌之嫉之,辄欲麻木其灵魂,捣碎其理想,杀灭其希望,污毁其纯洁!我之不流入堕落,流入庸懦,流入卑污,其几亦微矣[12]!

我今天发表这三封不曾发表过的信,因为这几封信最能表现那个单纯的理想主义者徐志摩。他深信理想的人生必须有爱,必须有自由,必须有美;他深信这种三位一体的人生是可以追求的,至少是可以用纯洁的心血培养出来的。——我们若从这个观点来观察志摩的一生,他这十年中的一切行为就全可以了解了。我还可以说,只有从这个观点上才可以了解志摩的行为;我们必须先认清了他的单纯信仰的人生观,方才认得清志摩的为人。

志摩最近几年的生活,他承认是失败。他有一首《生活》的诗,诗是暗惨的可怕。

阴沉,黑暗,毒蛇似的蜿蜒,
生活逼成了一条甬道:
一度陷入,你只可向前,
手扪索着冷壁的粘潮。
在妖魔的脏腑内挣扎,
头顶不见一线的天光,
这魂魄,在恐怖的压迫下,
除了消灭更有什么愿望?

(十九年五月二十九日)

他的失败是一个单纯的理想主义者的失败。他的追求,使我们惭愧,因为我们的信心太小了,从不敢梦想他的梦想。他的失败,也应该使我们对他表示更深厚的恭敬与同情,因为偌大的世界之中,只有他有这信心,冒了绝大的危险,费了无数的麻烦,牺牲了一切平凡的安逸,牺牲了家庭的亲谊和人间的名誉,去追求,去试验一个“梦想之神圣境界”而终于免不了惨酷的失败,也不完全是他的人生观的失败。他的失败是因为他的信仰太单纯了,而这个现实世界太复杂了,他的单纯的信仰禁不起这个现实世界的摧毁;正如易卜生的诗剧 Brand 里的那个理想主义者,抱着他的理想,在人间处处碰钉子,碰的焦头烂额,失败而死。

然而我们的志摩"在这恐怖的压迫下",从不叫一声"我投降了"！他从不曾完全绝望,他从不曾绝对怨恨谁。他对我们说:

你们不能更多的责备。我觉得我已是满头的血水,能不低头已算是好的。

(《猛虎集·自序》)

是的,他不曾低头。他仍旧昂起头来做人;他仍旧是他那一团的同情心,一团的爱。我们看他替朋友做事,替团体做事,他总是仍旧那样热心,仍旧那样高兴。几年的挫折,失败,苦痛,似乎使他更成熟了,更可爱了。

他在苦痛之中,仍旧继续他的歌唱。他的诗作风格也更成熟了。他所谓"初期的汹涌性"固然是没有了,作品也减少了;但是他意境变深厚了,笔致变淡远了[13],技术和风格都更进步了。这是读《猛虎集》的人都能感觉到的。

志摩自己希望今年是他的"一个真正的复活的机会"。他说:

抬起头居然又见到天了。眼睛睁开了,心也跟着开始了跳动。

我们一班朋友都替他高兴。他这几年来想用心血浇灌的花树也许是枯萎的了;但他的同情,他的鼓舞,早又在别的园地里种出了无数的可爱的小树,开出了无数可爱的鲜花。他自己的歌唱有一个时代是几乎消沉了;但他的歌声引起了他的园地外无数的歌喉,嘹亮的唱,哀怨的唱,美丽的唱。这都是他的安慰,都使他高兴。

谁也想不到在这个最有希望的复活时代,他竟丢了我们走了！他的《猛虎集》里有一首咏一只黄鹂的诗,现在重读了,好像他在那里描写他自己的死,和我们对他的死的悲哀:

等候他唱,我们静着望,
怕惊了他。
但他一展翅,
冲破浓密,化一朵彩云:
他飞了,不见了,没了——
像是春光,火焰,像是热情。

志摩这样一个可爱的人,真是一片春光,一团火焰,一腔热情。现在难道都完了?

决不！决不！志摩最爱他自己的一首小诗,题目叫做《偶然》,在他的《卞昆冈》剧本里,在那个可爱的孩子阿明临死时,那个瞎子弹着三弦,唱着这首诗:

我是天空里的一片云,
偶尔投影在你的波心——
你不必讶异,
更无需欢喜——
在转瞬间消灭了踪影。

你我相逢在黑夜的海上，
你有你的，我有我的方向。
你记得也好，
最好你忘掉，
在这交会时互放的光亮！

朋友们，志摩是走了，但他投的影子会永远留在我们心里，他放的光亮也会永远留在人间，他不曾白来了一世。我们有了他做朋友，也可以安慰自己说不曾白来了一世。我们忘不了和我们

在那交会时互放的光亮！

二十年，十二月，三夜。

（选自《胡适文集》，人民文学出版社 1998 年版）

注释

［1］志摩：即徐志摩，现代著名诗人，散文家，新月派代表作家之一。1931 年 11 月 19 日因飞机失事遇难。胡适与徐志摩一起创办过《现代评论》周刊、新月书店和《新月》月刊，两人感情深厚。1931 年 12 月 3 日，胡适怀着悲痛的心情写了这篇追悼文章。

［2］万仞：形容极高。古时将七尺或八尺叫一仞。

［3］不世：不是每代都有的。

［4］直：只，仅。指顾间：时间极短的瞬间。指，手指。顾，回头。

［5］梁任公：梁启超，字卓如，号任公。

［6］鹘（hú）突：即“糊涂”，指模糊不清。

［7］宁帖：平安舒贴。

［8］救度：赎救与超度，宗教用语。

［9］庸德：中庸之德。

［10］然且有突围而出者，夫岂得已而然哉：意思是说，即使这样有突破常规而冲出去的人，这难道是他们非得如此不可吗？是不得已才这样的啊！

［11］涵之以热满之心血：即以热满之心血涵之。涵，沉浸。

［12］其几亦微矣：恐怕这种可能是小之又小的啊！其，恐怕，大概，表揣测语气。几，机会，可能性。微，小。

［13］笔致：文笔的情致。

赏析

本文是胡适追悼徐志摩的一篇散文。文章抒写作者对徐志摩英年遇难的无限悲痛之情，称赞了徐志摩追求“美与爱与自由”的人生理想以及为这一理想而挣扎、奋斗的精神。

本文的情感抒发颇有特色。文章除开头、结尾直抒胸臆外，主要是通过说理来抒情写人，既在立论中抒发赞扬敬佩之情，又在驳论中抒发同情、理解之情，寓情于理，情理交融，收到了理真、情浓的效果。

文章善于运用典型论据来说理。引用三封书信，使人信服，增添了赞誉的力量。

文中多次引用徐志摩的诗句为喻来抒情写意。这些诗句不仅体现出徐志摩一生的处境与品格，而且使整篇文章充满情意，耐人寻味。

思考与练习

一、找出文章中所引徐志摩诗句中的比喻词语，说明其比喻意义。

二、文章中引用了哪三封信中的话？这样的引用能说明什么问题？

中国书法

林语堂

林语堂（1895—1976），原名和乐，后改玉堂，又改语堂。笔名毛驴、宰予、岂青等，福建龙溪人，中国现代作家、翻译家。早年留学国外，回国后在北京大学等著名大学任教，1966年定居台湾，1967年受聘为香港中文大学研究教授，主持编撰《林语堂当代汉英词典》。1976年在香港逝世，享年80岁。一生著述颇丰，于1940年和1950年先后两度获得诺贝尔文学奖提名。曾创办《论语》《人间世》《宇宙风》等刊物，作品包括小说《京华烟云》《啼笑皆非》、散文和杂文文集《人生的盛宴》《生活的艺术》以及译著《东坡诗文选》《浮生六记》等。

一切艺术的问题都是韵律问题[1]。所以，要弄懂中国的艺术，我们必须从中国人的韵律和艺术灵感的来源谈起。我们承认韵律是普遍存在的，并非中国人的专利，但这并不妨碍我们去探索一个不同的侧重点。在讨论理想的中国妇女时，笔者已经指出，西方艺术总是到女性人体那里寻求最理想、最完美的韵律，把女性当作灵感的来源。而中国的艺术家和艺术爱好者则通常满足于高兴地赏玩一只蜻蜓、一只青蛙、一只蚱蜢至或一块嶙峋的怪石[2]。由此看来，西方艺术的精神较为耽于声色，较为热情，较为充满艺术家的自我；而中国艺术的精神则较为高雅，较为含蓄，较为和谐于自然。我们可以借用尼采的话来说明它们的不同，中国的艺术是太阳神的艺术，而西方艺术是酒神的艺术。这一巨大差别只有具备对韵律不同的理解与欣赏才能形成。无论在哪个国度，艺术问题总是韵律问题，这一点毫无疑问。但直到晚近，韵律才在西方艺术中起到决定性的作用。而在中国，韵律一直占有举足轻重的地位——这一点也是毫无疑问的。

很奇怪，这种对韵律理想的崇拜首先是在中国书法艺术中发展起来的。一幅寥寥几笔画出的顽石图，挂在墙上，供人日夜观赏。人们面对它沉思冥想，并得到一种奇异的快感。西方人士要想懂得此种快感，就非懂得中国书法艺术的原则不可。学习书法艺术，实则学习形式与韵律的理论，由此可见书法在中国艺术中的重要地位。我们甚至可以说，书法提供给了中国人民以基本的美学，中国人民就是通过书法才学会线条和形体的基本概念的。因此，如果不懂得中国书法及其艺术灵感，就无法谈论中国的艺术。比方说，中国的建筑，不管是牌楼、亭子还是庙宇，没有任何一种建筑的和谐感与形式美，不是导源于某种中国书法的风格。

这样，中国书法在世界艺术史上的地位实在是十分独特的。毛笔使用起来比钢笔更为精妙，更为敏感。由于毛笔的使用,书法便获得了与绘画平起平坐的真正的艺术地位。中国人已经充分认识到这一点,他们把绘画和书法视为姐妹艺术,合称为“书画”,几乎构成一个单独的概念,总是被人们相提并论。假如要问二者之中哪一个得到了更多人的喜爱,回答毫无疑问是书法。于是,书法成了一门艺术。人们对之投以的满腔热忱和献身精神,以及它丰富的传统,人们对它的尊崇,这些都丝毫不亚于绘画。书法标准与绘画标准一样严格,书法家高深的艺术造诣远非凡夫俗子所能企及,如同其他领域的情形一样。中国的大画家,像董其昌[3]、赵孟頫等人,通常也都是大书法家。赵孟頫(1254—1322)是最著名的中国画家之一。他在谈到自己的绘画时说:“石如飞白木如篆,六法原与八法通,若也有人能会此,须知书画本来同。”

在我看来,书法代表了韵律和构造最为抽象的原则,它与绘画的关系,恰如纯数学与工程学或天文学的关系。欣赏中国书法,是全然不顾其字面含义的,人们仅仅欣赏它的线条和构造。于是,在研习和欣赏这种线条的魅力和构造的优美之时,中国人就获得了一种完全的自由,全神贯注于具体的形式,内容则撇开不管。绘画总有一个客体要传达,但一个写得很好的字却只传达其本身线条和结构的美。在这绝对自由的天地里,各种各样的韵律都得到了尝试,各种各样的结构都得到了探索。正是中国的毛笔使每一种韵律的表达成为可能。而中国字,尽管在理论上是方方正正的,实际上却是由最为奇特的笔划构成的,这就使得书法家不得不去设法解决那些千变万化的结构问题。于是通过书法,中国的学者训练了自己对各种美质的欣赏力,如线条上的刚劲、流畅、蕴蓄、精微、迅捷、优雅、雄壮、粗犷、谨严或洒脱,形式上的和谐、匀称、对比、平衡、长短、紧密,有时甚至是懒懒散散或参差不齐的美。这样,书法艺术给美学欣赏提供了一整套术语,我们可以把这些术语所代表的观念看作中华民族美学观念的基础。

由于这门艺术具有近 2000 年的历史,且每位书法家都力图用一种不同的韵律和结构来标新立异,这样,在书法上,也许只有在书法上,我们才能够看到中国人艺术心灵的极致。某些美学鉴赏范畴,如对参差不齐之美的尊崇,对那些乍看摇摇欲坠,细看则安如磐石的结构的尊崇,这些美学范畴会使西方人大为吃惊。如果他们知道这些范畴在中国艺术的其他领域中并不容易看到,他们就更会惊叹不已。

对西方来说,更有意义的事实是,书法不仅为中国艺术提供了美学鉴赏的基础,而且代表了一种万物有灵的原则。这种原则一经正确地领悟和运用,将硕果累累。如上所说,中国书法探索了每一种可能出现的韵律和形式,这是从大自然中捕捉艺术灵感的结果,尤其来自动物、植物——梅花的枝丫、摇曳着几片残叶的枯藤、斑豹的跳跃、猛虎的利爪、麋鹿的捷足、骏马的遒劲、熊罴的丛毛[4]、白鹳的纤细,或者苍老多皱的松枝。于是,凡自然界的种种韵律,无一不被中国书法家所模仿,并直接地或间接地形成了某种灵感,以造就某些特殊的“书体”。如果一位中国学者在一棵枯藤之上看到了某种美,它那不经意的雅致,可伸可缩的韧性,枝头弯弯曲曲,几片叶儿悬挂其上,漫不经心,却又恰到好处,他就会把这种种的美融于自己的书法之中。如果另一位学者看到一棵松树树干弯曲、树枝下垂而不直立,表现出一种惊人的坚韧和力量,他也会将这种美融入自己的书法风格。于是,我们就有了“枯藤”和“劲松”的笔法。

曾经有一位名僧兼书法家先前习书多年却无长进。一天，他闲步于山径之间，偶见两条大蛇在争斗，各自伸长脖颈，颇有一股外柔内刚之势。他猛然有所感悟，顿生灵感，回去后便练就了一种极有个性的书体，称作“斗蛇”体，表现了蛇颈的伸展和弯曲。中国的“书圣”王羲之在谈书法艺术时，也使用了自然界的意象：

> 每作一横画，如列阵之排云；每作一戈，如百钧之弩发；每作一点，如高峰坠石；每作一折，如屈折钢钩；每作一牵，如万岁枯藤；每作一放纵，如足行之趋骤。

如欲通晓中国书法，必先仔细观察蕴藏在每个动物体内的形态和韵律。每种动物都有其和谐优美之处，这是一种直接出自其生理机能，尤其是运动机能的和谐。一匹腿部多毛，躯干高大的负重拉车之马，有其独特的美，正如一匹光滑灵巧的赛马有其独特的美一样。这种和谐还存在于身体细长、蹦蹦跳跳、快速灵活的灵缇犬身上[5]，也存在于长毛的爱尔兰㹴狗身上[6]：它的头和四肢在一起几乎构成了一个方形物，极似中国书法中的“隶书”（流行于汉代，后由清代邓石如发展成为一种艺术）。

有一点很重要，需要注意。这些动植物的外形之所以美，是因为它们蕴藏着一种动势。试想一枝盛开的梅花，具有多么不经意的美丽和充满艺术感的不规则变化！彻底而艺术化地领悟这种美，就等于领会了万物有灵的内在原则，领悟了中国艺术。这枝梅花，即使花朵凋谢或被拨落，仍然美丽无比，因为它还活着，因为它表达了一种生的冲动。每一棵树的外形都显示了一种韵律，它源自某种生命的冲动，它要生长，要拥抱阳光，要保持自己生命的平衡；它也源自抵御风暴的必要。每一棵树都是美的，因为它暗示了这些冲动，尤其是因为它暗示了一种朝某个方向的运动，一种向某个地方的延伸。它并没有想美，它只是想生存，结果却是极端的和谐与令人十分满意的美。

大自然给予灵缇犬以高度弯曲的身躯和一条连接身体与后腿的曲线，以使它跑起路来迅捷无比。除此之外，大自然并没有人为地赐给它什么抽象的美。这些器官之所以美，是因为它们代表了某种速度，从这些和谐的器官中产生了一种和谐的形式。猫儿轻柔的举动，导致了其柔软的外形。即使是一只固执地蹲伏在那里的叭喇狗的线条，也能反映出它本身力大性猛的美。这样，我们就解释了自然界无穷无尽的形态，这些形态总是那么和谐、那么富有韵律，变化万端，无以穷尽。换言之，自然界的美是动态的美，而非静态的美。

这种运动的美正是理解中国书法的钥匙。中国书法的美在动在不静，由于它表达了一种动态的美，它生存了下来，并且也同样是千变万化，不可胜数的。迅捷稳重的一笔之所以是完美的，是因为它是速度和力量的象征。不能摹仿，不能更改，因为任何更改都会带来不和谐。这也就是为什么书法作为一门艺术非常难学的原因。

把中国书法的美归结为万物有灵原则，并非著者的独创。汉语中的不少说法可资证明和参考，比如笔划的“肉”“骨”“筋”等等。其哲理性内涵从未被有意识地揭示出来过。只有当我们想方设法使西方人理解中国书法时，我们才开始探索。王羲之曾从师的东晋女书法家卫夫人说道：

> 善笔力者多骨，不善笔力者多肉。多骨微肉者，谓之筋书；多肉微骨者，谓之墨猪。多力

丰筋者圣;无力无筋者病。

运动的动态原理生发出一种结构原理,这是理解中国书法的要旨。单纯的平衡匀称之美,绝不是美的最高形式。中国书法的原则之一,即方块字绝不应该是真正的方块,而应是一面高一面低,两个对称部分的大小和位置也不应该绝对相同。这条原则叫作“势”,代表着一种冲力的美,结果,在这种艺术的范型中,我们有了不少看似不平衡,实际却十分平衡的结构形态。这种冲力之美与纯静态之美的区别,有如一个人站立或静坐之图景,与挥舞高尔夫球棒或把足球猛一脚踢上天时的图景的区别。又如一位女士把头往后一仰的照片,要比她正视前方的照片动态感更强。所以中国字笔画起端总是侧向一方,这比平平地划过去要艺术得多。这种结构的范例可见于《张猛龙碑》[7],其中字体似有倒塌之势,却又能很好地保持平衡。这种书体的现代范式可见于监察院长于右任的字[8],他个人有今日的高位,在很大程度上得益于自己高级书法家的名望。

现代艺术正在探索各种韵律,试验各种新的结构形式,但至今尚无所获。它唯一的成功是给予我们一种逃避现实的印象。它最为明显的特征,不是努力抚慰我们的心灵,而是竭力刺激我们的感官,由于这一原因,对中国书法及其万物有灵原则的研究,归根结底也就是在万物有灵或韵律活力的原则指导下,对自然界韵律所进行的再研究,它会为现代艺术开辟广阔的前景。直线、平面和锥体的相互交错和反复运用,可以使我们激动不已,却不具备生动活泼的美。正是这些平面、锥体、直线和曲线,看来已经使现代艺术家的才智衰竭了。何不回归自然,向自然求救呢?看来有待于一些西方艺术家不畏艰险,开始用毛笔练习写英语。练上十年之后,如果他天资聪慧,真正弄懂万物有灵原则的话,他将可以用真正称得上一门艺术的线条和形式在泰晤士广场上书写招牌和广告牌。

中国书法作为中国美学的基础,其中的全部含义将在研究中国绘画和建筑时进一步看到。在中国绘画的线条和构思上,在中国建筑的形式和结构上,我们将可以分辨出那些从中国书法发展起来的原则。正是这些韵律、形态、范围等基本概念给予了中国艺术的各种门类,比如诗歌、绘画、建筑、瓷器和房屋修饰,以基本的精神体系。

(选自《中国人》,学林出版社 1994 年版)

注释

[1] 韵律(yùn lǜ):指近体诗中的平仄和押韵规则,引申为音响的节奏规律,也指某些物体运动的均匀的节律。

[2] 嶙峋(lín xún):形容山石等突兀、重叠。

[3] 董其昌:(1555—1636),字玄宰,号思白,别号香光居士,松江华亭(今上海市)人。明朝后期大臣,书画家。

[4] 熊罴(xióng pí):熊和罴。二者皆为猛兽。因以喻勇士或雄师劲旅。

[5] 灵缇犬:在古代用作狩猎,现在用作伴侣、比赛、狩猎等。

[6] 爱尔兰㹴狗:是一种伴侣犬,但在爱尔兰,它们优秀的狩猎能力有时仍被充分利用。它们是一种超级水犬,而且是一种热衷于猎取害兽的杀手。

［7］《张猛龙碑》：全称《魏鲁郡太守张府君清颂之碑》。此碑立于北魏正光三年（522），碑上无撰书人姓名。书体为楷书。现藏于山东曲阜汉魏碑刻陈列馆之内。

［8］于右任：原名伯循，字诱人，因“诱人”谐音“右任”，故为名，中国近现代著名教育家、书法家、政治家。1926年担任国民政府监察院长。

赏析

《中国人》是林语堂向西方人介绍中国文化的一本书，《中国书法》是书中的第八章“艺术生活”的一部分，重点介绍了中国书法艺术的独特美学特点，书法与其他艺术的关系，以及书法的内在精神特征。其中融注了作者对中国优秀传统文化的自信和自豪，也体现了作者对艺术、对中国优秀传统文化的深刻见解。

文章最突出的特点是立意深远。文章谈的虽然是中国书法，但它融入了丰富而深刻的艺术思想，是对中国艺术一次全方位的审视。它从艺术的韵律谈起，强调了书法在中国艺术韵律美中的独特地位，再结合书法艺术的历史，概括出书法美的最基本精神——万物有灵原则，既凸显了中国传统艺术的美学精神，又在书法艺术与现代艺术之间建立了精神上的深刻联系。在这么短的篇幅中，表现了这么多的内容，蕴含着这么深刻的思想，充分体现了作者高度的艺术素养和对中国文化的独到见解。文章的另一个特点是文笔优美，叙述自然轻松，又具有清晰的逻辑性。文章的体裁属于随笔，语句生动优美，思想独到深刻，尤其是谈书法艺术与自然生物关系的几段，文字形象而优美，具有美文的艺术品格，是内容与形式自然融合的佳作。

思考与练习

一、作者为什么说“运动的美正是理解中国书法的钥匙”？

二、体会本文在“中国书法”介绍中蕴含的美学思想。

三、仿照本文的写法，写一篇介绍中国文化其他方面（如京剧、国画等）的文章。

笑

冰　心

冰心（1900—1999），原名谢婉莹，福建长乐人，现代著名女作家。“五四”运动以后开始创作《斯人独憔悴》《超人》等一批提出社会、人生问题的“问题小说”，后转写诗歌和散文，以“爱的哲学”为创作基调，讴歌母爱、童真、自然。1923年从燕京大学毕业后不久去美国留学，1926年回国，曾在燕京大学、清华大学女子文理学院任教。1949年执教于东京大学。1951年回国，曾任中国作协理事、全国政协常务委员等职。主要作品有诗集《繁星》《春水》，散文集《寄小读者》《樱花赞》等，先后翻译泰戈尔的《园丁集》《吉檀迦利》等。其散文成就在诗歌和小说之上。

雨声渐渐的住了，窗帘后隐隐的透进清光来。推开窗户一看，呀！凉云散了，树叶上的残滴，映着月儿，好似萤光千点，闪闪烁烁的动着。——真没想到苦雨孤灯之后，会有这么一幅清美的图画！

凭窗站了一会儿，微微的觉得凉意侵人。转过身来，忽然眼花缭乱，屋子里的别的东西，都隐在光云里；一片幽辉，只浸着墙上画中的安琪儿。——这白衣的安琪儿，抱着花儿，扬着翅儿，向着我微微的笑。

“这笑容仿佛在那儿看见过似的，什么时候，我曾……”我不知不觉的便坐在窗口想，——默默的想。

严闭的心幕，慢慢的拉开了，涌出五年前的一个印象。——一条很长的古道。驴脚下的泥，兀自滑滑的。田沟里的水，潺潺的流着。近村的绿树，都笼在湿烟里。弓儿似的新月，挂在树梢。一边走着，似乎道旁有一个孩子，抱着一堆灿白的东西。驴儿过去了，无意中回头一看。——他抱着花儿，赤着脚儿，向着我微微的笑。

“这笑容又仿佛是哪儿看见过似的！”我仍是想——默默的想。

又现出一重心幕来，也慢慢的拉开了，涌出十年前的一个印象。——茅檐下的雨水，一滴一滴的落到衣上来。土阶边的水泡儿，泛来泛去的乱转。门前的麦陇和葡萄架子，都濯得新黄嫩绿的非常鲜丽。——一会儿好容易雨晴了，连忙走下坡儿去。迎头看见月儿从海面上来了，猛然记得有件东西忘下了，站住了，回过头来。这茅屋里的老妇人——她倚着门儿，抱着花儿，向着我微微的笑。

这同样微妙的神情，好似游丝一般，飘飘漾漾的合了拢来，绾在一起[1]。

这时心下光明澄静，如登仙界，如归故乡。眼前浮现的三个笑容，一时融化在爱的调和里看不分明了。

（选自《冰心散文》，人民文学出版社 2005 年版）

注释

[1] 绾：把长条形的东西盘绕起来，打成结。

赏析

这是冰心早期的一篇散文。散文以小见大，捕捉的虽是人类常见的神情——微笑，表现的却是人类的重要情感——爱，这非常吻合作者向来提倡的“爱的哲学”的创作主旨。

在夜雨乍停、云散月出的情境中，作者眼前浮现出三幕微笑。由室内墙上向她微笑着的安琪儿，联想起五年前古道旁边赤脚男儿抱花的微笑，又有十年前海边茅屋老妇倚门抱花的微笑。以精巧的构思，细腻、柔和、委婉、清丽的文笔，将三个画面有机融合，客观物境与主观情境浑然一体，构成了诗一般的境界。三幕微笑相呼相应，构成这篇散文的结构。

文章以轻盈灵秀的文字描写世间“微妙的神情”，传达作者“微妙的心境”，实在是散文中的妙品。

思考与练习

一、本文的构思有什么特点？表现了怎样的主题？

二、这篇散文的语言有何特色？

爱尔克的灯光

巴 金

巴金(1904—2005),原名李尧棠,字芾甘,四川成都人,现代著名作家。1923年到上海、南京等地求学。1927年旅居巴黎,开始文学创作,出版了处女作《灭亡》,1928年回国。1931年创作进入爆发期,写了大量的长、中、短篇小说。1934年去日本,1935年回国后任文化生活出版社总编辑。抗战爆发后,任《救亡日报》《呐喊》旬刊编委。新中国成立后任《收获》杂志主编、作协上海分会主席、中国作协主席、中国文联副主席。有“爱情三部曲”(《雾》《雨》《电》)、“激流三部曲”(《家》《春》《秋》)、《寒夜》《憩园》等作品。其代表作《家》通过对一个大官僚地主家庭生活内幕的描绘,暴露封建末世的黑暗与腐朽,控诉旧礼教、旧势力的罪恶,歌颂了“五四”初期知识青年的觉醒。此外,巴金还有《生之忏悔》《旅途随笔》《静夜的悲剧》等十多个散文集。他的散文多描写自然风光和人生世态,洋溢着渴望自由、追求光明的热情。“文化大革命”结束后出版的五卷本《随想录》,成为新时期文学的一部重要著作。

本文写于1941年3月,原载于1941年4月19日重庆《新蜀报》副刊《蜀道》,最初收入散文集《龙·虎·狗》,后收入《巴金文集》第十卷。

傍晚,我靠着逐渐黯淡的最后的阳光的指引,走过十八年前的故居。这条街、这个建筑物开始在我的眼前隐藏起来,像在躲避一个久别的旧友。但是它们的改变了的面貌于我还是十分亲切。我认识它们,就像认识我自己。还是那样宽的街,宽的房屋。巍峨的门墙代替了太平缸和石狮子,那一对常常做我们坐骑的背脊光滑的雄狮也不知逃进了哪座荒山。然而大门开着,照壁上“长宜子孙”四个字却是原样地嵌在那里,似乎连颜色也不曾被风雨剥蚀。我望着那同样的照壁,我被一种奇异的感情抓住了,我仿佛要在这里看出过去的十九个年头,不,我仿佛要在这里寻找十八年以前的遥远的旧梦。

守门的卫兵用怀疑的眼光看我。他不了解我的心情。他不会认识十八年前的年轻人。他却用眼光驱逐一个人的许多亲密的回忆。

黑暗来了。我的眼睛失掉了一切。于是大门内亮起了灯光。灯光并不曾照亮什么,反而增加了我心上的黑暗。我只得失望地走了。我向着来时的路回去。已经走了四五步,我忽然掉转头,再看那个建筑物。依旧是阴暗中一线微光。我好像看见一个盛满希望的水碗一下子就落在地上打碎了一般,我痛苦地在心里叫起来。在这条被夜幕覆盖着的近代城市的静寂的街中,我仿佛看见了哈立希岛上的灯光。那应该是姐姐爱尔克点的灯罢。她用这灯光来给她的航海的兄弟照路,每夜每夜灯光亮在她的窗前,她一直到死都在等待那个出远门的兄弟回来。最后她带着失望进入坟墓。

街道仍然是清静的。忽然一个熟习的声音在我耳边轻轻地唱起了这个欧洲的古传说。在这里不会有人歌咏这样的故事。应该是书本在我心上留下的影响。但是这个时候我想起了自己的事情。

十八年前在一个春天的早晨，我离开这个城市、这条街的时候，我也曾有一个姐姐，也曾答应过有一天回来看她，跟她谈一些外面的事情。我相信自己的诺言。那时我的姐姐还是一个出阁才只一个多月的新嫁娘，都说她有一个性情温良的丈夫，因此也会有长久的幸福的岁月。

然而人的安排终于被“偶然”毁坏了。这应该是一个“意外”。但是这“意外”却毫无怜悯地打击了年轻的心。我离家不过一年半光景，就接到了姐姐的死讯。我的哥哥用了颤抖的哭诉的笔叙说一个善良女性的悲惨的结局，还说起她死后受到的冷落的待遇。从此那个作过她丈夫的所谓温良的人改变了，他往一条丧失人性的路走去。他想往上爬，结果却不停地向下面落，终于到了用鸦片烟延续生命的地步。对于姐姐，她生前我没有好好地爱过她，死后也不曾做过一样纪念她的事。她寂寞地活着，寂寞地死去。死带走了她的一切，这就是在我们那个地方的旧式女子的命运。

我在外面一直跑了十八年。我从没有向人谈过我的姐姐。只有偶尔在梦里我看见了爱尔克的灯光。一年前在上海我常常睁起眼睛做梦。我望着远远的在窗前发亮的灯，我面前横着一片大海，灯光在呼唤我，我恨不得腋下生出翅膀，即刻飞到那边去。沉重的梦压住我的心灵，我好像在跟许多无形的魔手挣扎。我望着那灯光，路是那么远，我又没有翅膀。我只有一个渴望：飞！飞！那些熬煎着心的日子！那些可怕的梦魇！

但是我终于出来了。我越过那堆积着像山一样的十八年的长岁月，回到了生我养我而且让我刻印了无数儿时回忆的地方。我走了很多的路。

十九年，似乎一切全变了，又似乎都没有改变。死了许多人，毁了许多家。许多可爱的生命葬入黄土。接着又有许多新的人继续扮演不必要的悲剧。浪费，浪费，还是那许多不必要的浪费——生命，精力，感情，财富，甚至欢笑和眼泪。我去的时候是这样，回来时看见的还是一样的情形。关在这个小圈子里，我禁不住几次问我自己：难道这十八年全是白费？难道在这许多年中间所改变的就只是装束和名词？我痛苦地搓自己的手，不敢给一个回答。

在这个我永不能忘记的城市里，我度过了五十个傍晚。我花费了自己不少的眼泪和欢笑，也消耗了别人不少的眼泪和欢笑。我匆匆地来，也将匆匆地去。用留恋的眼光看我出生的房屋，这应该是最后的一次了。我的心似乎想在那里寻觅什么。但是我所要的东西绝不会在那里找到。我不会像我的一个姑母或者嫂嫂，设法进到那所已经易了几个主人的公馆，对着园中的花树垂泪，慨叹着一个家族的盛衰。摘吃自己栽种的树上的苦果，这是一个人的本分。我没有跟着那些人走一条路，我当然在这里找不到自己的脚迹。几次走过这个地方，我所看见的还只是那四个字：“长宜子孙”。

“长宜子孙”这四个字的年龄比我的不知大了多少。这也该是我祖父留下的东西罢。最近在家里我还读到他的遗嘱。他用空空两手造就了一份家业。到临死还周到地为儿孙安排了舒适的生活。他叮嘱后人保留着他修建的房屋和他辛苦地搜集起来的书画。但是儿孙们回答他的还是同样的字：分和卖。我很奇怪，为什么这样聪明的老人还不明白一个浅显的道理：财富并不“长宜子孙”，倘使不给他们一个生活技能，不向他们指示一条生活道路；“家”这个小圈子只能摧毁年轻心灵的发育成长，倘使不同时让他们睁起眼睛去看广大世界；财富只能毁灭崇高的理想和善良的气质，要是它只消耗在个人的利益上面。

“长宜子孙”，我恨不能削去这四个字[1]！许多可爱的年轻生命被摧残了，许多有为的年轻心灵被囚禁了。许多人在这个小圈子里面憔悴地捱着日子。这就是“家”！“甜蜜的家”！这不是我应该来的地方。爱尔克的灯光不会把我引到这里来的。

于是在一个春天的早晨，依旧是十八年前的那些人把我送到门口。这里面少了几个，也多了几个。还是和那次一样，看不见我姐姐的影子，那次是我没有等待她，这次是我找不到她的坟墓。一个叔父和一个堂兄弟到车站送我，十八年前他们也送过我一段路程。

我高兴地来，痛苦地去。汽车离站时我心里的确充满了留恋。但是清晨的微风，路上的尘土，马达的叫吼，车轮的滚动，和广大田野里一片盛开的菜子花，这一切驱散了我的离愁。我不顾同行者的劝告，把头伸到车窗外面，去呼吸广大天幕下的新鲜空气。我很高兴，自己又一次离开了狭小的家，走向广大的世界中去！

忽然在前面田野里一片绿的蚕豆和黄的菜花中间，我仿佛又看见了一线光，一个亮，这还是我常常看见的灯光。这不会是爱尔克的灯里照出来的，我那个可怜的姐姐已经死去了。这一定是我的心灵的灯，它永远给我指示我应该走的路。

1941 年 3 月在重庆。

（选自《巴金散文》，人民文学出版社 2007 年版）

注释

[1] 作者 1959 年注：1956 年 12 月我终于走进了这个“公馆”。“长宜子孙”四个字果然跟着“照壁”一起消灭了。

赏析

本文是一篇记叙性的抒情散文。主要描述作者重访 18 年前的故居时的复杂心情和所忆所思。面对早已物是人非、几易其主的旧宅，作者追忆往昔岁月和逝去姐姐的悲剧。故居照壁上的“长宜子孙”的凝视引发了作者对人生道路的思索：往昔封建家庭的小天地和家族为后人所安排的舒适平坦的生活道路，只能扼杀摧残年轻心灵的生命活力和理想追求，使他们成为旧制度、旧礼教的牺牲品。而离弃小“家”，投身于广大的世界奋发有为，这才是真正光明的出路。表达了作者要冲破“家”的牢笼、走向广阔天地、追求积极美好的新生活和崇高信念的坚定决心。

全文可从三个部分理解。第一部分(第 1 自然段)写作者在一个“傍晚”重访 18 年前的故居，想追寻往昔的岁月和逝去的梦。第二部分（“守门的卫兵用怀疑的眼光看我”至“爱尔克的灯光不会把我引到这里来的”）写作者回到故居前的所忆所念、所思所感。第三部分（“于是在一个春天的早晨”至结尾）写作者又像 18 年前一样离开了故乡，离弃了小“家”，走向了广大世界，受心灵的灯的召唤，去探索自己应该走的路。

文章诸多意象颇有浓厚的象征意味，通过“灯光”这一线索，涌起对姐姐的缅怀之情，以及作者深沉的人道主义博爱情怀。两条线索一明一暗，表达出作者十分复杂的心境。“长宜子孙”既是中心线索，又是封建秩序承传的象征，它维护着“家”的秩序，囚禁着年轻的心灵，摧残着年轻的生命。缅怀善良的姐姐的“灯光”，既作为线索统贯全文，又富有更为复杂的象征寓意，“一线微弱的光”“爱尔克的灯光”“我心灵的灯”一一对应旧家庭的败落、对姐姐惨死的痛心疾首、对新生活的向往。全文熔叙事、抒情、议论于一炉，思绪翻滚，情感浓烈，充满动人的力量。构思精巧，结构严谨，成功运用象征手法，使作品的意蕴丰富，意味深长。

思考与练习

一、本文主要表现了作者怎样的思想感情？

二、试析“长宜子孙”在文章中的地位和作用。

三、试谈“爱尔克的灯光”的象征意义，并比较它与“大门内亮起的一线光”和“我心灵的灯”的不同寓意。

四、文中所强调的“走向广大的世界中去”含有哪些意义？

民　　歌

余光中

余光中(1928—2017)，生于南京，祖籍福建省永春县。台湾诗坛著名的学者型诗人，诗评家。1947 年考入金陵大学，后转入厦门大学。1952 年毕业于台湾大学外文系。1958 年赴美进修，获艺术硕士学位。他在台湾东吴大学等校教授英文课近 20 年，业余创作诗歌，撰写评论，逐渐成为台湾诗坛的重要人物。他早期的诗歌受西方现代派的影响，西化倾向较明显。进入 60 年代后，余光中注重中国古典诗歌传统的回归与改造，在创新中进行民族化的现代诗创作，成就令人瞩目。余光中是位高产作家，他创作的新诗总量在 500 首以上，大体可分为四个时期，一是格律诗时期(1950—1957)，其创作主要受新月派的影响，也受西方浪漫派的启发；二是西化实验时期(1958—1960)，余光中在美国学习美国文学和现代绘画史，受到西方文学艺术的影响，并卷入当时台湾现代诗的潮流；三是反对西化提倡古典主义时期(1961—1964)，他与全盘西化论者曾有激烈论争，逐渐回归中国古典诗歌的传统；四是民主写实时期(1965—2017)，以《在冷战的年代》《白玉苦瓜》《与永恒拔河》等诗为代表。诗集有《舟子的悲歌》《钟乳石》《莲的联想》《白玉苦瓜》等十多部；散文集有《记忆像铁轨一样长》，评论集有《分水岭上：余光中评论文集》等。

传说北方有一首民歌
只有黄河的肺活量能歌唱
从青海到黄海
　风　也听见
　沙　也听见

如果黄河冻成了冰河

还有长江最最母性的鼻音
从高原到平原
　鱼　也听见
　龙　也听见

如果长江冻成了冰河
还有我，还有我的红海在呼啸
从早潮到晚潮
　醒　也听见
　梦　也听见

有一天我的血也结冰
还有你的血他的血在合唱
从 A 型到 O 型
　哭　也听见
　笑　也听见

一九七一年十二月十八日

（选自《余光中作品精选》，长江文艺出版社 2006 年版）

赏析

本诗以“民歌”立意，内蕴深厚。炎黄子孙血脉相连，作者身处台湾岛，仿佛聆听到了来自黄河、长江最具“母性”的深沉呼唤，唱出了“冰河”理应你、我、他来打破的同一首歌，表达了海峡两岸同胞的共同心愿。

全诗共四节。每节五行，前三行是长句，后两行是短句，其中又有对仗句，且低一格排列，既显示了情绪的律动，又使诗的外形有参差之美。而节与节之间在相当均衡、大致匀齐的对称中，以结构形式相同的重章叠句一唱三叹，将题意层层推进，具有回环复沓的音乐旋律之美。诗作的内容与形式完美结合，体现了对传统诗艺的推陈出新。

思考与练习

一、本诗表达了作者怎样的思想感情？有何现实意义？

二、为什么说本诗在艺术表现形式上有着对传统诗艺的推陈出新？

三、背诵这首诗。

春之声

王 蒙

王蒙(1934—),祖籍河北省南皮县,生于北京,当代作家。早期作品有长篇小说《青春万岁》、短篇小说《组织部来了个年轻人》。1958 年被错划为右派,1979 年错案纠正后,致力于小说创作的革新,写有《春之声》《风筝飘带》《蝴蝶》《相见时难》《活动变人形》等。

本篇最初发表于《人民文学》1980 年第 5 期,曾获 1980 年全国优秀短篇小说奖。

咣地一声,黑夜就到来了。一个昏黄的、方方的大月亮出现在对面墙上。岳之峰的心紧缩了一下,又舒张开了。车身在轻轻地颤抖。人们在轻轻地摇摆。多么甜蜜的童年的摇篮啊!夏天的时候,把衣服放在大柳树下,脱光了屁股的小伙伴们一跃跳进故乡的清凉的小河里,一个猛子扎出十几米,谁知道谁在哪里露出头来呢?谁知道被他慌乱中吞下的一口水里,包含着多少条蛤蟆蝌蚪呢?闭上眼睛,熟睡在闪耀着阳光和树影的涟漪之上,不也是这样轻轻地、轻轻地摇晃着的吗?失去了的和没有失去的童年和故乡,责备我么?欢迎我么?母亲的坟墓和正在走向坟墓的父亲!

方方的月亮在移动,消失,又重新诞生。唯一的小方窗里透进了光束,是落日的余辉还是站台的灯?为什么连另外三个方窗也遮严了呢?黑咕隆咚,好像紧接着下午便是深夜。门咣地一关,就和外界隔开了。那愈来愈响的声音是下起了冰雹吗?是铁锤砸在铁砧上?在黄土高原的乡下,到处还靠人打铁,我们祖国的胳膊有多么发达的肌肉!呵,当然,那只是车轮撞击铁轨的噪音,来自这一节铁轨与那一节铁轨之间的缝隙。目前不是正在流行一支轻柔的歌曲吗,叫作什么来着——《泉水叮咚响》。如果火车也叮咚叮咚地响起来呢?广州人可真会生活,不象这西北高原上,人的脸上和房屋的窗玻璃上到处都蒙着一层厚厚的黄土。广州人的凉棚下面,垂挂着许许多多三角形的瓷板,它们伴随着清风,发出叮叮咚咚的清音,愉悦着心灵。美国的抽象派音乐却叫人发狂。真不知道基辛格听我们的杨子荣咏叹调时有什么样的感受。京剧锣鼓里有噪音,所有的噪音都是令人不快的吗?反正火车开动以后的铁轮声给人以鼓舞和希望。下一站,或者下一站的下一站,或者许多许多的下一站以后的下一站,你所寻找的生活就在那里,母亲或者孩子,友人或者妻子,温热的澡盆或者丰盛的饮食正在那里等待着你。都是回家过年的。过春节,我们的古老的民族的最美好的节日。谢天谢地,现在全国人民都可以快快乐乐地过年了。再不会用"革命化"的名义取消春节了。

这真有趣。在出国考察三个月回来之后,在北京的高级宾馆里住了一阵——总结啦,汇报啦,接见啦,报告啦……之后,岳之峰接到了八十多岁的刚刚摘掉地主帽子的父亲的信。他决定回一趟阔别二十多年的家乡。这是不是个错误呢?他怎么也没想到要坐两个小时零四十七分钟的闷罐子车呀。三个小时以前,他还坐在从北京开往 X 城的三叉戟客机的宽敞、舒适的座位上。两个月以前,他还坐在驶向汉堡的易北河客轮上。现在呢,他和那些风尘仆仆的,在黑暗中看不清面容的旅客们挤在一起,就象沙丁鱼挤在罐头盒子里。甚至于他辨别不出火车到底是在向哪个方向行走。眼前只有那月亮似的光斑在飞速移动，火车的行驶究竟是和光斑方向相同抑或相反呢？他这个工程物理学家竟为这个连小学生都答得上来的、根本算不上是几何光学的问题伤了半天脑筋。

他已经有二十多年没有回过家乡了。谁让他错投了胎？地主，地主！一九五六年他回过一次家，一次就够用了——回家呆了四天，却检讨了二十二年！而伟人的一句话，也够人们学习贯彻一百年。使他惶惑的是，难道人生一世就是为了作检讨？难道他生在中华，就是为了作一辈子检讨的么？好在这一切都过去了。斯图加特的奔驰汽车工厂的装配线在不停地转动，车间洁净敞亮，没有多少噪音。西门子公司规模巨大，具有一百三十年的历史。我们才刚刚起步。赶上，赶上！不管有多么艰难。咔，咔，咔，快点开，快点开，快开，快开，快，快，快，车轮的声音从低沉的三拍一小节变成两拍一小节，最后变成高亢的呼号了。闷罐子车过罢，正在快开。何况天上还有三叉戟？

尘土和纸烟的雾气中出现了旱烟叶发出的辣味，像是在给气管和肺作针灸。梅花针大概扎在肺叶上了。汗味就柔和得多了。方言的浓度在旱烟与汗味之间，既刺激，又亲切。还有南瓜的香味哩！谁在吃南瓜？ X 城火车站前的广场上，没有见卖熟南瓜的呀。别的小吃和土特产倒是都有。花生、核桃、葵花籽、柿饼、醉枣、绿豆糕、山药、蕨麻……全有卖的。就象变戏法，举起一块红布，向左指上两指，这些东西就全没了，连火柴、电池、肥皂都跟着短缺。现在呢，一下子又都变了出来，也许伸手再抓两抓，还能抓出更多的财富。柿饼和枣朴质无华，却叫人甜到心里。岳之峰咬了一口上火车前买的柿饼，细细地咀嚼着儿时的甜香。辣味总是一下子就能尝到，甜味却埋得很深很深。要有耐心，要有善意，要有经验，要知觉灵敏。透过辛辣的烟草和热烘烘的汗味儿，岳之峰闻到了乡亲们携带的绿豆香。绿豆苗是可爱的，灰兔子也是可爱的，但是灰色的野兔常常要毁坏绿豆。为了追赶野兔，他和小柱子一口气跑了三里，跑得连树木带田垅都摇来摆去。在中秋的月夜，他亲眼见到一只银灰色的狐狸，走路悄无声息，象仙人，象梦。

车声小了，车声息了。人声大了，人声沸了。咣——哧，铁门打开了，女列车员——一个高个子，大骨架的姑娘正洒利地用家乡方言指挥下车和上车的乘客。“没有地方了，没有地方了，到别的车厢去吧。”已经在车上获得了自己位置的人发出了这种无效的，也是自私的呼吁。上车的乘客正在拥上来，熙熙攘攘。到哪里都是熙熙攘攘。与我们的王府井相比，汉堡的街道上简直可以说是看不见人，而且市区的人口还在减少。岳之峰从飞机场来到 X 城火车站的时候吓了一跳——黑压压的人头，压迫得白雪不白，冬青也不绿了。难道是出了什么事情？一九四六年学生运动，人们集合在车站广场，准备拦车去南京请愿，也没有这么多人！岳之峰上大学的时候在北平，有一次他去逛故宫博物院，刚刚下午四点就看不见人影了，阴森森的大殿使他的后脊背冒凉气。他小跑着离开了故宫，上了拥挤的有轨电车才放心了一点。如果跑慢了，说不定珍妃会从井里钻出来把他拉下哩！

但是现在，故宫南门和北门前买入场券的人排着长队。而且不是星期天。X 城火车站前的人群令人晕眩。好像全中国有一半人要在春节前夕坐火车。到处都是团聚，相会，团圆饺子，团圆元宵，对于旧谊，对于别情，对于天伦之乐，对于故乡和童年的追寻。卖刚出屉的肉馅包子，盖包子的白色棉褥子上尽是油污。卖烧饼、锅盔、油条、大饼的。卖整盒整盒的点心的。卖面包和饼干的。X车站和X城饮食服务公司倾全力到车站前露天售货。为了买两个烧饼也要挤出一身汗。岳之峰出了多少汗啊！他混饱了(环境和物质条件的急骤改变已使他分辨不出饥和饱了)肚子,又买到了去家乡的短途客车票。找给钱的时候使他一怔,写的是一块二,怎么只收了六角呢？莫非是自己没有报清站名？他想再问一问,但是排在他后面的人已经占据了售票窗口前的有利阵地,他挤不回去了。

他怏怏地看着手中的火车票。火车票上黑体铅字印的是1.20元,但是又用双虚线勾上了两个占满票面的大字:陆角。这使他百思不得其解,简直象是一种生物学上的密码。"这是怎么回事？为什么我买一块二角的票她却给了我六角钱的？"他自言自语。他问别人。没有人回答他。等待上车的人大多是一些忙碌得可以原谅的利己主义者。

各种信息在他的头脑里撞击。黑压压的人群。遮盖热气腾腾的肉包子的油污的棉被。候车室里张贴着的大字通告:关于春节期间增添新车次的情况,和临时增添的新车次的时刻表。男女厕所门前排着等待小便的人的长队。陆角的双勾虚线。大包袱和小包袱,大篮筐和小篮筐,大提兜和小提兜……他得出这最后一段行程会是艰难的结论。他有了思想准备。终于他从旅客们的闲谈中听到了"闷罐子车"这个词儿,他恍然了。人脑毕竟比电脑聪明得多。

上到列车上的时候,他有点垂头丧气。在二十世纪八十年代的第一个春节即将来临之时,正在梦寐以求地渴望实现四个现代化的人们,却要坐瓦特和史蒂文森时代的闷罐子车！事实如此。事实就象宇宙,就象地球,华山和黄河,水和土,氢和氧,钛和铀。既不象想象那样温柔,也不象想象那么冷酷。不是么,闷罐子车里坐满了人,而且还在一个两个,十个二十个地往人与人的缝隙,分子与分子,原子与原子的空隙之中嵌进。奇迹般地难以思议,已经坐满了人的车厢里又增加了那么多人。没有人叫苦。

有人叫苦了:"这个箱子不能压。"一个包着头巾的抱着孩子的妇女试探着能不能坐到一只箱子上。"您到这边来,您到这边来。"岳之峰连忙站起身,把自己的靠边的位置让了出来。坐在靠边的地方,身子就能倚在车壁上,这就是最优越的"雅座"了。那女人有点不好意思。但终于抱着小孩挪动了过来,她要费好大的力气才能不踩到别人。"谢谢您！"妇女用流利的北京话说。她抬起头。岳之峰好象看到一幅炭笔的素描。题目应该叫《微笑》。

叮铃叮铃的铃声响了,铁门又咣地一声关上了,是更深沉的黑夜。车外的暮色也正在浓重起来嘛。大骨架的女列车员点起了一支白蜡,把蜡烛放到了一个方形的玻璃罩子里。为什么不点油灯呢？大概是怕煤油摇洒出来。偌大车厢,就靠这一盏蜡烛照亮。些微的亮光,照得乘客变成一个又一个的影子。车身又摇晃了。对面车壁上的方形的光斑又在迅速移动了。离家乡又近一些了。摘了帽子,又见到了儿子,父亲该可以瞑目了吧？不论是他的罪恶或者忏悔,不论是他的眼泪还是感激,也不论是他的狰狞丑恶还是老实善良,这一切都快要随着他的消失而云消雾散了。老一辈人正在一个又一个地走向河的那边。咚咚咚,噔噔噔,嘭嘭嘭,是在过桥了吗？联结着过去和未来,中国和外国,城市和乡村,此岸和彼岸的桥啊！

靠得很近的蜡灯把黑白分明的光辉和阴影印制在女列车员的脸上。女列车员象是一尊全身的神像。“旅客同志们，春节期间，客运拥挤，我们的票车[1]去支援长途……提高警惕……”她说得挺带劲，每吐出一个字就象拧紧了一个螺母。她有一种信心十足，指挥若定的气概，以小小的年纪，靠一支蜡烛的光亮，领导着一车的乌合之众。但是她的声音也淹没在轰轰轰，嗡嗡嗡，隆隆隆，不仅是七嘴八舌，而且是七十嘴八十舌的喧嚣里了。

自由市场。百货公司。香港电子石英表。豫剧片《卷席筒》。羊肉泡馍。醪糟蛋花。三接头皮鞋。三片瓦帽子。包产到组。收购大葱。中医治癌。差额选举。结婚筵席……在这些温暖的闲言碎语之中，岳之峰轮流把体重从左腿转移到右腿，再从右腿转移到左腿。幸好人有两条腿，要不然，无依无靠地站在人和物的密集之中，可真不好受。立锥之地，岳之峰现在对于这句成语才有了形象的理解。莫非古代也有这种拥挤的、没有座位和灯光的旅行车辆吗？但他给一个女同志让了“座位”。不，没有座，只有位。想不到她讲一口北京话。这使岳之峰兴致似乎高了一些。“谢谢”，“对不起”，在国外到处是这种礼貌的用语。虽然，有一个装着坚硬的铁器的麻袋正在挤压他右腿的小腿肚子。而另一个席地而坐的人的脊背干脆靠到了他的酸麻难忍的左腿上。

简直是神奇。不仅在慕尼黑的剧院里观看演出的时候；而且在北京，在研究所、部里和宾馆里，在二十三平方米的住房和一零三和三三二路公共汽车上；他也想不到人们还要坐闷罐子车。这不是运货和运牲畜的车吗？倒霉！可又有什么倒霉的呢？咒骂是最容易不过的。咒骂闷罐子车比起制造新的美丽舒适的客运列车来，既省力又出风头。无所事事而又怨气冲天的人的口水，正在淹没着忍辱负重、埋头苦干的人的劳动。人们时而用高调，时而又用低调冲击着、替代着那些一件又一件，一天又一天，一年又一年的坚忍不拔的工作。

“给这种车坐，可真缺德！”

“你凑合着吗。过去，还没有铁路哩！”

“运兵都是用闷罐子车，要不，就暴露了。”

“要赶上拉肚子的就麻烦了，这种车上没有厕所。”

“并没有一个人拉到裤子里么。”

“有什么办法呢？每逢春节，有一亿多人要坐火车……”

黑暗中听到这样一些交谈。岳之峰的心平静下来了。是的，这里曾经没有铁路，没有公路，连自行车走的路也没有。阔人骑毛驴，穷人靠两只脚。农民挑着一千五百个鸡蛋，从早晨天不亮出发，越过无数的丘陵和河谷，黄昏时候才能赶到 X 城。我亲爱的美丽而又贫瘠的土地！你也该富饶起来了吧？过往的记忆，已经象烟一样，雾一样地淡薄了，但总不会被彻底地忘却吧？历史，历史；现实，现实；理想，理想；哞——哞——咣气咣气……喀郎喀郎……沿着莱茵河的高速公路。山坡上的葡萄。暗绿色的河流。飞速旋转。

这不就是法兰克福的孩子们吗？男孩子和女孩子，黄眼睛和蓝眼睛，追逐着的，奔跑着的，跳跃着的，欢呼着的。喂食小鸟的，捧举鲜花的，吹响铜号的，扬起旗帜的。那欢乐的生命的声音。那友爱的动人的呐喊。那红的、粉的和白的玫瑰。那紫罗兰和蓝蓝的毋忘我。

不。那不是法兰克福。那是西北高原的故乡。一株巨大的白丁香把花开在了屋顶的灰色的瓦瓴上。如雪,如玉,如飞溅的浪花。摘下一条碧绿的柳叶,卷成一个小筒,仰望着蓝天白云,吹一声尖厉的哨子。惊得两个小小的黄鹂飞起。挎上小篮,跟着大姐姐,去采撷灰灰菜。去掷石块,去追逐野兔,去拴鹌鹑的斑斓的彩蛋。连每一条小狗,每一只小猫,每一头牛犊和驴驹都在嬉戏。连每一根小草都在跳舞。

不,那不是西北高原。那是解放前的北平。华北局城工部(它的部长是刘仁同志)所属的学委组织了平津学生大联欢。营火晚会。"太阳下山明朝依旧爬上来……我的青春小鸟一样不回来","山上的荒地是什么人来开?地上的鲜花是什么人来栽?"一支又一支的歌曲激荡着年轻人的心。最后,大家发出了使国民党特务胆寒的强音:"团结就是力量……让一切不民主的制度死亡!"信念和幸福永远不能分离。

不,那不是逝去了的,遥远的北平。那是解放了的,飘扬着五星红旗的首都。那是他青年时代的初恋,是第一次吹动他心扉的和煦的风。春节刚过,忽然,他觉察到了,风已经不那么冰冷,不那么严厉了。二月的风就带来了和暖的希望,带来了早春的消息。他跑到北海,冰还没有化哩。还没有什么游人哩。他摘下帽子,他解开上衣领下的第一个扣子。还是冬天吗?当然,还是冬天。然而是已经联结着春天的冬天,是冬与春的桥。有风为证,风已经不冷!风会愈来愈和煦,如醉,如酥……他欢迎着承受着别人仍然觉得凛冽,但是他已经为之雀跃的"春"风,小声叫着他悄悄地爱着的女孩子的名字。

那,那……那究竟是什么呢?是金鱼和田螺吗?是荸荠和草莓吗?是孵蛋的芦花鸡吗?是山泉,榆钱,返了春的麦苗和成双的燕子吗?他定了神。那是春天,是生命,是青年时代。在我们的生活里,在我们每个人的心房里,在猎户星座和仙后星座里,在每一颗原子核,每一个质子、中子、介子里,不都包含着春天的力量,春天的声音吗?

他定了定神,揉了揉眼睛。分明是法兰克福的儿童在歌唱,当然,是德语。在欢快的童声合唱旁边,有一个顽皮的、低哑的女声伴随着。

他再定了定神,再揉了揉眼睛,分明是在从X城到N地的闷罐子车上。在昏暗和喧嚣当中,他听到了德语的童声合唱,和低哑的,不熟练的,相当吃力的女声伴唱。

什么?一台录音机。在这个地方听起了录音。一支歌以后又是一支歌,然后是一个成人的歌。三支歌放完了,是叭啦叭啦的揿动键钮的声音,然后三支歌重新开始。顽强的,低哑的,不熟练的女声也重新开始。这声音盖过了一切喧嚣。

火车悠长的鸣笛。对面车壁上的移动着的方形光斑减慢了速度,加大了亮度。在昏暗中变成了一个个的影子的乘客们逐渐显出了立体化的形状和轮廓。车身一个大晃,又一个大晃,大概是通过岔道。又到了站了。咣——哧,铁门打开了,站台的聚光灯的强光照进了车厢。岳之峰看清楚了,录音机放在那个抱小孩的妇女的膝头。开始下人和上人。录音机接受了女主人的指令,"叭"地一声,不唱了。

"这是……什么牌子的?"岳之峰问。

“三洋牌。这里人们开玩笑地叫它作‘小山羊’。”妇女抬起头来,大大方方地回答。岳之峰仿佛看到了她的经历过风霜的,却仍然是年轻而又清秀的脸。

“从北京买的么？”岳之峰又问,不知为什么这么有兴趣。本来,他并不是一个饶舌的人。“不,就从这里。”

这里？不知是指X城还是火车正驶向的某一个更小的县城,他盯着“三洋”商标。

“你在学外国歌吗？”岳之峰又问。

妇女不好意思地笑了,“不,我在学外国语。”她的笑容既谦逊,又高贵。

“德语吗？”。

“噢,是的。我还没学好。”

“这都是些什么歌儿呀？”一个坐在岳之峰脚下的青年问。岳之峰的连续提问吸引了更多的人。

“他们是……《小鸟,你回来了》,《五月的轮转舞》和《第一株烟草花》,”女同志说,“欣梅尔——天空,福格尔——鸟儿,布鲁米——花朵……”她低声自语。

他们的话没有再继续下去。车厢里充满了照旧是“别挤！”“这个箱子不能坐！”“别踩着孩子！”“这边没有地方了！”……之类的喊叫。

“大家注意啦！”一个穿着民警服装的人上了车,手里拿着半导体扬声喇叭,一边喘着气一边宣布道:“刚才,前一节车厢里上去了两个坏蛋,混水摸鱼,流氓扒窃。有少数坏痞,专门到闷罐子车上偷东西。那两个坏蛋我们已经抓住了。希望各位旅客提高警惕,密切配合,向刑事犯罪分子作坚决的斗争。大家听清楚了没有？”

“听清楚了！”车上的乘客像小学生一样地齐声回答。

乘务警察满意地,匆匆地跳了下去,手提扩音喇叭,大概又到别的车厢作宣传去了。

岳之峰不由得也摸了摸自己携带的两个旅行包,摸了摸上衣的四个和裤子的三个口袋。一切都健在无恙。

车开了。经过短暂的混乱之后,人们又已经各得其所,各就其位。各人说着各人的闲话,各人打着各人的瞌睡,各人嗑着各人的瓜子,各人抽着各人的烟。“小山羊”又响起来了,仍然是《小鸟,你回来了》,《五月的轮转舞》和《第一株烟草花》。她仍然在学着德语,仍然低声地歌唱着欣梅尔——天空,福格尔——鸟儿,和布鲁米——花朵。

她是谁？她年轻吗？抱着的是她的孩子吗？她在哪里工作？她是搞科学技术的吗？是夜大学的新学员吗？是“老三届”的毕业生吗？她为什么学德语学得这样起劲？她在追赶那失去了的时间吗？她作到一分钟也不耽搁了吗？她有机会见到德国朋友或者到德国去或者已经到过德国去过了吗？她是北京人还是本地人呢？她常常坐火车吗？有许多个问题想问啊。

“您听音乐吧。”她说。好象是在对他说。是的,三支歌曲以后,她没有揿键钮。在《第一株烟草花》后面是约翰·斯特劳斯的《春之声圆舞曲》。闷罐子车正随着这春天的旋律而轻轻地摇摆着,熏熏地陶醉着,袅袅地前行着。

车到了岳之峰的家乡。小站,停车一分钟。响过了到站的铃,又立刻响起了发车的铃。岳之峰提着两个旅行包下了车。小站没有站台,闷罐子车又没有阶梯。每节车厢放着一个普通木梯,临时支上。岳之峰从这个简陋的木梯上终于下得地来,他长出了一口气。他向那位女同志道了再见,那位女同志也回答了他的再见。他有点依依不舍。他刚下车,还没等着验票出站,列车就开动了。他看到闷罐子车的破烂寒伧的外表:有的地方已经掉了漆,灯光下显得白一块、花一块的。但是,下车以后他才注意到,火车是蛮好的,火车头是新的、清洁的、轻便的内燃机车。内燃机车绿而显蓝,瓦特时代毕竟没有内燃机车。内燃机车拖着一长列闷罐子车向前奔驶。天上升起了月亮。车站四周是薄薄的一层白雪。天与雪都泛着连成一片的青光。可以看到远处墓地上的黑黑的、永远长不大的松树。有一点风。他走在了坑坑洼洼的故乡的土地上。他转过头,想再多看一眼那一节装有小鸟、五月、烟草花和约翰·斯特劳斯的神妙的春之声的临时代用的闷罐子车。他好象从来还没有听过这么动人的歌。他觉得如今每个角落的生活都出现转机,都是有趣的,有希望和永远不应该忘怀的。春天的旋律,生活的密码,这是非常珍贵的。

(选自《中国现当代著名作家文库·王蒙代表作》,河南人民出版社 1990 年版)

注释

[1] 票车:铁路人员一般称客车为票车。——作者原注。

赏析

这篇小说以工程物理学家岳之峰在 1980 年春节前夕坐在闷罐子车中回家探亲时的心理活动过程为线索展开,表现处于历史转折时期的知识分子的复杂心理情绪。全篇以主人公的联想、回忆、闪念来组织材料,形成一种以人物心理为中心向四面散发的“放射结构”。它突破时间和空间限制,充分发挥联想的自由,把笔触伸向过去和现在、中国和外国、城市和乡村,瞬息万变,无边无际。小说着重写人的感觉,没有连贯的故事情节,以精练的笔墨表现丰富的内涵。语言有鲜明的主观色彩,含蓄、深沉,富有弹性和节奏。

思考与练习

一、这是一篇“意识流”小说,以人物心理意识的流动来组织篇章,打破了传统的情节小说的结构形式,增加了文本阅读的难度。它把历史的时空撕成碎片,又重新粘贴剪辑,可以在有限的篇幅里反映更多的生活内容。请你把本文中涉及的事件与事实按时间顺序进行一番排列,体会意识流小说的创新意义。

二、分析本文主人公人物形象,领会作者创作这篇作品的主题。

都 江 堰

余秋雨

余秋雨(1946—),浙江余姚人,当代艺术理论家,散文家,主要作品有学术著作《戏剧理论史稿》《戏剧审美心理学》《中国戏剧文化史述》《艺术创造工程》等，散文集《文化苦旅》《文明的碎片》《秋雨散文》《霜冷长河》《山居笔记》《千年一叹》《行者无疆》等。其作多以游记方式进行文化思考，表现中国当代知识分子的批判关怀，颇具理想主义的色彩，推动了文化散文的创作。

一

我以为，中国历史上最激动人心的工程不是长城，而是都江堰。

长城当然也非常伟大，不管孟姜女们如何痛哭流涕，站远了看，这个苦难的民族竟用人力在野山荒漠间修了一条万里屏障，为我们生存的星球留下了一种人类意志力的骄傲。长城到了八达岭一带已经没有什么味道，而在甘肃、陕西、山西、内蒙一带，劲厉的寒风在时断时续的颓壁残垣间呼啸，淡淡的夕照、荒凉的旷野溶成一气，让人全身心投入对历史、对岁月、对民族的巨大惊悸，感觉就深厚得多了。

但是，就在秦始皇下令修长城的数十年前，四川平原上已经完成了一个了不起的工程。它的规模从表面上看远不如长城宏大，却注定要稳稳当当地造福千年。如果说，长城占据了辽阔的空间，那么，它却实实在在地占据了邈远的时间。长城的社会功用早已废弛，而它至今还在为无数民众输送汩汩清流。有了它，旱涝无常的四川平原成了天府之国，每当我们民族有了重大灾难，天府之国总是沉着地提供庇护和濡养[1]。因此，可以毫不夸张地说，它永久性地灌溉了中华民族。

有了它，才有了诸葛亮、刘备的雄才大略，才有李白、杜甫、陆游的川行华章。说得近一点，有了它，抗日战争中的中国才有一个比较安定的后方。

它的水流不像万里长城那样突兀在外，而是细细浸润、节节延伸，延伸的距离并不比长城短。长城的文明是一种僵硬的雕塑，它的文明是一种灵动的生活。长城摆出一副老资格等待人们的修缮，它却卑处一隅，像一位绝不炫耀、毫无所求的乡间母亲，只知贡献。一查履历，长城还只是它的后辈。

它，就是都江堰。

二

我去都江堰之前，以为它只是一个水利工程罢了，不会有太大的游观价值。连葛洲坝都看过了，它还能怎么样？只是要去青城山玩，得路过灌县县城，它就在近旁，就乘便看一眼吧。因此，在灌县下车，心绪懒懒的，脚步散散的，在街上胡逛，一心只想看青城山。

七转八弯，从简朴的街市走进了一个草木茂盛的所在。脸面渐觉滋润，眼前愈显清朗，也没有谁指路，只向更滋润、更清朗的去处走。忽然，天地间开始有些异常，一种隐隐然的骚动，一种还不太响却一定是非常响的声音，充斥周际。如地震前兆，如海啸将临，如山崩即至，浑身起一种莫名的紧张，又紧张得急于趋附。不知是自己走去的还是被它吸去的，终于陡然一惊，我已站在伏龙馆前，眼前，急流浩荡，大地震颤。

即便是站在海边礁石上，也没有像这里这样强烈地领受到水的魅力。海水是雍容大度的聚会，聚会得太多太深，茫茫一片，让人忘记它是切切实实的水，可掬可捧的水。这里的水却不同，要说多也不算多,但股股叠叠都精神焕发,合在一起比赛着飞奔的力量,踊跃着喧嚣的生命。这种比赛又极有规矩,奔着奔着,遇到江心的分水堤,刷地一下裁割为二,直窜出去,两股水分别撞到了一道坚坝,立即乖乖地转身改向,再在另一道坚坝上撞一下,于是又根据筑坝者的指令来一番调整……也许水流对自己的驯顺有点恼怒了,突然撒起野来,猛地翻卷咆哮,但越是这样越是显现出一种更壮丽的驯顺。已经咆哮到让人心魄俱夺,也没有一滴水溅错了方位。阴气森森间,延续着一场千年的收伏战。水在这里,吃够了苦头也出足了风头,就像一大拨翻越各种障碍的马拉松健儿,把最强悍的生命付之于规整,付之于企盼,付之于众目睽睽。看云看雾看日出各有胜地,要看水,万不可忘了都江堰。

三

这一切,首先要归功于遥远得看不出面影的李冰。

四川有幸,中国有幸,公元前 251 年出现过一项毫不惹人注目的任命:李冰任蜀郡守。

此后中国千年官场的惯例,是把一批批有所执持的学者遴选为无所专攻的官僚,而李冰,却因官位而成了一名实践科学家。这里明显地出现了两种截然不同的政治走向,在李冰看来,政治的含义是浚理,是消灾,是滋润,是濡养[1],它要实施的事儿,既具体又质朴。他领受了一个连孩童都能领悟的简单道理:既然四川最大的困扰是旱涝,那么四川的统治者必须成为水利学家。

前不久我曾接到一位极有作为的市长的名片,上面的头衔只印了"土木工程师",我立即追想到了李冰。

没有证据可以说明李冰的政治才能,但因有过他,中国也就有过了一种冰清玉洁的政治纲领。

他是郡守,手握一把长锸[2],站在滔滔的江边完成了一个"守"字的原始造型。那把长锸,千年来始终与金杖玉玺、铁戟钢锤反复辩论。他失败了,终究又胜利了。

他开始叫人绘制水系图谱。这图谱,可与今天的裁军数据、登月线路遥相呼应。

他当然没有在哪里学过水利。但是,以使命为学校,死钻几载,他总结出治水三字经("深淘滩,低作堰")、八字真言("遇湾截角,逢正抽心"),直到 20 世纪仍是水利工程的圭臬。他的这点学问,永远水气淋漓,而后于他不知多少年的厚厚典籍,却早已风干,松脆得无法翻阅。

他没有料到,他治水的韬略很快被替代成治人的计谋;他没有料到,他想灌溉的沃土将会时时成为战场,沃土上的稻谷将有大半充作军粮。他只知道,这个人种要想不灭绝,就必须要有清泉和米粮。

他大愚,又大智。他大拙,又大巧。他以田间老农的思维,进入了最澄彻的人类学的思考。

他未曾留下什么生平资料,只留下硬扎扎的水坝一座,让人们去猜详。人们到这儿一次次纳闷:这是谁呢？死于两千年前,却明明还在指挥水流。站在江心的岗亭前,"你走这边,他走那边"的吆喝声、劝诫声、慰抚声,声声入耳。没有一个人能活得这样长寿。

秦始皇筑长城的指令,雄壮、蛮吓、残忍;他筑堰的指令,智慧、仁慈、透明。

有什么样的起点就会有什么样的延续。长城半是壮胆半是排场,世世代代,大体是这样。直到今天,长城还常常成为排场。都江堰一开始就清朗可鉴,结果,它的历史也总显出超乎寻常的格调。李冰在世时已考虑事业的承续，命令自己的儿子作3个石人，镇于江间，测量水位。李冰逝世400年后，也许3个石人已经损缺，汉代水官重造高及3米的“三神石人”测量水位。这“三神石人”其中一尊即是李冰雕像。这位汉代水官一定是承接了李冰的伟大精魂，竟敢于把自己尊敬的祖师，放在江中镇水测量。他懂得李冰的心意，唯有那里才是他最合适的岗位。这个设计竟然没有遭到反对而顺利实施，只能说都江堰为自己流泻出了一个独特的精神世界。

石像终于被岁月的淤泥掩埋，本世纪70年代出土时，有一尊石像头部已经残缺，手上还紧握着长锸。有人说，这是李冰的儿子。即使不是，我仍然把他看成是李冰的儿子。一位现代作家见到这尊塑像怦然心动，“没淤泥而蔼然含笑，断颈项而长锸在握”，作家由此而向现代官场衮衮诸公诘问：活着或死了应该站在哪里？

出土的石像现正在伏龙馆里展览。人们在轰鸣如雷的水声中向他们默默祭奠。在这里，我突然产生了对中国历史的某种乐观。只要都江堰不坍，李冰的精魂就不会消散，李冰的儿子会代代繁衍。轰鸣的江水便是至圣至善的遗言。

四

继续往前走，看到了一条横江索桥。桥很高，桥索由麻绳、竹篾编成。跨上去，桥身就猛烈摆动，越犹豫进退，摆动就越大。在这样高的地方偷看桥下会神志慌乱，但这是索桥，到处漏空，由不得你不看。一看之下，先是惊吓，后是惊叹。脚下的江流，从那么遥远的地方奔来，一派义无返顾的决绝势头，挟着寒风，吐着白沫，凌厉锐进。我站得这么高还感觉到了它的砭肤冷气，估计它是从雪山赶来的罢。但是，再看桥的另一边，它硬是化作许多亮闪闪的河渠，改恶从善。人对自然力的驯服，干得多么爽利。如果人类干什么事都这么爽利，地球早已是另一副模样。

但是，人类总是缺乏自信，进进退退，走走停停，不断地自我耗损，又不断地为耗损而再耗损。结果，仅仅多了一点自信的李冰，倒成了人们心中的神。离索桥东端不远的玉垒山麓，建有一座二王庙，祭祀李冰父子。人们在虔诚膜拜，膜拜自己同类中更像一点人的人。钟鼓钹磬，朝朝暮暮，重一声，轻一声，伴和着江涛轰鸣。

李冰这样的人，是应该找个安静的地方好好纪念一下的，造个二王庙，也合民众心意。

实实在在为民造福的人升格为神，神的世界也就会变得通情达理、平适可亲。中国宗教颇多世俗气息，因此，世俗人情也会染上宗教式的光斑。一来二去，都江堰倒成了连接两界的桥墩。

我到边远地区看傩戏[3]，对许多内容不感兴趣，特别使我愉快的是，傩戏中的水神河伯，换成了灌县李冰。傩戏中的水神李冰比二王庙中的李冰活跃得多，民众围着他狂舞呐喊，祈求有无数个都江堰带来全国的风调雨顺，水土滋润。傩戏本来都以神话开头的，有了一个李冰，神话走向实际，幽深的精神天国一下子贴近了大地，贴近了苍生。

（选自散文集《文化苦旅》，东方出版中心2001年版）

注释

[1] 濡养：滋润哺育。

[2] 锸(chā):铁锹一类的挖土工具。

[3] 傩(nuó)戏:驱鬼逐疫,表现鬼神生活的戏剧。

赏析

这是一篇文化散文,有游记的特征但又与一般的游记写法大不相同,它主要通过对人文景观的记叙与描写,来挖掘其丰富的历史与文化内涵,表现作者对社会与人生的哲理思辨。文章一起笔,就说"我以为,中国历史上最激动人心的工程不是长城,而是都江堰"。这一别出心裁的命题首先给人耳目一新之感。接下来的理性思辨充分显示出作者求异思维的睿智,在人文感受方面给我们较大的启迪。

文中对都江堰的水流作具体描绘的一段,先写声音,再写作者的感受,然后写水流翻卷咆哮的动态气势,使人有置身浩荡水流面前之感。文字生动、跳脱,节奏铿锵,文采斐然。

文中多处用了对比手法,如拿都江堰与长城作多层对比,拿秦始皇下令筑长城与李冰指令修都江堰对比,从而高度赞扬了李冰父子兴修水利、为民造福的不朽贡献。文章融写景、议论、抒情于一体,充满理性思辨色彩,耐人寻味。

思考与练习

一、当代文学的研究者通常把余秋雨的散文说成是一种文化散文。尽管他的散文中都有一些记游的内容,但作者的着力点还是从历史文化和社会文化的视角来认识山川形胜、历史遗迹和自然景观的,他把自己所看到的一切放在一个时空交织的巨大坐标系中进行思考,努力挖掘其文化的深厚内涵。请你根据这一提示,把本篇所揭示的社会文化内涵说出来。

二、作为文化散文,思辨的成分所占的比例比较大。如果没有文学的描写为基础,也就不称其为散文了,这是我们认识这种散文所特别要注意的。在本篇中,作者有哪些精彩的描写?它与后面的议论抒情构成一种什么样的关系?

写 作 篇

第七章 党政机关公文

第一节 党政机关公文的概念和作用

一、公文的概念

公文一般是指党政机关、企事业单位和社会团体在处理各种公务时使用的书面文字工具。在我国,公文是党和国家机关在领导党的事业和治理国家的工作中,用以表达意志、传递策令的文字工具和手段。2012 年 7 月 1 日开始执行的《党政机关公文处理工作条例》(中办发〔2012〕14 号)第一章第三条明确规定:“党政机关公文是党政机关实施领导、履行职能、处理公务的具有特定效力和规范体式的文书,是传达贯彻党和国家的方针政策,公布法规和规章,指导、布置和商洽工作,请示和答复问题,报告、通报和交流情况等的重要工具。”

二、公文的作用

法定公文具有多方面的作用:

(1) 法规作用。党政机关制定的部分公文用来颁布各种行政法规和规章。这些公文是一定范围内各级机关、企事业单位、社会团体工作的规范与准则。法规文件在它有效的范围内,是人们行为的规范和准则,只能遵守,不能违反,否则,会受到相关处罚或法律制裁。

(2) 指挥作用。公文担负着传达与贯彻党和国家方针、政策的重要职能,用来开展具体工作。领导机关下发的公文,对下级机关的工作具有明显的领导和指挥作用,它要对下级机关提出明确的工作任务和政策界限,提出开展工作的具体方法和要求。

(3) 沟通商洽作用。一些公文在各机关、各单位处理日常工作、业务经营活动中起重要的协调作用。上级机关下发的文件将上级的政策、规定、要求等传达给下级机关,下级机关报送的文件将下级机关的工作情况、工作意见报告给上级机关,平级机关之间也利用公文沟通情况、商洽工作、解决具体问题。

(4) 宣传教育作用。法定的权威性为公文领导和指挥作用的发挥提供了保障,但制文机关并不能仅靠这法定的权威而简单地发号施令。为了能更有效地发挥公文的效能,传达并实现自己的意图,制文机关在制文时应更注重表达自己的主张和意图,使发文对象提高认识、自觉执行,尤其在传达和贯彻有关方针政策时,更要对广大干部群众进行宣传教育。公文的这一作用更多地体现在上级机关对下级机关的行文上。

(5) 凭证依据作用。公文既是制发机关意图的凭证,也是收阅机关贯彻执行、开展工作的依据。此外,公文作为文字材料,在时效性丧失后,就要立卷归档,成为历史资料,在需要查询、引用或研究时,它会起到“千年文字会说话”的作用。

第二节　党政机关公文的种类和特点

一、公文的种类

我国党政机关使用的公文,主要是《党政机关公文处理工作条例》规定的15种公文,即决议、决定、命令、公报、公告、通告、意见、通知、通报、报告、请示、批复、议案、函、纪要。

按照公文的行文规则即公文的运行原则,行文要准确,少而精,注重效能,机关之间行文方向有三种情况,即上行、下行和平行。下级机关向其上级机关行文为上行文,上级机关向其下级机关行文为下行文,平级机关之间或不相隶属的机关之间行文为平行文。

二、公文的特点

公文是一种书面材料,它以自己独特的、鲜明的特点明显地区别于其他形式的书面语言。

(1) 有很强的思想性、政策性、针对性。公文的基本内容是党政机关的指挥意图、行动意图、公务往来与活动情况的系统实录。它直接反映党和国家的政治意向与根本利益,具有很强的思想性。公文是制定政策、发布法规、下达指示的重要工具,而且与广大群众的社会生活密切相关。因此,公文的政策性极强,需要提出问题,分析问题,解决问题,否则就没有必要行文。

(2) 有法定的权威性和行政的约束力。公文的基本内容是党和国家统一意志的具体体现,具有权威性和约束力。这种权威性和约束力是以党章和法律为依据的,这就要求有关机关团体和个人必须严肃对待。

(3) 有特定的程式性和严格的使用范围。公文的用纸、书写、装订有统一要求,公文的文本格式有大致的规范。公文的文风、语言(包括习惯用语)也自成一格。各种公文还严格规定了使用范围,以维护其权威性和严肃性。

(4) 有很强的时效性。公文在现行工作中形成和使用,为推动工作服务。它一般都是针对已办、正在办或即将办的事,或已经出现、可能出现的问题而写作的,时效性特别强。一旦某项工作完成了,该项工作中形成并使用的公文的作用也随之结束。这些公文材料便应立卷归档,作为今后工作的参考和历史凭证。

(5) 有特定的作者和读者。公文特定的作者,是依法成立并能以自己的名义行使权力和承担义务的组织或单位负责人。因此,起草者不能按个人意图自由创作公文。公文的起草者并非公文的作者。公文也不是任何人都可以阅读的,各种公文都有其特定的读者,即文件送达的单位。

第三节　党政机关公文的格式和写作要求

一、公文的格式

撰写与印制公文必须遵循特定的格式要求,以保证公文的统一性和科学性,便于处理,提高工作效率。

公文的格式包括两个方面内容:一是用纸与印装格式,二是行文格式。

(一) 用纸与印装格式

公文用纸有一定的规格,《党政机关公文处理工作条例》规定使用国际标准 A4 型(长 297 mm,宽 210 mm)纸张。张贴的公文用纸大小,根据实际需要确定。

文字从左至右横写、横排,少数民族文字按其习惯书写、排版,其标识第一层为"一、",第二层为"(一)",第三层为"1.",第四层为"(1)"。公文一律左侧装订,不得任意更改。

(二) 行文格式

行文格式由三部分组成,即文头部分、主体部分和文尾部分。

1. 文头部分

文头部分由公文份数序号、秘密等级和保密期限、紧急程度、发文机关标志、发文字号、签发人、间隔横线等项目组成。

(1) 份号。即公文印制份数的顺序号,即将同一文稿印刷若干份时每份公文的顺序编号。涉密公文应当用阿拉伯数字标注份号,置于版心左上角第一行。

(2) 密级和保密期限。即公文的秘密等级和保密期限。涉密公文应当根据涉密程度分别标注"绝密""机密"和"秘密";保密期限是对公文秘密等级时效规定的说明,置于版心左上角,用阿拉伯数字标注。

(3) 紧急程度。即公文送达和办理的时限要求。根据紧急程度,紧急公文应当标注"特急""加急",电报分为"特提""特急""加急""平急",置于版心左上角。公文同时标识秘密等级与紧急程度,秘密等级顶格标识在版心左上角第一行,紧急程度顶格标识在版心左上角第二行。有的紧急公文表明紧急程度,还可在标题的文种前加以限定,如《×× 公司关于 ×× 的紧急通知》《×× 公司关于 ×× 问题的紧急请示》等。

(4) 发文机关标志。发文机关标志表明公文的作者,由发文机关全称或规范化简称后加"文件”二字组成，居中红色套印在文件首页上端。联合行文时，发文机关标志可以并用联合发文机关名称，也可以单独用主办机关名称，“文件”二字置于发文机关名称右侧，上下居中排布。在民族自治地区，文件名称可用自治民族的文字和汉字两种文字，自治民族文字在上面或前面。

(5) 发文字号。即发文机关按照发文顺序编排的顺序号。由发文机关代字、年份和发文顺序号组成。置于发文机关标志下空两行，居中排布。年份、序号用阿拉伯数字标识；年份应标全称，用六角括号“〔 〕”括入；序号不编虚位（即 1 不编为 001），不加“第”字。联合行文使用主办机关的发文字号。如“国发〔20×× 〕10 号”，表示该文是国务院 20×× 年第 10 号发文。

(6) 签发人。签发人是在上报的公文中批准签发的领导姓名，只用于上行文。平行排列于发文字号右侧。发文字号居左空 1 字，签发人姓名居右空 1 字；签发人用 3 号仿宋体字，签发人后标全角冒号，冒号后用 3 号楷体字标识签发人姓名。如有多个签发人，主办单位签发人姓名置于第 1 行，其他签发人姓名从第 2 行起在主办单位签发人姓名之下按发文机关顺序依次顺排，发文字号与最后一个签发人姓名处在同一行并使红色反线与之距离 4 mm。

(7) 间隔横线。位于发文字号的下方，主要用于将文头部分和主体部分隔开，如果系党内文件，横线中间应有一个五角星。

2. 主体部分

主体部分由公文标题、主送机关、公文正文、附件说明、发文机关署名、成文日期、印章、附注、附件等项目组成。

(1) 公文标题。是对公文主要内容准确、简要的概括。由发文机关名称、事由和文种组成。位于红色反线下空两行，用 2 号小标宋体字，可分一行或多行居中排布；回行时要做到词义完整，排列对称，间距恰当。标题中除批转法规性文件加书名号、转发文件加原发文字号时可用方括号外，一般不用标点符号。

(2) 主送机关。要求公文予以办理或答复的主要受理机关，应当使用机关全称、规范化简称或者同类型机关统称。标识在标题下空一行，左侧顶格用 3 号仿宋体字标识，回行时仍顶格。最后一个主送机关名称后标全角冒号。主送机关数量视行文方向和公文内容而定，凡上行文一般是一个主送机关（单位），下行文则根据需要而定，或一个，或多个。

(3) 公文正文。公文的主体，表述公文的具体内容。通常分导语、主体和结束语。在主送机关下一行，每自然段左空 2 字，回行顶格，数字、年份不回行。正文用 3 号仿宋体字，一般每面排 22 行，每行排 28 字。文中如有小标题可用 3 号小标宋体字或黑体字。正文应当灵活多样，每一件公文都有不同于其他公文的内容，但一般都有共同的稳定环节和结构格式。开头往往是叙事和说理，或介绍情况，或提出问题，或交代根据，或说明原因，或表达目的，总之，要阐述为什么制发这件公文。中间部分要明确事项，提出主张，即说明做什么、怎么做。这部分往往要分条列项或分部分按照逻辑关系表述。结尾部分一般是提出希望，表达要求。

(4) 附件说明。公文附件的顺序号和名称。公文如有附件，在正文下空一行左空 2 字用 3 号仿宋体字标识“附件”，后标全角冒号和名称。附件如有序号，使用阿拉伯数字，如“附件：

1.×××××”;附件名称后不加标点符号。

(5) 发文机关署名。署发文机关全称或者规范化简称。几个机关联合发文,则把主办机关的名称排在前面。

(6) 成文日期。指公文生效的时间。署会议通过或者发文机关负责人签发的日期。联合行文时署最后签发机关负责人签发的日期。标识在正文之下,空两行,居右空 4 字。用阿拉伯数字将年、月、日标全。凡会议通过的文件,则用括号标注在标题下方、正文上方的位置,并说明什么会议讨论通过。

(7) 印章。公文中有发文机关署名的,应当加盖发文机关印章,并与署名机关相符。有特定发文机关标志的普发性公文和电报可以不加盖印章。联合上报的公文,由主办机关加盖印章,联合下发的公文,发文机关都应加盖印章。用印位置在成文日期的上方,要求上不压正文,下要骑年盖月。

当公文排版后所剩空白处不能容下印章位置时,应采取调整行距、字距的措施加以解决,务必使印章与正文同处一面,不得采取标识“此页无正文”的方法解决。

(8) 附注。是需要说明的其他事项,如公文的发放范围、使用时注意的事项、联系人及联系方式等。公文如有附注,用 3 号仿宋体字,居左空 2 字加圆括号标识在成文时间下一行。

(9) 附件。公文正文的说明、补充或者参考资料。附件应与公文正文一起装订,并在附件左上角第 1 行顶格标识“附件”,有序号时标识序号;附件的序号和名称前后标识应一致。如附件与公文正文不能一起装订,应在附件左上角第 1 行顶格标识公文的发文字号并在其后标识附件(或带序号)。

3. 文尾部分

文尾部分一般由抄送机关、印发机关和印发日期、页码等组成。

(1) 抄送机关。即除主送机关外需要执行或者知晓公文内容的其他机关,应当使用机关全称、规范化简称或者同类型机关统称。公文如有抄送,在主题词下一行;左空 1 字用 3 号仿宋体字标识“抄送”,后标全角冒号;抄送机关间用逗号隔开,回行时与冒号后的抄送机关对齐;在最后一个抄送机关后标句号。

(2) 印发机关和印发日期。公文的印发机关是印制公文的主管部门,印发日期是公文的付印时间。位于抄送机关之下占 1 行位置,用 3 号仿宋体字。印发机关左空 1 字,印发时间右空 1 字。印发时间以公文付印的日期为准,用阿拉伯数字标识。

(3) 页码。公文页数顺序号。一般用 4 号半角宋体阿拉伯数字,编排在公文版心下边缘之下,数字左右各放一条一字线;一字线上距版心下边缘 7 mm。单页码居右空 1 字,双页码居左空 1 字。公文的附件与正文一起装订时,页码应连续编排。

以上各部分项目不是每件公文都必须具备的,但是需要一定的项目时必须按格式书写、打印,不能别出心裁,随意而发,这是公文与其他文章的显著不同之处,也是公文合法性、有效性的标志。

党政机关公文首页格式见图 7–1 示例。

000001

机密★1年

特急

××××××文件

×××〔2012〕10号

×××××关于××××××的通知

××××××××：

　　××××××××××××××××××××××××××
××××××××××××××××××××××××××××
××××××××××××××××××××××××××××
××××。

　　××××××××××××××××××××××××××
×××××××××××。

　　××××××××××××。

　　×××××××。××××××××××××××××××
××××××××××××××××××××××××××××
××××××××××××××××××××××××××××

图 7–1　党政机关公文首页格式

党政机关联合行文公文首页格式 1 见图 7–2 示例。

000001

机密★1年

特急

××××××

× × × 文件

××××××

×××〔2012〕10号

××××××关于×××××××的通知

××××××××：

　　×××××××××××××××××××××××××。

　　××。

　　××××××××××××××××××××××××××

图 7–2 党政机关联合行文公文首页格式 1

党政机关联合行文公文首页格式 2 见图 7–3 示例。

000001

机　密

特　急

× × × × × ×

×　　×　　×

× × × × × ×

签发人：×××　×××

×××〔2012〕10号　　　　　　　　×××

××××××关于×××××××的请示

××××××××：

　　××××××××××××××××××××××××××

××××××××××××××××××××××××××××

××××××××××××××××××××××××××××

××××。

　　××××××××××××××××××××××××××

图 7–3　党政机关联合行文公文首页格式 2

党政机关公文末页格式见图 7–4 示例。

××××××××××××××××。

　　××。

××××部

2012 年 7 月 1 日

（×××××）

抄送：××××××××，××××××，×××××，×××××，×××××。

××××××××××　　2012 年 7 月 1 日印发

图 7–4　党政机关公文末页格式

党政机关联合行文公文末页格式 1 见图 7-5 示例。

××××××××××××××。

××。

2012 年 7 月 1 日

(×××××)

抄送：×××××××××，××××××，×××××，×××××， ×××××。
×××××××××　　　　　　　　2012 年 7 月 1 日印发

图 7-5　党政机关联合行文公文末页格式 1

党政机关联合行文公文末页格式 2 见图 7–6 示例。

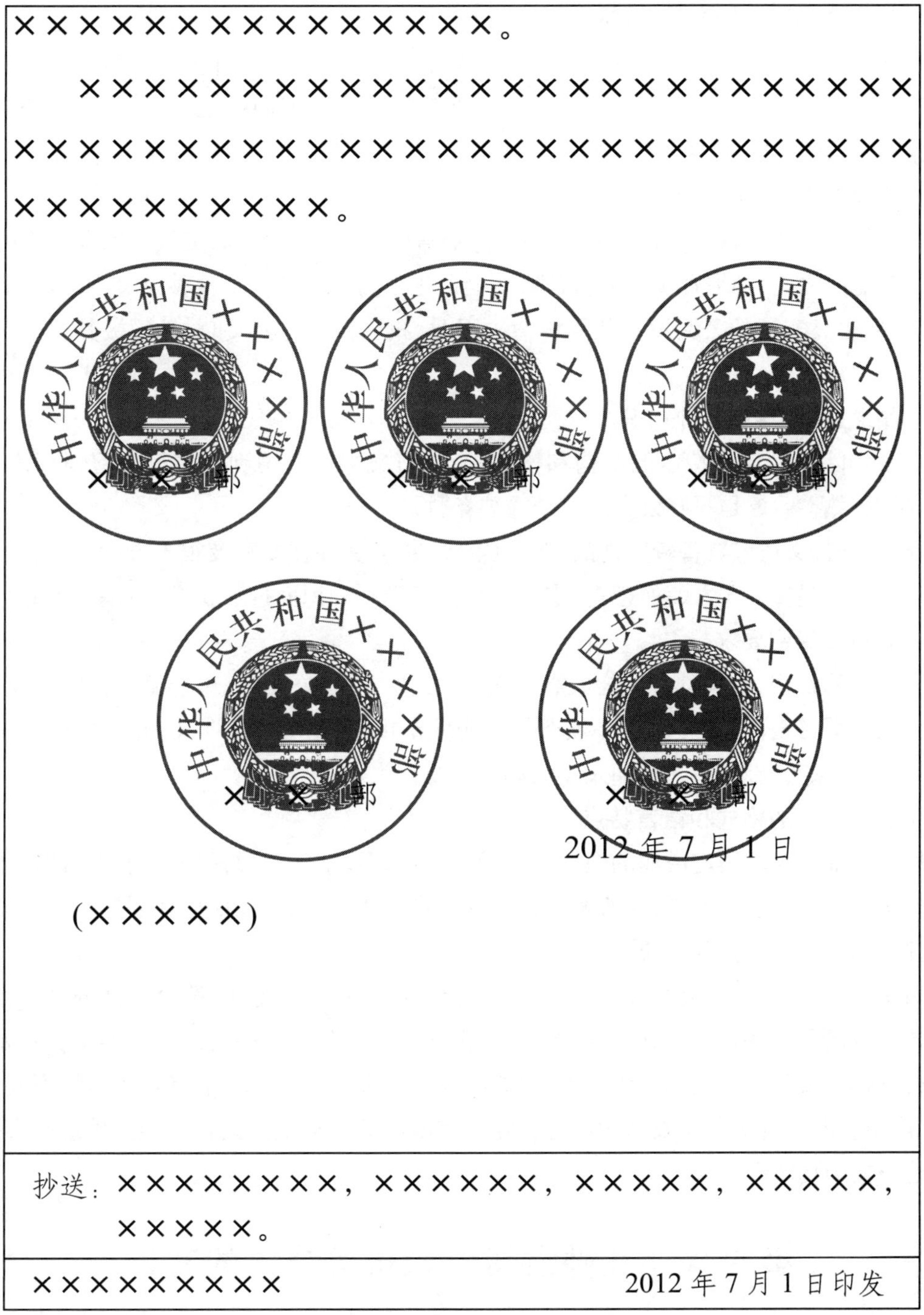

××××××××××××××。

　　××××××××××××××××××××××××××

×××××××××××××××××××××××××××

××××××××××。

2012 年 7 月 1 日

(×××××)

抄送：××××××××，××××××，×××××，×××××，×××××。

××××××××××　　2012 年 7 月 1 日印发

图 7–6　党政机关联合行文公文末页格式 2

二、公文的写作要求

（一）符合党和国家的方针、政策

党和国家的方针政策是党的一切行动的出发点，表现于行动的过程和归宿中。公文是贯彻执行党和国家的方针政策的工具，也是把方针、政策具体化的书面格式。因此，撰写公文丝毫不能背离党和国家的方针、政策。

（二）实事求是，切合实际

公文是据以办事、解决实际问题的文书，特别需要注意实际，讲求实效。据以写作的材料不允许有任何虚假之处，必须真实可靠，否则，就会产生恶劣的影响。从某种意义上来说，真实是公文的灵魂，失去真实性的公文没有任何价值。因此，我们在撰写公文时，必须极其严肃认真地核对写入公文的每一件材料。

（三）精通业务，具备多种知识

公文写作除了要符合特定的结构和格式外，在行文中还要用到很多行业习惯用语，即所谓“行话”，所以，熟悉业务是写好公文的一个重要条件。

另外，写好公文还应具备较广博的知识，因为一篇公文往往要涉及很多方面。内容方面如政治、经济、法律、文艺，形式方面如逻辑、修辞、语法，等等。知识面过于狭窄，也是写不好公文的。

（四）要符合保密要求

党和国家的秘密，绝大部分包含在各种公文之中。拟写公文时，对于秘密材料的使用，一定要审慎。凡拟写秘密内容的公文，必须严格按照保密规定，划定并标明秘密等级，以便按保密程序印制封发，确保安全，确保国家和人民的利益不受损失。

（五）掌握公文的格式和语言特点

每种公文都有自己约定俗成的惯用格式，因此，在写作前一定要仔细分辨文种的性质、作用，要研究行文对象以及适用范围，对所要表达的内容做深入的研究，按照格式要求恰当地安排段落层次，这样才能行文周密，避免疏漏。

俗话说：“一字入公文，九牛拉不出。”因此，公文语言一定要得体，符合公文的文体特点。除了使用各文种的习惯用语和专用术语外，公文的语言还具有三个特点：第一，朴实。它要求直书不曲，语言得当，文句干净利落，用语直截了当。第二，简明。它要求文字表达精练扼要，以最小的篇幅，最明确的语言讲清要表达的内容。第三，准确。只有准确的语言才能正确反映客观事实，从而满足公文的真实性要求。

第四节　几种常用党政机关公文的写作

本节介绍的常用公文有决定、公告、通告、通知、通报、报告、请示、批复、函、纪要。这些文种在工作实践中应用广泛，使用频率较高，因此，我们要着重掌握它们的写作方法。

本节介绍公文时均附有例文，为突出介绍写作方法，减少篇幅，多数例文仅出示其主体部分，文头、文尾部分则简略。

一、决定

决定，是党政机关对重要事项作出决策和部署、奖惩有关单位和人员、变更或者撤销下级机关不适当的决定事项的公文。

决定是一种下行的指令性文件，具有权威性、规范性、约束性等特点。

根据内容和性质的不同，决定主要分为以下两大类：一类是对重要事项作出处理与安排的决定，包括事宜性决定、法规性决定、审批性决定、表彰性决定、惩罚性决定等；另一类是对重大行动作出具体安排与部署的决定，包括对事关大局的部署决定、机构设置、人事安排的决定等。

决定的正文一般包括三个层次的内容：决定的缘由、决定的内容、决定的执行要求。有的决定只有前两项而没有执行要求，要根据具体情况而定。开头部分有时以导言的形式出现，行文简明扼要，把制发该决定的原因、目的、依据讲清楚。之后主要阐明决定事项的具体内容，这是全文的主体部分。力求精练，对涉及问题较多的决定，可采用条列式进行阐述。对有必要提出执行要求的决定，在结尾部分要有针对性地提出希望和要求，用语要简洁，具有说服力。

例文 7-1

关于给予 ××× 警告处分的决定

×××，男，汉族，19×× 年 7 月 6 日出生，中共党员，本科学历，现任 ×××× 大学后勤基建处综合科科长。

2020 年 12 月 31 日，××× 在家饮酒后驾驶机动车沿 ×× 市 ×× 区 ×× 路由东往西行驶，在 ×× 路口地段处被执勤民警当场查获，被 ×× 市公安局直属分局送 ×× 省 ×× 市拘留所给予“行政拘留三日”的处罚。经查证，该同志曾于 2013 年 8 月因酒后驾驶机动车被给予“罚款壹仟元、暂扣机动车驾驶证 6 个月”的处罚。

××× 饮酒后驾驶机动车事实清楚，违反了《中华人民共和国道路交通安全法》。行为发生后，该同志能主动向纪委办报告情况，在组织审查期间，能够配合调查，主动交代问题，并做出深刻检查。

鉴于 ××× 的认错态度和一贯表现，依据《事业单位工作人员处分暂行规定》，经校长办公会研究，决定给予 ××× 警告处分。

×××× 大学（公章）

2021 年 6 月 11 日

例文 7–2

国务院关于2019年度国家科学技术奖励的决定

国发〔2020〕2号

各省、自治区、直辖市人民政府,国务院各部委、各直属机构:

为深入贯彻落实习近平新时代中国特色社会主义思想,全面贯彻党的十九大和十九届二中、三中、四中全会精神,坚定实施科教兴国战略、人才强国战略和创新驱动发展战略,国务院决定,对为我国科学技术进步、经济社会发展、国防现代化建设作出突出贡献的科学技术人员和组织给予奖励。

根据《国家科学技术奖励条例》的规定,经国家科学技术奖励评审委员会评审、国家科学技术奖励委员会审定和科技部审核,国务院批准并报请国家主席习近平签署,授予黄旭华院士、曾庆存院士国家最高科学技术奖;国务院批准,授予"高效手性螺环催化剂的发现"国家自然科学奖一等奖,授予"电化学表面增强拉曼光谱学研究"等45项成果国家自然科学奖二等奖,授予"复杂机场高精度飞行校验技术及装备"等3项成果国家技术发明奖一等奖,授予"农产品中典型化学污染物精准识别与检测关键技术"等62项成果国家技术发明奖二等奖,授予"海上大型绞吸疏浚装备的自主研发与产业化"等3项成果国家科学技术进步奖特等奖,授予"高品质特殊钢绿色高效电渣重熔关键技术的开发和应用"等22项成果国家科学技术进步奖一等奖,授予"优质早熟抗寒抗赤霉病小麦新品种西农979的选育与应用"等160项成果国家科学技术进步奖二等奖,授予马丁·波利亚科夫教授等10名外国专家中华人民共和国国际科学技术合作奖。

全国科学技术工作者要向黄旭华院士、曾庆存院士及全体获奖者学习,不忘初心、牢记使命,继续发扬服务国家、造福人民的光荣传统和追求真理、勇攀高峰的科学精神,坚持新发展理念,深入实施创新驱动发展战略,坚定不移走中国特色自主创新道路,着力实现原始创新重大突破,攻克关键核心技术,推动科技成果转化应用,加强科技创新开放合作,为建成创新型国家、加快建设世界科技强国,夺取全面建成小康社会伟大胜利、实现"两个一百年"奋斗目标和中华民族伟大复兴的中国梦作出新的更大贡献。

国务院

2020年1月7日

二、公告

公告是党政机关向国内外宣布重要事项或者法定事项时使用的一种公务文告。公告具有以下几个特点:

(1) 公告范围的广泛性。公告是需要向国内外予以公布的文告,有的要求世界各国周知,公布范围最为广泛。

(2) 宣告的庄重性、严肃性。公告多代表党、国家或其领导人,以及各级领导机关向国内外郑重宣布重大事项或者表明态度，要求引起国内外的广泛关注和重视，因此要行文郑重，态度严肃。

(3) 法定作者的限定性。公告一般以党、国家与各级领导机关的名义发布。一般基层单位不宜运用公告的形式公布事项。

公告一般不写主送对象。正文先写公告依据，然后以承启性用语转入公告事项部分。用于发布消息、宣布重要事项的公告一般不写根据，往往一开头就直叙事实，交代事项。公告要写明时间、地点和将要进行或发生的重大事项，或者由某权力机构或领导人作出什么重大决定等内容。公告可以用“特此公告”“现予公告”等结束语结束全文，也可以不写。

写作公告必须行文郑重，用语规范，事项明确具体，文字简明易懂。

例文 7–3

教育部关于取消《留学回国人员证明》的公告

为贯彻落实党中央、国务院关于减证便民、优化服务的决策部署，深化“放管服”改革，简化留学回国人员办事程序，方便广大留学回国人员工作和生活，教育部决定取消《留学回国人员证明》。现公告如下：

一、自 2020 年 11 月 1 日起，取消《留学回国人员证明》。自 2020 年 10 月 1 日起，驻外使领馆不再受理开具申请。2020 年 9 月 30 日前已提交申请的，驻外使领馆根据留学人员意愿提供相应服务。已经受理、使领馆开具时间晚于 2020 年 11 月 1 日的，《留学回国人员证明》仍然有效。

二、《留学回国人员证明》取消后，相关部门和单位根据实际需要，可通过留学人员提供的国外院校或科研机构录取材料、国外院校颁发的学位证书或毕业证书、国外院校或科研机构出具的学习进修证明材料或留学人员自愿在教育部留学服务中心开具的国外学历学位认证书等认定留学人员身份和经历，可通过留学人员护照及签证、出入境信息、回国行程票据等确定留学人员在外留学期限。

教育部

2020 年 9 月 17 日

三、通告

通告是在一定范围内公布应当遵守或者周知的事项时使用的一种公务文告。

通告的正文部分一般由通告的目的依据、通告事项与结语三部分组成。目的依据部分主要阐明发文原因或目的意义。如果是法规性的还要写明法律依据。通告事项部分是正文的主体，可以采用分条列项的写法，把通告的事项一一写出。结语部分或提出要求、希望，或指出执行期限、有效范围，有的通告没有结语，比较多的是以“特此通告”作为结语。

通告与公告的区别如下：

(1) 发文机关不同。公告一般都是由高级领导机关或法定的有关职能机关发布，通告则一般机关、单位和团体均能发布。

(2) 内容和范围不同。公告的内容一般都是面向国内外的重大事项或必须依法公布的事项;通告的内容一般都是公布一定范围内的单位和人员需要知道或遵守的事项,允许有一定的专业语言。

(3) 写作要求不同。公告要求内容精练、严谨,一般采用一段式的写法;通告要求内容通俗、简洁,多采用条文式写法。

(4) 发布形式不同。公告主要采用登报的形式,有时也在广播或电视上播出,但很少采用书面张贴的形式;通告既可以张贴,也可以登报。

例文 7–4

北京市人民政府　中国民用航空华北地区管理局关于
公布北京大兴国际机场和空军南苑新机场净空保护区的通告

京政发〔2019〕12号

为加强北京大兴国际机场和空军南苑新机场净空保护区管理,保障飞行安全,根据相关法律法规规定,现就机场净空保护区范围及有关事项通告如下:

一、机场净空保护区范围

北京大兴国际机场净空保护区为机场跑道中线两侧各10公里、跑道端外各20公里的区域;空军南苑新机场净空保护区为机场跑道中线两侧各15公里、跑道端外各20公里的区域。涉及北京市大兴区北臧村镇、林校路街道、天宫院街道、黄村镇、青云店镇、魏善庄镇、安定镇、庞各庄镇、礼贤镇、榆垡镇,房山区琉璃河镇、窦店镇、长阳镇。具体为:

北侧边界:长阳镇赵庄村—黄村镇王立庄村—青云店镇垡上村—青云店镇大回城村一线;

东侧边界:青云店镇大回城村、东鲍辛庄村—安定镇前野厂村、徐柏村一线;

西侧边界:窦店镇河口村—琉璃河镇大陶村、辛庄村一线;

南侧边界:京冀省界。

二、机场净空保护区保护要求

北京大兴国际机场和空军南苑新机场净空保护区保护要求分别按照《中华人民共和国民用航空法》《民用机场管理条例》《北京市民用机场净空保护区域管理若干规定》和《中华人民共和国军事设施保护法》《中华人民共和国军事设施保护法实施办法》《军用机场净空规定》等相关规定执行。

特此通告。

附件:1. 北京大兴国际机场和空军南苑新机场净空保护区范围图
　　2. 北京大兴国际机场和空军南苑新机场净空保护区边界点坐标

北京市人民政府
中国民用航空华北地区管理局
2019年8月23日

四、通知

通知适用于发布、传达要求下级机关执行和有关单位周知或者执行的事项，批转、转发公文。

通知是下行公文，也用于平行，但不能上行。

通知是公文中使用频率最高的一种公文。使用范围广泛，在实际工作中常见的有以下几种：

1. 指示性通知

上级机关对下级机关某项工作作出指示或安排，对某一具体事项的标准作出明确规定，要求下级机关认真贯彻执行，但其内容又不适宜发指示、规定等，故用指示性通知。指示性通知具有较强的行政效力。

2. 批转通知

上级机关认为某一下级机关上报的报告、计划或制定的办法、规定等具有普遍意义，用文件形式将其转给所属的其他下级机关执行，用批转通知。下级机关的公文一旦被批转，就与上级机关文件产生了同等的效力。被批转的公文是批转通知的附件。

3. 转发通知

发文机关认为上级机关、平级机关及不相隶属机关的公文对本系统、本机关工作具有指导作用，但按照行文关系又不能直接下发，故用转发通知行文。转发通知可以结合本系统、本机关的实际情况，提出执行转发公文的意义及执行中的具体意见。被转发的公文是转发通知的附件。

4. 发布通知

发布通知也叫印发通知。将本机关的规定、办法、会议文件、领导讲话等重要文件用公文的形式发给下级机关，用发布通知。发布通知有时也可以写出执行的具体意见。被发布的公文是发布通知的附件。

5. 任免聘用通知

上级机关宣布对有关工作人员职务的任免、聘用、解聘的决定，使用任免聘用通知。

6. 事项通知

向有关方面告知某一事项或交流某些信息，通报某些情况，不要求对方执行和办理，用事项通知。如机关更名、更换印章、成立某一组织等。

7. 会议通知

会议通知用来告知有关单位将要召开某一会议，并提出参加会议的有关要求。会议通知要写得具体细致，便于参加会议人员按要求准时赴会。

通知的写作要求如下：(1)层次清晰，逻辑严密。要把通知的事项分清层次，按缓急和先后顺序一事一条逐层展开，做到前后贯通，环环相扣，结构严谨，逻辑性强。(2)事项明确，要求具体，力避空泛。(3)态度坚决，语气肯定。通知有较强的权威性，要多使用祈使句式和主谓齐全句式增强语势，果断坚决。

例文 7–5

中共中央办公厅　国务院办公厅
关于印发《党政机关公文处理工作条例》的通知

中办发〔2012〕14 号

各省、自治区、直辖市党委和人民政府，中央和国家机关各部委，解放军各总部、各大单位，各人民团体：

《党政机关公文处理工作条例》已经党中央、国务院同意，现印发给你们，请遵照执行。

中共中央办公厅

国务院办公厅

2012 年 4 月 16 日

例文 7–6

国务院办公厅批转 ×× 部
关于加强对丝绸出口管理报告的通知

国办发〔××××〕×× 号

各省、自治区、直辖市人民政府，国务院各部委、各直属机构：

国务院同意商务部《关于加强对丝绸出口管理的报告》，现发给你们，望认真执行。

丝绸在我国外贸出口中占有重要地位。为维护我国声誉，促进丝绸出口的良性发展，经贸部将严格执行许可证管理制度；各有关部门要从全局出发，通力协作，共同把丝绸的出口工作做好。

附件：《关于加强对丝绸出口管理的报告》

国务院办公厅

×××× 年 × 月 × 日

例文 7–7

×× 市人民政府
关于任免 ××× 等工作人员职务的通知

各县区人民政府（管委会）、市政府各部门（单位）：

市人民政府决定，任命：

××× 为 ×× 市政府副秘书长（试用期一年）；

××× 为 ×× 高新技术产业开发区管理委员会科技副主任（挂职时间一年）；

××× 为 ×× 市地震台副台长（试用期一年）。

免去：

××× 的 ×× 市粮食和物资储备局副局长职务。

×× 市人民政府

2021 年 5 月 31 日

五、通报

通报适用于表彰先进、批评错误、传达重要精神和告知重要情况。

通报按其性质和内容来划分，可以分为以下几类：表彰性通报、批评性通报、情况通报。

通报的正文一般包括三个方面的内容：

(1) 通报事实。事实是通报的基础和核心。事实必须真实确切，简明扼要。

(2) 对通报事件的分析。分析的内容主要是通报事件产生的原因、通报事实的性质和产生的影响。分析时要抓住要害，掌握好分寸。

(3) 通报的要求。好的通报应具备三个条件：一是要求内容的内涵和外延与通报事件所蕴含的社会意义相适应，二是要求的内容有明确的针对性，三是要求应明确具体。

通报和通知都可以用来告知事项、沟通信息，这是它们的相似之处。但二者之间也有一定的区别，主要表现如下：

(1) 目的不同。通报主要是通过对典型事例或重要情况的传达，向全体下属进行宣传教育或沟通信息，以指导、推动今后的工作，没有具体工作部署安排。通知则主要是通过具体事项的安排，要求受文对象在工作中照此来执行或办理。两者比较，通知有较强的、直接和具体的约束力。

(2) 要求不同。通报和通知一般都要在事项之后提出执行要求，但是这两种公文的要求有显著的不同。首先，重要性不同。要求是通报的重点内容之一，它使读者应受到的教育和由此采取的行动实现规范化，从而达到发文单位预期的目的。要求对通知来说则是附带部分，有时甚至可以略去。其次，繁简不同。通报提出的要求比较复杂，要对通报单位和非通报单位分别提出要求。通知的要求则比较简单，甚至只有一句话，如“本通知从 ×××× 年 × 月 × 日起执行”。

(3) 作用不同。通报可以用来奖惩有关单位或人员，通知则一般无此作用。

(4) 受文单位不同。通报的受文单位一般为全体下属，通知则常常下达某一个或几个单位。

例文 7–8

湖南省人民政府办公厅关于对 2018 年度真抓实干成效明显地区予以表扬激励的通报

湘政办发〔2019〕6 号

各市州、县市区人民政府，省政府各厅委、各直属机构：

为坚决贯彻党中央、国务院及省委、省政府决策部署，深入实施创新引领开放崛起战略，扎实推进高质量发展，进一步加大正向激励，充分调动和激发各地干事创业的积极性、主动性和创造性，推动形成担当作为、竞相发展的良好局面，根据《湖南省人民政府办公厅关于对真抓实干成效明显地区加大激励支持力度的通知》(湘政办发〔2017〕73号)和《湖南省人民政府办公厅关于进一步突出督查工作重点完善督查激励机制的通知》(湘政办发〔2018〕30号)精神，结合重大政策措施落实督查核查情况，经严格审核，省人民政府决定，对2018年度深化“放管服”改革、打好三大攻坚战、推动创新引领开放崛起、保障和改善民生等重点工作真抓实干、取得明显成效的市州、县市区和园区予以通报表扬，并采取相应措施予以激励支持。希望受到表扬激励的地区珍惜荣誉，再接再厉，取得新的更大的成绩。

2019年是新中国成立70周年，是决胜全面建成小康社会第一个百年奋斗目标的关键之年。各地区、各部门要坚持以习近平新时代中国特色社会主义思想为指导，认真贯彻落实习近平总书记关于湖南工作的重要指示精神，统筹推进“五位一体”总体布局，协调推进“四个全面”战略布局，坚持稳中求进工作总基调，坚持新发展理念，坚持推动高质量发展，坚持以供给侧结构性改革为主线，坚持深化市场化改革、扩大高水平开放，坚持创新引领开放崛起，继续打好三大攻坚战，继续开展产业项目建设年活动，进一步稳就业、稳金融、稳外贸、稳外资、稳投资、稳预期，锐意进取、敢于担当、真抓实干、积极作为，以钉钉子精神狠抓各项工作落实，确保党中央、国务院及省委、省政府决策部署不折不扣落到实处，进一步推动全省经济社会持续健康发展和社会和谐稳定。

附件：2018年度真抓实干成效明显的地区名单及激励措施

湖南省人民政府办公厅(公章)

2019年1月28日

六、报告

报告适用于向上级机关汇报工作、反映情况，回复上级机关的询问。

报告按内容分，有工作报告、情况报告、建议报告、答复报告；按目的分，有呈报性报告和呈转性报告；按范围分，有综合报告和专题报告；按时限分，有定期报告和不定期报告。

正文是报告的主体，通常由以下三个层次构成：

(1) 报告缘由。即报告的开头部分。要概括说明所写报告的目的和依据。

(2) 报告事项。即报告正文的核心部分。要具体写出报告的基本内容，如果篇幅较长，问题较多，可分条列项，主要阐明基本情况，总结成功经验，找出存在的问题，提出解决办法、改进措施及今后的设想等。

(3) 报告结语。常用一些惯用语来结束全文。如“以上报告，请审查”“以上报告，如无不妥，请批转……执行”“特此报告”，等等。

要写好报告，首先要深入实际，进行周密、系统的调查研究，占有大量的第一手材料。其次，要有明确的观点，一定要从实际出发，以高度的政治敏锐性及时发现新事物、新问题，并加以分析总结，找出有规律性的东西。最后，要在材料充足的基础上，说明情况，提出自己的看法，供领导批示参考。此外,要避免报告和请示混用。

例文 7–9

×××市民政局关于贯彻落实八项规定情况的报告

市纪委:

为深入贯彻落实习近平总书记重要批示精神和中央、××省、××市和我市改进工作作风、密切联系群众的相关规定,按照市纪委的要求,我局结合工作实际,迅速行动,周密部署,强化措施,狠抓落实,取得了一定的工作成效。现将有关情况报告如下:

一、高度重视,加强工作领导

为确保厉行节约工作扎实有效开展,成立了以局长为组长、机关党委书记为副组长、各科室负责人为成员的落实厉行节约、贯彻八项规定工作领导小组,领导小组下设办公室,具体负责落实厉行节约日常工作。制订了工作方案,明确了责任分工、牵头科室职能职责、任务指标分解等工作措施。形成了一级抓一级,层层抓落实的贯彻落实厉行节约以及八项规定的工作机制。局党组要求局领导班子带头执行上级有关规定,给干部职工做出表率。

二、广泛动员,强化认识

充分利用机关全体干部职工及下属事业单位干部职工大会,传达学习会议精神及习近平总书记批示精神,加深全局干部职工对上级文件精神的理解,增强贯彻落实厉行节约八项规定的责任感、紧迫感,提高贯彻落实上级有关要求的自觉性。要求民政系统干部职工要统一思想、提高认识,牢固树立艰苦奋斗、勤俭节约的优良作风,从每一项工作做起,从每一个细节入手,坚持少花钱、多办事,切实把厉行节约反对铺张浪费工作落到实处。

三、细化指标,落实责任

(一) 严格控制一般性费用支出

一是节约使用办公用品。凡属于政府采购目录内的物品,必须经局党组集体研究后按市政府采购的相关程序和要求执行。购买日常办公用品时,本着厉行节约的原则,尽力压缩办公用品、耗材支出。积极推广无纸化办公,打印和复印用纸及打印的一次性讨论稿等能双面使用的要回收使用。正确操作和精心维护办公设备,延长其使用寿命,节省办公耗材。

二是节约用电、用水,尽量减少计算机、打印机、复印机等办公设备的待机电耗。坚持安全用电、规范用电,不使用与工作无关的电器设备。下班前务必关闭办公设备电源,养成随手关灯习惯,节约用水,不要出现“长流水”和跑冒滴漏现象。

(二) 严格控制公务接待费用支出

一是严格公务接待管理。严格按照中央八项规定要求,本着热情、周到、节约的原则,认真做好本局接待工作,牢固树立民政局良好的对外形象。严格控制公务接待标准,根据新要求修改民政局公务接待制度。上级部门来我局调研和检查的公务接待活动,一切从简,原则上在机关食堂安排工作餐,工作餐不提供酒水,坚决杜绝铺张浪费。召开各类会议,原则上不挂会标,一律不摆鲜花水果,会议力求精简高效。

二是坚决杜绝纪念品馈赠及春节期间联谊联欢活动。公务接待中不馈赠纪念品,20×× 年春节至 20×× 年 5 月期间做到厉行节约,没安排单位内部以及与外单位之间的联谊联欢活动,没向上级部门馈赠礼品,以务实之风抓好本职工作。切实做好城乡困难群众"温暖过冬,幸福过年"等慰问活动,努力为困难群众办好每一件实事。

三是严格管理各类因公差旅费支出。严格执行中央、省、×× 市和我市市委市政府和市纪委的有关规定,管理各类因公差旅费支出。

四是深入开展内部审计工作。为了加强民政系统资金管理,完善内部监督机制,促进廉政建设,防止违规违纪现象发生,局机关成立了内部审计小组。内部审计小组定期或不定期对局机关和直属事业单位的财务收、支情况进行内部审计,进一步规范了财务行为,严肃了财经纪律。

(三) 严格控制公务用车费用支出

严格执行公务用车编制管理规定和配备使用标准,认真落实公务车辆"三定点"(定点保险、定点加油、定点维修)和办公室统一管理、调派使用制度,降低车辆运行成本。不同科室需外出办事时,尽可能集中同线路外出办公人员一同外出。

四、强化措施,注重实效

(一) 强化管理,措施得力

一是在办公区域公共场所安装节能灯。二是加强电脑耗材的使用管理。各科室尽量采用无纸化办公,打印机复印机硒鼓灌墨粉等方法,既节约了购买耗材费用,又达到环保的效果。三是加强办公成本的控制。坚持办公文具以旧换新,内部文件正反面用纸等。四是加强设施设备的保养和维护。坚持修旧利废,计划维修保养,合理降低设施设备维修费和材料费。五是抓好节约水、电、气的管理。把节约用水用电要求写进岗位责任制,对用水用电设备进行专人管理,真正做到无"长流水、长明灯"现象。六是加强资源消耗计量和监测管理。定期开展资源消耗自查工作,汇总分析资源利用状况,查找存在问题,提出整改意见,落实整改措施,充分挖掘节约潜力。

(二) 严格标准,加强督促

为避免厉行节约工作走过场、留死角,在各直属事业单位开展公务开支情况自查自纠的基础上,由局纪监察室牵头,与办公室、财务科组成检查组,对全局 4 个直属单位今年 1~4 月经费支出、车辆购置及公务接待、会议费、差旅费、一般性费用支出、酒水、用油等情况进行了全面检查。为把厉行节约各项规定落实到位,将国内公务考察列入了厉行节约控制范围,实行"两个严禁",严禁没有明确目的及实质内容的公务考察活动,严禁以招商引资、开会、考察、培训等名义变相公费旅游。

五、存在的问题

我们在贯彻落实厉行节约八项要求方面做了大量的工作,取得了一定的成效,但与上级要求相比,仍存在一些问题和不足:一是部分干部职工节约意识还不够强,自觉性还不够高;二是全局厉行节约的工作机制还有待进一步完善。

在今后的工作中,我们将针对存在的问题和不足,严格按照上级的要求,采取切实有效的措施，建立厉行节约八项要求的长效机制，为建设国际旅游城市作出积极的贡献。

×××市民政局（公章）
20××年5月17日

七、请示

请示适用于向上级机关请求指示、批准。它是祈请性的上行文，就其性质与功能来说大致可分为三种类型：要求批准型、解决困难型、解决疑问型。

请示的正文一般包括三个部分：

第一部分是请示缘由，即请示正文的开头部分。一般要写明请示的原因、背景或依据等。然后用惯用语“请示如下”“请示如后”，自然地转入请示事项部分。

第二部分是请示事项，即请示的核心部分。这部分主要是对于请示事项提出带有倾向性的意见和建议，要写得明确具体，提出的建议或意见要切实可行。

第三部分是请示结语。一般使用惯用语作结。如“以上意见妥否，请批示”“当否，请批示”“以上意见如无不妥，请批转”，等等。

请示的写作要求做到如下几点：

(1) 要一文一事。一般说来，一份请示只能提出一件请求批准的事项，或提出一个请求解决的问题。这样便于上级机关处理来文，避免了拖延批复时间。

(2) 不搞多头请示。请示的主送机关只能是一个，主送机关多了，往往造成批复内容不一致或延迟批复的时间，因而贻误工作。

(3) 坚持逐级请示，不得越级请示。一般情况下，应根据隶属关系逐级请示。但遇特殊情况或涉及重大紧急事项，不越级就会延误工作或被直接上级机关搁置而不急于处理，或检举揭发直接上级领导的错误等，也可越级请示。

请示不可过于频繁。凡属本机关职权范围内，已有明确的方针、政策和规定，能够自行处理的，就不必向上级机关请示。

请示和报告的共同点是均为上行文，都要向上级反映情况，陈述意见，都要求一文一事，不得一文数事。二者的不同点表现为以下三个方面：

(1) 行文的目的不同。报告着重在汇报工作，让上级机关及时掌握情况，更好地帮助下级正确贯彻执行党的方针政策，做好工作；请示着重在请求上级解决某一问题或批准某一事项。因此请示的内容更带有解决问题的迫切性。

(2) 行文的时间不同。报告在事前、工作进行中和事后都可以行文，且不需要上级批复；请示则必须在事前行文，经上级批准后才能着手解决某个问题或进行某项工作。

(3) 语言风格不同。报告的语言可直抒其事，除需要批转的报告外，结尾可不用祈请或征询用语；请示的语言要谦恭、恳切，结尾均须有“当否，请批示”“如同意，请批转××执行”之类的征询、祈请用语。

例文 7–10

中共 ×××× 学院委员会
关于召开 20×× 年度民主生活会的请示

×× 省委教育工委:

根据中央纪委机关、中央组织部《关于认真开好 20×× 年度县以上党和国家机关党员领导干部民主生活会的通知》(组通字〔20××〕28 号)和中共 ×× 省纪委机关、中共 ×× 省委组织部《中共 ×× 省纪委机关　中共 ×× 省委组织部转发〈中共中央纪委机关　中共中央组织部关于认真开好 20×× 年度县以上党和国家机关党员领导干部民主生活会的通知〉的通知》(× 组发〔20××〕92 号)要求和 ×× 省委教育工委统一部署安排,今年我校党员领导干部年度民主生活会进行了周密和充分的准备。扎实开展学习研讨,深化认识、统一思想,打牢开好民主生活会的思想基础;深入开展谈心谈话,加强班子成员之间加强沟通、增进了解、形成共识;采取多种形式,广泛征求、全面梳理意见,形成党委班子及班子成员检视问题及整改清单;深刻剖析,认真撰写班子和个人检视剖析材料。在此基础上,拟在 20×× 年 1 月 22 日召开校党委领导班子民主生活会。敬请省委教育工委指导组领导莅临指导。

妥否,请批复。

附件:中共 ×××× 学院委员会 20×× 年度民主生活会方案

中共 ×××× 学院委员会(公章)
20×× 年 1 月 10 日

八、批复

批复适用于答复下级机关的请示事项。

批复是下行文,具有权威性、针对性和鲜明性的特点。

批复的正文一般由批复根据、批复意见构成。

批复根据要以简洁的文字,写明根据什么请示所作的答复,包括写清请示的标题、文号、发文日期等。常用的格式是“你省(市、县、局、处、公司等)×××× 年 × 月 × 日发〔××××〕× 号请示收悉,现批复如下”等。

批复意见即对所请示问题的具体答复,态度应明确,是“同意”还是“不同意”,“批准”还是“不批准”,甚至是“部分批准”或“暂时不批准”,都要有明确的答复。对于不予批准或不同意的,要简要说明理由。有的批复根据需要,在表明态度后,从领导机关的角度再强调一些事项,或表示希望,提出要求和号召。如果内容较多,可以分条列项写出,文字要简明准确,态度要明确,以利于下级机关理解和执行。

根据内容，有的批复在结尾还可以用“特此批复”“此复”这类惯用语作结。

例文 7–11

××省人民政府关于
××轻工学院××××年基建计划的批复

××轻工学院：

你院报来的××××年基建计划，已经我们审核，现答复如下：

1. 同意你院所报的××××年基建计划（详见附表）。

2. 基建计划中安排的教工住宅项目，主要是解决中年骨干知识分子的住房问题，要积极创造条件，争取早日完工。

3. 基建计划所列投资中，包含计委××××年×月×日〔××××〕计字××号文已通知的××××年预拨基建投资在内。

请据此组织设计、施工，抓紧时间，尽早发挥投资效益，以保证教学任务的顺利完成。

此复。

××省人民政府（公章）
××××年×月×日

九、函

适用于不相隶属机关之间商洽工作、询问和答复问题、请求批准和答复审批事项。

从函的行文方向看，它主要用于平行机关和不相隶属的机关之间，但也可以上行或下行，用于上下级之间。

按行文关系，函分为去函和复函两种。

函的正文一般分开头、主体、结尾三部分。

开头：去函应说明发文原因，或是商洽工作，或是请求批准什么，或是询问问题；复函应写“来函收悉”，以连接下边的答复意见。

主体：要具体表述发文机关需要商洽、询问、请求和答复、批准的具体事项、要求等。

结尾：一般都用习惯用语结尾。去函多用“请复函”“请研究复函”“盼复”等，复函多用“此复”“特此复函”等。

例文 7–12

教育部关于同意新疆天山职业技术学院升格为本科层次职业学校的函

教发函〔2019〕127号

新疆维吾尔自治区人民政府：

你区《关于申请设置马兰学院（公办）和新疆天山职业技术大学（民办）的函》（新政函

〔2019〕127号)收悉。

经研究,同意新疆天山职业技术学院升格为本科层次职业学校,学校名称暂定为“新疆天山职业技术学院(本科)”,学校标识码为4165013727,开展本科层次职业教育试点。

请你区指导该校明确办学定位和发展方向,在师资队伍、实训课程、专业教学、技能培训等方面进一步完善提高,保持职业教育属性和特色,坚持培养高层次技术技能型人才的定位,并于2020年4月底组织对该校进行测评指导后,将测评报告于5月10日前报送我部。我部将据此批准该校更名为“新疆天山职业技术大学”,并做好后续跟踪指导工作。

教育部

2019年12月26日

例文 7–13

×××市人力资源和社会保障局关于
商调××同志的复函

××市人力资源和社会保障局:

×月×日贵市人调字××号函收悉。

关于××同志调往你市人才研究会工作的问题,经研究同意。现随函附去该同志的档案材料,请审阅。

此复。

×××市人力资源和社会保障局(公章)

××××年×月×日

十、纪要

纪要是用来记载会议主要情况和议定事项时所使用的一种公文。

按会议的性质、内容、任务的不同,纪要分为行政会议纪要、工作会议纪要、座谈会议纪要等。纪要具有纪要性、传达性、指导性等特点。

纪要正文一般由会议概况、会议主要精神、会议希望和要求构成。

会议概况,即纪要的开头部分,介绍会议召开的目的、指导思想、会议时间、地点、会议名称、主持单位、与会代表、主要议程、讨论的主要问题、会议结果、有何收获及总体评价,等等。

会议主要精神,即纪要的主体部分,一般要写出会议讨论问题的意义、当前工作情况、与会者发言的重要内容、今后具体措施和指导思想以及对工作的安排等。具体撰写时往往通过概括、综合和归类的办法,用“会议讨论了”“与会者认为”“会议认为”“会议强调”“会议指出”等引导语把会议的主要精神阐述出来。

会议希望和要求,即纪要的结尾部分,一般是提出希望和要求,或发出号召,让有关单位认真贯彻会议精神,努力完成会上决定的任务。有的纪要在会议主要精神部分用“会议希望”“会议要求”等形式一并写出,意尽言止,结束全文。

例文 7–14

×× 市保障性安居工程工作领导小组会议纪要

2020 年 3 月 4 日,副市长 ××× 主持召开全市保障性安居工程工作会议。相关单位负责人参加了会议。会议研究议定了如下事项:

一、关于 2020 年我市棚户区改造工作。保障性安居工程是党中央、国务院作出的一项重大决策,政策性强,既可解决民生问题又可解决城市建设问题,提升城市品质形象。各项目单位要整合资源,办理好项目前期手续和资料,相关职能部门积极配合,开辟“绿色通道”。市棚改公司实施的 ×× 红星片区棚户区改造项目 482 套,其中货币安置 142 户,实物安置 340 户;由 ×× 市原房产管理所实施的 ×× 市望春门片区改扩翻项目 128 户,×× 市昆仑桥片区改扩翻项目 119 户,×× 市新湘路片区改扩翻项目 52 户。务必在 5 月中旬将前期手续全部办理好,5 月下旬全面开工建设,11 月底前全部完成任务。

二、关于公共租赁住房建设工作。由市棚户区改造有限公司在德泽小区建设 200 套公租房,回购价格以(×× 府阅〔2016〕135 号)为准,该项目已列入我市 2020 年重点项目,必须高度重视,务必在 5 月中旬前办理好各项目前期手续,确保 6 月份全面开工,今年全部完成任务。为彻底解决我市低收入家庭住房困难问题,原则同意在德泽小区增加建设公租房 100 套,与原回购 200 套公租房一并建设。回购价格待工程竣工验收后由财政评审确定。

×× 市保障性安居工程工作领导小组办公室

2020 年 3 月 6 日

思考与练习

一、我国现行党政机关公文的种类有哪些?其中哪几种是基层单位和一般部门经常要用到的?

二、党政机关公文有特定的格式,标准的党政机关公文格式由哪几部分构成?

三、党政机关公文语言有何特点?比较一篇散文与一份公文的语言,具体谈谈你的感受和认识。

四、词典中“决定”一词的定义有:(1)对如何行动作出主张;(2)决定的事项;(3)某事物成为另一事物的先决条件;(4)客观规律促使事物一定向某一方面发展变化。这些定义中的哪几种最适用于党政机关公文中的决定?

五、什么是公告?它有何特点?

六、请根据通报的写作要求,找出下面通报中存在的问题,并进行修改。

通　　报

据调查 ×× 市建工局系统某公司,未经市劳动局批准,给 19×× 年以前参加工作的相当行政 25 级以工代干人员，靠到行政24级，再调到23级，并从银行套取现金发放工资。

建工局系统某公司借调资之机，随意给工人增加工资，从银行套取现金，违反财经政策，造成了很坏的影响。在经济调整期间，无视党和国家的调资政策，不执行国家经济计划，给国家和企业带来严重的经济损失。

为了严肃财经纪律和调资政策，市政府决定将该公司多发工资部分退回，建工局有关人员对此进行认真检查。

为了避免再发生类似事件，特此通报。

××××年×月×日

七、通告与公告有什么不同?

八、请根据通知的写作要求，找出下面通知中存在的问题，并进行修改。

关于召开“全省人事系统干部岗位试行规范”论证会的通知

有关地、市、县(市)人力资源和社会保障局：

为了贯彻国务院国发(××××)××号文件精神，逐步做到干部岗位培训的规范化，有计划、有准备地开展人事干部岗位培训工作，我厅在上半年调查的基础上，起草了“全省人事系统干部岗位试行规范”(讨论稿)，并寄往部分地、市、县(市)人力资源和社会保障局征求意见。为了使“规范”既符合科学性，又具有可行性，我们拟请部分专家、学者和长期从事人事工作的同志以及省直有关部门的同志参加，对“规范”进行科学论证，现将有关事项通知如下：

一、会议内容。论证“全省人事系统干部岗位试行规范”(讨论稿)；讨论省局“关于开展全省人事系统干部岗位培训工作的安排意见”(讨论稿)。

二、参加人员。论证会除聘请部分专家、学者外，各地、市人力资源和社会保障局以及各县(市)人力资源和社会保障局分管干部教育的局长参加论证，并请在会前做好论证的准备工作。

三、会议时间和地点。参加会议的同志请于9月3日在××宾馆报到，4日至5日开会。各地参加会议人员名单于本月30日前电告省人力资源和社会保障厅干部教育处。(电话：××××××××)

特此通知。

省人力资源和社会保障厅(公章)

××××年×月×日

九、请根据下列文件的内容要求，将标题所缺部分填写清楚。

(1) 国务院关于(　　　　　　　　)的通知

各省、市、自治区人民政府，国务院各部委、各直属机构：

《企业职工奖惩条例》已于××××年×月×日国务院常务会议通过，现予发布施行。

国务院(公章)

××××年×月×日

(2) ××市财政局关于(　　　　　　　　　　)的通知

各企业主管局，各区、县财政局：

现将财政部财企字〔××××〕第8号《关于落实政策中有关财务开支问题的复函》转发给你们，请转发给所属企业，按《复函》中的规定执行。

附件:财政部《关于落实政策中有关财务开支问题的复函》

××市财政局(公章)

××××年×月×日

十、什么是通报?通报与通知有何异同?

十一、简述请示和报告的异同。

十二、指出下面公文中存在的错误,并进行修改。

关于报送少数优秀中青年艺术表演人员名单的报告

省文化厅党组:

根据省厅党组[20××]第036号通知要求,对照破格晋升的范围、条件书中文化和旅游部制定的艺术专业职称评定标准,经与省厅调查组磋商,我局党组初步提出×××、×××、××、××、×××、×××、××、×××八位同志晋升为二级演员(演奏员)。现将上述八位同志名单及《登记表》随文报你厅,请予审批。

二〇××年六月××日

十三、指出下列几种公文标题的错误或不妥之处,并修改。

1. 关于自然资源部加强节约能源研究工作的请示

2. 国家卫生健康委员会关于允许个体开业行医问题的请示报告

3. ××省××厅严格控制会议费规定的通知

4. 老骥伏枥,壮心不已——××区兴办敬老院的情况报告

5. ××区教育局关于加强学校管理,制止某些学校对转学生、插班生以及招收没有正式户口借读生任意滥收学杂费的请示报告。

十四、指出下列公文语句中的错误,并作修改。

1. 你乡提出试行"关于违反计划生育规定的惩罚意见"最好不执行,因为这个意见违反上级有关文件精神。

2. 未经批准进山砍伐树木,一律罚款。砍伐碗口粗、一人高的油松一棵,罚款50元。

3. 为安全及发展生产需要,我公司决定对该仓库进行维修,所需资金7万元应由上级拨款解决,特此请示,请即批准。

4. 我司只有4月份收到你司发来的小孩雨衣2 000件,5月份一件也未收到,现在6月份也马上就要过去了,还是未收到其余的订货。

十五、选择题

1. 下面哪一组公文属于报请性公文?(　　)

A. 请示、报告、通知　　B. 请示、总结报告、批复

C. 请示、工作报告、呈转性报告　　D. 请示、批复、纪要

2. 以下四种公文中,哪种公文的主送单位只能有一个?(　　)

A. 报告　　B. 请示　　C. 纪要　　D. 通报

3. 以下几种公文中,哪两种是周知性公文?(　　)

A. 通知　　B. 通报　　C. 报告　　D. 请示

E. 批复　　F. 函　　G. 纪要

第八章　企事业单位事务文书

第一节　计划　总结

一、计划

（一）计划的概念及特点

计划是人们对今后一定时期内生产、工作、学习等方面预先拟定目标、步骤，提出具体要求，制定相应措施的一种应用文书。

计划的特点很多，最明显的特点就是事先性、可行性和预见性。事先性是指计划的实现是将来的事。可行性是指计划的科学性和合理性。计划不是空想，是建立在对既定事实和客观条件的充分分析、论证基础之上的，具有理论和现实依据，因而也具有预见性。

（二）计划的种类

按照不同的标准，计划可以分成不同的类别，大致有以下几种：

(1) 按计划的内容分，有工作计划、学习计划、生产计划、经营计划、财务计划、销售计划、分配计划等。

(2) 按计划的时间分，有长期计划、中期计划、短期计划、年度计划、季度计划、周计划、日计划等。

(3) 按计划所包括的范围分，有单项计划、综合计划等。

(4) 按计划的制定者分，有国家计划、部门计划、地区计划、单位计划、个人计划等。

(5) 按计划的书写形式分，有条文式计划、表格式计划。

(6) 按计划的性质分，有指令性计划、指导性计划。

（三）写作格式

计划的写作格式一般包括如下几个部分：

1. 标题

计划的标题一般由制定计划的单位名称、计划内容和计划名称三个要素组成。如属个人计划，标题只需包括计划内容和计划名称即可。如计划不成熟，或者还没有正式通知过，一般要在标题后用括号注明“草案”“讨论稿”“征求意见稿”等字样。

2. 正文

计划的正文一般包括基本情况、任务要求、方法步骤三个方面。

(1) 基本情况。叙述前一阶段的工作,指明取得的成绩和存在的问题,要明确反映出过去一段时间内工作的经验教训。因为,一份切实可行的计划总是在总结过去的基础上制定出来的。当然,这部分内容还应当包括编制计划的目的、指导思想、总结任务等。

(2) 任务要求。这是计划的中心内容,说明计划要达到的目标。任务要求要明确具体,表明要做什么。一般分条目来写,用小标题的形式表现。

(3) 方法步骤。也就是具体措施,要表明怎么去做,做的分寸、程度,完成时间,要求步骤,先后次序等。

3. 结尾

署上制定计划单位的名称和制定的时间。标题上已有计划单位名称时,后面可不再署名,写上时间即可。

(四) 制定计划应注意以下几个问题

1. 要服从全局

计划中提出的目标、任务、措施,都要符合党和国家的方针、政策,要正确处理好整体与局部、长远与眼前的关系。这是制定计划的一条重要原则。只有这样,才能保证计划的实施。

2. 从实际出发

要根据客观实际的需要与可能来制定计划。计划的内容既要全面,又要重点突出。拟定的具体目标、措施,既要充分反映群众的积极性、创造性,又要慎重稳妥,量力而行,留有余地。计划提出的指标应该是经过努力能达到的。要做到工作积极性与科学态度相结合。

3. 要贯彻群众路线

制定计划要发动群众充分讨论,这样既可以集思广益,使计划更加完善可靠,又可以调动群众的积极性,保证计划的完成。

4. 定期、及时检查和修订

计划是事先制定的,带有预测性质。但客观事物错综复杂而且是不断发展变化的,因此,要让计划符合实际,就必须在检查计划执行情况的同时,根据实际情况及时修订计划的内容。

例文 8–1

红星钢铁厂健全岗位责任制工作计划

为了贯彻市经委4月会议精神,学习首钢健全岗位责任制的先进经验,改进本厂的企业管理,根据厂职工代表大会决议和厂的部署,经过厂长办公室3月份的初步调查研究,制定如下健全岗位责任制工作计划:

一、在5、6、7三个月内,全厂以健全岗位责任制为中心工作,提高企业管理水平,更有效地调动广大职工的积极性,迅速扭转本厂落后状况,用老设备发挥出新水平,保证完成和超额完成本年度各项指标。

二、各生产部门把各项指标分配到各个生产岗位,建立明确的岗位责任制,制定明确的考核标准。对每个岗位的工人,明确规定工作的数量、质量和完成的时限等。

三、各科室制定干部办事规则,要求每个干部分管的指标必须完成,基础工作必须健全,专业资料必须齐全,要求逐项列出办事程序、协作关系、完成时限和程度。细则要有明确的定额、数量、质量和时间的要求,要能够据以考核。

四、各生产部门和职能部门制定考核办法和制度,与奖惩制度挂钩。工人实行班统计、日公布、周分析、月总结的制度,用百分制按月计算,干部按人建立考核手册,按日登记,按周由领导签认记分。计分实行百分制,按分领奖。

五、实施步骤和负责人如下:

(一) 5月上、中旬,举办各级领导干部学习班(×××、××× 负责)。

(二) 5月下旬,在三车间和技术科试点(×××、×××、××× 负责)。

(三) 6月至7月中旬,各部门全面铺开(各部门负责人)。

(四) 7月下旬,检查、验收(厂部组织各部门互相检查)。

六、党、团、工会分别制定工作计划,密切配合这一中心工作。

七、计划执行情况,每月末由厂长办公室检查一次。

××××年×月×日

二、总结

(一) 概念和特点

总结作为一种回顾与反思的手段,是人类在社会实践中认识世界必不可少的形式。通过对一个阶段内完成的工作或任务进行回顾、检查和研究,找出经验、教训,并将其条理化、系统化,得出一些规律性认识,是一种使用广泛的事务文书。

总结的特点表现为以下几个方面:

(1) 目的性。总结的目的是为了更好地去认识世界,解释世界,寻找规律,从而能动地改造世界。不论是经验还是教训,都有利于指导实践,成为改造自然和社会的一面镜子。

(2) 实践性。客观规律是通过"实践—认识—再实践—再认识"的循环过程获取的,只有发挥主观能动性,投身工作实践,不断总结,才会求得规律。所以说总结来自实践,它的观点是从实践活动中抽象出来的认识和规律。

(3) 业务性。总结一般是本单位、本部门、本系统的人所共同关心的问题,它的业务性、技术性比较强,但"务虚"和"务实"必须结合,要有明确的指导思想和确实的材料。当然,也要集中群众的智慧,讲求群众性。

(4) 理论性。总结虽然要以事实为基础,但还需要提到理论的高度,不仅要说清是什么,还要阐明为什么和怎么办。要在分析中总结出一些新鲜、独到、具有指导意义的内容。

（二）总结的种类

总结的种类很多，按不同的分类方法，可分为不同的类别：

(1) 按内容可分为综合性总结和专题性总结。

(2) 按时限可分为全过程总结和阶段性总结。按时间可分为年度总结、季度总结、月份总结、阶段总结。

(3) 按功用可分为汇报工作总结和经验推广总结。

(4) 按范围可分为单位总结和个人总结。

（三）写作格式

总结由于内容、对象、作者身份不同，有各式各样的写法，下面只谈一般的写法。

1. 标题

总结的标题通常有三种写法：第一种是直书其事，写明单位、时间、事由、文种，如《×× 市 20×× 年度工作总结》；第二种是概括总结的内容，展示前景，如《×× 厂是怎样扭亏为盈的》；第三种是同时使用正副标题，如《系列开发　脱贫致富——×× 地区工业经济开发的启示》。

2. 前言

也叫导语，即总结的开头部分。它应开门见山，高度概括工作的政策依据、主客观条件、总结的范围和目的、对工作的总评价等，起到开宗明义的作用。

3. 正文

正文是总结的主要部分，也是总结成败和优劣的关键所在，应特别重视，着力写好。这部分一般要求写出以下内容：

(1) 基本情况。包括三个方面，一是在什么情况下，二是原计划做什么，三是实际怎么做的。这段文字以交代清楚为目的，不宜过长。

(2) 成绩和缺点。这部分讲工作的成效。一是要务实，有多少成绩就写多少，有什么缺点就写什么缺点，要有事实，有数据，掌握好分寸尺度，不可过分。二是要概括几条线索，把主要成绩串起来，注意详略得当。

(3) 经验和教训。这是改造客观世界过程中主观方面的收获，要虚实结合。首先要说出道理，总结出一些规律性的内容，对工作实践进行分析概括。其次要从实际工作出发来总结，做到虚实结合。

(4) 设想和安排。这部分是在总结经验教训的基础上，针对工作中的实际问题，提出改进措施和今后的打算，或者说明工作趋势，提出新目标。这部分行文要简洁、有力、自然，也可以从主体中抽出来，列为结尾部分。

(5) 落款。总结的正文之后，要署上单位名称，标明时间。如题目中已有单位名称，或题目下方已署名，则只写年、月、日即可。

（四）写作要求

1. 要调查研究，充分占有材料

总结的内容来自工作实际，这就要求作者详细、系统地占有实践活动的第一手材料。为此，写作前应进行必要的调查研究，补充原有材料，搜集缺少的材料。只有充分占有材料，动笔时才会得心应手。

2. 要一分为二，坚持实事求是

实事求是写好总结的重要原则。要运用一分为二的观点，进行实事求是的分析，不溢美，不隐丑。切忌主观片面，并防止报喜不报忧和随意拔高的不良倾向。写作时必须对材料反复核实，去伪存真，要字斟句酌，仔细推敲，力求做到实事求是，恰如其分。

3. 要注意分析，揭示其规律性

总结要在反映情况的基础上，进一步探求客观事物的发展规律，指导今后的工作，这是由总结的最终目的决定的。怎样才能找出规律性的东西呢？在充分占有材料的基础上，不但要从事物的整个过程中找出其发展规律，还要从不同事物的差异中找出其所以不同的真正因素，从而既能看到一般规律，又能发现特殊规律。只有清晰地反映出工作的特点和面貌，才能使人受到启发和教育。

4. 要结构严谨，语言准确生动

总结比其他文种篇幅稍长，因而一定要结构严谨，层次清楚，前后连贯，力求做到推理正确，前后呼应，逻辑严密。总结的语言也要准确生动，将概念、判断用十分确切的语言表达清楚，切忌用“大体上”“差不多”“可能是”等模棱两可的词语，评价事物也要中肯，合情合理。结构条理清晰，语言运用准确、恰当，总结才能充分发挥作用。

（五）总结和计划的异同

总结和计划具有以下不同点：

(1) 时间上。计划在工作开展之前，总结在工作开展之后。

(2) 要求上。计划回答做什么、怎么做、做到什么样的程度的问题；总结回答做了些什么、做得怎么样的问题。

(3) 表达上。计划重说明，总结重议论。

(4) 重点上。计划的重点放在未来要实现的目标上，总结的重点放在成功的经验和失败的教训上。

计划和总结的目的都是帮助人们认识客观规律，以便认识世界，改造世界。

例文 8–2

××××年春季交易会
××市纺织品交易团调研工作总结

在今年春季交易会上，我市纺织品交易团重视调研工作，组成工贸结合的调研组，调研员通过业务洽谈和召开专题座谈会进行调研，取得了一些成绩。

一、本届交易会调研工作取得的成绩

(1) 通过调研，基本上弄清了当前纺织品市场情况、供求关系、价格水平，对搞好本届交易会的业务成交起了良好的作用。

(2) 通过调研,对于当前和今年下半年纺织品市场供求关系和价格趋势较以前有更为明确的认识,有利于完成全年的经营计划,为领导确定经营决策、制定措施提供了参考。

(3) 对一些重点市场和重点商品的产、销、存等情况及趋势进行了调研,积累了资料,以便有利于今后进行系统研究。

(4) 调查了解国外纺织品和服装的品种、花色、款式、处理等方面的流行趋势及用户对我产品的反映,提供给我生产部门以便改进生产,使我产品适合国外市场需要,以便扩大纺织品出口。

二、本届交易会调研工作的经验和体会

(1) 领导重视,调动调研员的积极性是搞好调研工作的保证,还须不断地强调和宣传调研工作的重要性。

(2) 本届交易会采用工贸结合的调研组织形式,是可行的、较好的形式,只要加强统一领导,互相配合通气,工贸双方既可分头活动,也可合作活动。

(3) 调研中要注意不断提高调研工作的质量,不仅要及时反映情况,还要在一定时间内进行分析研究,提出意见看法。调研可分阶段进行,前半段应着重调研当前市场和价格,为本届交易会工作服务;后半段应着重调研趋势,为今后工作服务。

(4) 调研会是进行调研的好方法,今后可多搞一些专题性的商人座谈会和业务员座谈会。

三、存在的问题和建议

(1) 工作中调查多,分析研究少。在编印简报中,介绍商人反映的多,而经过分析拿出的看法、建议少。调查偏重于商品,对地区市场情况缺乏系统归纳分析,拿不出有参考价值的意见。

(2) 建议今后在交易会前,各有关公司都应提出本公司的调研提纲,以便调研组及时制定反映实际要求的调研方案。

××市纺织品交易团

××××年×月×日

第二节 简 报

一、概念和特点

简报是党政机关、人民团体、企事业单位编发的一种单页或多页的内部文件,是一种以反映情况、交流经验、传递信息为主要内容的简要报道。各单位内部编发的“××简报”“××动态”“内部参考”“情况交流”“信息通报”等,基本上都属于简报范畴。

简报的特点是“简”“快”“新”。“简”就是简明扼要,短小精悍,简报不同于正式公文,不必详细反映情况,只要抓住重点,准确说明问题就行。“快”就是要具有鲜明的时效性,要及时撰写,迅速发送,以充分发挥其作用。“新”就是要及时反映本单位、本系统的最新情况,内容要新鲜。

简报正因为具备这几个特点,已经成为对上汇报工作、反映问题,对下推广经验、指导工作,机关之间沟通情况、交流经验的信息传递方式。

二、简报的种类

简报的种类很多,从内容上划分,有以下几种:

(1) 综合简报。它反映本单位、本部门一定时期内的工作情况。这种简报既要有总体上的概述,给人以总的印象;又要抓住主要问题,结合实例,突出反映重点。

(2) 专题简报。它是关于某一项专门工作动态、进展、经验、问题的汇报,也可以同时通报有关部门,或下发给所属基层单位。

(3) 会议简报。这是由会议秘书处或主持单位编写,专门报道会议的进展情况,反映与会人员意见、建议的简报。这种简报有的综合反映整个会议情况;有的只写某件事、某个方面;也有的归纳整理对同一问题的不同意见;等等。

三、写作格式

简报的格式,大体可分为报头、报体、报尾三部分。

1. 报头

在第一页上方写报头,如“×× 简报”。报头下面要有编号,编号的方法各单位可自行掌握。报头下面左侧是编发简报单位的名称,右侧是编发的日期。如是会议简报,则在第一行正中写“×× 会议”字样,第二行正中写“简报”两个大字。在单位名称和日期下用间隔横线与报体分开。

2. 报体

报体是简报的内容部分,一般分为标题、导语、主体和结尾四部分。报体最下方用一条横线与报尾隔开。

(1) 标题。标题应力求确切、简短、醒目。为突出简报所反映的内容,有时在标题之下使用副题。标题表现文章的思想主旨,副题则交代报道对象及范围,起补充说明标题的作用。

(2) 导语。它是简报的开头,要求把全文的主要事实和中心思想扼要地概括出来,如谁做了什么事,结果如何,以引起读者的关注。

(3) 主体。这是简报的主要内容。它对导语中提出的问题展开概述,使之具体化。它着重阐述基本情况,介绍做法,取得哪些成绩,总结出带有规律性的经验,提出存在的问题以及解决措施。这部分使用的材料必须是能说明问题、具有典型意义的材料;材料的安排要体现其内在联系与因果关系,有主有次,有点有面。

(4) 结尾。要用一句话或一段话对主体阐述的内容加以简要归纳、概括,进一步深化主题。

3. 报尾

报尾位于简报的最后一页下方。用三行注明本期简报需报送的单位和个人姓名。第一行写上报的上级单位及领导姓名,如“报:×××、××× 单位,××× 同志”,中间一行写平送单位名称,如“送:××× 单位”,最下一行写下发所属基层单位名称,如“发:××× 单位”。最后,在右下角注明印发份数。

例文 8-3

税务简报

(第 × 期)

×× 市税务局编　　　　　　　　　　　　　　　　　　　　××××年×月×日

认真宣传《关于处理偷税、抗税案件若干问题的暂行规定》

为了认真贯彻执行《关于处理偷税、抗税案件若干问题的暂行规定》(下文简称《暂行规定》),×× 县税务局干部群众齐动员,采取有效措施,积极宣传《暂行规定》,开始收到显著效果。

最近,市高级人民法院、市人民检察院和市税务局联合召开的贯彻执行《暂行规定》的动员大会刚一结束,×× 县税务局立即在4月18日召开了全局干部会议,及时传达动员大会的精神,认真学习了《暂行规定》,确定了向全县广泛深入地宣传《暂行规定》的方法和步骤,开始了声势浩大的宣传活动。4月19日,县局向县广播站投递了宣传稿件。广播站在当天就向全县反复宣传了四次。与此同时,县局还组织了五十名共青团员利用星期天,在 ××、××、×× 三镇设立宣传站,进行了宣传和咨询活动,直接受教育的群众约有两万人次。此外,各税务所还按照县局的要求和部署,分别以乡和镇为单位召开了会议,认真宣讲了《暂行规定》。有的专管员还深入所管单位,和单位领导一起宣传《暂行规定》。通过19日—22日连日来的宣传,《暂行规定》已经家喻户晓。广大群众表示,一定要坚决贯彻执行《暂行规定》。有的应税人听了宣传,积极主动地自报收入,有力地推动了个体纳税定额工作的顺利开展。

目前,×× 县税务局为了取得宣传《暂行规定》的最佳效果,正在认真总结前阶段宣传工作的经验,准备把这项宣传活动进一步地深入开展。

报:市人民政府、市经委

送:市高级人民法院、市人民检察院

发:各县税务局

共印 ×× 份

第三节　规章制度

一、规章制度的概念和特点

规章制度是各种制度、公约、章程、条例、守则、须知、规定、规则、办法等的总称,是党政机关、社会团体、企事业单位制定的,在一定范围内要求有关人员共同遵守的行为准则,是具有法规性和约束力的实用文书。规章制度的应用非常广泛，上至国家最高领导机关，下至基层组织和个人，都可以用规章制度来约束控制、管理和指导，以明确应该遵守的事项、职责范围、应达到的标准等，确保工作、生产、学习、生活等有序、正常进行。

规章制度除了具有法规性和约束力，还具有以下特点：一是准确性。规章制度中的概念、判断必须明确，才有利于贯彻执行。二是可行性。规章制度的内容必须从实际出发，切实可行，不能写一些根本办不到的条款，以致成为一纸空文。三是简明性。规章制度的语言要简明扼要，通俗易懂。

二、规章制度的写作格式

规章制度的写作格式主要有两种类型：一种是将全文分为若干章节，再列出若干条款，即章条式；另一种是只分若干条，即条文式。前者一般用于内容较复杂的章程、条例等，后者一般用于内容较单纯的守则、公约、工作制度等。

三、几种常用的规章制度

(一) 章程

章程是具有法规性质的组织规章，是政党、社会团体规定本组织有关内部事务并要求所有成员严格遵守和执行的一种公文。章程的标题一般由机构或团体名称加文种构成。正文多为章条式，也有条款式，一般要求写明政党或团体的性质、宗旨、纲领、任务、指导思想、组织原则、机构、成员条件、权利和义务、活动范围和纪律等内容。正文的开头一般为本章程的目的、依据、宗旨等，通常称为总则，分则是章程的核心部分，叙述具体内容，按其性质和内在联系逐条写出来。未尽事宜和处置办法写入附则。章程往往先以草案的形式发出讨论，然后经会议通过颁行。

例文 8-4

南开校友会章程

（×××× 年 × 月 × 日第 × 次校友会通过）

第一章　定　　名

本会定名为南开校友会。

第二章　性　　质

本会是南开校友自愿成立的群众性组织。

第三章　宗　　旨

团结国内外校友，相互砥砺，加强联系，增进友谊与合作，发扬南开的优良传统与学风，为促进我国社会主义现代化建设，为促进母校的建设与发展作出贡献。

第四章　会　　员

凡曾在南开大学、南开中学、南开小学及南开大学附中、附小学习或工作过都是南开校友（在校学生不包括在内)。

南开大学校友包括长沙临时大学和西南联合大学校友。

南开中学校友包括天津第十五中学、南开女中、天津第七女中、医大附中、东方红中学、重庆南开中学、南渝中学、重庆第三中学等校校友。

凡热爱南开学校或为南开办学出过力,愿参加校友会,经校友会认可,可作为南开校友入会。

第五章 组 织

南开校友会设总会和分会。

1. 总会设在天津南开大学。

2. 总会设理事会。理事会由会员代表会议选举产生,理事任期五年,连选得连任。理事会设理事长一人,副理事长若干人,常务理事若干人(在天津的理事均为常务理事)。理事会下设秘书长一人,副秘书长若干人。

3. 总会理事会可设两名名誉理事长。

4. 为加强校友之间的联系,总会在南开大学设联络处,在秘书长领导下工作,并出版《南开校友通讯》。

5. 各省、市自治区(包括台湾、港澳)及世界各地校友较集中的地区或城市,都可成立分会,自订章程,并报总会备案。同一地区或城市不得设两个分会。必要时可在分会下设立支会。分会应指定专人与总会保持经常联系。

第六章 经 费

本会经费来源:

1. 校友缴纳的会费。校友向所在分会缴纳会费,具体办法由各分会自订。各分会从收缴的会费中向总会提供一定的数额。

2. 校友个人及其他人的捐助。

3. 南开大学的补贴。

……

(二) 条例

条例是国家机关制定或批准的,用以规定国家政治、经济、科技、教育、文化、外事等领域的某些或某一机关的组织、职权及其专门人员的任务、权限等的法规性文件。它一般由主管该方面工作、活动的部门根据国家有关政策、法令精神制定,由国家机关批准颁布。

例文 8–5

×× 大学多媒体教室管理条例

(×××× 年 3 月 21 日印发)

一、多媒体教室是学校采用现代教育技术进行教学的主要场所,全体人员必须爱护教室内的所有设施,保持教室的整洁,保证教学正常进行。

二、学生按教学安排按时上课，不迟到、早退和无故缺课，认真听讲，不喧哗取闹，不妨碍他人学习，不做与上课无关的事。

三、教室内不准抽烟、随地吐痰、吃东西、乱丢果皮纸屑、在桌上和墙上乱刻乱画，严禁损害公物的一切不良行为。

四、多媒体教学系统管理人员和教学楼管理人员必须认真负责，不断提高管理水平和维护技能，保持教室卫生整洁、安全有序、设备完好，为学生创造良好的学习环境。

五、多媒体教室设备系统属精密仪器，应按操作规程自行开关设备，不得使用粉笔在投影屏幕上写画。未经许可，任何人不准直接在多媒体教学设备上安装和下载软件或修改网络配置。

六、多媒体教室设备系统原则上为教学所使用，使用设备必须经过同意方可开启。禁止学生操作多媒体教学设备，教师授权学生拷贝课件可通过网络教学平台等其他途径进行。教师上课的课件或相关软件应自觉进行杀毒处理，以免影响教学秩序。

七、损坏教室内设备者，照价赔偿，故意损坏者，按"×× 大学学生违纪处分条例"相关条款严肃处理。

八、本条例自印发之日起实施，由教务处负责解释。

（三）守则

守则是由国家机关、社会团体、企事业单位所制定的，要求所属人员必须共同遵守的职业道德，工作学习的行为规范。

例文 8-6

投资顾问守则

1. 遵纪守法，严格按照本公司营业执照规定的经营范围工作。
2. 言行规范，认真遵守本行业的职业道德，不误导客户。
3. 忠于职守，帮助客户收集和掌握国际金融市场信息、动态。
4. 精通业务，向客户提供及时、准确的分析，客观、完善的投资策略，当好客户的参谋。
5. 诚实信用，未得到客户书面授权，不得擅自为客户的银行下单。
6. 保证出勤，因故不能按时到岗或中途离岗，应征得公司经理同意，并做好相应安排。
7. 专心致志，干好本职，不得妨碍其他顾问的正常工作。

×× 莫特尔国际投资咨询公司

×××× 年 × 月 × 日订

（四）公约

公约是企事业团体、人民群众集体制定并共同遵守的一种公文。

例文 8–7

首都市民文明公约

一、热爱祖国　热爱北京　民族和睦　维护安定
二、热爱劳动　爱岗敬业　诚实守信　勤俭节约
三、遵守法纪　维护秩序　见义勇为　弘扬正气
四、美化市容　讲究卫生　绿化首都　保护环境
五、关心集体　爱护公物　热心公益　保护文物
六、崇尚科学　重教尊师　自强不息　提高素质
七、敬老爱幼　拥军爱民　尊重妇女　助残济困
八、移风易俗　健康生活　计划生育　增强体魄
九、举止文明　礼待宾客　胸襟大度　助人为乐

（五）制度

制度是机关、单位制定的对有关人员具有一定约束力的规则或程序。它有利于维护和建立正常的程序，所以要求有关人员必须遵守。

例文 8–8

中共 ×× 经济管理干部学院纪律检查委员会工作制度

为了把纪检工作纳入制度化、规范化的轨道，根据省纪委、省直纪工委的要求，结合我院实际，制定如下制度：

一、职责范围（略）

二、工作制度

1．会议制度（略）

2．报告制度（略）

3．办事制度（略）

4．信访制度（略）

5．资料、档案管理制度（略）

××××年×月×日

第四节　专 用 书 信

专用书信是指具有专门用途的书信，如介绍信、证明信、请柬、聘书、贺信、感谢信、慰问信、自荐信、个人简历等。下面作简要概述。

一、介绍信

介绍信是一个单位派遣人员去其他单位联系工作、办理事情的专用书信。

介绍信一般由被派人员随身携带，交给联系的对方单位，作为进行接触和联系的凭证。对方单位可以从介绍信中了解来人的基本情况、拟办事项、有何要求等。介绍联系和证明身份的双重功能，使介绍信成为日常工作中不可缺少的重要工具。

介绍信分为普通介绍信和带存根介绍信两种。普通介绍信可随时用笔写或打印成文；带存根介绍信经印刷成册，每页两联，一联是存根，另一联为本文，可按印刷空格填写裁用。

介绍信内容包括以下几点：(1) 称谓；(2) 正文，被介绍人姓名及身份简况，说明事由，后常用"希接洽为盼"等；(3) 署名，时间，盖章。

写介绍信要如实填写被派遣人员的姓名、年龄、身份、接洽事项等，不能弄虚作假或冒名顶替。书写必须工整清楚，如有涂改，必须加盖公章。

例文 8–9

介 绍 信

×× 大学办公室负责同志：

今介绍我校中文系讲师王 ××、李 ×× 两位同志前往贵校联系聘请教师来我校讲学事宜，请予接洽，并希协助。

此致

敬礼！

×× 大学办公室（公章）

×××× 年 × 月 × 日

二、证明信

证明信是以组织或个人的名义确凿证明有关人员的身份、经历或有关情况的专用书信。

格式：(1) 标题："证明"或"有关 ×× 问题的证明"；(2) 称谓；(3) 正文：被证明的事实；(4) 结尾，一般写"特此证明"；(5) 出具证明的单位署名、日期，加盖公章。

例文 8–10

证 明

×× 公司：

你公司 ×× 同志 1995 年 9 月至 1998 年 12 月曾在我厂担任技术员，工作积极，认真负责，有一定的业务能力。特此证明。

此致

敬礼!

××市××厂(公章)

××××年×月×日

三、请柬

请柬又称请帖、邀请书,是单位或个人为邀请有关单位或个人参加某项活动而制发的一种专门书信。

请柬的封面上要写明请柬或请帖两字。封面要讲究艺术性,可加图案装饰,字体可用美术体或手写体,有条件还可以烫金印制。

内页首先抬头顶格写上被邀请者(个人或单位)的名称。接着转行写明参加活动的内容、时间和地点,末尾通常写上"敬请光临""恭候光临"或"敬请光临指导"。最后署上邀请者(个人或单位)的名称和发出请柬的时间。

请柬语言除了简洁、准确外,还要充满热情。

例文 8-11

请　　柬

×××同志:

兹定于10月31日上午8时在本校大礼堂隆重举行××大学建校70周年庆祝大会。敬请光临指导。

此致

敬礼!

××大学(公章)

××××年×月×日

四、聘书

聘书又称聘请书,是用以聘请某人担任某一职务或承担某项工作而制作的一种专用书信。

聘书的写作要求如下:(1)在上方正文中写"聘书"或"聘请书"作为标题,字体要大而醒目;(2)聘书使用量较大的单位,还需要在标题的右下方或右上方注明聘书编号;(3)正文第一行顶格书写受聘者的姓名和称谓;(4)交代聘请的原因、任务、要求、权限、职务、任期等;(5)用敬语表示感谢及祝愿;(6)在正文右下方署聘请单位名称、发聘书日期,并加盖公章。

例文 8–12

聘 请 书

兹聘请 ××× 同志为我所 ×××× 专业研究生 ××× 的学位论文答辩委员会委员。

北京市 ×× 研究所(公章)

×××× 年 × 月 × 日

五、贺信

贺信是对表示庆贺的书信的总称,通常有如下几种:上级单位对下级单位或所属职工、群众发出的贺信,同级单位之间的贺信,下级单位、职工发给领导机关的贺信,对重要领导人、科学家、艺术家寿辰的贺信。

贺信可以直接寄交对方,也可以在报刊上登载或在电台上广播。

写贺信应注意如下事项:(1)表示祝贺的感情要饱满、充沛,给人以鼓舞;(2)贺信的内容要实事求是,评价成绩要恰如其分;(3)语言要精练、流畅,篇幅要短小。

例文 8–13

贺 信

×× 大学:

兰榭清秋,丹桂馨香。欣闻贵校迎来 ×× 周年华诞,×× 大学谨向贵校全校师生员工和海内外校友表示热烈的祝贺!

半世纪风雨历程,五十载春华秋实。×× 大学作为综合性大学,一直以来,秉承“×××××××××”的优良传统,发扬“×××××××××”的“××××”精神,坚持正确的办学方向,在人才培养、科学研究、社会服务、文化传承与创新等方面取得了显著成绩。为国家的发展、尤其是 ×× 市的发展作出了重要贡献。历经数代人的不懈努力,特别是 ×× 改革后,贵校办学质量和办学效益稳步提高,规模逐渐扩大,已发展成为师资力量雄厚、多学科协调发展的知名重点大学。值此贵校 ×× 周年校庆之际,我们衷心祝愿贵校能以此为契机,抓住机遇、开拓创新,早日把学校建设成为具有 ×××× 较高水平的教学研究型大学。

多年来,贵我两校相互交流、相互促进,建立了深厚的友谊和广泛的合作关系,我校真诚期望同贵校继续加强交流与合作,共同进步,为我国高等教育事业作出更大贡献!

祝贵校事业蓬勃发展,全体 ×× 大学人顺达如意!

×× 大学(公章)

×××× 年 × 月 × 日

六、感谢信

感谢信是对对方给予自己的关心、支持与帮助表示感谢的书信。它不仅可以表达自己的感激之情,而且可以使被感谢方受到鼓舞和鞭策。

感谢信要把被感谢的人物、时间、地点、事情等叙述清楚、具体,而且要予以评价,揭示其深刻意义。感情抒发要真诚朴素,恰如其分。

例文 8-14

感 谢 信

×× 出租汽车公司:

5月3日下午,我公司经理 ××× 乘坐贵公司“京 A××××”号出租汽车时,不慎将皮包丢失。内有人民币8万余元、身份证一个、护照一本、空白支票三张及各种票据若干张。在我们焦急万分时,贵公司司机 ××× 同志主动将拾到的皮包送至我公司,使我公司避免了一次重大损失。为此,我们再三表示感谢并拿出1万元作为酬谢,××× 同志却说:“这是我应当做的。”××× 同志这种拾金不昧的高尚品德,体现了社会主义社会良好的道德风尚,对我们全体工作人员是一次很好的教育。在此特致函贵公司,深表谢意,并建议对 ××× 同志的高尚行为予以表扬。

此致

敬礼!

×× 公司

×××× 年 × 月 × 日

七、慰问信

慰问信是以组织或个人的名义向有关集体或个人表示慰劳、问候、致意的书信。

格式:(1)称谓;(2)开头、事由;(3)主体内容:慰问什么,为什么慰问;(4)结语,表示祝愿、慰问、希望、鼓励等;(5)署名、日期。慰问信的内容要富有感情,充分肯定被慰问者所取得的成绩、做出的努力,要以热情、富有感染力的语言展望未来,提出希望。

例文 8-15

慰 问 信

各位凯旋归来的英雄们:

你们辛苦了! 欢迎回家!

新冠肺炎疫情发生后,大家坚决响应习近平总书记和党中央的号令,肩负省委、省政府的重托,带着吉林人民的深厚情谊,奋斗在最艰险的疫情防控第一线,为打赢武汉保卫战作出了重要贡献。在你们凯旋之际，省委、省政府和全省2 700万各族人民，向你们致以崇高的敬意、表示衷心的感谢！

疾风知劲草，危难见英雄。面对这场没有硝烟的战争，你们闻令而动、向险而行，奔赴抗疫主战场，投身武汉保卫战，用实际行动书写了对党对人民的无限忠诚；你们牢记使命、不负重托，同时间赛跑、与病魔较量，在关键时刻、危急关头展现出强烈的责任担当；你们敬佑生命、救死扶伤，义无反顾承担起白衣天使的神圣职责，体现了大爱无疆、甘于奉献的医者仁心。你们不愧为最美的天使，不愧为新时代最可爱的人。你们是吉林人民的优秀儿女，时代不会忘记你们，历史不会忘记你们。

山河终无恙，春回燕归来。在以习近平同志为核心的党中央坚强领导下，我们一定能够夺取疫情防控人民战争、总体战、阻击战全面胜利！希望你们继续发扬伟大抗疫精神，在实现全面建成小康社会、实现吉林全面振兴全方位振兴中再立新功！

中共吉林省委
吉林省人民政府
2020年3月22日

八、自荐信

自荐信是推荐自己担任某项职务或从事某种工作、活动，为让对方接受而使用的一种专用信件。

格式：(1)标题；(2)称谓；(3)正文：基本情况（姓名、性别、年龄、学历、政治面貌、职务职称等），推荐理由（专长、特点、成果等），个人的决心，被接受后的态度；(4)署名、日期、联系地址、电话。

例文 8–16

自荐信

尊敬的领导：

您好！

我是××××学院××系××级××专业学生，将于20××年6月毕业。据悉贵单位将招聘应届毕业生，我非常希望到贵单位工作，故冒昧地给您写信。

在校期间，我充分利用学校优越的学习条件和浓郁的学习氛围，认真学习了××专业人才培养计划规定的内容，取得了优异的成绩，具备了一定的理论水平和实践能力。同时我对计算机的应用有着特别的兴趣，曾获全国计算机等级考试三级合格证书，能够熟练使用计算机。

在学好文化课程的同时，我积极参加社会工作和暑期实践。无论担任班干部或进行市场调查、参加学生实践团、参加校篮球队等活动，我都积极投入，谦虚谨慎，团结同学，吃苦耐劳，很好地完成了任务，表现出较强的领导和组织能力、与人密切合作的能力和良好的环境适应能力。

由于我在各方面都能严格要求自己,在学习和工作中都取得了较好的成绩,所以多次获得奖励(奖励证书复印件附后)。

以上是我的一些简单的个人情况,在面临毕业的重要阶段,我希望自己能够迈好踏入社会的第一步,因此把贵单位作为我长远发展,努力回报的地方。我非常希望能凭自己的实力取得在贵单位工作的资格。

现奉上推荐表、个人简历、成绩表等资料,如还需要其他的证明材料,请您赐告,自当迅速奉寄。

热切期待您的回音!

我的联系电话是 ×××××××××,邮箱是 ×××××××××××××。

此致

敬礼!

求职人:×××

×××× 年 ×× 月 ×× 日

九、个人简历

个人简历又称个人履历,是求职者在求职、评聘时向用人单位或评审团提供个人情况的一种应用文书。它的主要内容是对自己的学历背景、技能专长、以往工作经验和工作业绩及其他个人情况的简要概括,目的是把自己介绍给用人单位或评审团供其参考。

个人简历和求职信是有区别的:求职信的写作目的是吸引用人单位招聘负责人看简历,使其具体了解求职者的情况;个人简历相当于自我推销的广告文稿,即把自己优秀的一面突出展示给对方,以期引起用人单位的浓厚兴趣,最终选聘自己。

(一) 个人简历的基本内容

标准的求职简历主要由四项基本内容组成。

1. 基本情况

包括姓名、性别、年龄、籍贯、政治面貌、毕业学校及专业、婚姻状况、健康状况、身高、爱好与兴趣、家庭住址、联系方式等。

2. 教育背景

包括自己的学习经历以及学习的起止时间,并列出所学主要课程及学习成绩、在学校和班级所担任的职务、在校期间所获得的各种奖励和荣誉,以及所参加的各种专业知识和技能培训情况。

3. 工作资历情况

包括从参加工作至今所有的从业记录,具体列出单位名称、所任职务、就任及离任时间,应该突出所任每个职位的职责、工作性质等个人简历的精髓部分。

4. 业绩与成就

这一部分重点写自己参加工作以来取得的业绩,以及自己在本学科的著述、建树和影响力等。

个人简历的写法比较灵活，无论采用哪种形式，都要突出个性，以便更好地向用人单位展示自己，达到成功推荐自己的目的。

简历贵在简明扼要，各个部分内容较多时，选择其中最主要的几项即可，做到一目了然，给人留下清晰的印象。

值得注意的是，大学生用于求职的个人简历与一般情况下使用的个人简历不尽相同，现分别举例如下。

例文 8–17

大学生求职简历

一、个人基本情况

姓名：张 ××	性别：女
毕业院校：湘潭大学	学历：本科
主修专业：汉语言文学	辅修专业：新闻学
年龄：23	身高：165cm
政治面貌：中共党员	
移动电话：1330732××××	固定电话：0731－58688×××

二、教育经历

2006.9—2010.6　　湘潭大学汉语言文学专业

三、知识与技能

主修专业主干课程：文学理论、现代文学、古代文学、外国文学等。

辅修专业主干课程：新闻采访学、报纸编辑学等。

计算机能力：能熟练应用各类报刊排版和平面设计软件。

外语能力：具备较强的听说读写的能力，达到公共英语六级水平。

其他能力：有驾照。

四、在校期间担任的职务

2006—2010 年	湘潭大学文学院学生会	×× 部部长
	湘潭大学文学院本科党支部	×× 委员

五、社会实践经历及业绩

1. 在校期间兼任校报编辑，独立编辑报纸 20 期。

2. 参与学院卡拉 OK 大赛及演讲比赛的策划和组织。

3. 在各类报刊发表作品 26 篇。

六、个人评价

具备团队合作精神，生活态度积极、乐观，有进取心和责任感，善于与人沟通交流，有一定的工作组织能力。

七、特长与爱好

读书、运动、音乐。

例文 8-18

钱学森简历

1911 年 12 月出生于上海,祖籍浙江杭州。

1923 年 9 月进入北京师范大学附属中学学习。

1929 年 9 月考入上海交通大学机械工程系。

1934 年 6 月考取清华大学公费留学生,次年 9 月进入美国麻省理工学院航空系学习,1936 年 9 月转入美国加州理工学院航空系,师从世界著名力学大师冯·卡门教授,先后获航空工程硕士学位和航空、数学博士学位。

1938 年 7 月至 1955 年 8 月,钱学森在美国从事空气动力学、固体力学和火箭、导弹等领域研究,并与导师共同完成高速空气动力学问题研究课题和建立“卡门—钱近似”公式,从而在 28 岁时就成为世界知名的空气动力学家。

1948 年,钱学森为准备回国,退出美国空军科学顾问团,辞去海军军械研究所顾问职务,新中国成立后他回国的心情更加迫切,但自 1950 年夏起,被以莫须有的罪名拘捕,遭受无理羁留达 5 年之久。

1955 年 10 月,钱学森冲破重重阻力回到祖国,立即投入到新中国建设之中。

1991 年 10 月,钱学森被国务院、中央军委授予“国家杰出贡献科学家”荣誉称号。

1999 年 9 月,被中共中央、国务院、中央军委授予“两弹一星功勋奖章”。

2009 年 9 月,被评为“100 位新中国成立以来感动中国人物”。

2009 年 10 月 31 日,钱学森在北京辞世,享年 98 岁。

比较例文 8-17 和例文 8-18,不难发现大学生求职简历与一般个人简历的区别:前者主要突出知识与技能、社会实践经历和已取得的成绩,偏重于个人实力的描述,具有约定俗成的写作格式;后者主要突出人生经历和事业成就,注重人生经历的展示,表现形式不拘一格。

(二) 简历写作应注意的几个问题

1. 简历要“简”

一般来说人事部门的经理会收到堆积如山的简历,但没有太多时间仔细阅读一份很长的简历。因此,应该将简历篇幅尽量压缩,言之有物。特别要注意的是,不要把那些与职位和工作无关的内容写进去。

2. 有的放矢

人事经理往往只根据简历内容判断求职者是否符合招聘条件,所以,写简历时一定要关注对方的招聘条件,并突出自己达到对方要求的哪些条件。

3. 突出自己的优势

写简历一定要突出自己的优势,诸如自己的与众不同之处,在这个专业领域学过哪些课程,有哪些相关的经验,受过什么专业奖励,且这些应当与应聘的职位相关。

4. 注意艺术性和个性角色

为使简历在最短的时间内吸引用人单位,一是要精心设计表现形式,力求达到让人“眼前一亮”的效果;二是关于个人专长的描述要真实而巧妙,给用人单位留下深刻印象。

5. 不要谈条件

你究竟有多少才能,用人单位使用后才会知道,不要在简历中写明最低薪水要求及职位要求,否则可能失去面试的机会。

第五节 申　　论

一、何谓“申论”

申论最早出现于2000年中央国家机关公务员录用考试中。经过几年的实践以及专家学者们的改进与完善,申论现已成为公务员录用考试的一门基本科目,日益受到人们的重视。

在市场经济条件下,公务员比以往更需要搜集、分析信息资料,具备研究、解决实际问题的能力,而通常的写作考试模式很难体现考生这方面的真实水平。经实践检验和专家学者的详细论证,申论可对考生的阅读能力、写作能力及分析、解决实际问题的能力进行综合考察,符合录用公务员的实际需要,故国家人事部决定,考录公务员,申论为考试科目之一。

“申论”一词出自孔子“申而论之”一语,含有申述、申辩、论述、论证之意,意指根据所给材料引申开来,发出议论。现行的申论考试要求考生在所给定的书面资料基础上“申而论之”。但这种“申而论之”,不同于一般的议论,有其特定的要求:

其一,它要求考生准确理解、概括所给定的书面材料。

其二,它要求考生根据所提供的材料,发现问题,提供对策。

其三,它要求考生针对对策,自选角度、自定题目,进行论证。

可见,现行的申论考试就答题形式来看,不限于写一篇文章,还要求考生准确理解考题提供的材料,从中发现问题,给出解决问题的对策和方案;就文章的内容来说,它要求考生写的不是一般的议论文,而是一篇策论;就考察范围来说,它考察的不仅是考生的阅读、理解和表达能力,还考查考生发现、解决实际问题的能力,是对考生综合素质综合能力的考察。

二、申论考试的基本特点

(一) 考试形式的灵活性

申论考试基本上由概括、方案、议论三部分组成:

就概括部分来说，它只要求准确概括资料的主要内容；就方案部分来说，它主要要求考生针对现实问题提出对策和方案；就议论部分来说，它要求考生写成一篇完整的文章，并且是策论，既考查了考生的写作能力，也考查了考生的决策能力，分析问题、解决问题、论证问题的能力。

（二）考试内容的普遍性

出于考查考生综合素质和能力的需要，申论考试所给出的资料范围极其广泛，内容涵盖政治、经济、法律、教育等诸多方面，让每个考生都有话可说。

（三）考察目标的针对性

申论考试形式灵活多样，内容广泛，但针对性很强，主要考查考生阅读、分析、概括、解决问题的能力，体现在题目中主要是分析、概括、论述这三个方面。

申论通过资料所反映的问题，或已有定论，或存在争议，主要是让考生自己进行判断和分析，做出结论，以考查考生的分析、判断能力。

三、申论考试的基本环节

在申论考试的全过程中，阅读资料与概括主题、发现问题与提出对策、确立论点与进行论证是三个主要的环节。

阅读理解给定资料，并准确地概括资料内容，是申论考试最基础的环节，是完成其他两个环节的基础。只有认真读懂读通全部给定资料，准确概括出给定资料所反映的主要内容，才能顺利进入第二个环节。

提出对策是申论考试的关键环节，重点考查考生的思维开阔程度、探索创新意识、应变和解决问题的能力。它虽给考生提供了充分发挥的自由空间，考生可以根据各自的知识、阅历，对同一问题各抒己见，见仁见智，但必须结合给定资料所涉及的范围和条件，才可能提出切实可行的对策和方案。

这之后，考生应根据自己对所给资料反映问题的看法以及解决问题的方案，展开论证，写成一篇完整的文章。这个环节完全建立在前两个环节基础上，如果前两个环节出现了问题，就无法完成申论所要求完成的文章。

在一定意义上说，进行论证，是申论的真正开始，它要求应试者充分利用给定资料，切中主要问题，全面阐明、论证自己的基本看法以及解决问题的方案。前面的环节尽管非常重要，不可或缺，不能有任何懈怠，但只是一种铺垫。论证部分重要，不仅因为它的字数要求多，分值高于其他部分，更重要的是，论证是申论考试的核心，要全面考查和衡量一个人的分析归纳能力、提出和解决问题的能力以及逻辑说理能力。论证部分的写作应该在深入思考的基础上进行，最好事先列一个扼要的提纲，做到胸有成竹，行文流畅，并注意论题鲜明、重点突出、线索清晰、详略得当这些写作的基本要求和规范。

申论考试时，概括的过程既是熟悉资料的过程，也是分析判断的过程；提出方案的过程既是解决问题的过程，也是进行思辨的过程。三个部分协调一致、相互配合并彼此印证，才能很好地完成考试。

例文 8–19

2019 年国考副省级申论真题卷

一、注意事项

1. 本题本由给定资料和作答要求两部分构成。考试时限为 180 分钟。其中，阅读给定资料参考时限为 50 分钟，作答参考时限为 130 分钟。满分为 100 分。

2. 请用黑色字迹的钢笔或签字笔在题本、答题卡指定位置上填写自己的姓名、准考证号，并用 2B 铅笔在答题卡上填涂准考证号对应的数字栏。

3. 请用黑色字迹的钢笔或签字笔在答题卡指定区域内作答，超出答题区域的作答无效！

4. 待监考人员宣布考试开始后，考生才可以开始答题。

5. 所有题目一律使用现代汉语作答，未按要求作答的，不得分。

6. 当监考人员宣布考试结束时，考生应立即停止作答，并将题本、答题卡和草稿纸都翻过来放在桌上。待监考人员确认数量无误、允许离开后，方可离开。

严禁折叠答题卡！

二、给定资料

1. S 市积极响应十九大报告中“要坚持农业农村优先发展，按照产业兴旺、生态宜居、乡风文明、治理有效、生活富裕的总要求”，坚持将乡风文明建设放在全市发展大局中进行谋划，大力推动农村综合改革、美丽文明村居建设、基层大治理等工作，把乡风文明建设作为重要内容加以部署。为加强基层治理，推动乡村振兴，今年 3 月 13 日，S 市召开工作大会，对村居建设作了整体部署：到今年年底完成 30 个美丽文明和谐示范村建设，到 2020 年年底完成 50 个示范村居、5 个标杆村居建设，按照典型引领、整体推进、总体提升的方针，将乡风文明建设进一步推向深入。

S 市一直重视基层党建工作，大力实施固本强基工程，突出村级党组织领导核心作用，按照“党领导一切”原则出台了一系列政策，努力健全以党建为统领、以法治为核心的基层治理体系，通过党组织的有力领导，促进矛盾纠纷的化解和法治观点的强化，逐步提高乡风文明水平。

今年 S 市选派了 104 名机关干部任村居第一书记，公开招考 205 名优秀大学生担任村干部，并推进基层党建下沉到村民小组，落实支部建在小组上。该市党建工作示范村 A 村牢记习近平总书记“农村党建要让群众更满意”的殷切期望，积极探索“党建 +”融合基层治理发展模式，以党建引领基层自治、共治、法治、德治。

S 市注重提升城市形态，大力推动城市升级，“美城行动”从中心城区延伸到村居社区。在乡风文明建设过程中，S 市以改造乡村人居环境为核心，深入推进农村环境综合治理和生态文明建设，全面提升农村整体环境，取得了明显成效，绿化、美化水平显著提升。

S 市共投入 2 000 多万用于文化遗存的修缮和活化。全市现有国家级、省级、市级非物质文化遗产共 28 项，国家级、省级、市级非遗传承人共 27 人。S 市坚持“一村居一品牌”的工作思路，挖掘提炼村居历史文化特色，打造村居文化品牌活动。

目前全市已建成30个村居主题公园，143个农村公民道德讲堂，每个村居都设置了善行义举榜或好人榜，让核心价值观随处可见、随时可学、随心可感。

S市不断加强核心价值观宣传教育，推进主题公园、标识景观、公益广告建设，开展农村道德模范和身边好人学习宣讲活动，引导村民树立正确价值观念。同时，S市还大力加强农村思想道德建设，深入挖掘农村传统道德教育资源，引导村民在思想观念、道德规范、知识水平、素质修养、行为操守等方面继承和弘扬优良传统，形成积极、健康、向上的社会风气和精神风貌。

2. 有着良好区位优势和自然条件的Y县城关镇山岔村，多年来却受人多地少、农业基础薄弱、产业结构单一等因素制约，2012年全村人均纯收入仅为3 800元，约三成的人口处在贫困线下。在各方努力下，该村2013年实现了整村脱贫，2015年建成省级美丽乡村，2016年被评为市级卫生村，2017年列入小康村建设项目。日前，调研组对山岔村进行了调研，以下是调研记录：

村党支部书记L介绍说，为了彻底改变贫困面貌，2013年，村上联系帮扶单位省环保厅、相关银行，反映发展意见，争取帮扶资金。山岔村通过整合帮扶资金，建成了180平方米的文化宣传基地，安装太阳能路灯10盏，硬化村内道路3公里，硬化西环路至山岔村道路3.5公里，还积极争取财政、建设、文化、扶贫等部门资金，实施了清溪小学及幼儿园新建工程。

该村还积极鼓励农户成立合作社，通过土地流转，形成合作社式的劳作模式，发展现代设施农业、养殖业，并引导群众有计划地种植经济作物。

杨自龙家以前是村里有名的贫困户。原本东奔西走做临时工的他，在村党支部的鼓励下，争取到帮扶贷款90万元以及村级发展互助资金协会所注入的资金30万元，牵头成立了吉隆田农产品产销专业合作社，先后搭建起17座大棚种植草莓。因为绿色环保，来采摘的人很多，经济收入年年增长。

据记载，山岔村以前有九盘水磨，它们在清朝同治年间被焚烧殆尽。清光绪初年，本村村民王生贵、王好存父子重新修建一盘水磨，用于解决老百姓无处磨面的问题，加工场面十分红火。这盘具有传奇色彩的水磨保留到了今天，它不但让后人了解先辈生活，也激励了大家齐心奔小康的勇气，被Y县人民政府授为县文物保护单位。

“我们确立了‘一心多景、一轴三廊、四片联动’发展格局。”城关镇党委书记X如是说。他介绍，山岔村2014年被纳入了市级美丽乡村建设行列，城关镇抓住这一机遇，积极为该村出良策，确定以“传承九磨文化、做足山水文章”为主线，因地制宜发展乡村旅游业。该村下决心把发展乡村旅游作为带动全村致富的一个新举措，依托自然资源，发挥山岔村天然水源的优势，彰显历史印记，融合文化元素，做活水的文章，打造避暑休闲的美丽村庄。

L书记说，该村2014年修建了占地650平方米的老年文化活动广场，2015年利用省市县三级配套资金打造了占地7 800平方米的水磨文化广场，2016年建成了2 000平方米的人造草坪球场并精心打造了400米长的历史文化艺术墙。这些设施不仅丰富了群众文化生活，而且使村民在潜移默化中受到教育，社会风气也越来越好。

山岔村古时就因县八景之一的“烽火夕照”而负盛名。夕阳将落未落之时，晚霞赤红如血，涂遍半边天空，如一幅色彩溢漾的油画。置身此处，山川河流尽收眼底，其景象在夏日最为艳丽壮观。据此，山岔村2016年建成烽火夕照长城墙、山神庙观景平台和小游园，同时恢复了重阳民俗文化活动。

“我们村已通过省、市美丽乡村建设验收，打造了一个不要门票的乡村旅游景点。到这里来，能品野菜、听蛙声、忆水磨、体验农耕文化，看得见山，望得见水，留得住乡愁。”L书记高兴地告诉我们。

依托美丽乡村建设，部分村民办起了农家乐。周云是村里的致富带头人，2014年市级美丽乡村建设时，他看到了商机，有效利用自家宅院，开办“农家乐”。“道路全部硬化，环境干净整洁，景观美丽还有故事，这吸引来了不少游客，生意一天比一天好，1个月纯利润有1万多元。”周云笑呵呵地说。

L书记介绍说：“周云的农家乐开办为山岔村的乡村旅游业发展开了个好头，好多村民纷纷效仿，家庭收入开始增长，生活条件明显好转了。可是新的问题出现了，男人们一闲下来就喝酒，女人们一闲下来就传闲话。镇、村都意识到了这个问题。习近平总书记说，‘实施乡村振兴战略要物质文明和精神文明一起抓，特别要注重提升农民精神风貌。’我们全面落实习近平总书记的有关指示，大力倡导文明树新风。”他指着一些农家大门边墙说：“精神文明建设的第一步就是从每一家找家训、立家规，然后制作成漂亮的牌子挂在门口，时时提醒着进出的每一个人。”他强调，家和万事兴，家庭和睦、邻里亲近，做任何事都容易。

山岔村把家训作为优秀传统文化传承发扬，在全村范围内从家谱村史、牌匾楹联、经典家训中广泛征集好家训，使该村成为户户挂家训、家家立家规的“家训村”，以文明家风推动良好社会风气形成。周云家的大门口贴的是“家庭和谐、邻里相亲”，对于周云来说，好的家训是他家庭和睦、创业致富的根本。周云说：“自从挂上了家训牌，全村的人就开始讨论张家或者李家的家风，不但监督别人，而且反观自己、要求自己、教育孩子。大家和睦相处，邻里亲近。”

3. 某学者发表文章，介绍了中国现代史上著名实业家卢作孚在乡村建设方面作出的历史贡献。该文章摘录如下：

卢作孚于1893年出生在原四川省合川县一个世代农耕的家庭。作为一个没有念过大学的农家子弟，他却创造了中国现代经济史、社会史、文化史、教育史上的奇迹。卢作孚创办的民生公司是中国近现代最大最有影响的民营企业集团之一。

1927年，卢作孚开始在中国西部开展以北碚为中心的嘉陵江三峡乡村建设实验，被誉为“北碚之父”，和晏阳初、梁漱溟并称中国现代史上“乡村建设三杰”。他的核心思想是：中国的现代化，基础在“乡村现代化”。他认为：“乡村是不断供给城市人口的地方。如因教育缺乏，供给的都是无知识的人口，那不惟于城市文明没有帮助，反而妨碍不小。乡村教育不发达，不但是乡村问题，而且变成城市问题了。”而“乡村经济事业如没有（和城市）同样的速度进展，亦必引起城市原料的恐慌”，大量农村人口涌向城市，“城市人口无休止地逐渐增多，更会成了城市问题。”——这些近百年前说的话,仿佛针对的就是当下的现实。他始终抓住城市与乡村发展的关系,来思考中国的发展问题,从而突出乡村建设的基础意义,抓住了要害。

"乡村现代化",既是一个奋斗目标,更规定了推动乡村运动的范围与方法。这也是最具启发性之处:从事乡村运动,既要落实为一个个具体问题(教育问题、救济问题等)的解决,但又不能局限于此,要有一个"乡村现代化"的大视野、大目标,既立足局部,又着眼全局。

卢作孚在设计嘉陵江三峡乡村建设时,一开始就提出了"要将嘉陵江三峡布置成为一个生产的区域、文化的区域、游览的区域"的目标,并且具体规划为经济建设、文化教育建设、社会建设、环境建设、自治建设等几个方面。这表明,卢作孚的"乡村现代化"是一个"全面现代化"的概念,并不局限为物质的建设,而追求乡村政治、经济、文教、社会、环境的全方位的改革。其一,卢作孚规划中的文化教育建设,不仅以"教育事业"为中心,而且把"研究事业"放在突出的位置。在他看来,乡村建设必须建立在科学研究的基础上,他因此强调服务于乡村建设的研究,"要注意应用的方面,有生物的研究,有理化的研究,有农林的研究,有医药的研究,有社会科学的研究"。后来北碚建立了西部科学院,就具体体现了他的这一思想。在城镇设立研究机构,当时这在全国是一个独创。其二,卢作孚特别重视社会建设。他不仅积极发展公共文化娱乐建设,创办博物馆、图书馆、运动场,而且大力推动"公共事业",开展"社会工作的运动",这背后又是"人"的建设。他要通过这些公共事业,培育新的"人民":"皆有职业,皆受教育,皆能为公众服务,皆无(不良)嗜好,皆无不良习惯"。其三,他对环境建设也倾注极大热情,提出"凡有市场必有公园,凡有山水雄胜的地方必有公园",他的理想是把北碚乡村建设实验区建设成"皆清洁,皆美丽,皆有秩序,皆可居住"的人间净土、乐园。其四,他在推动乡村社会建设时,特别关注的是,所有的公共事业,都要"大众出钱,大众出力,而且是大众支持。由这些具体的活动引起大众管理公共事务的兴趣,以形成大众管理公共事务的方式"。

如何着手乡村现代化?卢作孚的回答是:"政治、经济、文化这三方面的建设诚当并重,但更当以经济建设为中心,更当集中一切力量于经济建设。"只有经济建设的发展,才能"增进人们的富力",人民富裕了,才能增进其"完纳赋税的负担力",从而增强国力。而卢作孚更要强调的,是"经济活动为国家最大多数人所必须参加的活动",经济建设是最能动员最广泛的民众参与的。

他自己也身体力行,以民生实业公司总经理和北碚峡防局局长的双重身份,动员民生实业公司的财力、物力和人才、技术优势,全力支持北碚峡区的乡村建设,着手五大工程建设,即投资煤业,开创峡区煤矿业;投资交通业,修筑铁路;投资纺织业,建立大明染织厂;投资科学研发,创建科学院、博物馆;投资教育,创办兼善实业股份有限公司,以企业养学校。而民生公司自身也从中获得了发展新机遇:不仅获得经济利益,而且利用乡村建设所提供的良好的社会、学习环境,培训了近千名的建设骨干人才。卢作孚力图构建一个"以工辅农,工(工商业)农(乡村建设)互动"的发展模式,其意义和影响是深远的。这一点在强调以工哺农,建设新农村的今天,就看得更加清楚了。

卢作孚乡村建设思想最核心的一个层面,即他所提出的"训练人是一切问题的中心问题"的命题与任务。他提出以“人人都能自立,人人都能立人”为乡村建设的根本目标。这应该包含两层意思:一是乡村现代化建设最终要落实到“立人”,即我们今天所说的“人的现代化”。二是乡村现代化建设又要依靠“人人都能自立”的建设者去推动。

4. 关于如何重新认识乡村生活的意义,有学者撰文指出:

美国作家梭罗曾经倡导一种简朴的物质生活和丰富的精神生活,他28岁时只身一人来到家乡城外的瓦尔登湖,自建小木屋,自耕自食两年有余,“过一种经过省察的生活,去面对人生最本质的问题”。可以说,梭罗在乡村生活中重新发现了我们在城市的现代文明中过分重视物质资源而失去的东西,进而启发我们思考“作为精神资源的乡村文化”对人类所具有的重要意义。

人在乡村中,最能感受到大自然的熏陶。“人在自然中”,真正地“脚踏大地,仰望星空”,这本身就是一个最基本、最重要、最理想的生存状态,同时也是最基本、最重要、最理想的教育状态。别的不说,单是在乡居生活中能够每天“按时看日出”(这是作家福楼拜提出的一个著名的生命命题),就足以使我们感悟生命的意义,尽享生命的欢乐了。梭罗曾因看早晨的阳光,而产生“黎明的感觉”,即每天都以新的眼光,以一种新鲜感去重新观察、重新发现已经司空见惯的生活,从而获得新生。作家M说,在大自然中,“体验阳光,体验美,体验幸福,体验纯净,体验温馨,体验柔情,体验思念和怀想,这样的精神生活,这样的心理空间,实在太有魅力”。正是在大自然中,我们成为一个“精神明亮的人”,这才是一个健康的人。

“仁厚黑暗的地母呵,愿在你怀里永安她的魂灵!”鲁迅在《阿长与〈山海经〉》的结尾书写的“地母”,很容易让人联想到希腊神话里的英雄安泰,他在失败之时总是投向大地,从母亲那里获得力量。鲁迅对故乡民间世界的依恋也颇类似于此。民间文化伴随着童年记忆构成他回忆中极具温情的人生体验,他对民间风俗的津津乐道,对民间人物不无温情的回顾都表现出民间文化对他的吸引力。鲁迅正是在他家乡的民俗、民间文化的熏陶下被培育出来的。

在中国,有一位当代作家H,他也在农村建屋,自由游走、生活在城市与乡村之间。H认为,人们对乡村的“投奔”,实质上是在投奔乡村所呈现的“文明意义”,这种“文明意义”有三:其一是自然造化的“没有一片叶子是完全相同”的“个异性”,而这样的个异性在严格雷同的“技术高精度”和大量重复的“规模经济”中已经被完全屏除。其二是“永恒”的感觉,“除了不老的青山、不废的江河、不灭的太阳,还有什么东西更能构建与不朽精神相对应的物质形式”。其三是“共有共享”的理想,“大自然无比高远和辽阔的主体,至少到目前为止还无法被任何人专享与收藏,只可能处于人类共有和共享的状态”。

5. “城市和农村要互补发展,”某官员日前指出,“有些经济学家总是简单地认为,只要把农村的人口搬到城市里来,就完成了城镇化,生产效率会自动提高、社会分工会自动推进,这其实是有问题的。”该官员特别强调了一个误区,即将城乡一体化变为城乡“一样化”。当前,村庄大量被拆,数量急剧减少,部分基层干部梦想一步就把农村变成城市。其所造成的后果不是城乡互补发展,而是城乡“一样化”,这不仅可能导致宝贵的乡土旅游资源的丧失,也不利于现代化农业的建设。

据此,该官员认为,未来的城镇化发展应该坚持“两条腿”并行,城市、农村协调统一,宜城则城、宜乡则乡,统筹区域发展、体现地方特色、做好产业支撑、保证公共服务、保护生态环境,让农村和城市同样美丽。

有专家指出,我们在城乡关系认识上存在一些误区。他认为,不是城市文明高于农村文明,也不是农村文明高于城市文明,两者是相互依存、功能互补的关系,所以既不能把城市文明凌驾于乡村文明之上,也不能把乡村文明凌驾于城市文明之上。

城市文明和乡村文明,人造文明和自然文明,都是应该而且可以互补的;理想的生活状态可能还是在城、乡之间自由游走。

三、作答要求

(一) 根据“给定资料 1”,概括 S 市在乡风文明建设方面的举措。(10 分)

要求:准确、全面,不超过 150 字。

(二) 假如你是被派到 Y 县的调研组的一员,请根据“给定资料 2”中的调研记录,就山岔村值得肯定的做法写一份调研报告提纲。(20 分)

要求:

(1) 紧扣资料,要点完整;

(2) 内容具体;

(3) 不超过 500 字。

(三) 某省政府办了一个农村发展战略研习班,其中一项研习内容是“卢作孚的乡村建设构想”。假如你是工作人员,请根据“给定资料 3”,围绕卢作孚的乡村建设理念及现实意义,写一份导学材料,以指导学员更好地学习。(20 分)

要求:

(1) 内容全面准确;

(2) 层次清楚,分条作答;

(3) 不超过 600 字。

(四) 根据“给定资料 4”,谈谈你对“作为精神资源的乡村文化”的理解。(10 分)

要求:准确、全面、有条理。不超过 250 字。

(五) “给定资料 5”结尾写到,“城市文明和乡村文明,人造文明和自然文明,都是应该而且可以互补的;理想的生活状态可能还是在城、乡之间自由游走”。请结合你对这句话的思考,自选角度,联系实际,自拟题目,写一篇文章。(40 分)

要求:

(1) 观点明确,见解深刻;

(2) 参考“给定资料”,但不拘泥于“给定资料”;

(3) 思路明晰,语言流畅;

(4) 总字数 1 000~1 200 字。

参考答案

第一题

【参考答案】

1. 重视基层党建,大力实施固本强基工程,凸出村级党组织领导核心作用,健全基层治理体系。

2. 以改造乡村人居环境为核心,深入推进农村环境综合治理和生态文明建设。

3. 投入资金修缮和活化文化遗存;挖掘提炼村居历史文化特色,打造村居文化品牌活动。

4. 强化核心价值观教育和思想道德建设。

第二题

【参考答案】

关于山岔村的调研报告提纲

根据调研,山岔村在实现整村脱贫的过程中有很多做法值得学习和借鉴,报告如下:

一、积极争取帮扶资金。1.争取、整合帮扶资金,完善文化宣传基地、路灯、道路等基础设施;2.争取财政、建设、文化、扶贫等部门资金,实施新建工程。

二、成立专门组织。鼓励农户成立合作社,通过土地流转,形成合作社式的劳作模式,发展现代设施农业、养殖业,并引导群众有计划地种植经济作物。

三、完善文化设施,开展文化活动。1.保护当地特色文物,如重建九盘水磨。保留特色景观,比如烽火夕照长城墙、山神庙景观平台和小游园。2.恢复重阳民俗文化活动。3.修建老年文化广场、水磨文化广场、历史文化艺术墙。

四、因地制宜发展旅游业。1.依托自然资源,发挥当地资源优势,彰显历史印记,融合文化元素,做活水的文章,打造避暑休闲的美丽村庄。2.打造免费景区。3.利用自家宅院,开办“农家乐”。

五、传承弘扬优秀传统文化。广泛征集好家训,挂家训,立家规。

第三题

【参考答案】

关于卢作孚乡村建设构想的学习材料

卢作孚是我国现代史上著名实业家,曾创办最有影响的民营企业集团民生公司,同时也是“乡村建设三杰”之一。他于 1927 年,开展以北碚为中心的三峡乡村建设实验,在此过程中,他以乡村现代化建设为核心,提出的理念有:

一、重视乡村建设基础性作用。他认为中国的现代化,基础在乡村现代化,乡村是不断供给城市人口的地方。

二、重视全局性与局部性建设。他提出将农村布置成生产、文化、游览区域的目标,并进行具体规划。他在文化教育建设中重视研究事业;在社会建设中重视公共事业;在环境建设中重视公园作用;在社会建设中重视大众参与。

三、以经济建设为中心。他提出兼顾政治、经济、文化发展,但应更重视经济,认为经济建设能让民众富裕,增加赋税,增强国力,促进民众广泛参与。

四、以工辅农,工农互动。他利用民生实业公司,支持乡村建设。而民生公司自身从中不仅获得经济利益,而且也培训了大量的人才。

五、以人为核心。他提出"人人都能自立、立人"为乡村建设的根本目标,既包含农村现代化建设最终要落实到"立人",又包含依靠"能自立"的建设者去推动。

卢作孚的乡村建设构想启示着我们,应始终抓住城市与乡村的关系,来思考中国的发展问题;从事乡村运动,既要着眼全局,也要落实具体问题,同时也对当今以工哺农,建设新农村,重视人的现代化有重要借鉴意义。

第四题

【参考答案】

一、这句话指出了在乡村生活中能找到城市现代文明过分重视物质资源而失去的精神价值和人生意义。

二、具体有:1.感受自然熏陶,使人精神明亮。感悟生命意义与欢乐,重新发现、观察生活,获得新生,让精神生活更有魅力,拓展心理空间。2.能安抚灵魂,获得面对失败的力量。民俗、民间文化能丰富温情的人生体验,助力个人成长。3.呈现文明意义。保留自然造化的个异性,拥有与"永恒"的物质形式相对应的不朽精神,承载"共有共享"的理想。

三、因此,我们要重新认识乡村生活,挖掘精神意义。

第五题

【参考答案】

城市和农村应互补发展

城市文明是理性化、统一化、标准化、技术化、规模化的洪流,集中了"人造"的力量。乡村文明则是感性的,是建立在独特地理山川、四季更替、历史传承上的多样化生活方式,氤氲着自然气息,人情温暖。城市和乡村,就如人的心灵和身体,是相互依存、功能互补的有机统一体。理想的城乡生活,应有城市的高效和忙碌,也要有乡村的自然和休憩。

然而现在经常出现一些错误城乡关系观。有些经济主义者以城市经济发展的高效去贬低乡村文明的种种价值。比如片面追城市化,忽视乡村生态价值、旅游价值,无视百年传承的乡社祠堂文化,民俗文化等独特精神价值。也有一些文化主义者爱乡心切,反对城市文明,甚至呼吁恢复宗族家法、封建迷信等乡村糟粕。我认为,城市、乡村文明都有其独特价值,应该坚持城市、农村协调统一,互补发展,宜城则城、宜乡则乡。

城市文明追求理性、统一、高效的技术文明,应该和乡村感性的、讲究多样化、个性化的自然文明互补。

城市人口的集中化,在聚集力量的同时,也聚集了风险,有极大的脆弱性。除了会出现城市资源、环境、交通、公共空间等不堪重负外，饮食居住环境的一体化，使得疫病、自然灾害、战争等城市灾难一旦发生，就会造成致命破坏。古罗马庞贝城文明，古中国楼兰文明的一夜毁灭即是警钟。而乡村人口的分散，环境、饮食、文化等的多样性，则是可以分散城市风险。讲究人情伦理，手工细活的乡村生活形态也为城里人逃离同质乏味的生活提供了更多选择。

城市经济和乡村生态、乡村精神文化可以互补。城市升级改造、新型城镇化建设、乡村建设战略等都为此提供了条件和契机。我们可以在城市升级改造和新型城市化建设中，引入城乡功能互补的观念，在城市发展高科技、高端制造等产业，在乡村发展现代农业、旅游文化、养老休闲等产业。在这种策略之下，发展城市综合体、特色的小城镇。城市追求效率，乡村休闲舒适；城市高楼林立，成熟发达；乡村工业落后，环境优美。这种天然的资源禀赋差异也为城乡的互补发展提供了良好契机。

最终要实现城市和乡村同步发展、城乡互通，让人在城、乡之间自由游走。重中之重是着力发展农村，推动乡村现代化，从而实现城乡全面现代化。一方面，城市要为农民进城畅通渠道，提供便利。要为农民进城就业创业提供便利，让户口、住房等公共服务也惠及进城农民。另一方面，推动城市人才和资源下乡，为市民到农村安居乐业，旅游休憩提供条件。这就需要大力加强乡村文明建设，着力实现乡村就地现代化。要尊重地方特色、保护生态环境，做好产业规划、让农村和城市同样便利且美丽。要以乡村建设战略为契机，大力推动美丽乡村建设，实现乡村基础设施、生态、经济、教育、文化的综合发展。尤其要特别重视乡村生态保护，以及精神文化和乡贤文明传承。

城市文明是国家力量的中心，乡村则是公民肉身和灵魂的休憩之所。在推动城乡一体化发展的进程中，在新时代乡村振兴战略的实践中，我们坚信走城乡文明和谐共生，协同发展的道路。

思考与练习

一、什么是计划？计划的特点是什么？

二、下面这份计划是否符合要求？为什么？

×××× 年 ×× 科第二季度工作计划

为了更好地对街道建筑施工企业进行管理，使这支队伍走上正轨，成为首都建设的生力军，特制定第二季度工作计划如下：

(1) 要严格按照市政府的文件精神，对未到我行开户的单位，会同主管部门督促尽快到我行开户。

(2) 对已到我行开户的单位要全面调查，摸清基本情况，搞清楚其承包能力。

(3) 帮助一些管理制度不健全的单位，建立健全各项管理制度。

(4) 做好召开街道建筑企业财务工作交流会的准备工作。

以上是第二季度工作计划，希认真执行。

×× 支行

×××× 年 × 月 × 日

三、结合实际，写一份全面的学年总结（包括德、智、体、美、劳等方面的情况）。

四、下面这篇总结有不少问题，请你指出并加以评改。

上半年工作总结

半年来本乡在精神文明和物质文明方面做了许多工作，取得了很大的成绩。半年来，主要做了以下工作：动员、组织乡、村干部和广大群众学习中央一号文件；安排、落实全年生产计划；推行落实承包合同制；帮助专业户发展；修建乡小学校舍；建乡食品厂方便面生产车间厂房；推销乡果脯厂、食品厂、棉织厂的产品；为乡机械加工厂解决材料不足问题；美化环境，街道两旁栽花种草；封山植树；办了一期果树栽培技术培训班；健全了乡政府机关，调整了工作人员，开始试行乡干部招聘制。

半年来，在工作繁杂，头绪多而干部少的情况下，能做这么多工作，主要是：

(1) 上下团结，乡领导和一般干部能同甘共苦，劲往一处使。工作中有不同看法当面讲，共同协商。互相有意见能开展批评与自我批评，不犯自由主义。例如，经营科同志对乡长不同他们商议，擅自更改果脯厂奖励办法，影响产量一事有意见，经当面提出，乡长接受，做了自我批评，并共同研究了新的奖励办法，使产量又有增加。

(2) 不怕困难。本乡企业刚刚起步，技术力量薄弱，原材料不足；产品销路没打开等等，困难很多。为此，经营科的同志和全乡干部共同想办法，他们不怕跑路，牺牲自己的休息时间，忍饥受冻，四处联系，终于解决了全年所需要的原料，推销了一些产品。

(3) 领导带头。乡里几位主要领导干部带头苦干、实干。他们白天到下边去调查了解情况，解决问题，晚上开会，研究问题寻找解决的办法。领导干部夜以继日地工作，带动了全乡工作。

五、计划和总结有何异同？

六、简报按内容可分为几种？各反映什么情况？

七、学生会组织了一次全校性的演讲比赛，请将比赛情况以学生会的名义编发一期简报。

八、什么是规章制度？它有何特点？

九、什么是章程、条例、守则、公约？简述它们的一般写法。

十、指出下面《请假规程》的主要错误。

请假规程

(一) 请假手续

(1) 病假　凡因病需要请假者，应持有本厂医务室证明，经部门负责人批准后，方可休假。

(2) 事假　凡事假应由本人书面报告，然后经部门负责人批准后，方可休假。

(二) 有关事项

(1) 续假　病事假休假期结束后，若需再请者，应办理续假手续。

(2) 各部门必须严格出勤，健全考勤制度，出勤情况经常向厂办公室报送。

(3) 请假由本部门负责人和厂分管领导批准。

十一、什么是介绍信？试设计一份带存根的空白介绍信，然后再填写内容。

十二、什么是证明信？试拟写一份证明信。

十三、书写请柬有什么特殊要求？请设计一份请柬。

十四、下面这份请柬该不该发？为什么？

请　柬

×××同志：

定于20××年5月24日8时30分在××会堂召开宣判大会，请准时入场指导。

××市中级人民法院

20××年5月20日

十五、写作聘书要注意什么？试以学校团委的名义为学生兴趣小组拟写一份聘请指导教师的聘书。

十六、什么是感谢信、慰问信？在写作要求上，它们各有什么特点？

十七、试分别拟写一份感谢信和慰问信。

十八、自荐信的格式是怎样的？请拟写一份毕业时求职应聘的自荐信。

第九章　经济管理文书

第一节　市场调查报告

一、市场调查报告的概念和作用

（一）市场调查报告的概念

市场调查报告是运用科学的方法对购买商品、消费商品的个人和团体进行调查，以反映市场营销情况的一种报告性文书，它是调查报告的一种。撰写者通过调查，了解顾客对商品的需求和购买心理、习惯，以此作为出发点，搜集资料，掌握情况，分析问题，得出结论，提出建议，从而写出书面报告。

（二）市场调查报告的作用

(1) 市场调查报告是企业了解市场历史和现状，探求市场供求关系的主要资料。它可以为企业提供可靠的需求信息和数据，使企业能够按照消费者的需求生产适销对路的产品。

(2) 市场调查报告是反映企业经营状况的一面镜子。一个企业的经营情况如何，可以从商品在市场上是否适销对路、竞争能力强弱等方面反映出来。经营得好的企业经常从市场调查报告中寻求经营时机，研究经营决策，从而在市场竞争中立于不败之地。

(3) 市场调查报告是企业预见未来市场情况、作出正确经营决策的依据。一个企业要及时作出正确的决策，使自己在竞争中获胜，就必须有预见性，充分掌握和正确运用市场调查资料。

二、市场调查报告的内容和种类

（一）市场调查报告的内容

市场调查报告的内容取决于市场调查的内容。凡是对市场营销有影响的有关资料，都是市场调查的对象。但企业又要具体情况具体分析。市场调查的基本内容通常有以下几个方面：

1. 市场供求情况

市场供求情况由商品的供给和商品的需求两个方面构成。为此，在调查时，不但要了解现在的供求情况，还要展望未来，掌握潜在的供给与需求情况。

2. 需求者的心理及其变化

需求者的心理即消费者心理，它是影响市场供求状况的重要因素。随着市场经济的发展，企业对市场的依赖程度明显增强，消费者权益日益受到人们的重视。对消费者的心理研究也就变得越来越重要了。

3. 供给者心理及其变化

市场调查的对象除了消费者,还有商品的供给者。了解竞争对手的情况,做到知己知彼,扬长避短,方可在市场竞争中立于不败之地。

(二) 市场调查报告的种类

根据内容,市场调查报告主要可分以下几类:市场商品需求情况的调查,市场商品供给情况的调查,市场与销售潜力的调查,商品价格的调查,经营效益的调查。

三、市场调查的方法

(一) 基本方法

(1) 普遍调查法。它是一种一次性的全面调查,适用于使用范围和规格品种都很有限的产品。

(2) 抽样调查法。它是根据随机原则,从全部调查对象中按一定的条件抽取一小部分有代表性的对象进行调查,从而推算出市场需求的总体指标和平均水平。

(3) 典型调查法。它是通过对个别有代表性的用户或地区的调查,实现对全部用户需求的基本了解,掌握市场的总体趋势。典型调查的优点在于调查的单位少,节省时间和人力,适用于大型产品和行业设备的市场调查。

(二) 具体做法

(1) 资料法。它是利用某些资料进行综合分析的调查方法。这种方法适用于行业公开研讨的问题,涉及的范围比较广泛,费用低,简便易行。

(2) 询问法。它是根据事先确定的调查内容和顺序,以提问的方式从调查对象那里取得资料的一种方法。询问法有口头和书面两种。这种调查方法可以直接听取用户反映,全面、具体、灵活,有其优越性。

(3) 观察法。它是调查者到现场进行实地考察的一种方法。在一些发达国家,多运用电子仪器或机械工具进行观察记录。观察法调查到的情况比较客观,结果更接近实际。缺点是花费时间长,往往不能看到内在因素。

(4) 实验法。它是从影响调查问题的诸因素中选择一两个置于一定的条件下,进行小规模的实验,以取得有价值的数据和资料的一种方法。许多企业多年来一直在进行的试销活动,如展销会、交易会、设新产品试销专柜等,就属于这种方法。试验法能使产销双方见面,获得准确可靠的资料,而且形式活泼,受人欢迎。

四、市场调查报告的写作格式

市场调查报告一般由标题、正文和落款三部分组成。

1. 标题

标题要求简洁、醒目、新颖。一般有以下几种形式:一是由调查单位、调查内容和文种三部分组成，如《湖南省工商协会××××年农村服装销售调查报告》；二是由调查内容和文种组成，如《海尔电冰箱在国内外市场地位的调查》；三是双行式标题，正题概括调查的结论或意义，副标题中点明调查的内容、范围和文种，如《泥巴换外汇——陶瓷出口情况调查》，此类标题新颖别致，吸引力强；四是文艺性标题，如《甜蜜的消费走进生活，蜂王浆市场前景广阔》。

2. 正文

市场调查报告的正文由开头、主体和结语三部分组成。

开头也称引言，主要交代调查的时间、地点、对象、范围和目的，说明调查的主旨和要采用的调查方法，也可以概括全文的主要内容和观点。在文字上力求简明扼要。

正文的主体一般由基本情况、分析预测和措施建议三部分组成。

(1) 基本情况部分。主要陈述调查结果，如发展历史、生产布局、销售情况等，然后用足够的统计数据和统计资料证明这一结果。

(2) 分析预测部分。主要对照调查结果作科学分析。应针对矛盾现状，揭示经济活动失去平衡的各种原因，从产、供、销、价、利等各方面深入剖析，全面衡量，抓住关键问题，根据分析得出结论性的意见，并在此基础上预测调查对象的变化发展趋势。

(3) 措施建议部分。主要是在预测市场前景之后提出措施，这是市场调查报告的落脚点。提出的建议或措施针对性要强，要有科学的依据、充分的理由，切实可行，在不损害国家利益的前提下，强调企业的最大经济效益。

正文的结语是全文的收尾部分，也是对引言的照应。这里或重申观点，或加深认识。也可省略此部分。

3. 落款

落款写明单位名称或个人的姓名，并注明调查报告的写作时间，一般写在正文后面的右下角。

五、市场调查报告的写作要求

1. 让事实说话

撰写市场调查报告要用事实说话，就必须亲自调查，掌握第一手资料，选出带有典型性的事实，才具有较强的说服力。

2. 注意材料排列的逻辑顺序

从市场调查报告的结构可以看出其材料排列的逻辑顺序，这种逻辑顺序是不能随便打乱和颠倒的。

3. 结论要鲜明突出

市场调查不应满足于获得丰富翔实的资料，而要通过对材料的分析研究，得出科学的结论，表明作者对市场前景的推断，以期帮助企业决策人改善经营管理。因而，报告的结论要鲜明突出，引人注意。

例文 9-1

“小天鹅”取胜诀窍

××研究院调研小组

洗衣机是我国竞争异常激烈的行业之一。无锡洗衣机厂生产的小天鹅牌全自动洗衣机独领风骚,在全国市场占有率达50%以上,在大中城市商场的占有率也高达72%。“小天鹅”在竞争中取胜的诀窍,就在于用一流的产品、一流的营销手段占领一流的市场。

无锡洗衣机厂曾经几起几落。激烈的竞争使工厂明白了:企业能否在激烈的市场竞争中取得主动权,关键在于要有一个过硬的一流产品,只有产品技术含量高、适销对路,才能打开和发展市场。面对洗衣机行业生产过剩的现实,无锡洗衣机厂使出了三个“绝招”:

第一,高起点、高科技,研制同行业领先的产品。工厂果断地抛弃当时流行的双桶洗衣机生产技术,集中精力与日本松下公司技术合作,生产具有1980年代后期国际先进水平的小天鹅牌微电脑全自动洗衣机,确立技术优势,并获得了全国唯一国家金牌。目前,该厂与“松下”进行第二期技术合作,开发模糊理论洗衣机的技改项目已获得批准,以确保产品的技术优势。

第二,技术优势不等于质量优势,要在竞争中取胜,必须把技术优势转化为质量优势。工厂按照松下公司××××年的标准严格考核工厂的产品,连续不断地进行质量攻关活动。不久前,“小天鹅”通过了5 000次无故障运行测试,达到了国家标准。

第三,技术优势、质量优势和使用优势是决定产品竞争力的三大要素。有了这三大要素,就能够刺激市场,引导市场,甚至创造市场。工厂去年推出具有防震箱体结构、圆弧形造型、国际流行色彩的产品——爱妻91型洗衣机,刺激了市场;又在原微电脑全自动机上增加了上排水功能,创造市场,以适应一部分无下水道用户的需要;目前又根据对未来市场的预测,设计开发了高档次的爱妻92型洗衣机、衣物干燥机、虫卵分离机以及豆浆机、电烤箱、食品加工机等小家电产品,引导市场,以满足各种用户的需要。

采取独特的营销方式,大力开拓市场,才能在竞争中取胜。无锡洗衣机厂的经验是:

第一,进行市场调查和预测,才能发展市场、占领市场。……

第二,开拓市场离不开高素质的销售队伍。……

第三,把一流产品推向市场。……

第四,坚持服务第一,销售第二,巩固市场。……

××××年×月×日

第二节 经 济 合 同

一、经济合同的概念和作用

（一）经济合同的概念

经济合同是平等民事主体的法人、其他经济组织、个体工商户、农村承包经营户，为实现一定经济目的、明确相互权利义务关系所达成的协议。

（二）经济合同的作用

经济合同是协作关系在经济合作中的具体反映，是管理经济的有效手段，是合同双方按经济规律办事，用经济手段解决经济问题的一种有效的措施。

二、经济合同的种类

(1) 按经济合同的内容分。有购销合同、建设承包合同、加工承揽合同、货物运输合同、供用电合同、仓储保管合同、财产租赁合同、借款合同、财产保险合同、科技协作合同。

(2) 按经济合同的有效期限分。可以分为长期合同和短期合同两类。长期合同通常指合同有效期限在1年以上的经济合同；短期合同通常指有效期限在1年或1年以下的合同，如年度、季度合同等。

(3) 按经济合同的形式分。可分为条文式合同和表格式合同。条文式合同通过语言文字清晰准确地表达合同的内容，表格式合同通过表格来展示合同内容。

(4) 按合同签订者之间的关系分。有国家与企业、企业与企业的经济合同，企业同个人或集体代表的经济合同，个人与个人的经济合同。

三、经济合同的写作

经济合同种类各异，但写作结构基本相同，一般包括标题、正文、签署、日期四个部分。

（一）标题

标题写在合同第一行中间。应明确写出合同的性质，如“产品订货合同”“技术成果转让合同”“租赁合同”等。

（二）正文

经济合同正文可分为导语、主要条款、附则三大项内容。

1. 导语

导语是经济合同正文的开头部分，一般要写明立约单位和立约开始语。

(1) 立约单位。立约单位位于标题下方。通常在标题的左下方顶格注明“订立合同单位”后，再分别写上订合同单位的名称和法定代表人姓名。如：

订立合同单位：

××××(甲方)　　代表人 ×××

××××(乙方)　　代表人 ×××

用括号注明一方为“甲方”，另一方为“乙方”，是为了行文的方便；如果有第三方，可称为“丙方”。不能用“我方”“你方”“他方”这样的简称，以免引起混乱和误解。

(2) 立约开始语。立约开始语写在立约单位下方。主要交代立约目的和立约根据。如一份《购销合同》的开始语：“为了繁荣市场，满足群众生活需要，保证果品供应，甲乙双方代表经过平等协商，特订立如下合同，以资共同信守。”

2. 主要条款

这是经济合同的核心部分。在导语后面另起一行，空两格，写双方议定的条款，要求按顺序分条列写。根据《经济合同法》的规定，各类经济合同均应有以下条款：

(1) 标的。这是指经济合同当事人的权利与义务所共同指向的对象。标的在各种经济合同中的表现形式不同，有的指物，有的指资金，有的指行为。经济合同的标的与任何物和行为一样，有一定的质和量的规定性。任何经济合同都必须对标的物的质量、数量、品种、规格或标的行为的质量、数量作出规定。表达时要用语准确，不能模棱两可。

(2) 数量与质量。数量是标的的具体指标，也是确定权利与义务大小的尺码，所以必须订得具体、明确，不仅数字要准，而且必须采用统一的公制单位计量。质量在合同中往往具有保证标的的作用。对标的质量的规定也必须明确、具体、规范。有些还要规定一定的验收办法，以免日后履行合同时由于当事人的理解不同而发生纠纷，影响合同的履行。

(3) 价款或酬金。这是合同标的的价金，是指当事人一方取得对方商品或接受对方劳务时所支付的货币数量。合同中应写清价款或酬金的计算标准、结算方式、付款方法和付款程序。若是与外国签订外贸合同，须写明以何种货币计价和结算。凡有规定价格的，必须按国家各级物价主管部门规定的价格(包括国家定价、浮动价)签订；允许改价的，可由当事人协商改定，但必须写明有关部门调整价格时的计价原则。

(4) 履行的期限、地点和方式。期限是双方履行义务的时间界限，地点是指当事人履行合同义务的所在地，方式是当事人以什么具体方法来履行义务。这些是保证合同的权利和义务正确履行的必备条件。合同中不仅不能缺少，而且应写得具体明确。当事人无故不按合同规定的时间、地点和方式履行义务，属于违约行为，应负违约责任。合同一般还应写上如果当事人一方要求提前或迟延履行义务时，必须事先向对方提出，取得对方同意后方可提前或迟延履行。

(5) 违约责任。违约责任是指当事人不按经济合同规定的条款办事的行为。按《合同法》规定：由于当事人一方的过错，造成经济合同不能履行或者不能完全履行，由有过错的一方承担违约责任；如属双方的过错，根据实际情况，由双方分别承担违约责任。违约者应向对方支付违约金或赔偿金。合同中应写明各方违约时各自所应承担的责任和违约金的结算、支付办法。

3. 附则

附则紧接主要条款，包括合同的有效期限、份数和补充办法等内容。

（三）签署

经济合同必须由签约双方的代表在合同上署名并加盖单位公章。需要上级机关批准的，则由上级机关签署意见并加盖公章。若需鉴证机关同意的，要加盖鉴证机关的公章，并由鉴证机关代表签字。有的经济合同还应写明签约双方的地址、电话号码、电报挂号、邮政编码等。

（四）日期

即签约的日期，写明何年何月何日。

此外，如有附件，应在正文后注明附件名称及件数。

四、签订经济合同的原则和注意事项

（一）签订经济合同的原则

签订经济合同必须遵循下列原则：

(1) 平等互利。签订合同的双方（或几方）的经济法律地位相等，平等享受经济权利和承担经济义务。

(2) 协商一致。签订合同的双方（或几方）要在自由表达意愿的基础上，经过共同协商，达成一致的意见，然后签订合同；任何一方都不得包办代替或将自己的意志强加给对方。

(3) 遵守法纪。签订合同必须遵守国家法律、法令和有关规定，合同内容必须符合党和国家的有关方针政策，这样才能得到国家法律的保护。

（二）签订经济合同的注意事项

(1) 条文要具体，语意要明确，一事一条，避免产生歧义，以便履行合同所规定的条款或承担违约责任。

(2) 字迹清楚，标点正确，数字要大写，钱数后面要加“整”字。

(3) 合同中如有错字或漏字，应在修改或补充处加盖印章。

(4) 用钢笔或毛笔蘸墨汁或碳素墨水书写（不能用铅笔和红色墨水），以便长期保存。

(5) 合同具有法律约束力，必须切实履行合同规定的义务，任何一方不得擅自中止或废除。如需变更，应由双方协商同意，并承担应负的责任。

总之，签订经济合同是一件严肃的事情，必须认真对待，切不可草率从事，以免蒙受损失。

例文 9–2

购 销 合 同

订合同单位：×× 果品公司（以下简称甲方）

×××果园（以下简称乙方）

为了满足人民生活需要，促进果品生产和流通，经双方协商通过，特订立如下条款，以资共同恪守。

一、产品的名称、价格、数量、交货期(略)。

二、产品的规格质量(略)。

三、产品的收购价格按上表所列价格执行,在执行过程中,如遇价格明显升降时,要经双方协商,产品的价格可在10%范围内浮动。

四、其包装由乙方负责用柳条筐包装,按时运至甲方所在地。其包装费用和运费均由乙方负担。

五、乙方应按合同规定分期交货,按旬结算。

六、甲方应在乙方交货后3日内付款。

七、违约责任

甲方应负责任:

1. 如果甲方中途要求变更或撤销合同,应偿付乙方变更或撤销部分货款总值的20%的罚金。

2. 根据双方规定的交货期,无故拒绝收货,应偿付乙方该批货物货款总值的10%的罚金。

3. 未按合同规定的日期付款,每延期1天,应偿付乙方延期货款总额5%的罚金。

乙方应负责任:

1. 甲方在验收时,如发现水果的规格、质量、包装不符合合同规定的,应由乙方全部负责。

2. 如果在规定期限内不能如数交货的,应偿付甲方不能交货部分货款总值10%的罚金。

八、由于人力不可抗拒或确非单位本身造成的原因而不能履行合同的,经仲裁机关查实证明,免予承担经济责任。

九、以上条款经双方及行政管理机关盖印鉴证后生效,至合同完成时终止。

十、本合同一式三份。甲、乙双方各执一份,公证机关一份。

甲方	乙方	公证机关
单位:×××(公章)	单位:×××(公章)	×××(公章)
代表:×××(私章)	代表:×××(私章)	经办人:×××(私章)
地址:×××××	地址:×××××	
电话:×××××××	电话:×××××××	
电挂:×××	电挂:×××	
传真:×××××××	传真:×××××××	
开户行:×××	开户行:×××	
银行账号:×××××	银行账号:×××××	

签订日期:××××年×月×日

第三节　招标书　投标书

一、招标书

（一）招标书的概念

招标书是通过公开招标的办法聘请其他单位或个人协助办理某件事情的告示型文书。它具有两个明显的特点，即公开性和时间性。

（二）招标书的分类

(1) 按内容分。有选聘企业经营者招标书和项目任务承包招标书两种。

选聘企业经营者招标书是通过招标方式择优聘用企业经营管理者的文书形式。这样可以在企业经营者的聘用方面引入竞争机制，使英雄有用武之地。

项目任务承包招标书是项目任务的发包方通过公开招标的方式择优选聘承包方的文书形式。这样，在各承包方之间展开竞争，保证高质量、低造价、高效率地按时或提前完成任务，达到预期的目的。

(2) 按形式分。有招标广告、招标通知和招标说明三种。

招标广告是公开招标时通过报刊、广播、电视等刊登播放的公开周知性文件，招标广告的标题也可用招标公告、招标通告或招标启事等形式。

招标通知是向有承担能力的若干企业直接发出的内部邀请文件。

招标说明是招标广告或招标通知的必要补充文件。因为招标广告或通知没有必要也不可能将各种情况说详细，具体的条件必须另用文件说明。

（三）招标书的基本格式

招标书的写作一般由标题、导语、主体和结尾四个部分组成。

1. 标题

标题一般由三个部分构成，即招标单位全称、招标内容和文件种类，如“×× 酒店选聘经理招标通告”。有的招标书为了突出所招标的内容，可以将其单列一行，写在招标单位名称和文种的下面，或者直接写招标内容及文种，而把招标单位名称写在招标书的最末尾。为了便于查阅和存档，有的招标书还在标题的右下方注上编号。

2. 导语

导语也称为前言，它位于标题和编号之下。主要注明招标单位的招标内容(如工程项目名称、科研项目名称、产品名称等)，招标范围以及招标目的等。

3. 主体

主体是招标书的核心内容。主要包括招标的对象、形式和时间限度、投标者的资格审核、中标者应承担的义务和拥有的权利、招标者报名日期和联系办法等。可以分条叙述，层次清楚。

4. 结尾

在招标书的结尾,应签具招标单位的名称、地址、邮编、电话号码、电报挂号、传真以及业务联系人的姓名和招标书发文日期等。

二、投标书

(一) 投标书的概念

投标书是投标者根据招标单位提出的招标条件,对自身的投标条件进行自我审核后,向招标单位提出自己的投标意向的书面材料。投标书具有三个特点,即外向性、可信性和竞争性。

(二) 投标书的分类

(1) 按内容分。有承包或租赁企业投标书和工程任务或科研投标书两种。

(2) 按形式分。有投标申请书和标书两种。

投标申请书是投标单位按招标广告或招标通知书规定的时间,向招标单位介绍企业或个人情况,以备招标单位审定的书面申请。

标书是投标企业报送的投标资格审查文件。标书的主要内容包括:工程量标价、各项费用标价和工程总造价,达到的工程质量标准和开工竣工时间,主要施工技术、组织措施和工程进度安排,其他需要说明的应标条件和事宜等。

(三) 投标书的基本格式

投标书一般由标题、送往单位、导语、主体、落款五部分组成。

1. 标题

标题要简明扼要,一般由投标项目和文种组成,如“承包 ×× 书店的投标申请书”“租赁 ×× 企业的投标书”。

2. 送往单位

函件都有受文单位,要顶格写明招标单位。

3. 导语

导语也叫前言,主要应写明投标的目的和依据、点明投标的项目和内容。

4. 主体

主体是投标书的主干,一些重要内容都要在这部分进行详细说明和阐述,表明态度,保证事项。从某种意义上说,这一部分内容直接关系到投标人是否能够中标。需要注意的是,这里引用的数据和论据必须是真实准确的。

5. 落款

在主体下面要署上投标单位的名称、负责人或联系人姓名及通信地址等内容。

例文 9–3

×× 公路大桥工程施工招标公告

为加快我省公路工程建设速度,降低工程造价,缩短工期,确保工程质量,提高经济效益,促进公路工程建设管理体制的改革，决定对××公路大桥实行施工招标。要求如下：

1. 工程地点。本大桥建筑工程位于呼兰至朱家坊段的二级公路上。

2. 工程规模与工程结构（略）。

3. 工程开工竣工日期。××××年×月开工，当年×月末竣工。

4. 工程建设实行五包，即包质量、包工程数量、包工程造价、包工期、包工程材料。

5. 凡我省内交通系统驻××市的各地施工企业（国营）：省路桥公司一、三、四、五处，市公路处及几年来参加交通系统公路桥梁建设的水利三、四工程处或市政一、二公司等单位承建，我们都表示欢迎。请踊跃参加投标。

6. 参加投标者，请派人携带本单位介绍信于××××年×月×日上午9时到省交通厅报名登记，领取招标文件及施工图，收成本费300元。逾期不予登记办理。并定于××××年×月×日上午9时在××（地点）当众开标。

××省公路局招标办公室
××××年×月×日
地址：
电话：
传真：
联系人：

例文 9-4

投标申请书

××××：

根据贵局的招标要求和我企业的条件，我们决定参加××公路大桥工程项目的投标，保证按招标文件的要求参加投标，并遵守各项有关规定。

特此申请！

施工投标企业（公章）
负责人
××××年×月×日
地址：
电话：
传真：
联系人：

第四节 商 业 广 告

一、商业广告的概念和作用

（一）商业广告的概念

商业广告是一种把商品和劳务的信息有计划地、公开广泛地传递给人们的宣传方式。广义的广告，是用口头的、文字的和图画的方式所进行的一种推销商品和劳务的宣传。狭义的广告，是指以支付价款的形式，委托专业广告部门，在一定时期内通过一定的媒介物，如广播、电视、报刊等，有计划地宣传商品和劳务，促使消费者产生购买欲的手段。现在人们通常所说的商品广告，就是狭义的广告。

广告随着商品的出现而产生，随着社会经济的发展而发展。“广告”一词源于拉丁语，意思是“大喊大叫”。世界上最早的广告是口头广告，又称叫卖广告。我国最原始的广告形式是口头广告和招贴广告。随着科学技术的进步和市场经济的发展，广告的种类越来越多，形式越来越新颖，广告的媒体也更加多样化，现代商品广告成了竞争的重要手段，广告也成为包括文学、艺术、心理学、社会学、市场管理学、公共关系学的综合性学科。

（二）商业广告的作用

商业广告的作用主要有以下几方面：

(1) 可以传递信息，沟通有无。有些商品往往在此一地区积压，而在彼一地区畅销。积压的地区可能导致生产停顿，而畅销的地区又往往供不应求。有些新材料、新工艺、新技术可以提高产量，降低成本，产品经久耐用，但因刚刚问世，鲜为人知，故生产者往往苦于缺少买主，而需求者又往往难以找到货源。商业广告则起到“红娘”的作用，沟通产、供、销的联系。

(2) 可以活跃经济，增加盈利。有些商品通过广告宣传，就会身价百倍，名扬四海。有些鲜为人知的旅游景点一旦经广告介绍，很可能成为吸引游人的胜景。广告可以活跃一个企业或一个地区的经济，从而提高盈利。

(3) 可以指导消费，促进企业改善经营管理。广告能为消费者提供大量可供选择的商品信息，介绍商品的性能、特点、使用和保养方法，对消费者购买商品起指导作用。同时可以提高企业和产品的知名度，促进企业经营管理制度的改善，获取最大限度的经济效益。

(4) 可以开拓国际市场，扩大外贸，增加外汇。广告是认识市场的信息渠道，也是进入世界市场的宣传工具。通过广告，我国商品可以扩大国际影响，招徕外国客商订货，扩大出口贸易，增加外汇收入。

(5) 可以装点市容，美化环境。街头广告运用简要的文字说明，兼以书法和绘画艺术，既可以收到宣传商品的效果，又可以起到装点市容、美化环境的作用，既可使消费者获得商品信息，又可使人们得到美的享受。

二、商业广告的种类

(1) 按表达形式分。有文字广告和物像广告,物像广告有标志、实物、图画、模型等。

(2) 按宣传对象分。有大众广告(生活资料广告)和企业广告(生产资料广告)。

(3) 按性状形态分。有静态广告和动态广告,文字、图画、模型、实物等属于静态广告,以歌唱、道白、问答、咏诗等音响为宣传形式推销商品的广告属于动态广告。

(4) 按广告的传播媒介分。有报纸广告、杂志广告、广播广告、电视广告、网络广告、邮件广告、公共场所广告、车船广告。

三、商业广告的基本格式

早期的广告基本用语言文字表达。现代广告的表现手段十分丰富,图画、摄影、音响、录像等新的信息交流手段都被引入广告。但不论运用何种手段,都少不了文字方案、文字脚本、文字说明等。因此,应该重视广告文稿的写作。

广告写作首先要主题鲜明、突出,一要考虑产品特点,二要考虑当前市场的形势,如消费趋向、竞争者的长短处等情况。其次,一则广告只宜突出一个主题,主题抓准抓好是广告成功的重要原因。

(一) 标题

标题是广告主题的集中体现,因此,标题文字应简明扼要、生动有趣、新颖别致、引人注目。常见的广告标题形式有以下几种:

(1) 直述式。直接用企业和产品的名称或企业经营的项目、服务的内容等来命题。如茅台酒广告标题“国酒茅台,玉液之冠”。

(2) 间接式。叙述和描写相结合,既概括出广告的主旨,又引人入胜。如“长城——中华民族的骄傲(正题),从月球上俯瞰中国,唯一看到的就是光彩的长城(副题)”。

(3) 提问式。将广告正文的主题凝聚在标题之中,用提问的方式引起读者的关注和思考。如“您想提高管理效率吗?您想加强时间观念吗?——请使用现代时间管理机‘××××’”。

(4) 综合式。综合运用直述式、间接式,使标题含蓄、概括全面、表意完整。如“奇力伴您,清凉无比——不怕不识货,最怕货比货,‘奇力’又一新贡献”。

(5) 夸张幽默式。以夸张的手法突出产品效果。如某酒店广告标题“猛虎一杯山中醉,蛟龙两盏海底眠”。日本丰田牌汽车广告的标题“有山必有路,有路必有‘丰田’车”。

(二) 正文

正文是标题的具体化,提供商品信息细节。一般包括四个方面的内容:

(1) 介绍产品的品种、性能、特点、使用保养方法,或介绍服务的宗旨、内容和服务范围,或介绍企业的概况、声誉、成就等。

(2) 说明产品的构成成分、创作过程和产品的信誉、用户的评价,或说明服务的具体措施、方法及质量等。

(3) 写明产品出售或收购的时间、地点、接洽办法，或交代服务的日期、收费标准等。

(4) 对消费或服务对象所负的责任。正文常用的写作方式主要有陈述体、问答体、证书体、幽默体。

(三) 刊户

刊户就是交代刊登、播放、设置、张贴广告的单位的名称、地址、电话、传真、银行账号、刊登日期等情况。

四、写作广告应注意的几点

(1) 据实介绍，讲求信誉。商品广告传播的信息必须是真实、准确的。只有这样，才能得到公众的信赖，才能维护企业自身的信誉。我们应坚决反对欺骗公众的虚假广告。

(2) 研究消费者心理，有的放矢地宣传。商业广告想要吸引消费者，并促使消费者产生购买行为，必须潜心研究消费者的心理，准确把握不同层次的消费者的心理特点，最大限度地吸引消费者。

(3) 注意创新，不拘一格。创新是指广告的形式与表达要尽量避免常用的广告套路和广告术语，但不要为创新而违反常情。语言要做到准确、生动、新颖。

(4) 用好典型事例，讲究商业道德。空洞的溢美之词不如确凿的实例更有说服力。如著名的美国派克金笔的广告，仅用了一句话“总统用的是派克”，并配上美国总统罗斯福使用派克金笔签署文件的照片，借助总统的声誉，有力地宣传了派克金笔的精良，从而使派克成为“笔中之王”。另外，广告应坚持正面宣传，遵守商业道德，不能借宣扬同类产品的缺点来提高自己产品的身价，更不能用威胁的语气推销产品。

例文 9–5

现代住宅的新经典——×× 花园

×× 花园位于 ×× 路、×× 路要津，紧邻 ×× 大酒店，与 ×× 高尔夫球场和 ×× 豪宅隔街相望。××、×××、×××、×××、×××、××× 等多条公交线穿梭左右，交通便利，四通八达。

• 住 ×× 花园——您不用再爬楼梯

×× 花园处处体现以人为本的规划理念，符合房地产市场的发展趋势。首期开发的 ×× 万余平方米 6—7 层公寓全部规划为一梯二户的电梯房，并特别选用国际公认的 ×× 住宅电梯——欧洲原装进口的迅达无故障豪华电梯，安全、舒适、耐用，在 ×× 花园，您一辈子免受爬楼梯之苦。

• 住 ×× 花园——您不用为有车没处停而苦恼

随着经济的发展，汽车已进入千家万户，×× 花园前瞻性地把泊车车位作为楼盘规划设计的主要技术指标,满足购房者长远的消费需求,使 ×× 花园在未来的住宅市场中有较大的保值潜力。小区辟建多处地下车库,确保每户都有二个汽车泊车车位,这在 ×× 房地产市场中实属罕见。

• 住 ×× 花园——您不必担心用电量不足

现代家庭家用电器林林总总,但经常困扰的是不能同时开启所有的电器,一不小心就要跳闸。×× 花园的开发商不惜多缴纳扩容费,硬是将每户用电配置增加到 ×× 千瓦。您可以同时享受所有家用电器带来的现代文明,而绝无用电超负荷之虑。

×× 花园市政环境优良,周边超市、商店、医院、影剧院、中小学校一应俱全,居家生活便利,加上一流的小区环境(×××××m^2 的中央主题公园,×××××m^2 的绿地面积),一流的住宅品质,使得 ×× 花园成为 ×× 市少有的一个品质经典社区。×× 花园与 ×× 豪宅具有同样的品质,完全物超所值。寻常人住 ×× 的梦想,在 ×× 花园得以实现。

银行提供 × 成 ××-×× 年公积金按揭贷款,认购期间优惠活动在即!

垂询电话:×××××××××、×××××××××、×××××××××

思考与练习

一、市场调查报告一般由哪几部分构成?在写作上有什么要求?

二、经济合同的概念是什么?它有哪些作用?

三、阅读下述事例,请思考并回答:问题出在合同中哪一方面的条款?提出你认为该合同应当补充修订的条款。

据《广州日报》载:有一家为外商加工产品的工厂(简称乙方)与外商(简称甲方)签订了一份补偿贸易的合同。合同签订后,乙方投产年余,甲方一直来料不足,致使乙方生产无法正常进行,且合同又无索赔规定。基于这种情况,乙方本可以接受别的加工任务来补救,但合同上明文规定:在本协议有效期内,乙方不得接受第三方而进行同样的加工任务。因此造成乙方开工不足,损失严重,几乎连工资发放都有困难。

四、按照经济合同的写作要求,看看下面这份经济合同存在哪些问题?试分析指出并进行修改。

经 济 合 同

立合同人:

×× 工厂第四车间(甲方)

×× 建筑公司生产科(乙方)

(1) 甲方委托乙方建造新厂房一座;

(2) 全部建筑费为 15 万元;

(3) 甲方先交一部分建筑费,其余的在厂房建成前后陆续付清;

(4) 工程待双方筹备就绪后便立即开工,争取当年开工,当年完工;

(5) 本合同一式两份,双方各执一份。

×××× 年 × 月 × 日

立合同人：

××工厂第四车间(公章)

车间主任:×××(私章)

××建筑公司生产科(公章)

生产科长:×××(私章)

五、名词解释:

招标书　投标书　招标广告　招标通知

六、模拟例文拟写一份招标书和投标申请书。

七、商业广告的概念是什么?它有什么作用?

八、从报纸杂志和街道广场上抄录五则吸引你注意力的商品广告文字,并概括其特点。

九、根据下面提供的材料,选择广告主题和表现形式,为××眼镜厂拟写一则刊登在报纸上介绍××眼镜的文字商品广告。

(1) 我厂生产眼镜有20多年的历史;

(2) 主要生产近视镜、散光镜、老花镜;

(3) 验光用进口仪器、快速准确;

(4) 各式镜框、镜架,样式考究,新颖好看;

(5) 质量优良,价格便宜;

(6) 三日取货,不合要求,包修包退;

(7) 眼睛是心灵的窗户,为了保护你的眼睛,请给窗户装上玻璃吧;

(8) ××牌眼镜,将为你开拓新的视野。

第十章　科技应用文

第一节　科技学术论文

科技学术论文作为学术论文的一种，是在自然科学和技术领域中常见的一种文体。科技学术论文是报道各学科领域内最新的科技研究成果及各学科发展动向，进行学术交流的重要工具。目前科学技术的新成果大都是以学术论文的形式发表在学术刊物上。

一、科技学术论文的特点

科技学术论文除了具有一般议论文的特点，还具有学术性、创造性、科学性和可读性的特点。

(1) 学术性。学术性又称理论性，是科技学术论文区别于文艺、新闻作品和其他议论文的主要特征，也是科技学术论文的最基本的特征。它主要表现在科技学术论文使用抽象概括论述，进行严密的论证和分析，揭示事物发展的内在本质和发展变化的规律，具有很强的理论色彩。

(2) 创造性。创造性又叫独创性，是衡量科技学术论文价值的根本标准。创造是科研的生命，没有创造就没有科学的发展。

(3) 科学性。科学性是科技学术论文区别于非科技学术论文的主要特征。它包括三层含义：一是论文的内容是自然科学或技术方面的内容；二是论文在表述这些科技内容时是科学的；三是论文在结构上也是科学的。

论文内容的科学性，表现为论文的科学内容是真实的，或者是透过客观事实的表象而达于本质的真实，或者是科学理论已经或能够被学术界公认，或者是可以复现的成熟理论、技巧或物件。

论文表述的科学性，表现为表述的准确和明白。准确是语言使用贴切，明白就是在行文中用词造句没有歧义。

论文结构的科学性，表现为文章结构所显现的科学内容，必须符合逻辑推理、论证反驳等思维规律。

(4) 可读性。可读性要求科技学术论文的文字通俗易读。

二、科技学术论文的种类

根据研究方法的不同，可将科技学术论文分成三类：理论型、实验型、描述型。

(1) 理论型。运用理论阐述的方法进行研究写成的论文是理论型论文。这类论文或者是以抽象的理论问题为研究对象，或者是对某一理论进行修正、补充、质疑，等等。此外，考察结束后对考察所得资料进行理论分析写成的论文,也属此类,有时也叫报告型论文。

(2) 实验型。通过设计实验、完成实验的方法作学术研究,由此撰写的论文是实验型论文。这类论文有两种,一种是以介绍实验本身为目的,一种是通过对实验结果的分析研究,探索客观规律。这两种论文类似于实验报告,不同的是实验型论文表达的是有创造性的成果,而实验报告可以没有创造性成果,或是重复前人的实验,甚至是失败的实验。

(3) 描述型。通过观察研究运用描述的手法所写的论文是描述型论文。这类论文多是介绍新发现的生物属种、新发现的某一地质地貌以及新发现的某种客观事物和稀有现象,文章重点在于描述事物或现象是什么。

此外,根据议事性质的不同,还可将科技学术论文分为立论文和驳论文两种,这里就不详述了。

三、科技学术论文的格式

目前,国内科技学术期刊通用的科技学术论文的格式主要包括九个部分:标题、作者及其工作单位、摘要、主题词、前言、正文、结论、致谢、参考文献。下面分别介绍每一部分的写作内容:

1. 标题

科技学术论文的标题,在拟制时要准确专指、简短精练、观点明确。根据实际需要有时还要使用副标题。

2. 作者及其工作单位

科技学术论文的署名是为了体现作者的辛勤劳动,表明作者对论文负责。只限于那些参与选定研究课题和制定研究方案、直接参加了全部或主要研究工作、做出主要贡献并了解论文的全部内容、能对论文全部内容负责解答的人署名。其他参加部分工作的人可列入致谢部分。

3. 摘要

摘要介绍论文的主要信息,以满足读者了解论文内容的需求。摘要的内容包括研究目的、研究对象、研究方法、研究结果、所得结论、结论的适用范围等六个方面。

4. 主题词

主题词又称关键词,它是为了文献检索的需要,从论文中选出的最能代表论文中心内容特征的词或词组。一篇论文通常选出 3~8 个主题词,依次排列在摘要之下,另起行书写。

5. 前言

又叫引言、导言或概述,也有的论文对此并不注明。前言的内容包括理由、依据、学术地位三部分。理由是选择本研究课题的原因,包括课题的目的、背景、作用、内容和范围。依据包括课题的理论依据和实验依据。若出现前所未有的概念、术语,应给予科学定义。学术地位包括本领域中前人的成果和现在的知识空白。

前言不能与摘要的语句雷同,不是对摘要的解释,不解释基本理论,不推导基本公式,不介绍基本方法,不重复其他科技书已有的内容。

6. 正文

正文是科技学术论文的核心部分，占论文的绝大部分篇幅，体现研究成果和学术水平。由于学科门类繁多，很难统一，但正文包括的内容还是有共同点的。一般情况下，正文的内容包括理论分析，实验装置和观测方法，实验结果的分析比较、讨论。

(1) 理论分析。要求对所作的假定及其合理性进行理论论证，对研究的结果进行理论上的论证。论证可以是纯数学的推导演算，也可以是理论上的推理。需要注意的是，在理论分析中，对已知的、改进的、自己创造的内容应明确区别开。

(2) 实验装置和观测方法。这部分应简要将实验原理、实验用器材、材料、装置、观测结果写清楚。

(3) 实验结果的分析比较。有的研究课题，实验结果就是结论；有的研究课题，实验结果还不是研究结论，需要经过选择并进行分析比较才能得出结论。

(4) 讨论。在分析实验结果时，一般都应作出定性或定量的分析，说明其必然性；要从结果中引出必然的或必要的结论或推论，并说明这些推论或结论的适用范围，与理论分析部分的理论计算值加以比较，作出鉴别。如果经过分析，发现得不出结论，可以分情况进行具体的讨论。

7. 结论

这是科技学术论文的总体结论，是正文中理论分析和实验结果的逻辑发展，内容包括本研究的结果说明了什么规律，解决了什么问题，对前人工作做了哪些检验、发展、证实或证伪，本文的不足之处或遗留尚未解决的问题等。如果结论比较简单，也可考虑和讨论部分合并。

8. 致谢

这是表示尊重他人的劳动，感谢他人的帮助。凡是对本研究有过资助的团体、单位，对本研究提供过方便条件、提过建议、提供过图片和资料、做过某些具体工作的人，都应当致谢。

9. 参考文献

科技学术论文中引用他人的论文、数据、资料等参考文献都应当列举附后，以表示尊重他人的劳动成果。同时，这些文献也是自己研究工作的依据。但要有所选择，把新近的、最重要的、作者直接读过的、论文中直接引用的文献列入参考文献。

四、科技学术论文的写作要求

科技学术论文除了要做到议论文的写作要求外，其自身的特点决定了它还有一些特殊要求：

1. 要有鲜明独到的见解

科技学术论文的论点应该是鲜明独到的见解。这是由科技学术论文创造性特点所决定的。

(1) 独到的见解来自有价值的课题。有价值的课题就是具有创造性、应用性的课题。这些课题在本学科中居于前沿位置，研究成功就可以获得独到的、有价值的见解。

(2) 独到的见解来自艰苦的研究过程。对有价值的课题，要把研究成功的可能性变成现实性，还要经过认真搜集资料、鉴别资料、占有资料、实验研究、现场考察、观察测量、数据处理等一系列环节。而且,所选课题究竟有没有结果,有什么样的结果,还得经过试验、探索。

(3) 独到的见解来自对主题的及时提炼。主题就是科技学术论文的中心论点或总论点。一旦提炼出中心论点,就可以开始写作了。

2. 要有较浓的理论色彩

科技学术论文要有较浓的理论色彩,这是由科技学术论文的学术性特点决定的。理论色彩来自熟练的理性思维、活跃的创造性思维和雄辩的文字表达。

3. 要有科学规范的表述

科技学术论文科学规范的表述,是由它的科学性特点和肩负的任务决定的。科技学术论文表达的质量直接关系到能否把研究成果全面、准确地表达出来,尤其是科技学术论文往往在世界范围内交流,表达的规范化有助于国际交流。

第二节 毕业论文

毕业论文是大学生在毕业时撰写的论文。在有学士授予权的系科,毕业生撰写的毕业论文同时可以作为申请学士学位的学位论文,简称学士论文。

撰写毕业论文,是高校教学过程中一个重要环节,也是给学生布置的综合作业,其目的在于促使学生总结在校期间的学习成果,培养学生综合运用所学知识来分析和解决实际问题的能力,接受科学研究的初步训练,培养和提高学生撰写论文的能力。

一、毕业论文的一般格式

毕业论文的格式并没有统一的规定,但各高等院校所作的规定普遍包括以下九个部分:

1. 封面页

一般由学校统一印制,内容包括论文题名、作者、学校及院系名称、日期。

2. 题名页

由于毕业论文一般较长,要订成一本,故在封面之后设置题名页。毕业论文归档后,档案人员著录检索卡片或制作其他检索工具时,都是以题名页为依据的。题名页的内容如图 10–1 所示。

卷册号是指多卷本论文,若只有一册,此项可不要。版次指草稿、初稿、修订稿和答辩通过稿。论文题目、论文副标题和作者这三项的内容和科技学术论文中对应的项目是一致的。

3. 摘要

毕业论文或学士论文一般都要写两种摘要:一种是简短的摘要,在题名页之后目录页之前,其写作要求和科技文摘的写作要求相同。另一种是详细摘要,送给答辩评审委员会供考核评审之用,字数可长可短,长的可到二三千字,其内容包括:(1) 本研究的目的和重要性;(2) 本研究的内容和过程;(3) 得出的主要结论,要突出论文的新见解;(4) 结论的意义。这种摘要是单独抄清装订成册的,故还要增加封面和题名页,与论文的封面和题名页一致,在标题之下加“摘要”二字。

分类号：

（论文题目）

（——论文副标题）

（卷册号）

（版次）

作者：________

指导老师姓名：______ 职称：__________

所在单位：________ 地址：________

论文专题方向：__________________

所在系科名称：__________________

工作完成日期：__________________

论文提交日期：__________________

论文答辩日期：__________________

授予学位单位：_________ 授予日期：__________

（校名、院系名）

（日期）

图 10-1

4. 目录

毕业论文正文部分的章节一般都比较多，故在摘要页之后、正文绪言之前设置目录页，每一条都由序号或章节号、章节标题、页码组成，和正文中相应章节的标题要完全一致，不可增减。

5. 绪言

又叫文献综述。这一部分和科技学术论文的前言部分在行文中的位置相当，但写作要求不相同。毕业论文的绪言要求是：(1)阐述本论文主题和选择该课题的理由，以反映出论文作者对该课题方案的充分论证；(2)综合阐述有关该课题的发展过程史、前人工作的综合情况及其理论基础、现在的知识空白，以反映作者对文献进行综合、分析、判断的能力；(3)本课题解决的具体问题、工作的界限和规模、工作量和本工作的学术地位，以反映作者的学识水平。

6. 正文

正文即本论，是论文的核心部分，要对所研究的课题做充分、全面、有说服力的论述，提出有创造性的见解。

7. 结论

结论即结语，是理论分析或实验结果的逻辑发展，是整篇论文的结局，主要是对正文分析、论证的问题加以综合性的概括和总结，从而得出结论。

8. 致谢

致谢是指对论文写作过程中给予撰写者很大帮助（如审题、审稿、指导、修改、提出意见或建议、提供有关材料、提供生活照顾）的人员或单位公开表示谢意的文字，以示对他人辛苦付出的尊重。致谢不是必写要素，文字一般不长，通常置于正文之后。

9. 参考文献

为了反映论文的科学依据，尊重他人的研究成果，向读者提供有关信息，作者在论文正文结束后，一般要列出主要书刊和网页上文章的目录作为参考文献。

二、毕业论文的写作要求

1. 要选择有可行性的课题

毕业论文的教学性质要求所选择的课题应以所学的专业课所在领域为主，不能超出这个范围。毕业论文的综合训练性质要求所选的课题尽可能多地用到所学的知识。因此，课题要小，但对所学知识的覆盖面不宜过窄，否则达不到综合训练的目的。毕业论文要在短期内完成，研究者又缺乏训练经验，这就要求所选的课题要适中，可控性要大。

2. 要做好充分的准备

课题确定之后，就要制定研究计划，进行资料调查和实验研究，为论文写作做好充分的准备。

制定研究计划是必不可少的。因为写毕业论文的时间有限，在这有限的时间里，什么时候做什么工作，应达到什么要求，都要明确列出，行动时才会心中有数。

查阅文献资料是写好毕业论文的基础。因为资料既是研究工作本身的需要，也是撰写文献综述的需要。

毕业生还应根据所选课题的要求去现场搜集第一手资料(数据、实例和问题)，为下一步实验研究提供依据。

实验研究是毕业论文工作的中心环节。毕业论文的水平取决于这个时期的工作。这里的关键是要善于设计实验，筹集实验用的设备和器材，认真做好实验。实验中要善于观察，勤于记录，忠于实验结果，善于分析和讨论，以求得到明确的结论。

3. 重点要突出

毕业论文的一个通病就是重点不突出。因为毕业论文的课题一般都比较小，在学科体系中是分支的分支，而毕业论文的文献综述又要从全学科体系来阐述，所以经常出现把自己的工作按学科体系的系列排在其中的现象，这样造成论文的论点、结论不明显。为避免这种情况，应当将自己做的工作独立提出来突出论述，在篇幅上至少要与文献综述各占一半。

4. 要认真对待答辩

答辩是毕业论文的最后一个环节，是审查论文的一种方式。每个同学都要认真准备，接受答辩。答辩结束后根据答辩会上所提的要求再一次对论文作出修改。

第三节 实 验 报 告

在科学技术研究活动中，人们为了检验某种科学理论或假说，或者为了创造发明和解决实际问题，往往都要进行实验。实验是探索自然奥秘、进行科学研究的一种手段。人们通过实验进行观察、分析、综合、判断，然后如实地将实验过程和结果记录下来，写成文章，这就是实验报告。

需要指出，这里所说的是科学研究实验报告，它与我们通常做的教学实验报告在要求上是有区别的，教学实验报告的格式简单得多。

一、实验报告的特点

实验报告作为实验研究工作的如实记载，包括整个工作的重要过程、方法、观测结果等细节，比较详细具体。因此，它大多以说明为主要表达手段，不需要展开联想和抒发情感。同时，实验报告常用插图来辅助说明，这样可以直观地将实验装置展现在读者面前，使人一目了然。此外，由于科学性很强，实验报告的语言又具有准确、简明的特点。

二、实验报告的写作格式与写作过程

（一）实验报告的写作格式

实验报告有固定的结构，并表现为一定的格式。通常包括下列各项：

(1) 实验名称。名称一般能反映出实验的目的或实验内容，相当于实验报告的题目。

(2) 作者及其单位。署名是十分重要的，首先表明成果归谁所有，其次是便于读者与作者联系，同时也表明文责自负。个人实验成果由个人署名。集体的工作按贡献大小先后顺序署名。一般署真名。

(3) 摘要。摘要是报告内容基本思想的缩影，内容应该包括与报告同等量的主要信息，以供读者确定是否需要阅读全文。摘要内容包括研究工作目的、实验方法、实验结果等。

(4) 前言。前言是报告主体部分的开端。内容包括实验的目的和范围、相关领域的前人研究成果及知识空白、理论分析和依据、研究方法和实验方案的概述等。

(5) 正文。正文是报告的主体部分，其内容包括实验原理、实验目的、实验器材、实验装置与步骤、实验结果与讨论等项。

(6) 致谢。凡对报告提供重要指导和帮助的同志，都应该在正文后面致谢，以示尊重他人的劳动，感谢他们的帮助。

(7) 参考文献。凡在报告中引用别人的结论、实验数据、计算公式等，均应注出所引用的文献。

（二）实验报告的写作过程

1. 实验前的准备

(1) 理论、方案准备。科学实验不可能没有理论指导，因此，在实验前要查阅有关文献资料，阅读有关书籍，尽可能多地掌握所需要的理论。同时，在实验前要拟定实验方案，对将要进行的工作有初步的思考，从而明确实验的进程和具体的办法。

(2) 实验器材准备。做好器材、材料的选择和收集工作，掌握使用方法，同时对所需器材进行分类登记，并进行核准及性能测定工作。

2. 实验中的观测

实验中的观测是获得感性认识的基本过程，也是形成、发展和检验科学理论的基础。所以，对实验过程中事物的发展变化和结果要仔细地观察、精确地测量、如实地记录，不要遗漏项目和数据。实验记录不能随意涂抹或更改，在实验结束后加以整理，写入报告。

3. 实验后的分析

实验后需要对实验结果进行科学分析。科学分析最重要和最基本的方法就是矛盾分析法。只有通过分析各种不同的矛盾，才能揭示研究对象的本质和规律。

4. 按格式起草

最后，要在分析的基础上进行高度综合，把分析和综合统一起来，并按一定格式起草。

例文 10–1

电子自旋共振实验①

摘要

本文叙述一个经济实用的电子共振实验。采用频率为 20~40 MHz 连续可调的边限振荡器，配合能产生 0~20×10^4 T 恒定磁场和 50 Hz 的 0~2×10^4 T 交流调制磁场的螺线管，测得自由基 DPPH 样品中未偶电子的 Lande 因子为 2.004±0.027，并且给出当地地磁场的水平分量为 0.39×10^4 T、垂直分量为 0.36×10^4 T。

一、引言

电子自旋共振（Electron Spin Resonance）现象是 1944 年 Завойскй 发现的。它是测定物质或分子中未偶电子的唯一直接方法，目前在化学、物理、生物和医学等方面都获得了极其广泛的应用，因而在近代物理实验教学中成为不宜缺少的项目之一。通常观测 ESR 现象，是在微波波段，波长 3 cm 左右、数千高斯的磁场范围，由专门的电子自旋共振波谱仪来完成。这种设备并非一般高校都能具备，况且大量学生在这样大型仪器上做实验，目前也不切实际。

我们采用自制的射频振荡器、检波器、放大器等，配合小型螺线管产生的弱磁场，可以观察 ESR 信号，测定样品的 Lande 因子，并能给出地磁场各分量数据。对两届学生开设了这一实验，取得了比较满意的结果。

二、原理

自由电子具有自旋量子数 S=1/2，自旋磁矩 $\boldsymbol{\mu}_e$，且有

$$\boldsymbol{\mu}_e=-g_e\boldsymbol{\mu}_B S \tag{1}$$

此处 g_e 为量纲为一的因子，称为 Lande 因子，$\boldsymbol{\mu}_B$ 为 Bohr 磁子。

当电子处在磁感应强度为 B 的外磁场中，它的自旋将有 $2S+1=2$ 种可能的取向，不同的取向对应不同的能级，相邻二能级的能量差为

① 本文为教学实验报告，原载《中国科技大学学报》第 11 卷第 4 期，文中所述图略。

$$\Delta E=g_e\mu_B B \tag{2}$$

若垂直于 B 和 μ_e 组成的平面加一频率为 υ 的交变电磁场，其量子能量即为 h_υ，此处 h 为 Planck 常数。当满足关系

$$h_\upsilon=\Delta E=g_e\mu_B B \tag{3}$$

电子就吸收电磁场的能量，由低能级跃迁至高能级，此现象便称作电子自旋共振吸收。

由式(3)给出

$$B=h/g_e\mu_B\cdot\upsilon$$

即当发生共振吸收时，辐射电磁场频率 υ 与外磁场 B 之间有严格的对应关系。对自由电子而言，g_e=2.0029；$\mu_B=eh/2mc$ 并代入其他有关常数得到

$$B=0.3567\,\upsilon \tag{4}$$

测出共振吸收时的辐射电磁场频率 υ，即可由式(4)计算磁场 B，因而此法可用来测量磁场。

另一方面，若能在测量辐射场频率 υ 的同时也测出磁场 B，那么又可用来计算 Lande 因子

$$g_e=h/\mu_B\cdot\upsilon/B \tag{5}$$

本实验同时满足以上两项要求。

三、实验装置和结果

简易的电子自旋共振实验装置如图 1 所示，产生共振所需的外磁场为一小型螺线管。用 Φ0.51 mm 高强漆包线在 Φ90 mm 的硬塑料筒外层密绕四层共 1 484 匝，每厘米长度上共有 70.4 匝。当通过线圈的直流电流从 20 mA 增加到 200 mA 时，螺线管轴线中心处的磁场从 1.5×10^{-4} T 增加到 15×10^{-4} T。为观测吸收信号需加电流调制磁场。本实验采用 50 Hz 交流电通过绕在直流磁场外层的短线圈来实现。当交流电压由 1 V 增到 6 V 时，交流调制磁场由 1.5×10^{-4} T 增加到 3.5×10^{-4} T。观测信号时使用的交流电压不宜过大也不宜过小，以电压 2 V 为宜。

射频振荡器为一边限振荡器，发射线圈用个 Φ0.51 mm 高强漆包线绕成内径为 4 mm 的空心线圈 8—9 匝，配合可变电容改变振荡频率，可使频率在 20 至 40 兆赫之间连续变化。

检波器采用二极管倍压检波，放大器为最基本单管放大电路。吸收信号经检波、放大后送入示波器观测。

共振信号的观测采用吸收法，即发射线圈同时又是探测线圈。样品用粉末状、带有一个未偶电子的稳定自由基 DPPH(二苯基苦味酸联氨)，装在外径不超过 3.5 mm 的薄壁玻璃管中，振荡器的发射线圈就绕在玻璃管上。

实验的具体做法是先选定通过螺线管的直流电流值 Io，缓慢调节振荡器频率，在示波器上能观察到如图 2 所示的波形，图中所示为符合要求的共振信号。这时只有直流磁场对共振起作用，记录下振荡器的频率。根据公式(4)可计算出对应 Io 时螺线管的直流磁场值 Bo。此实验内容即为测量弱磁场。如果用记录的螺线管中通过的直流电流值来计算螺线管中心处的轴向磁场，或用高斯计算直接测量磁场值，就可通过公式(5)计算 Lande 因子。

本实验用 PS—2101 型数字频率计测量振荡器的频率，用经过校对的毫安表测量直流电流。经过重复多次测量，得到 DPPH 的 Lande 因子值为 2.004 ± 0.027。

特别是，通过本实验，测量了螺线管铅直方向放置时，由于地磁场垂直分量影响，当通过螺线管的电流方向不同时，产生共振所需的电流值也不同，从而计算出本地区地磁场垂直分量为 0.36×10^{-4} T。将螺线管水平放置，轴线取南北方向测出地磁场分量为 0.39×10^{-4} T。而东西方向基本为零，并测出地磁场方向的合成矢量为 0.51×10^{-4} T。

应该指出，在如此简单、经济的设备上做出这样的结果是令人满意的。

参考文献（略）

第四节　几种常见的说明书

一、专利说明书

专利说明书是申请发明专利或实用新型专利时需要提交给专利机构的基本文件之一。这里所说的发明是指对产品、方法或者对其改进所提出的新的技术方案；所谓实用新型，是指对产品的形状、构造提出的实用的新的技术方案。凡是提交的专利说明书都应当对发明或者实用新型作出清楚、完整的说明，以所属技术领域的技术人员能够实现为准，必要的时候，应当有附图。

（一）申请专利的要求

首先，申请专利应当具有取得专利的条件。即被授予专利权的发明和实用新型，应当具备新颖性、创造性和实用性。

新颖性指在申请日以前没有同样的发明或者实用新型未在国内外出版物上公开发表过、在国内外公开使用过或者以其他方式为公众所知，也没有他人提出同样内容的专利申请。

创造性指与申请日以前已有的技术相比，该发明或实用新型有突出的特点和显著的进步，是前所未有的。

实用性指该项专利发明能够在生产领域重复地使用，并且在经济、技术和社会上获得有益的效果。

其次，申请专利必须以书面形式按照专利局的有关规定进行。申请发明或者实用新型专利的，应当提交专利请求书、专利说明书、权利要求书、说明书附图和说明书摘要五种专利申请文件。

（二）专利说明书的内容和写作格式

根据《中华人民共和国专利法实施细则》的规定，现将发明或实用新型专利说明书的内容和填写格式介绍如下：

（1）发明或实用新型的名称。发明的名称应当与请求书中的名称一致，一般使用通用的或专业的技术术语。

（2）发明或实用新型所属的技术领域。用简短的语言陈述，写出应归属的技术领域。

(3) 发明或实用新型的背景。就申请人所知，写明对发明或者实用新型的理解、检索，审查有参考作用的现有技术，并且引证反映该项技术的文件。应首先引证反映该技术的文件，然后介绍现有技术，并针对现有技术提出问题。

(4) 发明或实用新型的目的。用简洁清晰的语言直截了当地写出发明或实用新型的目的。

(5) 发明或实用新型的内容。要求完整、清楚地写明发明或者实用新型的内容，以所属技术领域的普通技术人员能够实现为准。

(6) 发明或实用新型的效果。写出发明或者实用新型与现有技术相比所具有的优点或者积极效果。

(7) 附图图画说明。如需要附图才能讲清发明内容时，可在“说明书附图”页上附图，并辅以图画说明。

(8) 发明或实用新型实施实例。详细描述申请人认为实现发明或者实用新型的最好方式的实例。一般应用 3~5 个实例，有的实例可多达 10 个或更多。

专利说明书应当打字或印刷；字迹黑色，必须整齐清晰，不得涂改；首页用统一印刷的说明书，续页用同样大小和质量相当的白纸；纵向使用，纸张只限使用正面。写作中可以有化学式或数学式，但要使用国家统一规定的标准术语和符号，不得有商业性宣传用语。

例文 10–2

异质结晶体管专利说明书

(一) 发明或实用新型的名称

异质结晶体管

(二) 发明或实用新型所属的技术领域

本发明涉及一种异质结晶体管，特别涉及一种基区为超薄的、重掺杂的、减少了基区电阻的异质结晶体管。

(三) 发明或实用新型的背景

L.Croy、L.Chang 等人于 1979 年 11 月 6 日发表的《异质结隧道基区晶体管》在美国专利 No4.173.763 上公开了一种异质结半导体器件，该器件的发射区、基区和集电区被厚度为 100A 量级的异质结所分开，载流子可从此穿过。此种器件的特性之一是发射区和集电区的禁带宽度对基区的禁带宽度有一个沿同一方向的偏移，并与基区的禁带部分重叠，即发射区和集电区的价带和导带对基区的价带和导带有一个沿同一方向的偏移。

导带边的突变建立了一个阻止电荷从发射区到基区的输送势垒。此外，上述禁带结构的价带突变把基区与发射区和集电区隔开，即基区的多数载流子被一个势阱所俘获。所以多数载流子不可能轻易地跑到发射区或集电区与类型相反的载流子复合。再者基区是重掺杂，这就是说，该器件的基区电阻是很低的。

在本发明中，介绍一种异质结晶体管，它不用上述的隧道机理，而是对结的交界处采用特殊处理,并结合宽禁带的发射区及重掺杂的超薄的基区层,从而获得高速工作特性。

(四)发明或实用新型的目的

本发明的目的是改进异质结晶体管,提高晶体管的工作频率。

(五)发明或实用新型的内容

简要地说,本发明针对异质结晶体管,其发射区、基区和集电区是被异质结隔开的器件。对异质结进行热处理,以使倾斜的异质结形成整流的特性。组分的材料是经选择而定的,即发射区的禁带宽度比基区的禁带宽度要大。而且,发射区的集电区禁带宽度基本上等于两邻区之间价带的突变。一个p-n-p器件,其基区的导带边基本上与发射区和集电区的价带处于同一能级。而且,基区是重掺杂的,所以费米能级位于导带之内,而发射区和集电区的掺杂并不是那么重,所以费米能级大约位于价带边。

(六)发明或实用新型的效果

本发明制作的异质结晶体管,具有如下优点:基区薄而重掺杂,电阻低,注入效率接近于1,适合超高速电路工作。

(七)附图图画说明(略)

(八)发明或实用新型实施实例(略)

二、产品说明书

(一)产品说明书的含义和种类

产品说明书是生产部门为了向用户介绍产品的用途、原理、性能、使用和保养方法等所写的文字材料。由于写作目的不同,产品说明书有不同的表现形式。

有的产品说明书专为用户提供,只介绍产品的安装、调试、使用、保养、维修、配套等方法,这种产品说明书又称产品使用说明书。民用产品多使用这种说明书。

产品说明书通常是为了推销产品。有的厂家在其中增加使用方法,将产品说明书和使用说明书合一。本节例文采用的就是这种写法。

产品简介是产品说明书的简略写法,其主要内容应与产品说明书一致。

产品目录则是生产单位把同类产品的产品说明书汇集一起,并增加生产单位简介,编印成册。

以上三种类型的说明书都是推销产品用的。正因如此,有时还加上购买办法。

(二)产品说明书的一般格式

产品说明书一般由封面、正文、附录三部分组成。封面包括产品名称、产品照片或外观图、商标和生产单位名称。设计封面时要突出产品,力求庄重、醒目。附录内容根据产品的实际情况而定,如参数表、装配图、线路图、外形和部件图、注意事项等。正文部分通常包括以下九项内容:

(1)概述。包括产品的名称、性质、设计目的、用途、工作方式、应用范围、作用条件等。

(2)结构特征。写作时利用图示对产品进行解释说明。

(3)技术指标。包括产品的技术性能、规格、工作条件、电源要求、产品体积、重量等。写作时一般先列技术数据，后写电源、体积、重量等数据。有数值范围的要明确标出，使用标准符号和计量单位。

(4) 工作原理。一般只写与操作、使用相关的基本原理，简要说明其与使用的关系。

(5) 使用方法。这在说明书中是必写的内容。一般按操作顺序逐条列出，并力求准确详尽。

(6) 产品配套。与该产品配套使用的其他产品的名称和件数。排列次序没有特殊要求。

(7) 保养维护。说明产品保养、维护、简单故障排除等的方法。

(8) 购买方法。提供生产销售单位的地址、电话、传真、开户银行、银行账号等。

(9) 生产单位简介。包括该单位的历史、现有规模、技术力量和水平、产品质量和声誉等情况。

(三) 产品说明书的写作要求

首先，力求突出产品的主要特征。产品说明书的篇幅都很短小，必须抓住产品的特征，根据用户的需求选择最主要的特征简明扼要介绍，以求一目了然。其次，产品千差万别，产品说明书也不能采用一种模式。例如，化工产品应注明成分及其所占比例，化学试剂应当注明所含杂质多少和分子式，药物产品应当注明禁忌症、副作用及处理办法，易损易耗物品则应注明使用寿命，等等。

最后，语言应力求准确通俗。产品说明书应以平实的语言作准确的说明。

例文 10–3

实体显微镜产品说明书

(一) 用途

实体显微镜是一种具有立体感的显微镜。主要用途如下:

(1) 作为动物学、植物学、昆虫学、组织学、矿物学、考古学、地质学和皮肤病学等学科的研究和解剖工具。

(2) 对纺织工业中原料及棉织物的检验。

(3) 在电子工业中，为晶体管等装配工具。

(4) 对各种材料的裂缝构成、气孔形状、腐蚀情况等表面现象的检查。

(5) 在制造小型精密零件时对机床与工具的装置，对工作过程的观察，对精密零件的检查和作为装配工作的工具。

(6) 对透镜、棱镜或其他透明物质的表面质量，以及精密刻度的质量检查。

(7) 对文书、纸币的真假判断。

(二) 规格

(1) 放大倍数、工作距离和视场直径。

(2) 大物镜有效孔径 39 mm。

(3) 平台直径 95 mm。

(4) 仪器质量 12 kg。

(5) 木箱尺寸(长 × 宽 × 高)270 mm×250 mm×370 mm。

(6) 仪器装箱总质量 18.5 kg。

(单位:mm)

目镜	总倍数/试场直径	工作距离
6.3×	4×/44 6.3×/28 10×/17.5 16×/11 25×/7	100
25×	16×/12.5 25×/8 40×/5 63×/3 100×/2	100

(三) 结构

使用实体显微镜获得的立体感觉是由于通过两个目镜对物体从不同的方向在人眼的视网膜上形成不同的像而产生的。本显微镜具有倾斜成 45° 的双筒,通过双筒可以观察到宽广视场中正立的具有立体感的物像,其中右侧目镜管上具有视度调节圈的位置。如果观察者双眼视度具有差异,可以先调节显微镜使左眼成像清晰,然后旋转右侧视度调节圈至右眼成像清晰。双筒可以在一定角度内相对地转动以适应工作者两眼之间的距离。

在方形镜身两侧有手轮可旋转,利用它的转动可在不变更工作距离的情况下更换显微镜放大倍数,因此操作方便而迅速,显微镜总放大倍数的读数为使用 25× 目镜观察时以右侧倍数盘上数字为准,而当使用 6.3× 目镜观察时则以左侧倍数盘上的数字为准。

(四) 使用维护注意事项

(1) 仪器在使用或存放时,应避免放在灰尘、潮湿、过冷、过热或含有酸碱性蒸汽的地方。

(2) 不得将化学品放在仪器附近,更不得在显微镜橱内放有化学品(干燥剂除外)。

(3) 不使用仪器时应全部罩上防灰罩,保持仪器的清洁。

(4) 透镜表面若有灰尘,不能用手擦拭,只能用毛笔将灰尘拭去。

(5) 透镜表面若有污秽时,可用清洁的旧亚麻布或脱脂棉布沾少许石油精或二甲苯轻轻揩拭,但不得用酒精,否则透镜胶将被溶解。

(6) 齿轮、齿条、滑动槽面以及滑动柱面上的油脂因堆积灰尘,日久便形成污垢或硬化,致使粗动手轮转动发生困难,可用二甲苯将陈脂去除,然后擦上少许无酸动物油脂或无酸凡士林,不可用其他油脂。

(7) 显微镜及其目镜在不使用时应套上布罩或玻璃罩,以防灰尘侵入。

(五) 仪器成套性

(1) XTr 体视显微镜　　1 台

(2) 6.3× 目镜(附盒)　　1 对(2 只)

(3) 25× 目镜(附盒)　　1 对(2 只)

(4) 塑料薄膜防护罩　　1 只

三、产品设计说明书

（一）产品设计工作简介

在实际生产中，产品总是不断更新换代的，产品能否满足用户需求，做到性能好、成本低，首先还是取决于产品设计工作的好坏。

产品设计工作包括编制设计说明书、编制技术设计、工作图设计等三部分内容。我们在这里介绍的是设计说明书的写作。

产品设计说明书是产品生产中经常使用的一种文体。它和一般的说明文不同，要求所设计的产品必须技术上先进，经济上合理，生产上可行，是用户所需要的。因此，在撰写之前一定要占有大量的技术资料，摸清用户的实际要求，有了初步设计之后，再开始撰写。

（二）产品设计说明书的一般格式和要求

通常，产品设计说明书包括封面、产品设计图、目录和正文四个部分。由于产品种类繁多，正文部分的内容差异很大。但是所写项目及写作要求基本上还是一致的，共分以下八项：

(1) 产品的用途和使用范围。写明新产品的主要用途，说明可适用于哪些地区、哪些部门，适合什么样的工作环境，工作时有无特殊要求。

(2) 设计的依据和理由。阐明新产品的作用，生产上的发展前途，理论上和技术上的依据。在新产品出现之前，有无其他同类产品问世，若有，为什么满足不了需要？是否存在缺点？现在是否继续生产？

(3) 国内外同类产品结构特征的分析。分析比较的内容有产品的结构和部件可能有几种方案。本设计采用的是哪一种方案，为什么采用这一方案，从而提出本设计的目的和现实意义。

这部分的写作十分重要。在分析比较时应当注意：比较的对象应当是先进的产品而非淘汰的产品，二者在产品用途和应用范围上相同或相似，属同一类型；分析产品的优缺点时，应当从产品的结构、性能、使用、制造、维修等方面全盘考虑，不能只考虑某一项指标；对比的数据资料应当真实、准确、可靠；比较时，要先从整体对比，再作部件比较；还应当计算出设计、制造、使用和维修的经济指标。通过这样的分析比较才能保证新产品的先进性，满足我国技术发展的需求。

(4) 新产品的技术特征。详细说明反映新产品先进技术水平和广泛用途的各种技术特征，本设计采用的新的科技成果，新产品的发展趋势，用户可能在技术上还会提出什么要求等，也应在此加以说明。

(5) 新产品的主要技术参数。

(6) 图解。根据不同产品的设计需要，绘制产品的工作原理图、操作控制机构图、电器系统图、传动系统图以及其他需要的图，以便对复杂的技术问题作清晰的解释。

(7) 标准件系列表。在设计中采用标准的零部件可以减少设计和加工的时间，降低成本，便于更换维修。本设计中采用的全部标准件应在设计说明书中列表标出。

(8) 附录。对说明设计理由、设计依据有用，但又不是设计主体的内容，可作附录列于说明书之后。比如用来做比较用的所有同类产品的照片和技术参数、试制新产品的试验记录等,都可作为附录。

有的产品设计说明书在附录之前,还加有主要技术关键及措施、计划进度、主管部门的审查意见等三项内容。

四、毕业设计说明书

(一) 毕业设计简介

毕业设计是高等院校理工科专业的毕业生把所学的基础理论、专业知识和生产管理知识融会贯通,完成工程师基本训练的最后一个环节。毕业设计说明书则是毕业设计成果的文字表达。撰写毕业设计说明书是毕业设计的一个重要组成部分。

毕业设计因专业不同分为许多种,工程、建筑专业是工程设计,机械、设备类专业是工艺设计、设备设计、产品设计等。这些类型的毕业设计的基本程序、内容和要求,同相应的现场生产设计是一致的。不同的是,毕业设计由应届大学毕业生完成,他们实际经验少,设计时间短,往往不可能按实际生产设计的要求完成设计任务,只能在指导教师的帮助下,由教师给定某一地区、某一特定条件的项目,完成设计工作。

(二) 毕业设计说明书的一般格式

毕业设计说明书没有统一的格式。目前各工科院校使用的格式大致可以包括以下四个部分:

(1) 概述。说明本设计的基本内容及其在国家建设中的作用,本设计方案的合理性和设计指导思想,设计中采用的新技术和本设计实施后的经济效益等。

(2) 设计内容。包括技术部分和经济部分。

设计的技术部分由于专业的不同,差异很大。例如机械专业的毕业设计,这部分应包括设计的原理、产品的性能和适用范围、方案的选择、设计要求、结构的设计及其技术参数、计算公式、计算结果。写作时还应结合国内外同类产品进行分析比较。例文 10–4 就是一份普通的机械设备产品的毕业设计说明书,它的第二至第七项就是毕业设计说明书的技术部分。

设计的经济部分包括本设计的综合技术经济指标、投资总额和建设效果、生产效果的分析评价等。这是为上级有关部门对本设计进行投资提供依据,为进行效果分析提供基础资料。上述内容可因设计题目的不同而有所增减。不过,毕业设计由于时间和条件的限制,对此只能是粗略的概算,但这项内容在毕业设计工作中不可没有,只是有时并不写入毕业设计说明书中。

(3) 附表。设计需要的数据以表格列出。没有数据时,此项内容可略去。

(4) 参考文献。撰写毕业设计说明书时引用了他人的成果(原理、公式、数据等)都应注明出处,排列在文末,即为参考文献。著录的格式与科技学术论文的参考文献编制要求是一致的。

(三) 编写毕业设计说明书的注意事项

首先,选题要适度可行。毕业设计的课题通常是由教师给定的。但也有院校是老师给出若干课题,由学生自选其一;或者老师给的课题比较宽,实际可做的内容比较多,这样就有选题的问题。通常，应当对老师给出的课题加以比较，选择技术上比较先进或经济效益比较高、自己最感兴趣、经过努力可以就地解决试验条件和材料的课题。

其次，内容要重点突出。撰写毕业设计说明书要突出自己做的工作，即在引证其他产品或他人成果的基础上，重点突出自己设计的独到之处，或者是新的创造，或者是有所改进等。

再次，说明要详尽准确。毕业设计说明书是教师考核学生的手段之一。所以，学生在写作时，设计原理、方案选择、参数特征等方面要尽可能详尽准确，不能省略必要的内容，以反映自己的学业水平。

最后，文面要规范整洁。要按毕业设计说明书的一般格式写作；图样要认真绘制，符合制图的各项要求；整个设计说明书应清楚、整洁。

例文 10-4

回转型蓄热式换热器的设计[①]

化工机械专业 78 级　刘 ××

指导教师 ××

一、概述

回转型蓄热式换热器是 7021 厂为综合利用能源，从生产实际中提出的课题。以本换热器作该厂加热炉空气预热器，回收 400 ℃烟道气中的余热，预热进入加热炉供燃烧用的空气至 350 ℃以上。经试用，每年可节约的天然气 80×10^4 m^3，价值 17.6 万元。总投资可在两年半时间内收回。

二、设计原理

回转型蓄热式换热器是用内置蓄热体的转子在低温和高温气体通道中连续旋转，使蓄热体在高温气体通道内吸收高温气体的热量，而在低温气体通道内再把热量放出，传给低温气体，从而达到换热的目的。如图 1（略——编者注，下同）。

三、工作性能和使用范围

本换热器具有热回收率高、结构紧凑、处理气量大等优点，可以满足防堵塞、防腐蚀的要求，虽然存在着换热气体间的交错污染，但是对于加热炉空气预热而言，可以允许空气烟气之间有一定的交错污染，而且密封结构的完善和改进，可以把交错污染控制在 10% 以下。

本换热器用作各种加热炉的空气预热器是可行、有效而经济的。

四、主要设计要求（略）

五、主要计算公式和参数计算

由于本换热器的传热机理不同于传统换热设备，采用 NTV 法，与转子的蓄热能力匹配，并计

---

① 本文选自成都科技大学 1978 级毕业设计（论文）选集，选入本书时文字上稍有删改、省略。由于格式较为完整、规范，本文可作为毕业设计说明书写作的参考范文。

入修正系数来进行传热计算。由于因素复杂,需要调整的数据多,今后若有条件,可应用计算机寻求最优化数据(原文所附七个公式及计算过程略)。

六、结构设计和方案选择

本换热器采用卧式设计。设计中,从使用和现场制造出发,吸取了国内同类设备行之有效的结构,如前后墙板的烟道接头,端板及支承梁的“三合一”结构,转子轴端的迷宫密封等。此外,针对本换热器操作温度高、温度效率高、流道较长等特点,将有关部件作了必要的改进。

1. 蓄热体方案的选择

蓄热体的类型和几何尺寸对换热器的性能有决定性影响。本设计先对“强化型”“引进日本型”“波带型”“开孔波带型”等四种蓄热体进行传热及充填面积的计算,在计算的基础上提出“改进强化型”作为本设计的蓄热体方案,改进后的蓄热体具有传热量大、阻力小、不易积灰、有较良好的防腐防堵塞等性能。

为保证蓄热体各传热板的装填质量,把蓄热板的散装改为框装,在转子外筒上用螺钉固紧,以防径向、周向移动。这种框式结构,构造简单、可靠,便于安装检修。

2. 完善的三向密封结构

密封结构对换热器的交错污染起控制作用。鉴于本设计蓄热体流道长、气体流动阻力势必增加,烟气侧与空气侧的压力差就会增大,而泄漏量与压力差的平方根成正比。为此,本设计采用较完善的三向密封结构,以减少泄漏。

轴向密封(内容并图2、图3、图4、图5略)。

径向密封(略)。

周向密封(内容并图6、图7略)。

3. 冷端抽屉门的改进

4. 设置隔热减阻板

5. 合并吹灰管与清洗管

6. 传动系统的改进(以上3~6条,内容略)

七、结束语

本设计从计算公式、数据选取、结构设计都以可靠性为首要原则,本换热器在技术上是安全可靠的。

由于资料收集尚不完整,毕业设计时间有限,所作改进设计的效果有待实践验证。

思考与练习

一、什么是科技学术论文?科技学术论文有哪些特点?

二、试述科技学术论文选题的一般原则和材料的收集方法。

三、指出科技学术论文和毕业论文写作格式的异同点。

四、比较下列同一篇科技学术论文的两个标题,说明哪一个恰当,为什么?

第一组：

1. 全球气候变异之初探

2. 20 世纪 70 年代全球气候异常的特征及其形成原因的探讨

第二组：

1. 用走迷宫的方法测定香烟中尼古丁对小鼠记忆的影响

2. 香烟中尼古丁对小鼠记忆的影响

五、下面是论文《绿衣观音土曲的特征及制作工艺的研究》的“引言”，请指出存在的问题并改写。

在我国，小曲酒主要盛行于南方各省，素为劳动人民所喜爱。小曲种类繁多，按用途可分为甜酒曲和白酒曲，按添加中草药与否可分为药小曲与无药白曲、无药糠曲，按形状可分为酒曲丸、酒曲饼及散曲，按主要原料可分为粮曲(全部大米粉)与糠曲(全部米糠或多量米糠、少量米粉)。此外，还有一类含观音土的观音土曲，从其外观看，多为白色或淡黄色，也有黑褐色(如乌衣红曲)和其他颜色，而绿色者少见。小曲的制造实为我国劳动人民创造性利用微生物的独特技艺之一。为了使我国劳动人民在小曲酿制中所达到的技术成就不致随着时代的推移而湮没，继续总结和研究传统的酒曲很有必要，或许可以从中得到一些新的启示，更何况一些传统的酒曲中很可能含有优良的菌类。这对充分开发和利用我国丰富的微生物资源将具有非常重要的现实意义。为此，我们对 ×× 地区的一种曲表为绿色的观音土曲进行了调查和微生物学研究，现将我们对这种观音土曲的特征及制作工艺的研究成果报告如下：……

六、试将实验报告与科技学术论文进行对比分析，简要说明两者有哪些异同。

七、什么是专利说明书？申请专利有哪些要求？

八、结合产品说明书的写作内容和格式，谈谈以下说明书的特点。

五加参冲剂说明书（摘录）

本品系用黑龙江省特产刺五加，经过科学方法提取有效成分，辅以优质白砂糖精制而成。

刺五加具有人参一样的强壮作用，而在调节神经机能和血压、改善冠心病引起的诸症状方面优于人参。

本品具有刺五加的清香气味，甘甜可口，营养丰富，久服能增食欲，壮体力，宁神益智，补肾健脾，促进新陈代谢，增强抗病能力，特别对因用脑过度所致的神经衰弱有显著的效果，实为扶正固本、男女老幼、四季皆宜服用之补品。

服用方法：每次一块，用约 150 ml 白开水冲化后饮服，日服三次。

九、试述产品设计说明书的写作格式。其中最主要的是哪一部分？有哪些内容？

十、编制毕业设计说明书应该注意哪些事项？为什么？

口　才　篇

第十一章　话说口才

第一节　说学的形成与发展

一、说学的形成

现代社会是高速发展的时代，尽管信息的表达、传输方式有很多种，但人与人的交际、沟通最主要、最便捷的还是“说”。说话是交流信息、传递情感、表达思想的最基本形式。从经济学的角度看，利用口语传输信息的投入产出比是最高的。作为理论和实践经验同等重要的一门学科——“说学”，并非当代才有的。早在2 000多年前，我们的祖先就很重视口语表达，出现过一大批精于捷辩之学的语言大师。有众所周知的游说八方、纵横捭阖的苏秦、张仪，论战的曹刿，贺贫的叔向，说赵太后的触龙，讽齐王纳谏的邹忌，说动秦穆公的烛之武，向虞公进谏的宫之奇，大谈帝王之术的商鞅，舌战群儒的诸葛亮，等等，他们的游说、辩辞、谏辞及演说，无不闪耀着语言艺术的光辉。

我国古代学校教育中的说话训练也有着悠久的历史。孔子的教学计划里就曾设置过“言语”一科，授以讲说论辩之术。他主张“言以足志，文以足言；不言，谁知其志？言之无文，行而不远”。（《左传·襄公二十五年》）他把志（思想、主张）、言（言辞）、文（表达的形式技巧）三者的辩证关系说得很明白。说话的言辞应当很好地表达自己的思想、见解，如果不讲究表达的技巧和艺术，那就会影响宣传的效果。

随着语言和语言教育的出现，说话训练也就开始了。人从呱呱坠地时起，就在接受父母、教师、社会成员的说话训练。孩子的父母是对孩子进行说话训练的第一任教师。人们从不会说话，到开始学说话，到学说各种各样的话，直至正确流畅地说话，敏捷、缜密地说话，几乎天天都在自觉地或不自觉地进行说话训练。随着说话训练的不断完善和发展，专门研究它的理论和实践经验的学科——“说学”诞生了。

同样，西方人也很早就深知说话的巨大力量，认为舌头就是一把利剑，比打仗更有威力。尤其进入现代社会以来，人们更重视说话的作用。被尊称为“现代管理学之父”的彼得·德鲁克曾提出，你的工作越是脱离了体力劳动，你负担的组织工作越多，那么如何使用口头和书面的形式去表达你的思想也就显得越重要。这种表达能力或许是你种种技能中最重要的。这里，他把口头表达同书面表达相提并论，并把口头表达排在首位。美国成功学大师戴尔·卡耐基也说，一个成功的人，有 15% 是因为他的专业技术，剩下 85% 就是靠他为人处世的能力与人际关系。而良好的人际关系和处世能力最重要的表现形式就是口才，它是社交场合中立足的最重要的法宝。卡耐基通过举办各种语言训练班，培养人们进行“有效说话”。他的学员从参议员、州长、商界高级人士到普通职员、家庭主妇，从美国扩展到许多国家，掀起了一个世界范围内的学说话运动。为适应现代社会的需要，美国很多高校设立口才学系或演说学系，研究说话规律，建立“说学”体系。

二、说学的发展

我国古代曾拥有过说话训练的黄金时代。在唐代以前，国家和学校的考试中设有口试，说话训练在教学中一直占有一席之地。如东汉的“二岁一试”制，就规定有口试、策试、射策三种。口试即考察口头背诵和诵讲经文；策试即考察对经传中某个章句的阐释及微言大义的阐发；射策即相当于当今分等级的抽签考试，要求快速构思，答疑析难，即兴发挥。

唐代的“旬试”与“岁试”中，也有口试。旬试是检查学生在旬日内所学的功课，分诵读与讲解两种。岁试是对一年中所学课目进行口试，不及格应重学。

唐代以后，由于逐步确定了以文取士的科举制度，说话训练的地位下降，而写作训练的地位提高了。即使有说话训练，也是为了更好地读和写，说话训练成了读写训练的附庸。如明代的国子监授课的方式主要有会讲、复讲、背书、论课等。这些教学方法，虽对学生的说话训练有好处，但其目标只是读写而已。后来盛行一时的书院讲会制度，鼓励争辩问难，研讨讲说艺术，确实是难能可贵的。它大力提倡正确的“话风”，倡导虚心探问，不图虚名，实事求是的好话风，这成了许多书院讲会的好传统。

总之，从科举制度确立以后，我国学校教育中的说话训练越来越不被重视，再加上文言白话分家，这种重文轻语的状况，一直延续了大约一千多年之久，以致造成“佳子弟多有说不出口底苦”的严重缺陷。

值得注意的是，佛家出于宣讲道义的需要，他们在对僧众进行说话训练方面，积累了许多宝贵经验。比如，唐代佛学大师玄奘在《瑜伽师地论》中提出，圆满的讲话艺术应该具有语言规范、围绕中心、结构严密有条理性，以及道理的巧妙阐发等方面。还特别提出讲说要庄重、大胆，要做到在大庭广众之下能毫无畏惧地讲说，非得经过严格的说话训练不可。

总体来看，在我国漫长的封建时代里，由于专制制度的钳制，人民根本没有自由说话的权利，所以说话训练也没有任何地位。

辛亥革命以后，许多革命者提倡科学与民主，追求自由光明。为了启发民智，宣传爱国救民的道理，口头演说成了当时社会的需要。街头演说成了大造革命舆论、动员民众的重要武器。这时小学开设了说话课，许多中学开设了讲演课，有的大学还开设了“演说学”课。多种说话训练的专著和教材也陆续出版。出现了像孙中山、秋瑾、蔡元培、陈天华、鲁迅、闻一多等著名的演说家，他们的演说经验和演说辞长期被人们选用，作为说话训练的示范教材。

我国无产阶级政党的创始人、领导人，如李大钊、毛泽东、周恩来等人，也是著名的演说家，他们通过演讲宣传马克思主义的真理，打击敌人，唤起广大群众投入为争取自身解放的斗争中去。他们富于逻辑和鼓动力量的演讲词，曾被长期选进语文教材，成为学生进行说理论辩的范本。

新中国成立以后，语文教学迈入了一个新天地，过去的“国文”“国语”改称为“语文”。这不仅是单纯学科名称的改变，还反映了对语言性质的新认识、对语文学科的新认识。既然语言在客观上存在着口头语言和书面语言，那么语言的教学也就理所当然地包括口头语言教学和书面语言教学。语言教学应当从根本上改变只重书面语言教育、轻视口头语言教育的偏向。在这个问题上，叶圣陶、吕叔湘、张志公等语文专家曾撰文呼吁应为说话训练争一席之地。

党的十一届三中全会以后，实现四个现代化和建设两个文明的新形势，迫切需要全面提高人们的语言修养和良好的说话能力。特别是进入中国特色社会主义新时代，演讲事业有了一个新的飞跃，口才更加引起了人们的重视，口才训练活动和与口才相关的事业也有了令人瞩目的发展。一大批从事政治思想工作和学术演讲的专家相继出现，活跃在演讲的大舞台上；各省市的演讲学会、口才学会以及众多基层单位的演讲与口才协会也如雨后春笋，层层涌现。演讲赛、论辩赛等已成为人们喜闻乐见的社会活动和文化活动的形式，党政工团、士农工商等行行业业的人们都在议口才、学口才、用口才。

总之，从国内和国外说话训练的历史看，“说学”的形成和发展，各有其特点。简单考察中外口才的成长与发展史，对我们继承和借鉴说话训练的好传统、好经验，了解我们的弱点和差距，以便更有效地培养和提高人们的口语表达能力，无疑是很有必要的。

第二节　口语表达的特点和要求

一、口头语言和书面语言的关系

人类的语言是一种相当复杂、弹性极强、容量极大的符号系统，主要包括书面语和口头语。在书面语言产生以前的漫长岁月里，口头语言是实现交际的唯一形式。从这个意义上来说，书面语言是在口头语言的基础上产生和发展的，口头语言是书面语言取之不尽用之不竭的源泉。书面语只有从人民大众的口语中汲取营养，才能不断发展。如果严重脱离口头语，就会僵化。所以说口头语言是书面语言的基础。

与此同时，在社会人际交往中，除大量使用口头语言以外，还会常用一些书面语，如“和谐社会”“尊师重教”“遵纪守法”“文明经商”“招聘应聘”“招标投标”等。我国是个多民族且方言土语繁多的大国,书面语在沟通各方言区的口语,推动民族共同语的形成,推广普通话方面都起了相当大的作用。

口头语和书面语各有自己的优点和缺点,又有各自的用场。请听一段秀才买柴的轶事:秀才见一农夫挑柴从门前过,招手示意曰:“荷薪者过来。”农夫见其招手,便止步放下担子,秀才又曰:“其价几何?”待农夫报价后,秀才仔细看柴后又道:“外实而内虚,烟多而焰少,请损之。”农夫不明白秀才是挑剔柴质要讲价,挑起担子就走。秀才急得嗷嗷直叫。可见说话要看对象,在普通场合说话文绉绉,不仅会使听者感到别扭,而且达不到情感交流和表达的效果。比如面对父母,不喊“父亲”“母亲”,而喊“爸爸”“妈妈”会亲切得多。有的领导做报告只会拿着秘书的讲稿照本宣科,失去了口语那种生动、活泼、亲切的语调和语词,讲话的效果肯定不理想。

总之,口头语言和书面语言的关系是相辅相成的,口头语言是书面语言的基础,书面语言对口头语言的丰富与发展起到了促进作用。

二、口头语言和口头表达的特点

(一)口头语言的特点

口头语言又称口语,与书面语言相比有如下特点:

1. 口头语言通过声音传递信息,带有自然性和浓厚的生活色彩

口头语言是有声语言,是通过人的言语听觉和言语动作来交流信息的。一般情况下,书面语比较正规、庄重、严密,而口头语则比较随便自然,短句多,自然句多(结构松散的句子)。另外,用口语说话常使用带感情色彩的语词,如象声词:轰隆隆地响、哗哗地流等,用带叠音后缀的形容词:白生生、美滋滋等,还有由个人生活习惯、个性和气质所决定的常用语词和语气,熟悉的人一听就知道是谁。

2. 口头语言有一些习用词汇和特殊的语法现象

口头语言常把一些书面语言的单音词改为双音词,如将“归”说成“回来”,将“任”说成“担任”。还有一些自己习用的语汇,如将“欺骗”说成“糊弄”,“询问”说成“打听”,“领导”说成“头头”。此外口语中还有一些特殊的语法现象,如为了把紧要信息尽快传给对方,可把主语和谓语的顺序颠倒,如“你站住!”“墙倒了!”可说成“站住!你。”“倒了!墙。”也可把次要信息省略,并把主要信息前置,如“肉丝面一碗”“四个生煎包”,书面语则说“买一碗肉丝面”“买四个生煎包”。

3. 口头语言对语境具有依赖性、声调具有表情达意的作用

口头语言如果脱离了当时的语境,有时就听不懂说的是什么。比如老师问:“昨天怎么没见到你的作业?”学生答:“父亲病了,昨天我回了趟家。”从表面上看,学生所答非所问。其实,借助语境,还是可以明白学生说这话的意思:昨天父亲病了,我抽空回家看父亲,作业没有做。可见借助语境,说半句话也可达到交流的目的。

口语还可通过语言音调的高低强弱,音色的柔软、粗犷表明说话人的性别、性格和感情,可分

辨出说话人的男女长幼。另外，话语的轻重缓急，可反映说话人的态度情感。一位怒发冲冠者说话定是声音高、粗、短促；亲朋好友的谈心，必然是轻声细语。

4. 口头语言不如书面语言严密精练、简洁利索

口头语言里常有重复、脱节、颠倒、插说以及起填空作用的“这个、这个”“那个、那个”“是不是”之类的赘语。这一方面是出于说话人口语的不良习惯，另一方面是由于语言表述落后于思维的缘故，一时想不出合适的词儿，于是就用一些不表意思的习惯性词语加以过渡。

总之，和书面语言相比，口头语言有许多特点，它新鲜、生动，特别富有形象性和生活气息。因此要向群众学习语言，要博采口语。

（二）口头表达的特点

与书面表达相比较，口头表达有以下几个特点：

1. 边想边说，语言很快消失

在人际交往过程中，无论是获取信息还是交流情感都少不了说话。开始只不过有一个话题、有一个念头、有一个要说明某种意思的轮廓，至于用什么具体的词来表情达意并不那么鲜明，而要靠在说话的过程中边想边说，让原有的意思得以发挥，话题线索越来越明朗，内容也越来越充实。这种即兴而谈的讲话不可能像书面表达那样从容思考、思路清晰、想好再写，口头表达常会受语言环境、听话对象的反应等因素的诱发和刺激，从而产生新的想法和话题，使说话具有更大的灵活性和可变性。

书面语言一旦成文，不管时间多长，都无法磨灭，而说出口的话如果不录音，无他人作证，时过境迁，便无据可查。所以讲话的人不能因为话语一闪而过便态度轻率，要力求做到表达的一次准确性，要严肃认真，切勿给人留下说话不负责任的印象。

另外，由于语言会很快消失，所以音量不能太小，发音要清晰。否则别人听不见或听不明白，就会影响交际效果。

2. 借助语速、停顿、重音和语调的变化断句表意

说话不是通过标点符号来表示话语的起讫、句子的层次和感情色彩，而是巧妙地运用声音的停顿、语速的快慢、轻重音的变化以及不同的语气，来显示话语的层次，让对方一句一句地听清楚。当然语速的快慢还与说话人的性格、心情和表意的特殊需要有关。

(1) 语速。语速一般分为三种：快速、中速、慢速。

快速，每分钟 200 音节以上，一般用来表达紧张、鼓动、诡辩、责问等内容，如体育赛事解说。

中速，每分钟 200 音节左右，常用作平静的叙述、情节的交代等，如陈述某件事。

慢速，每分钟 100 音节左右，常用来表达哀痛、沉着、深切情感，如悼词。

(2) 停顿。停顿是指词语或句子之间的语音停歇现象，既是说话者生理上的需要也是听众心理上的要求，更是表情达意的手段。停顿不同，意思就不同，甚至会截然相反。如：

甲：下雨天留客天，留我不留？

乙：下雨天留客，天留我不留。

丙：下雨天，留客天，留我不？留。

由此可见，停顿对句子的定义有着直接的影响，必须恰当地运用停顿的手段。

(3) 重音。重音包括“词重音”和“句重音”两种。重音与语义关系甚密，重音是由语义决定的，反过来又对语义起着突出强调的作用。同一个句子重音的位置不同表达的语义也不同。如：

甲：我喜欢打球。(强调“我”不是别人)

乙：我喜欢打球。(强调我的兴趣、爱好)

丙：我喜欢打球。(强调“打”不是“看”)

丁：我喜欢打球。(强调打球，不是打猎或打别的什么)

由于重音位置不同，可以改变语义，因而讲话、演讲、朗诵时，一定要把重音的位置摆恰当，否则就会产生歧义。

(4) 语调。语调的重要音素是由升降构成的。升降是指整个句子的音势高低曲直的变化形式。升降大体分四种基本类型：升调、降调、平调、曲调。

① 升调。升调是指前低后高，语气逐渐上升的调子，多用于表示疑问、情绪激动(惊异、愤激、呼唤、号召)等。如：

你给我出去！(激愤)

让我们为实现中华民族伟大复兴的中国梦而不懈奋斗！(号召)

你难道就这样认输吗？(反问)

② 降调。降调是指前高后低、语势逐渐下降的调子。一般用于肯定、感叹、祈使等语气的句子。如：

这事实在太难为他了！(感叹)

请你去帮帮他！(祈使)

③ 平调。平调是指语势平直缓慢，没有明显起落变化的调子。用于表达冷淡、迟疑、陈述语气的句子。如：

我很忙，你不用来了。(冷淡)

这个问题怎么办，我再想想……(迟疑)

一言既出，决不反悔。(严肃)

④ 曲调。曲调是指语势由低转高再转低，或由高转低再转高，成弯曲状的调子。多用于表示嘲弄、讽刺和戏谑等语气。如：

没想到你还会跟我来这一套。(嘲弄)

现在你还想提处长？(讽刺)

语调的功用在于表达句子的含义和说话人的感情。总之，在口语的表达中，只要运用语速、停顿、重音、语调，就能显示出话语的层次，区别重要信息和次要信息。

3. 借助态势语言作为表达的辅助手段

态势语言又称动作语言、人体语言或副语言，它伴随着说话人通过人体部位的动作来传达信息。它是无声的,所以又叫无声语言。

人类交流信息主要靠书面语言和有声语言,但并非只有这两种载体。手势是说话的辅助动作,话说到得意处难免手舞足蹈,握手表示亲切友好,挥手表示依依惜别,搓手表示焦躁不安,鼓掌表示欢迎与赞美。地域不同,势态语言也会有差异,如广东餐馆服务员给顾客倒茶时,顾客敲几下桌子,表示谢谢,而有些地区用手敲桌子则表示催促。国籍不同,态势语言的含义也不一样,如在我国向说话的对方点几下头表示赞同或赞美,但据说在斯里兰卡、尼泊尔、印度等国,人们以摇头表示同意,点头表示不同意。印度人表示赞同时,总是先把头往左或右轻轻地斜一下,然后立刻恢复原状,别人以为是"不要"或"不愿意",其实他是表示"知道了"或"好的"。

总之,口语表达中的态势语言是书面语言表达根本不能具备的,这种辅助性的表情达意手段能够起到强化传递信息、补充话语不足、渲染感情色彩和增强表达效果的作用。

4. 口头表达受时代与人的因素制约

说话人分属不同历史时期的不同阶段,不同社会集团和不同职业,在口语表达时也会显示各自的特点。

例如,新中国成立前上流社会说话时称谓别人多用"尊大人"(您的丈夫)、"尊夫人"(您的妻子)、"令尊"(您的父亲)、"令堂"(您的母亲)等,对自己则称"贱躯"或"鄙人"等。不同的社会集团或不同职业的人也有自己的行业语,如机械工人钻孔叫"打眼儿",车削加工一次叫"车一刀",商人称大降价叫"放血",学生把考试不及格叫"挂科"。

综上所述,口头表达比起书面表达,其传达信息的手段更为直接和富于感情色彩,更具有广泛的群众性。当今社会口语表达的使用频率越来越高、应用范围越来越广,因此掌握口头表达技巧是十分必要的。

三、口头语言讲述的要求

(一) 言之有物,言之有序

言之有物,就是指讲述要有正确充实的内容和鲜明的主题,它与那些"情况不明决心大、心中无数点子多"的官僚主义者开口便是假话、大话、空话或套话是对立的。口语讲述应突出中心,有血有肉,让人看得见,摸得着,体会得到,能引起共鸣,切勿云里雾里放空炮,把语言变成不结果的花。

然而,要做到言之有物,必须有渊博的知识作基础。只有热爱生活,看得多,听得多,经历得多,平时善于观察,勤于思考,博览群书,使自己掌握的知识丰富了,视野开阔了,说起话来自然内容丰富、谈吐自如、准确无误。

想说话不仅要言之有物,还应言之有序。言之有序也就是说话要围绕中心,根据事物的逻辑关系,合理地安排讲述的顺序。运用口语讲述虽不能要求像书面语言那样严密无误,也不可语句不连贯,层次紊乱不清,信口开河,东说一句,西说一句。为使口语讲述做到层次清楚、条理分明,最好在说话前写个简单的发言提纲。尤其是议论性的讲述,更要讲究严密的逻辑性。

（二）语言流畅，语速恰当

口语离不开声音，因此，要讲究语调和语速。语音准确，口齿清楚，声音响亮，才能使人听得清楚；语句通俗，用词准确，合乎语法，才能使人听得懂。讲述应尽可能用口语，以求尽快而有效地传递信息，进而正确地运用语调、修辞等手段，使讲述具有生动性，这样才能吸引人、感染人。

说话要做到语言流畅，有一定的语速要求。讲述的速度应根据内容和感情的需要作相应的变化，流畅并不排斥必要的停顿。比如，“你猜怎么着？”发问后稍加停顿，可引起听话人的思考和关注。有时在说话的过程中，思维出现障碍，想的跟不上说的，就出现不必要的重复、停顿或者不自觉地冒出“这个、这个”“是不是”“嗯、嗯”“是吧”等赘语。这些都是由于思维不敏捷、思绪受阻、准备不充分或不良的语言习惯造成的，它严重地影响了内容的完好表达和语速的控制，也影响了语言的纯洁性和规范性，在口语讲述中应尽量避免。

一个完美的演讲，应该急缓相间，快慢结合。如果演讲从头到尾是同一种速度，要么像打机关枪似的，快个不停；要么像老牛拉破车似的，慢慢悠悠。这种呆板的速度能让人的大脑产生抑制，致使听觉效果大打折扣。

比方说，人们坐在行驶着的火车里很快就容易打瞌睡，因为火车开动时，会一刻不停地发出“咔嚓、咔嚓”的声音。这声音很有规律然而也很单调，它能抑制大脑皮层的活跃，使人昏昏欲睡。一成不变的语速同样会具有催眠作用。

（三）想象丰富，形象具体

口语讲述要求思维积极，展开丰富的想象。一个缺少想象力和一个有丰富想象力的人，同样讲述一件事，其效果是不同的。前者枯燥无味，后者生动活泼。例如，甲老师给孩子们讲自然常识课时说：“人类征服了地球，又把眼光瞄向了月亮。别看月亮很小，实际上很大。”当孩子们天真地问月亮到底有多大时，老师却不能给予生动具体的回答。而乙老师在给孩子们讲述月球上的情况时却说：“别看月亮很小，其实大得很哩，在上面可以十分宽敞地居住几百万人。”这时一个男孩忽然笑出声来，老师问他笑什么，他答道：“我在想，当圆月变成月牙儿的时候，住在上面的人该多么的拥挤！”乙老师的讲述不仅拨开了孩子心中月亮究竟有多大的疑云，还激发了学生丰富的想象，比起甲老师的讲述自然生动有趣得多。

另外，口语讲述要求形象具体。因为有些抽象的概念和道理看不见摸不着，不能给人以具体的印象，难以吸引听众。而擅长讲述的人，就会采用大家熟悉的口语，用比喻的方法深入浅出地讲解。例如，一位科学家给孩子们讲“什么是白细胞”时这样说：“红细胞好比一个国家的老百姓，白细胞就像国家里的军队和警察，是担负保卫任务的战士。当人身体健康时，白细胞保持着一定的数量；如果人体的白细胞数量增多，表明人在生病，就好像国家遭到敌人侵犯，或者是内部发生动乱，大批军队就出来抵抗，或者很多警察出来维持治安。人的身体长了疮后，会发炎和化脓，这脓就是在和敌人（细菌）战斗中壮烈牺牲的白细胞。”这样讲述，形象具体，孩子听得懂，记得牢，而且喜欢听。

（四）表情自然，仪态大方

口语表达要求说话人表情自然、仪态大方。敢于大胆地、无拘无束地面对听众，随时注意听众的反应，能牢牢地掌握听众的心理，尽可能让自己的口述与听众产生共鸣。一般来说，对群体讲话眼睛要平视，照顾到点和面；对个体讲话要眼看对方。呆板地站在听众面前，呼吸急促、吐舌挤眼、搔头抓耳、摆弄衣角等都属于表情不自然、仪态不大方。至于衣着打扮，应根据年龄、职业及讲话的场合来确定，否则也会影响讲话的效果。总之，只有讲述者对所讲的内容有深切的感受，感情真挚，表情才会自然。

思考与练习

一、从说学的形成和发展，谈谈当今社会培养良好说话能力的必要性。

二、试说明口头语言和书面语言之间的关系，并将下列书面语言改成口头语言。

(1) 王奶奶步履蹒跚，笑容可掬地走过来了。

(2) 小张言谈举止总是风度翩翩、落落大方。

(3) 这小伙子再这样下去真不可救药了。

三、试将以下单音节的书面语言改成双音节的口头语言。

昔 佳 答 诵 遇 饥 返 渴

四、口语表达的主要特点有哪些？举例说明重音和语意表达的关系。

五、口语讲述要求具体形象，请将下列语句用形象生动的话语表述。

(1) 校园里的故事真多。

(2) 别看他平时不吭气，谁有困难找他他准答应。

(3) 这人太古板，好像从来不会笑。

(4) 小刚这孩子真馋。

六、假如你获得了某项成功或某种荣誉，别人说你“真不简单、真了不起”，请以谦虚为语旨，用口语和书面语分别作出回答。

第十二章　称呼与介绍的艺术

第一节　称呼的艺术

称呼的艺术是称谓别人、和别人打招呼的艺术。一个适宜得体的称呼，常会产生微妙的作用。称呼得当，能使双方产生心理相容，至少不会发生不愉快的事情。

有人说过这样一则故事，一个小伙子向正在田野劳作的农民问路："喂，到石子桥还有多远？"老农答："走大路一万丈，走小路八千尺。"小伙子奇怪地问："怎么你们这儿论丈不论里？"老农答："原来你也会讲里（礼）？"这个故事告诉我们称呼在交际中的重要作用。一个适宜得体的称呼，会产生微妙的作用，反之则可能产生不愉快的结果。

称呼可分为两种情况：一是面对群体，一是面对个体。

一、面对群体的称呼

面对众人说话有泛称和类称之别。所谓泛称，是将听众中不同年龄、性别、身份和职务的人都包括进去的称呼。一般来说最基本合适的称呼是"同志"，既包含着为共产主义共同奋斗的内容，也充溢着志同道合的深厚而真挚的感情。当然还要因人而异。如果老师面对学生，尤其是中小学生，换成一声"同学"，既符合实际，又感到亲切。

有一次，演讲家曲啸去给劳教所的年轻人作报告，讲稿写毕，在怎样称呼这群年轻人时，却犯难了，客气地称"同志们"，显然不行，他们和演讲者志不同，道也不合，听了"同志们"这声称呼，管教人员肯定不答应，我们干吗天天看守这些"同志"？称"罪犯们"吧，少年犯必然反感，丧失了接受教育的心情。绞尽脑汁，他终于在演讲台上得体准确地称呼道："触犯了刑律的年轻的朋友们！"台下响起了一阵雷鸣般的掌声，原本低垂的头抬了起来，眼里闪着晶莹的泪花。"年轻的朋友"对他们来说多么亲切的呼唤！至于"触犯了刑律"的事实，他们也忏悔地默认了。

总之，称呼他人要因人而异，只要遵循对人礼貌、尊重、友善、亲切的准则，便可灵活地运用称呼，不必拘泥一格。

所谓类称，是根据听众的性别、年龄、地位、身份的不同而分别称呼。如果说同志们是泛称的话，那么"各位领导，各位老师，各位同学"就是类称。在一般情况下我们提倡泛称，因为它比较概括、简洁，但是某些场合必须采取类称。如一个代表大会，与会者有各方面人士，"同志们，女士们，先生们"不仅包括了参加会议的各方面人士，而且也表示对他们的尊重。在用类称时切记要全面，不可有遗漏，以免影响效果。

二、面对个体的称呼

在社会交际中,称呼不仅能反映对方的身份、地位,而且常常带有发话人一定的感情色彩。恰当地运用称谓语,是语言交际中不可忽视的一个重要方面。在日常工作与生活中对他人的称呼应努力做到如下几点:

(一) 熟记人名

记住别人的名字,是尊重对方的最简单的表示。见到熟人,能脱口叫出他的名字,会显得自然而亲切。如果叫不出人家的名字,或称呼失当,交往的大门就不容易打开。和陌生人第一次接触,应先问问:"您贵姓?""怎么称呼?"要尽可能在不熟悉之前就记住他的名字。否则一旦很熟悉了还叫不出名字,这时再去问"你叫什么名字?"就有点欠礼貌了。

许多成功人士的经验告诉我们,记住别人名字的多少与交往范围的大小和事业的成败成正比。一个政治家,记住幕僚的名字,可博得拥戴;一个管理者,记住下属的名字,能指挥自如;一名商人,记住顾客的名字,会财源滚滚;一位教师,记住学生的名字,可缩短师生的距离。

(二) 亲切得体

交际者关系的亲近与疏远,会使相同的称谓语具有截然不同的内涵。以"同志"为例,"同志"这一称谓语,本是"志同道合者"的称呼,是一般社会成员间的称呼,但如果原本亲密的人之间互称"同志",就会使亲密的关系变得疏远,甚至传递的可能是一个分道扬镳的信息。

在社交场合中,对男士的称呼比较单纯,一般以"同志""先生"为宜。对女子的称呼一般应注意场合和身份,已婚的女子常用的称呼有"太太""大嫂""大妈",身份高的称"夫人"为好;未婚女子常称"姑娘""妹子""小姐"。

老师的妻子一般称师母,这样才能表示尊敬;若老师的妻子与你的年龄相差无几,可视其职业、年龄相称,如老师、姐姐、医生均可。

(三) 准确简单

在称呼别人时不但要亲切得体,还应准确简单。比如堂兄弟的孩子称侄儿、侄女,父亲的兄弟称伯父、叔叔,妻子的父母亲称岳父、岳母,不必说成我父亲的哥哥,我爱人的父亲。

以上是一般的称呼,如果要兼顾到对方的职务、身份,则要谨慎从事。"先生""女士"是使用最广的称呼,特别是当你尚未弄清对方身份时,均可以"先生""女士"相称,准确且简单。

若需以头衔来称呼某位领导时,为了简洁也为了亲切,可不必加上对方的姓氏,特别是正职,直称"厂长""经理""书记"即可。副职如果较多,以免造成混乱,还是加上姓氏为好,但不必将"副"字带上。如称"王副厂长",这既不简洁也不亲切。倘若碰巧正厂长姓"傅",副厂长姓"郑",由于"郑"与"正"、"傅"与"副"谐音,要称呼得体最好是将"傅"与"副"两个字都给去掉,分别称呼为"厂长""郑厂长"便是。

(四) 文明礼貌

称呼时一定要礼貌,才能达到交际的目的。称呼不仅表示对被称呼者的友好尊重,同时也反映了称呼者的修养。生活中有人喜欢用“的”字结构来作称呼语,有时还在“的”字结构前加上指代性的词来构造称呼语。比如:“担粪的,你担过去一点!”“穿红裙子的,你过来一下!”可以看出这种“的”字结构的称呼语,含有轻视不尊重的感情色彩,带有贬义。应避免使用这种不尊重人的称呼,而代之以礼貌的称呼。如果对不认识的人有所祈求,不得不单独称呼某个人,这时最好的办法是在“的”字结构的后边加上“同志、师傅、先生、小姐”之类的词作为中心成分,从而改变原结构的感情色彩,变贬义为中性或褒义。如将“卖鸡蛋的,你过来一下!”改说成“卖鸡蛋的大妈,您过来一下!”听起来就要入耳得多、舒服得多。因为那种不尊重人的色彩没有了,代之的是礼貌的称呼所具有的褒义色彩。

三、使用称呼语应注意的问题

(一)时代与地域性

时代不同,称呼不同,有些称呼带有旧时代的烙印,有剥削阶级思想意识的痕迹,应该淘汰,如“剃头的”“伙夫”“戏子”已被“理发员”“炊事员”“演员”取代。封建社会等级森严,称呼尊卑分明。时代新风剔除了这种陈腐的称呼。仅以对“丈夫的配偶”称呼为例,旧社会称“贱内”“糟糠”“拙荆”,后来是“屋里人”“做饭的”“我女人”,再后来是“孩子他妈”“老婆”“妻子”,现在称“爱人”“夫人”,反映出对妇女从贬低再到尊崇的社会心态的发展历程,从中可以看出妇女地位的变化,称呼的时代性由此可见一斑,因此说,称呼与社会前进同步。

由于各国的社会制度和具体情况不同,在外事交谈中要顺应各国的习惯。因此,“先生”“小姐”“阁下”“陛下”在某些场合使用还是得体的。

我国幅员辽阔,方言土语繁多,同一称呼,地区不同,含义完全两样。比如南方许多地方的方言把祖父称作“爹”,把父亲称作“爷”,而在北方话中“爹”是“父亲”,“爷”是“祖父”。湖南称妻子为“堂客”,安徽某些地区称“妻子”为“奶奶”,去北方你若将对方的妻子称为他的奶奶岂不成了大笑话。因此,当我们到异地他乡,一定要入乡随俗。常言道,到什么山上唱什么歌,在不同的环境里就要根据当地人们不同的文化观念、好恶态度去决定选择什么样的称呼语。

我国南方、北方的文化差异也影响人们选择不同的称呼语,在北京似乎天下一家,满街的“大叔”“大妈”“大哥”“大姐”。而在上海,人与人之间可要相对保持点距离,叫“师傅”“先生”“女士”要保险得多。北方似乎更重父权,管老年人叫“爷爷”“奶奶”,南方好像母系当家,在“外公”“外婆”的呼唤声中洋溢着甜蜜温暖的亲情。

(二)看准对象与分析不同的心理因素

称呼要区别不同的对象,不同的场合,比如“师傅”这一称呼,既亲切又有尊重人的意味,但如果与人打交道,言必称“师傅”,势必造成交际中情感上的障碍。试想面对教师、记者、医生、演员,均以“师傅”相称,他们只怕难以接受,交际效果也一定不理想。

称呼还要考虑与被称呼者的关系,在自己的老师、同学、同事面前,对自己的亲属不宜称职称、职务。比如张勇与刘英过去均是王教授的学生,后来他俩都留校当了教师,且结成伉俪。一次王教授打电话找刘英有事，张勇却这样回答王教授：“刘老师不在家，等她回来，我让她给你打电话。”不要说面对老师，即便是面对同学，这样称呼也是欠妥的。

称呼还必须随着彼此关系的变化而改变。有这样一则趣闻，一位名叫李士的老师与一位昔日的女学生恋爱，开始女学生叫他李老师，后来叫他李士（直呼其名），再后来叫他“士”，而今已年逾半百，当年被称为李士的老师已被昔日的女学生称为“老头”了。称呼语和人一样感情细腻，它为交际双方铺架了一道抒发情感的七彩之桥。任何交际双方都存在着理智上讲应该如何称谓的称呼语，比如，学生应该叫老师为“老师”，经理应该叫秘书张琴小姐为“小张”。若学生叫老师姓名，又为老师乐于接受，则双方都能体味亦师亦友的亲热感；而当这种叫法对方不接受时，便视为对老师的不恭。若经理自作多情地叫秘书“琴”，可能就要祸从口出了。

称呼别人应掌握不同人的心态。一般说来，国人既重职称，更重官衔。如果他既是厂长，又是工程师，在众人面前还是称厂长为好；如果既是系主任又是教授，则对内称系主任、对外称教授为好。通过人的心理分析，发现任何人都有通过称呼得到他人尊敬的渴求，行之有效的方法是：选择一个比听话人实际身份更有地位的称呼语，用这种方式抬高听话人的身份。医院里病人小心翼翼地把护士们叫成“医生”，就是这一规则的生活例证。

（三）上下有别，主次分明

(1) 对上尊敬。称呼长辈可称“张爷爷”“李奶奶”“赵老”“您老人家”等。称呼上级，哪怕是你当年的同窗、昔日的弟子，在众人面前，在公开场合，最好以官衔、职务相称，献上一份尊敬会获取一份信赖。

(2) 对下亲切。称呼晚辈，可称“小张”“小李”“冬梅”“敏敏”等，若在工作单位的公开场合就不宜称呼小名“大毛”“小狗子”等。称呼下级，在众人面前也不要直呼其名，喊一声“张师傅”，道一声“刘秘书”（称小张、小刘亦可），可体现出在人格方面上下级平等的领导风范。

(3) 主次分明。在同时对不止一个人进行称呼时，应按先长后幼、先上后下、先疏后亲的顺序。

第二节　介绍的艺术

介绍是社交中人们相互认识、建立联系必不可少的手段。介绍是向听众推荐自己或自己所知道的人，意在“使人知”。介绍是社交的一把钥匙，这把钥匙用得好可以使你在社交中万事如意，否则会给你带来种种麻烦。

介绍可分为两种，一种是自我介绍，另一种是居间介绍。

一、自我介绍

自我介绍是自己介绍自己，是一个人的自我“亮相”，是让他人了解自己的开始。因此，要谨慎选择介绍用语，给人一个最佳的“第一印象”。

自我介绍的内容,通常包括姓名、年龄、籍贯、学历、特长、兴趣等。是否要“和盘托出”,可根据交际的目的、场合、时限和对方的需要等作出恰当的判断,尽量使介绍能满足对方的期待。

(一) 什么情况下需要自我介绍

1. 没有人为你作介绍时

从交际的心理看,初次见面彼此都有一种了解对方的强烈愿望,如果在此时你能及时、准确、简明地出自我介绍,把自己“推销给对方”,使其渴望的心情得到满足,这也是对对方的一种尊重。尤其是当你置身于一个陌生的群体,切勿学英国人的绅士风度,缄默无语,而应抓住机遇进行自我展示,让对方或众人熟悉你、了解你;接着对方也会向你做自我介绍。一旦彼此了解,以诚相见,事情就好办得多。倘若对方对你心存疑虑,你却半天做不出使人一听就明白的自我介绍,便会使对方失望,至少不会对你发生兴趣。所以在无人为你作介绍时,你要“厚着脸皮”自己介绍自己。

2. 当主人忘记介绍或介绍人简单地介绍你之后

在朋友聚会时,由于事多人杂,主人一时疏忽,忘记把你介绍给在座的各位,这时你可千万别坐在那里一言不发,认为同未经介绍的人交谈有失尊严。在这种情况下,你不必尴尬,也不必恼火,而是要利用时机来进行自我介绍。如果主人在场,你可提醒他把你介绍给大家。

当你参加了一个社交集会,由于条件所限,不可能详细地把你介绍给与会者,客人们也未必都听清了主人的介绍。这时你不妨抓住时机,进行自我介绍。时机有两种:一是当主人介绍你的话音刚落,你便立刻接过话头,进行干脆而有风趣的补充;二是主人介绍后,如果有人表示想进一步了解你的情况的意向时,也可抓住时机进行自我介绍。

3. 在你主动求职,应聘或竞选的时候

无论是去新单位谋职,还是投标应聘,不可否认,经别人介绍,或请对方看简历,可使对方了解自己,但现身说法、毛遂自荐的人际推销,无疑可以使对方对自己产生最直接最可信的认知效应。

(二) 怎样进行自我推荐

有人说 21 世纪是一个自我推荐的世纪。处在这样的年代勇敢而又艺术地推荐自己,是一个人功成名就的必要条件。

自我介绍必须遵循如下要领:

1. 应确立对方意识

在自我介绍时,注重的应该是对方的需要和感受,并根据对方的需要和感受说服对方,让对方接受自己。在这方面不乏成功的幸运者。北京某大学新闻系的女生小 A,学习成绩好,业务能力强。听说一家全国性报社招人,她先花一天时间钻图书馆研究这家报纸,然后拿着自己的简历和作品走进报社总编辑办公室。总编看后问道:“为什么来我们报社?”“你觉得我们报纸有哪些特点,哪些不足?”一番对答后,总编不住颔首,告之一周后听“研究结果”。一周之后小 A 如愿以偿。

2. 自信大方，克服羞怯心理

自信才能有所作为，因此自信的人往往比谦虚者更受人欢迎。伽利略说过："追求科学要特殊的勇敢。"善于表现、勇于自我推荐也是一样。要增强自信意识，应当这样想：首先你最了解自己，所以你有把握把自己介绍给对方，并让对方感兴趣；其次，自信大方的介绍可满足对方了解你的欲望，对方定会作出良好反应，与你赤诚相见，真诚合作；最后，自我介绍要确立人人平等的观念。不管你的交谈对象是谁，地位相差多远，你用不着惧怕，应当大方地介绍自己。

3. 要有自己的特色

这里说的特色，内容十分丰富，并非什么文凭、什么专业，而是给别人是否留下深刻的印象，无论是仪表、言谈、举止，只要有特色就可以了。

如在上海某大学的一次用人单位和毕业学生供需见面会上，招聘人员每人收到一份电脑打印出来的公开信：

远方来的朋友们：

你们好！

我是一双眼睛，正把你深情地注视；我是一只耳朵，正聆听你们求才若渴的心声；我是一匹千里马，正寻觅伯乐！

××大学中文系学生　张荣发

招聘人员读完信后相视一笑，很明显这是一则广告。商业广告之风竟然刮到了人才交流会上！大家在惊愕之余，却佩服这位学生有胆量、有头脑，于是纷纷查阅他的简历，使他的简历调阅次数远远高于其他学生。当即就有好几位与他面谈，张荣发提高知名度的目的已经达到。这位学生，以情动人，言辞简练，既可使自己引人注目，又不使别人反感，不失为别开生面的自我推销法。

（三）自我介绍应注意的问题

1. 说好一个"我"字

在自我介绍中，使用频率最高的一个字是"我"字，因此在自我介绍时说好一个"我"字十分重要，它关系到别人对你产生什么样的印象。有的人自我介绍时，左一个"我"怎样怎样，右一个"我"如何如何，对方满耳塞的都是"我"字，不反感才怪呢。还有的人在说"我"字时，把"我"字说得特别重，而且有意拖长，仿佛要通过"我"来树立自己的高大形象。更有甚者，说"我"时神态得意洋洋，大有不可一世的气势。这种人的自我介绍不过是孤芳自赏罢了，只能给人留下骄傲自大的印象。

要给人良好的第一印象，在自我介绍时，就应在关键的地方以平和的语气说出"我"字，目光亲切，神态自然，才能让人从这个"我"字里感受到一个自信、自立而又自谦的美好形象。

2. 独辟蹊径，巧报"家门"

自我介绍，往往是先报姓名，然后说工作单位、职业、文化、特长或兴趣等，这样不免千篇一律，这样的介绍在人们的心目中印象平平。请看喜剧表演艺术家王景愚的自我介绍：

我就是王景愚，表演《吃鸡》的那个王景愚。人称我是多愁善感的喜剧家，实在是愧不敢当,只不过是个“走火入魔的哑剧迷”罢了。你看我这40多公斤的瘦小身躯,却经常负荷许多忧虑与烦恼,而这些忧虑与烦恼,又多半是自找的;我不善于向自己敬爱的人表达敬与爱,却善于向自己所憎恶的人表达憎与恶,然而胆子并不大。我虽然很执拗,却又常常否定自己。否定自己既痛苦又快乐,我就生活在痛苦与欢乐的交织网里,总也冲不出去;在事业上人家说我是敢于拼搏的强者,而在复杂的人际关系面前,我又是一个心无灵犀半点不通的弱者,因此在生活中,我是交替扮演着强者和弱者的角色。

王景愚独辟蹊径,他运用对立统一的原则、一分为二的观点,联系职业特长,实事求是地评价自己,语言质朴、活泼,无哗众取宠之心,很容易被对方接受,给人留下了良好的、难以忘却的第一印象,而这正是自我介绍要达到的目的。

自我介绍独辟蹊径,是指从独特的角度,采用活泼的语言,选择使对方感到意外,又觉得顺乎自然的内容,把自己“推销”给别人。而绝不是指那种借助别人的威望给自己贴金的介绍,也不是指那种靠“吹”来取悦对方的介绍。

自我介绍少不了“自报家门”,为了使对方听清自己的介绍,往往要对“姓”和“名”加以注释,注释得越巧,人们对自己的印象就越深刻。对姓名的注释不仅能反映一个人的文化水平,性格修养,还能体现一个人的口才。

3. 分寸适度,留有余地

俗话说“满口饭好吃,满口话难说”。因此要学会说话留有余地,这并非为了掩藏自己真实的想法,而是出自对他人的尊重与宽容,也能使自己更好地面对现实,避免陷入困境。

有一位年轻人,对发明家爱迪生表达了自己的雄心壮志:“我一定能发明一种万能溶液,它能溶解一切物品。”爱迪生问他:“那么你打算用什么东西来盛放这种溶液呢?”年轻人被问得张口结舌、无言以对。说话要留有余地,自我介绍也理当分寸适度。

如何才能掌握自我介绍的分寸?首先要做到有自知之明。常言道:知人易,知己难。前面讲到了哑剧大师王景愚的自我介绍使人听了很信服。再如著名演员李雪健在接受采访时是这样评价自己的:“我的能力有限,惊天动地的大事我干不了,但对咱能干的事,就要玩命地干好……我的目标在于不断地挖掘自己的能力,努力塑造成功的人物形象。”以上这种实事求是的介绍,既易被人接受,又能给人留下诚恳实在的好印象。

其次是要谦虚。谦虚是做人的必备美德,在自我介绍时,不可说“满”,自我评价要留有余地,不宜用“很”“最”“极”等极端的词汇,给人留下高傲的感觉。比如在求职自荐时说:“我是我们班成绩最好的。”“我的书法很好。”“我的英语口语棒极了。”若将这种说法改一下,如“我在班上的成绩算不错的”“我的书法还可以”“我的外语口语比较流利”,等等,效果会好得多。

1860年林肯作为美国共和党候选人参加总统竞选,其对手是民主党人、大富翁道格拉斯,他乘坐一辆豪华的竞选汽车,车后安放一尊大炮,每到一处就鸣炮30响,得意洋洋地说:“我要让林肯这个乡巴佬闻闻我的贵族气味。”林肯没有专车,他买票乘车,每到一站,就登上朋友们为他准备的耕田用的马拉车,发表了这样的竞选演说:“有人问我有多少财产,我有一个妻子和三个儿子，都是无价之宝。此外，还有一个办公室，室内有办公桌一张，椅子三把，墙角还有一个大书架，书架上的书值得大家一读。我本人既穷又瘦，脸蛋很长，不会发福。我实在没有什么可依靠的，唯一可依靠的就是你们。”选举结果林肯获胜，道格拉斯败北。其原因之一是林肯的自我推销谦虚诚恳，不是把自己当作选民的救星，而是把选民当作自己的依靠。而道格拉斯却给人以狂傲自负、盛气凌人的印象，这就从心理上拉开了自己和选民的距离。

最后是要善于自嘲。每个人都喜欢被人赞美，不喜欢被人嘲讽。殊不知，“自嘲”能体现一种潇洒的情态和人生的智慧。抗战胜利后，张大千要从上海返回四川老家，行前好友为他设宴饯行，并特邀梅兰芳等人作陪。大家请张大千坐首席，张大千风趣地说：“梅先生是君子，应坐首席；我是小人，应陪末座。”梅兰芳和众人听了都不解其意。于是张大千解释说：“不是有句话讲‘君子动口，小人动手’吗？梅先生唱戏是动口，我作画是动手，我理该请梅先生坐首席。”满堂来宾听后为之大笑，并请两个人并排坐了首席。张大千自称为“小人”，好似自贬，实则“醉翁之意不在酒”，它不仅表现了张大千的豁达胸怀和谦虚美德，又制造了宽松和谐的交谈氛围。自嘲这种自我介绍的方式常常受到欢迎，因为自嘲是一种自我嘲讽，自我戏谑，是于自贬中包含自解、自慰，极富幽默感。

可见适时地“自嘲”，不失为人的一种良好修养，也是一种充满魅力的交际技巧，有时能更有效地维护自尊。然而以玩世不恭的态度，或不分时间、场地，滥用“自嘲”，或含沙射影、指桑骂槐的“自嘲”是万万不可取的。

4. 因人因事制宜，简繁得当

人际交往的目的不同，交往的要求也不一样，自我介绍的简繁程度也要有所区别，要因人因事制宜。有时只要简单地自我介绍，讲明姓名、身份及前来的目的和要求即可。如一位建筑公司采购员到某钢铁厂购买钢材，他一进供销科办公室的门，就对坐在办公桌边的一位同志讲：“您好！我是市第三建筑公司的采购员叶宁，来你厂购买钢材，请多关照。”说着掏出介绍信及名片递过去。那位同志一看，忙说：“我叫李荣平，是厂里的销售员，咱们坐下来谈。”通过这样简单的自我介绍，关系的大门打开了，于是洽谈有了一个良好的开端。在另一些场合，自我介绍的内容就要详尽得多。不仅要将姓名、身份及前来的目的和要求讲明外，还要介绍自己的学历、经历、性格、专长、经验、能力、兴趣等。

总之，自我介绍的详略应视具体的情况而定。一般来说，以联系日常工作为目的或纯礼仪性的自我介绍，应该简单些；以自荐或交友为目的的自我介绍，应该详细些。

5. 出示、接受名片，有助于自我推销传递情感

名片是人际交往中自我介绍的一种很实用的工具。初次见面，互递名片，双方除表示尊重与友好，还可起介绍信的作用。告别时，互递名片表示有继续交往的良好愿望。无论是见面还是告别时赠送名片均应礼貌热情，严肃认真，有时对方还凭你出示名片的举动来判断你的人品。

名片，除作自我介绍的依据外，还可起“通告”的作用，主要用于熟悉的友人之间，如调换了单位或职务晋升了，刻意告诉友人怕有炫耀之嫌。可写封信，附张名片，最后不经意地说句“我

新单位的具体地址请见名片”或说“我的电话号码改了，请见名片”。名片上除电话号码、地址外，当然会有职务或职称，借名片告之自己职务、职称晋升情况，含蓄自然，比直告效果好。此外名片还可起到留言条的作用。前往友人处拜访，适逢主人因故外出，面对把门的“铁将军”，不妨拿名片在背面写上“来访未晤，改日再见”之类的话语塞进门内，这样可传递信息，主人见名片，或按地址回访，或打电话、发信息欢迎再来。这样便可达到拜访的目的。

出示、接受名片必须注意几点：

出示名片要严肃认真，不要像散发传单一样，见人就递，而应是工作的需要，或有心今后与之交往者才赠送自己的名片。有时赠送名片是为了“索取”，无论是赠送还是索取，接受名片都应礼貌热情，赠送时说句“请多多关照”或“请经常联系”等。索取时，不要直截了当地说“我给你一张，你也该给我一张吧”，而应以请求的口吻说“如果没有什么不方便的话，请您给我一张名片”，或者说“很想今后有机会与您联系，希望得到您一张名片”。如果对方说：“很抱歉，我没带名片。”（或说名片用完了，不多了。）无论是真的还是婉言谢绝，都不必强人所难。如果对方给你名片，你恭敬地接受（晚辈、下级要用双手），并要小声地念一遍，不太清楚的地方可以即时请教，让对方感到你对他的名片很感兴趣。切勿将对方的名片随意放在桌上，再在上面压上茶杯，或临走时忘记带走，重新向人索取，这都是很不礼貌的。

还要注意，名片要放在固定的地方，以免别人向你索取时，四处翻找，影响自己的形象。

二、居间介绍

居间介绍，是介绍人站在第三者的立场，使被介绍双方互相认识并建立关系的一种交际活动。社交场合中并不是人人都相识，而参与社交的人往往希望结识更多的朋友，因此，介绍他人便成了社交中必不可少的方式。介绍可以促使陌生人成为朋友，介绍可以促进双方的合作，介绍甚至可以使双方结为秦晋之好。可见，介绍他人已经成为一种社会需要了。因此，选择什么内容，采用什么语言形式介绍他人，便成了大家关心的一个问题。

（一）介绍的内容

1. 选择双方感兴趣的内容

只有选择双方都感兴趣的内容进行介绍，才能引起双方的交往欲望，促使双方相识。如果你把一位教师介绍给一位搞建筑的承包商：“她叫 ×××，是位教学经验丰富的英语老师，口语很好……”这位承包商一定会表现出冷漠，也引不出双方交谈的话题。但是你如果对这位承包商说：“××× 是英语教师，她丈夫是发电厂厂长。”这样介绍选择了对方感兴趣的内容，便搭起了双方结识的桥梁。

2. 介绍特长，促进了解

介绍的内容除姓名、工作单位等以外，还应根据被介绍人的情况有所侧重，千万别忘了介绍别人的特长。如“这是 ×××，我们单位的歌坛新秀”“××× 曾是市里乒坛冠军，现在仍不减当年。有机会的话你们可以比试比试”。这种介绍对促进双方了解、建立友谊是非常有益的。

3. 给予评价，促进合作

给被介绍的人作一个简单中肯的评价，也是比较好的介绍方法。如“我校×××，学机制专业，今年毕业，在班上的成绩几年来一直名列前茅，担任系学生会主席，工作负责，尊师爱友，有较强的动手和组织能力。如果你厂能给他提供一次试用机会，我想你们一定会满意的”。这种评价式的介绍，能使对方产生良好的印象，从而达到理想的推介目的。

（二）居间介绍的语言形式

1. 直接陈述

介绍他人往往三言两语就要画出一个人的轮廓，因此要避免拐弯抹角、故弄玄虚，宜用简明的语言直接陈述。如“这位是我的老朋友刘明，搞建筑的”“这是我的堂兄，很幽默，和他一起交谈会感到轻松愉快”。

2. 征询引见

除了直接陈述外，介绍他人还可采用询问句。如“刘××同志，我可以介绍张××同你认识吗？”“×××同志，你想了解××产品的销售情况吗？这是××公司业务员小赵，他会给你满意的说明的”。采用先征询意见，得到同意后再引见的介绍方法，不仅能显示出对他人的尊重，而且询问句的语调会给人一种亲切感，易于让对方接受。

3. 肯定推荐

介绍推荐他人时常常采用肯定句的形式。因为一个人的姓名、职业等是客观存在不容置疑的。如果你在介绍别人时说话含糊其辞，模棱两可，甚至否定人家的某些优点，是很不礼貌的。

（三）介绍应注意的问题

1. 口齿清楚，诚恳热情

不管介绍自己还是介绍他人，都要口齿清楚，让人听得明白。比如你姓章，介绍时可在后面加上“立早章”的解说以有别于“弓长张”。另外，有的地区方言重，如“许”“徐”读音相似，你亦可通过“言午许”或“双人徐”将其区别。另外在介绍时应面带微笑，态度诚恳热忱，使人感到和蔼可亲，方可给人留下深刻难忘的印象。

2. 文明有礼，实事求是

在介绍时，应注意礼貌，使用尊称、谦敬词。如“请允许我向你介绍……”。切勿粗俗随便，如“这小子是我的铁哥们，在××公司工作，我们叫他黑蛋”。这样介绍无疑显得有欠文雅，不够礼貌。

当介绍别人后，可在适当的时候离开。走早了，双方谈不起来，应在双方引出话题和兴趣后，你再走开。若被介绍的双方有个别交谈的愿望时（比如介绍男女朋友），你应借故尽快离开，否则就不合适了。

此外，介绍应实事求是。无论介绍自己还是介绍他人都必须实事求是，一旦失真，结果是不难想象的。

3. 注意介绍的顺序

在公众场合介绍别人的顺序一般是把年轻的介绍给年长的,把后辈介绍给前辈,把下级介绍给上级,把男性介绍给女性。如果男士年纪比女士大很多,则应把女士介绍给男士,以示尊重。不同辈分、职务的两个人,应先介绍年长的,后介绍年轻的;先介绍职务高、知名度大的,后介绍职务低、知名度小的。把一对夫妇介绍给他人,在一般情况下应先说丈夫后说妻子,向别人介绍自己家人时,应把被介绍人的关系姓名讲清楚。介绍两个群体时,一般只介绍带队的、职务高的,对随员笼统介绍即可。

思考与练习

一、面对群体时的称呼可分为泛称和类称,何谓泛称?何谓类称?它们各有什么特点?

二、面对个体,称呼他人应努力做到哪几点?

三、使用称呼语应注意哪些问题?为什么?

四、在社交称呼中,表示敬词的词语通常有哪些?

五、对老人褒义的称呼有哪些?不礼貌的称呼有哪些?

六、试将生活中对他人失礼、粗俗、称谓不得体的称呼各写两例。

七、自我介绍应注意哪些问题?请为自己做一段实事求是、让人难忘的自我介绍。

八、名片是人际交往中进行自我介绍的一种实用工具,如何使用名片?请为自己设计一张名片。

九、在社交场合中不仅要介绍自己还要介绍别人,你掌握了介绍他人的艺术吗?请为你的友人作一简要介绍。

十、请简述在公众场合介绍别人的顺序。

第十三章　演讲的技巧

第一节　演 讲 概 述

演讲有着悠久的历史，早在春秋战国时期就有许多思想家常用演讲来宣传自己的政治主张。例如，周游列国的孔子、身佩六国相印的苏秦，等等。

随着改革开放的不断深入，演讲已由政治领域进入经营管理领域。时代的呼唤，社会的需求，使得演讲学发展成为一门富有新时代特征的“灵魂工程学”，已成为启迪人们心灵的重要工具。

一、什么是演讲

演讲又称演说、讲演，是指就某些问题、某些事件面对听众发表的系统的、成套的讲话。比如讲明事理，发表意见，宣传自己的主张等。演讲活动必须具备三个条件，即演讲者(主体)、听众(客体)及主客体同处的时境(时间环境)，三者缺一不可，离开其中任何一个条件，都不能构成演讲活动。当然，人们的报告、发言、讲话等活动同样具备这三个条件，因此，这三个条件还不足以揭示演讲的本质属性。

演讲与报告、发言、讲话等实践活动的明显区别在于演讲不但是一种以讲为主的宣传活动，同时又是一种以演为辅的艺术性活动。演讲中的“讲”起主导作用，是决定因素，“演”必须建立在“讲”的基础上，否则它就失去了存在的意义。因此，只有既“讲”且“演”，以“讲”为主，以“演”为辅，互相交织，互相渗透，既是听觉的，又是视觉的，兼有时间性和空间性艺术特点的综合现实活动才是演讲。

综上所述，演讲即演讲者在特定的时境中借助有声语言和态势语言的艺术手段，面对广大群众发表意见，抒发情感，从而达到感召听众的一种现实的社会实践活动。

二、演讲的特性

演讲与讲话相通，而又不同。它既具备讲话的特性，同时又具有讲话所没有的自我性、艺术性和鼓动性。它源于讲话，又高于讲话，是最高级、最完善、最有审美价值的一种口语表达形式。

1. 自我性

自我性主要体现在演讲的内容上。平时讲话的内容可以是讲话者自己的思想成果，也可以是对他人讲话内容的转述。而演讲的内容则只能是自己的思想成果，必须反映自我，体现个性，把自己的见解鲜明地展示给听众。古今中外的杰出演讲都是演讲者自己想(写)出来、说出来的，都是自己思想的产物。尽管在现在的一些比赛中，也有个别的演讲稿并非出自演讲人之手，但是演讲稿所表达的一定是演讲人所认同的思想，并且演讲人在准备的过程中，已经把演讲内容完全“消化”成了自己的东西，因为只有如此，才能情真意切，才能感人至深，正所谓“不精不诚，不能动人。故强哭者，虽悲不哀；强怒者，虽严不威；强亲者，虽笑不和”（《庄子·渔父》）。故演讲必须体现自我，反映个性。个性化是演讲的生命。

2. 艺术性

艺术性主要体现在演讲的形式上，是指演讲能给人以艺术美感的特性。也就是说，演讲在形象、声音等方面的刻意追求，能给人以美的享受。

演讲是用形象来反映现实的。在阐发见解、说理论证的时候，总是力求借助于具体可感的形象。演讲总是尽量使用能造成“图画般鲜明景象”的语言来展示内容，使其视觉化，以求在作用于人的听觉的同时，作用于人的视觉。英国哲学家赫伯特·斯宾赛在《风格哲学》一文中指出：“优秀的文字应当能够唤起读者对鲜明图画的联想：我们并不作一般性的思考，我们应当尽量避免写出像这样的句子：‘一个国家的民族性、风俗及娱乐，如果残酷而且野蛮，那么，他们的刑罚必然也很严厉。’我们应该把它改写成下面这样：‘一个国家的老百姓如果喜爱战争、斗牛及欣赏奴隶公开格斗，那么他们的刑罚将包括绞刑、烧烙及拷打’。”作为一种艺术，演讲也是如此。

演讲用形象来反映现实，还表现在演讲者总是根据具体的语境，运用仪态表情直观地配合话语去感召听众。在《高尔基传》中有一段高尔基回忆列宁的演讲，曾这样写道：“我钦佩在他身上明显表现出来的生命力以及对一切肮脏事物的强烈仇恨……他的动作轻巧而灵活，手势简捷而有力，与他那言语不多但思维丰富的讲演完全吻合。在他那蒙古型的脸上，一双锐利的眼睛在闪闪发光，表现出一个不屈不挠的战士对谎言的反对以及对生活的忠实。他那双眯缝着的眼睛在燃烧着，使着眼色，讽刺地微笑着，闪烁着愤怒。这双眼睛的光泽使得他的演说更加热烈，更加清新。”

在声音的运用上，演讲追求语言的圆润洪亮，追求语气节奏的和谐自然，演讲力求以一种内涵丰富的音乐美感去鼓动、感召听众。比如，它很讲究通过声音、语气来表达不同的情感：要表露“爱”就“气徐声柔”，要显示“憎”便“气足声硬”，要表达“悲”就“气沉声缓”，要表现“怒”便“气粗声重”等。另外，在形式的其他方面，演讲也总是追求独特的创意。这些都体现了它的艺术性。

3. 鼓动性

鼓动性是指运用口语激发人们行动起来。鼓动性来源于话语中所蕴含的使听众按照某一意旨去行动的力量。它的产生固然与声音的运用有关，更与不同凡响的主张见解、典型充足的材料、无懈可击的论证、丰富细腻的感情、坚定不移的信念紧密相连。慷慨激昂的话语可以产生鼓动性，深沉、严谨、活泼的话语也同样可以产生鼓动性。鼓动性以自我性、艺术性为基础，又反过来使其更加突出。只有具备鼓动性，演讲才能感召人们诉诸行动。请看 1946 年 7 月 15 日闻一多的《最后一次的讲演》中的一段话：

“……反动派挑拨离间，卑鄙无耻，你们看见联大走了，学生放暑假了，便以为我们没有力量了吗？特务们！你们错了！你们看见今天到会的一千多青年，又握起手来了，我们昆明的青年决不会让你们这样蛮横下去的！

反动派，你看见一个倒下去，可也看得见千百个继起的！

正义是杀不完的，因为真理永远存在！（鼓掌）

历史赋予昆明的任务是争取民主和平，我们昆明的青年必须完成这任务！

我们不怕死，我们有牺牲的精神！我们随时像李先生一样，前脚跨出大门，后脚就不准备再跨进大门！（长时间热烈的鼓掌）”

闻一多为激励昆明青年与国民党反动派战斗到底的士气，满怀信心地指出，正义是杀不完的，真理是永远存在的，杀死一个李公朴，会有千百万个李公朴站起来，李先生的血不会白流，反动派的末日就要到来。接着又用直呼句式发出号召：“历史赋予昆明的任务是争取民主和平，我们昆明的青年必须完成这任务！”使青年为之热血沸腾，决心“随时像李先生一样，前脚跨出大门，后脚就不准备再跨进大门！”可见这次演讲的鼓动性及其巨大。

4. 传声性

演讲是把口头语言经过严密组织后进行的表达。在表述时，运用语调的抑扬顿挫、语量的强弱大小、语速的缓急快慢来表达丰富的思想感情，以此来感染听众，打动听众，征服听众。

5. 表情性

演讲是一种表演，是表情、姿势的表演。通过演说者的面部表情、手势运作、身体姿态等态势语言（“无声语”“副语言”）渲染讲说的气氛和效果，使听众更好地感受讲说的内容，受到教育和鼓舞。

6. 临场性

演讲是面对听众的讲说。演说者在感染听众，制约听众，而听众又反过来感染着演说者。演讲者在讲说的同时，还要密切观察听众的反应，随时调整自己的讲话，这就不能按照准备好的稿子去念，而要根据临场的变化，或是即兴讲说一些事理，或是延展某个意段，或压缩、删减某些内容，表现出极大的灵活性。

总之，演讲与一般的谈话不同。谈话是与少数人在一起交谈，而演讲是面对较多的听众。谈话的场合比较单纯，易于察觉对方的意图，找到相应的话题，方式比较简单，语态也比较随便；而演讲的场合比较复杂，需要针对许多听众的思想和心理，如果没有高明的说话技巧，就很难达到讲说的目的。

三、演讲的类型

演讲分类的方法很多，根据演讲的内容分，有政治演讲、学术演讲、诉讼演讲、日常生活问题演讲、礼仪演讲等；根据演讲的场合分，有集会演讲、广播演讲、电视演讲、课堂演讲、法庭演讲、街头演讲、战地演讲等；依据演讲的风格，还可将它分为激昂型演讲、深沉型演讲、活泼型演讲、严谨型演讲等;按照演讲准备的情况,将它分成有准备的演讲(有备式)和无准备的演讲(无备式)两大类,再按准备的方式将有准备的演讲分成备稿式、提纲式和腹稿式;按发表的动因将无准备的演讲分成主动式和被动式。

(一) 有备式

1. 备稿式

这种演讲是事先写好讲稿并把它熟记于心,再凭借回忆发表出来的。因为讲稿是事先写作的,有充裕的准备时间,可以反复仔细地推敲,只要牢记,讲的时候就可以防止出现游离话题、用词不当等毛病,所以常被人们所采用。但是,因为它是事先写好、凭记忆背出来的,就难免在演讲的时候因带出几个拗口的词语影响通俗流畅;或者由于害怕“卡壳”,而专注于所背的字句,显得两眼呆滞,表情木然,以至于无法收集听众的反馈。所以,当采用备稿式的时候,一定不能死背讲稿,而要吃透所讲的内容,融会贯通,成竹在胸;要用流畅的口语多练几遍,剔除“这个、这个”“嗯”“啊”“呀”的语病,上台后,要持稿而不念稿,讲陈而不背诵,时刻注意与听众的交流。

2. 提纲式

这种演讲是事先对演讲内容和讲法作比较充分的准备,将要点编成提纲,再依据提纲进行讲说的。如果提纲没有问题,那么只要依纲去讲就可以做到中心突出,表述清楚。由于这种演讲不是逐字逐句写出的,演讲者无稿可搬,所以可表现得更灵活、更流畅,更富于情感。提纲式的这些长处,使之成为擅长演讲的人士所喜爱的形式。

编好提纲是进行提纲式演讲的重要环节。怎样才能编出合适的提纲呢?

(1) 动笔之前根据内容和讲法充分酝酿观点、材料和结构。

(2) 提纲要具有一定的“弹性”,以防可能出现的意外,制订好对策,以不变应万变。

(3) 提纲不宜写得太细、太多,而应是内容的高度浓缩,是内容要点的排列。否则,演讲时就无法从那密密麻麻的一大堆文字中找到自己所需的纲目,提纲也就起不到提醒备忘的作用。

(4) 应当注意提示结构,宜将段落、层次、过渡、照应等结构要素鲜明地标记出来。

(5) 提纲要书写清楚,最好写在硬质卡片上,且只宜写一面,把顺序排好,防止拿倒插错。反复熟悉,保证演讲时只需一瞥就可以继续下去。

3. 腹稿式

这种演讲是凭借记忆、依据演讲前想好的内容和讲法来进行的。腹稿式的准备一般难以落实到字句,而只能是提纲挈领式的酝酿。因此,它与提纲式极为相似。区别在于提纲式已形成文字,而它只停留在思想状态。由于它的准备只是粗线条的,尚未成文,所以比较灵活,易于应变处理。也因这个缘故,它的条理容易紊乱,需要准备得细一些、充分一些,需要特别注意结构有序,层次井然。

(二) 无备式

无备式演讲,就是一般所说的即兴演讲。它是在事先毫无准备的情况下而临时决定进行的。通常有两种情形:一是演讲者本无演讲欲望,但为特定场景或主题所诱发,生出感触,形成不吐不快的欲望,因而主动决定即兴演讲;另一种是演讲者根本没有演讲欲望,纯粹是由于客观上的需要,而又无法推辞,以至被动地即兴讲话。无论是主动发表的还是被动进行的无备式演讲,都具有临时决定、无法准备、篇幅短小的特点。

无备式演讲,有以下一些窍门:

1. 早做准备

就是说,应当随时准备着在各种场合作演讲,做到“常备不懈”。这种准备包括两个方面:一是心理准备,在心理上随时准备应急演讲,要有被人邀请、点名讲话的心理准备;二是实践准备,就是事先对可能发表的演讲进行具体准备。活动前要了解活动的背景、内容、参加者的情况。活动中要做有心人,注意活动的进程和气氛,留心他人的发言,随时用几句话概括出自己的感受以备急用。

2. 就近取材

无备式演讲从作出决定到开口说话,通常只有一眨眼工夫,而演讲者必须在眨眼的瞬间找到适当的话题。

首先要了解听众情况。可以谈谈你对他们的看法和认识,说说他们是谁,正在干什么,与你是什么关系。其次是了解活动情况,可以谈谈对活动的认识、活动的缘起、性质、目的、意义。再次是熟悉别人在你之前的演讲。可以提纲挈领地重复一下他的意思,然后谈谈对他所谈内容的看法;也可以顺着他的话题加以补充和发挥。

3. 短小精要

无备式演讲以短小为贵。不管话多话少,只要精要,就是好的演讲。要做到精要,必须注意话题单一,应当选择自己感触最深、最便于表述的一点加以发挥。能够抓住一个适合语境的话题,艺术地讲出个人的见解,使听众获得启发、教益或趣味,也就达到了目的。

4. 以词立纲

就是把选定的话题和感受按照一定的顺序浓缩,提炼出几个词或短语,作为演讲的提纲。开讲后,再边想边说,边说边想,把几个关键词逐一展开,形成有具体内容的一段话即可。

以上,是几个无备式演讲的窍门。掌握这些窍门可使我们更快学会即兴演讲。当然,要想成为出色的即兴演讲家,除了掌握这些技巧外,更要从思想、知识、思维和应变能力等方面去提高自己,还要进行大量的刻苦训练。

第二节 演讲稿的写作

写好演讲稿是保证演讲获得成功的最重要一步。演讲稿又称演说词,是演讲者在演讲前事先准备的供演讲使用的文稿。演讲稿的含义包括广义和狭义两种。广义上的演讲稿是演讲者为准备在听众面前发表意见、抒发情感而写成的文稿。狭义上的演讲稿,专指各种主题演讲稿,即参加各种演讲赛和演讲会使用的文稿。下面我们着重讲狭义上的演讲稿的写作。

演讲稿与其他文章相比,既有相同的规律,又有自己的独特要求。要写好演讲稿,就必须从演讲学和写作学两个方面进行研究,缺乏其中任何一个方面的研究,都不可能写出好的演讲稿。

一、演讲稿的作用

(一) 确定演讲思路,规划演讲内容

通过动笔写演讲稿,可以从纷繁的思绪中整理出一条清楚的思路来。演讲的主题是什么?立论是什么? 听众可能有什么想法? 怎样针对这些想法来讲? 先讲什么? 后讲什么? 哪些详说? 哪些略讲? 等等。可通盘作整体考虑,也可作细致的推敲,使整个演讲有一条清晰而完整的思路,给听众以深刻的印象。

(二) 组织演讲语言,琢磨演讲技巧

通过动笔写讲稿,能找到最恰当的语句,可以把言辞推敲得更为准确、严密。如果不经这一步,只迷信上台临场发挥,往往会漏洞百出、词不达意。通过动笔写,还能检查我们的立论是否站得住脚,表述是否精确严密,有没有歧义,有无不完善之处,还能促使我们琢磨表达技巧的运用。比如某个意思,是直接说出来好,还是暗示说出来好? 或是运用悬念手法处理好呢? 人们思维往往是想的时候很快,而写出来以后则会发现其中有许多疏漏的地方,这是由于"写"能促使人们进行深入、精确思考的缘故。

(三) 消除紧张心理,树立心理优势

上台演讲,手里有一份自己满意的讲稿,即使不去看也会感到镇定自若,万一忘了演讲词,拿出来看一下,也不会出现紧张、卡壳或接不下去的尴尬。从这个意义上讲,演讲稿也是一份极好的"备忘录"和"定心丸"。

二、写演讲稿的步骤

写演讲稿可分为三个阶段:即编列提纲、起草初稿和加工修改。

(一) 编列提纲

提纲大致有两种,一是概要提纲,一是详细提纲。概要提纲较简单,只要扼要概括出演讲的主题、材料、结构和段落大意即可。如恩格斯《在马克思墓前的讲话》的概要提纲可这样写:

1. 开场白

2. 主体部分

(1) 马克思在理论上的重大贡献。

(2) 马克思的伟大革命实践。

(3) 马克思对无产阶级革命事业的卓越贡献。

3. 结束语

演讲稿的详细提纲应包括以下内容:

(1) 题目。

(2) 中心论点和分论点。

(3) 事实材料、事理材料和参考材料。事实材料主要包括例证、数据、实物;事理材料主要包括科学原理、定律、法律条文以及名言、成语等;参考材料是指演讲时需要的各种材料。

(4) 结构的过渡。根据内容的轻重缓急安排结构,设计过渡。

(5) 开头和结尾。要表明以什么方式开头,如设问、叙述;以什么方式结尾,如号召、抒情。

(二) 起草初稿

首先,要构思好再动笔,最好一气呵成。动笔前要构思好所有的写作步骤、条理。写时不要考虑修改问题。其次,要抱着正确的态度,饱含真挚的感情去写。最后,要注意不同类型演讲的特点,采取相应的写作方法。如,写政治性演讲稿时,要强调逻辑的严密、材料的可靠;写学术性演讲稿要力求资料翔实、论据确凿等。

(三) 加工修改

演讲稿的加工修改是一项复杂的工作,每人都有自己的修改法,但主要从以下几方面入手:(1) 深化主题;(2) 增删材料;(3) 调整结构;(4) 润色语言;(5) 修改题目。这些工作做起来是颇费功力的。尤其需要演讲者在自身的思想、政治、文化、语言等方面有更深的修养,才能得心应手,游刃有余。

三、写演讲稿应注意的几个问题

(一) 立意要新颖

写作演讲稿的内容所选取的角度一定要新颖,演讲者应该站在时代的最前列,以其先进、新颖的思想去启迪听众,武装听众,引导听众攀登新思想、新文化、新技艺的高峰。

在演讲中,经常会遇到这样一种情况:题目雷同,主题相似,材料重复使用,人云亦云,拾人牙慧。这样的演讲听起来味同嚼蜡,不可能收到良好的效果。

立意要新颖,不仅要求撰稿人有分析问题的能力,而且要求撰稿人勤于思考,善于观察。演讲者要在自己广博积累的基础上,通过自己敏锐的观察和体验,有所创造地提炼自己的观点,巧妙地选择切入主题的视点,独辟蹊径地进行立意。

如一篇《再谈"四大发明"》的演讲稿中写道:"过去我也经常讲,我国有'四大发明'并且以此自豪。然而今天,当我再讲'四大发明'的时候,我的心跳了,我的脸红了,几千年以前,我们的祖先就以其超人的智慧搞了'四大发明',为整个人类社会作出了他们的贡献。我有时问自己,几千年后的今天,他们的子孙们又搞了几大发明呢?难道我们成天躺在祖先'四大发明'的功劳簿上,沾沾自喜,洋洋得意地炫耀一番就是爱国了吗?不!这不能证明是爱国。真正的爱国者,新时代的青年们应当学习祖先们的发明创造精神,我们要搞出'十大发明','百大发明',为祖国和人类作出最大的贡献,这才是真正的爱国主义者。"

这与那些不厌其烦地颂扬我国的"四大发明",并且大声疾呼"爱我们的祖国吧"相比,虽都是进行爱国主义教育,但这篇演讲却要深刻、新鲜得多。由于演讲者有敏锐的观察力,勤于思考,不只看到事物的表象，而是透过现象看本质，使自己演讲的思想、观点、见解比前人更进一步，讲别人没讲透的话，因而获得了演讲的成功。

（二）紧扣主题选材

确定了主题，就应根据主题选择可取的材料，用理论和事实来论证主题。要注意选择真实、典型、生动、有助于表现主题的材料。

一旦确定了主题，选择了材料，就要进行合理的结构安排。结构的安排实则是演讲的框架，即对文字材料的安排。如演讲的开场白、正文和结尾的安排，各个段落与层次的联系及详略程度等。此外，如何拟定一个好的标题亦十分重要。内容决定标题，而标题则显露内容。确定标题应遵循简短、准确、生动、含蓄四原则，避免冗长、怪僻、费解或大空泛。拟定标题通常应考虑从以下几方面着手：揭示主题，形象概括；提出问题，发人深思；交代场景，概括内容。

（三）语言表达生动感人，要口语化，通俗化

1. 生动感人

好的演讲稿，语言要做到形象生动。把抽象化为具体，深奥化为浅显，枯燥变成有趣。要用幽默风趣的语言，这种语言能增强演讲的表现力，既能深化主题，又能使演讲的气氛轻松和谐。

2. 要口语化

演讲语言要口语化，但并不是日常口语的复制，而是经过加工提炼了的口头语言，逻辑严密，语句通顺。演讲是口耳相传，必须上口、入耳，听众才能听得懂，记得住。所以在写演讲稿时，要尽量少用书面语，多用双音词，最好把长句改成适合于听的短句。

3. 要通俗化

演讲具有教育性、宣传性，如不通俗，讲出来的话听众听不懂，弄不明白，就失去了演讲的效果，妨碍了演讲者与听众的交流。因此，在演讲稿中要使用规范化的语言，要用浅显的语言解释难理解的术语。

写演讲稿，除注意以上几点，还要特别在开场白、结尾、语言结构的设计上下功夫。讲稿完成后，要反复修改。这样才能使演讲稿更好地表现其观点，表明其态度，通过“讲”达到理想的效果。

第三节　演讲的语言艺术

演讲的效果受多方面因素制约，如演讲的内容、语言、环境、听众的心理、演讲者的能力等，其中最重要的是演讲者的语言。演讲的艺术，主要是语言的艺术。

演讲的语言艺术，从结构上谈，是开场白、正文、结束语的语言艺术。从语言的表现形式上谈，是有声语言艺术、态势语言艺术和时空语言艺术。

一、演讲的开场白艺术

演讲的开场白（包括称呼语）是演讲者给人的第一印象，它是演讲者与听众之间沟通的第一座桥梁。从心理学角度看,一次活动开始时的几分钟是人的思想最集中、注意力最强的时候。因此,演讲的开场白,肩负着吸引听众注意力的特殊使命。

开场白,首先应当对听众打招呼。这既是出于礼貌,也是向听众发出演讲开始的信号。至于在开场白中怎样称呼听众,就要因人而异了。开场白不宜太长,但要精心设计。下面是几种受听众欢迎的开场白方式:

(一)幽默自嘲开头

幽默的语言像一串含笑的爆竹,一点即着,一着即响,爆发出许多笑声。演讲时以幽默语开端,往往亦庄亦谐,妙趣横生,既语带双关,又不失犀利,让听众在轻松的氛围中开始接受演讲的内容。

1990年中央电视台邀请台湾影视艺术家凌峰先生参加春节联欢晚会。当时,许多观众对他还很陌生,可是他说完那妙不可言的开场白后,一下子被观众认同并受到了热烈欢迎。他说:"在下凌峰,我和文章不同,虽然我们都获得过'金钟奖'和最佳男歌星称号,但我以长得难看而出名……。一般来说,女观众对我印象不太好,她们认为我是人比黄花瘦,脸比煤炭黑。"这一番话嬉而不谑,妙趣横生,观众捧腹大笑。这段开场白给人们留下了非常坦诚、风趣、幽默的良好印象。不久在"金话筒之夜"文艺晚会上,只见他满脸含笑,对观众说:"很高兴又见到你们,很不幸你们又见到了我。"观众报以热烈的掌声。由于这两段自嘲的开场白,凌峰的名字传遍了祖国大地。

(二)即景生情开头

一上台就开始正正经经的演讲,会给人生硬突兀的感觉,让听众难以接受。不妨以眼前人、事、景为话题,引申开去,把听众不知不觉引入演讲之中。可以谈会场布置、谈当时天气、心情……例如在教师节庆祝大会上,如果天气阴沉沉的,你可以这样开头:"今天天气不太好,阴沉昏暗,但我们却在这里看到了一片光明。"接着转入正题,讴歌教师的伟大灵魂和奉献精神,他们燃烧了自己,照亮了别人的未来。

1863年,美国葛底斯堡国家烈士公墓竣工。落成典礼那天,国务卿埃弗雷特站在主席台上,只见人群、麦田、牧场、果园、连绵的丘陵和高远的山峰历历在目,他心潮起伏,感慨万千,立即改变了原先想好的开头,从此情此景谈起:

> "站在明净的长天之下,从这片经过人们终年耕耘而今已安静憩息的辽阔原野放眼望去,那雄伟的阿勒格尼山隐隐约约地耸立在我们前方,兄弟们的坟墓就在我们脚下,我真不敢用我这微不足道的声音打破上帝和大自然所安排的这意味无穷的平静。但是我必须完成你们交给我的责任,我祈求你们,祈求你们的宽容和同情……"

这段开场白语言优美,节奏舒缓,感情深沉,人、景、物、情是那么完美而又自然地融合在一起。据记载,当埃弗雷特刚刚讲完这段话时,不少听众已泪水盈眶。

即景生情不可故意绕圈子,不能离题万里,漫无边际,东拉西扯,否则会冲淡主题,也使听众感到倦怠和不耐烦;还应注意点染的内容必须与主题相互辉映、浑然一体。

（三）讲述故事开头

用形象性的语言讲述一个故事作为开场白会引起听众很大的兴趣。选择故事开头要注意这样几个原则：要短小，不然成了故事会；要有意味，促人深思；要与演讲有关。

李燕杰在《爱情与美》的演讲中这样开场："我不是研究爱情的，为什么会想到要讲这么一个题目呢？"然后讲了一个故事："北京一家公司的团委书记，再三邀请我去演讲，并掏出几张纸，上面列着公司所属工厂一批自杀者的名单，其中大多数是因为恋爱问题处理不好而走上绝路的。所以我觉得很有必要与大家谈谈这方面的问题。"这个故事一下子把听众的注意力集中起来，使他们感到问题的严重性和紧迫性。

（四）反弹琵琶，出奇制胜开头

听众对平庸的论调都不屑一顾，置若罔闻。倘若用别人意想不到的见解引出话题，造成"此言一出，举座皆惊"的艺术效果，会立即震撼听众，使他们急不可耐地听下去，这样就能达到吸引听众的目的。

例如，一位班主任在毕业欢送会上致词，一开口就让大家疑窦丛生："我原来想祝福大家一帆风顺，但仔细一想，这样说不恰当。"一句话把大家弄得丈二和尚摸不着头脑，大家屏声静气地听下去——"说人生一帆风顺，就如同祝某人万寿无疆一样，是一个美丽而又空洞的谎言。人生漫漫，必然会遇到许多艰难困苦，比如……"最后得出结论："不一帆风顺的人生才是真实的人生，在逆风险浪中拼搏的人生才是辉煌的人生，祝大家奋力拼搏，在坎坷的征程中，用坚实有力的步伐走向美好的未来！""一帆风顺"是常见的吉祥祝语，而老师偏偏反弹琵琶，从另一角度悟出了人生哲理。第一句话无异于平地惊雷，又宛若异峰突起，怎能不震撼人心？

需要注意的是运用这种方式应掌握分寸，弄不好会变为哗众取宠，故作耸人之语。应结合听众心理、理解程度，出奇制胜。另外，不能为了追求奇特而大发谬论、怪论，也不能生硬牵扯，胡乱升华。否则，极易引起听众反感。

（五）以设问或祈使方式开头

演讲以设问或祈使方式开端，能使听众由被动变为主动。问号或感叹号会迫使听众主动陷入沉思，无法置之于演讲内容之外。例如：

> 人人都想有美好的爱情，但假若你失恋了，怎么办？人人都希望自己健康地活着，那么假如有人告诉你，你的生命只有一个月了，你将怎样度过？人人都渴望得到幸福，然而你是否知道"幸福"二字的真正含义？……总而言之，你知不知道自己为什么活着？怎样更好、更有意义地活着？下面我就一一回答这几个问题。

这一开头使听众提前进入演讲的情境，这样的开端无疑是成功的。

（六）以非语言方式开头

演讲时以非语言方式开头，往往是为了调节演讲气氛。在演讲者没有任何预示及听众没有任何准备的情况下，突然采用默语或笑声的方式，使听众惊诧不已。这样，好奇心会驱使听众集中思想来听演讲。如我国著名的革命家恽代英，在一次演讲开始时，便出乎意料地"哈，哈，哈"

三笑，那些早已疲倦的听众，被弄得莫名其妙，大吃一惊，随后也跟着哄堂大笑起来。听众为之一振，恽代英的“三笑”目的达到了，于是开始他的正式演讲。有时当演讲者走上讲台，可会场一点也不安静，这时不妨用默语开头：两眼环顾会场，沉默良久。片刻之间，听众便会不自觉地安静下来，凝视演讲者，想探个究竟，演讲者便可抓住这一时机开始演讲。用笑声和默语即非语言的方式开头，效果是明显的，但要审时度势，把握好分寸。

演讲的开场白艺术，如同乐器定调，这个调定得如何，是决定演奏成败的重要因素之一。因此，演讲的开场白必须遵循四条原则：(1) 形式别致，忌用套话。如“本人水平不高，讲得不好，请大家原谅”之类的话；(2) 主题鲜明，让听众能在开场白中了解你演讲的宗旨；(3) 意境深远，能以深邃的内涵引起人们的思索；(4) 要有声势，起调要高，切忌稀松平常，要做到既能与听众建立友好的关系，又能吸引听众的注意力。

二、演讲正文的语言技巧

演讲的正文是演讲的中心部分。演讲者的观点都在这部分展开论述，主要论据都在这部分铺陈。正文的好坏与演讲成功与否有直接关系。演讲者在正文部分要组织材料，要充分运用多种艺术手法来表现主题，使主旨明确，达到演讲的最佳表达效果。这些手法是：小说般的形象，相声般的幽默，戏剧般的冲突，诗朗诵般的激情。

小说般的形象，是指在演讲中抓住典型事例或人物进行详尽地描写，有声有色，使听众如见其人，如闻其声，如临其境。这样可以增加演讲的生动性，使演讲富有吸引力。

相声般的幽默，就是在演讲中根据主题的需要，适当运用风趣、诙谐的语言，来点幽默，以融洽感情。

戏剧般的冲突，就是把演讲中的人物按照起承转合的发展过程置于戏剧般的矛盾冲突中，在冲突中揭示人物心理，展现人物性格，在演讲过程中要有情感的起伏和故事的变化，形成跌宕起伏的情节，紧紧抓住听众的心。

诗朗诵般的激情，即演讲在高潮时，应把发人深思的哲理和生动感人的形象交融在一起，用充满激情的语言和诗朗诵的手法加以表现。

演讲中，除了以上的方法外，还常运用议论的方法。议论要发人所未发，议人所未议，既要有新奇感，又要有深刻性，才能使听众信服。

正文除了运用多种艺术手法外，还要做到主题集中，论点明确。历史上的演讲名篇能给人以深刻的震撼，固然是因为它们多方面都出色，但主题集中，论点明确，无疑是相当重要的因素。

三、演讲的结束语艺术

演讲的结束语应当是全篇演讲的高潮和顶峰，是演讲走向成功的最后一步，它要求最后一次打动听众。

演讲结束语的方法一般有以下几种：

(1) 小结式。为加深听众的印象,将全部演讲内容作扼要的小结,如“总之,我认为……”“概括起来,就是一句话……”等。

(2) 决心式。在演讲结束时宣布自己的誓言,表示决心,以达到鼓动听众的目的。例如,在美国独立战争前夕,著名演讲家亨利在弗吉尼亚代表大会上演讲的结束语是:“在这场斗争中,我不知道别人会如何行事,至于我,不自由,毋宁死!”几句话落地有声,表达了自己的决心,也激励了听众。当他话音刚落,先是全场愕然,随后就响起“拿起武器”的呼声。

(3) 呼吁式。一般组织或上级领导向下级或人民大众提出要求所采用的结尾方式。如毛泽东在《论联合政府》中的结束语是:“成千成万的先烈,为着人民的利益,在我们的前头英勇地牺牲了,让我们高举起他们的旗帜,踏着他们的血迹前进吧!”

一名演讲家说出了别人想说而没说的话,因而博得听众的赞赏和欢迎,这固然高明。然而,如果演讲家道出了别人想都没有想过的东西,甚至由于你的演讲,使原来不想做某件事的听众,后来行动起来了,这无疑更加高明。呼吁式结束语往往具有这种功能。

(4) 希望式。在演讲结束时,提出演讲者的希望或要求。如庄景华在《让我们彼此微笑》这篇演讲的结束语中说道:“微笑一下并不费力,但它却产生无穷的魅力,受惠者成为富有,施予者并不变穷,它转瞬即逝,却往往留下永久的回忆……大学生的称号不就是意味着我们的知识教养、我们的文明程度在一个较高的水准上吗?一枚校徽只能在四年内证明我们大学生的身份,而知识教养形成的习惯却可以伴随我们终身,同学们,拆除人造的藩篱,让我们彼此微笑吧!”

最后“让我们彼此微笑吧!”一句诚恳的希望,给听众以巨大的感染力。

(5) 抒情式。演讲者以抒情的语调抒发胸中对某一问题的情怀,使听众产生共鸣。如一篇《祖国——母亲》演讲词的结尾:“我们有的是满腔的热血,有的是年轻的生命,那就用我们的热血来复苏祖国蓬勃的生机吧!用我们的生命来焕发母亲青春的光彩吧!”

(6) 名言警句式。用名言警句结尾,是根据“名人效应”“权威效应”理论设计的。在演讲中恰当地运用名言警句,可以把演讲推向一个高潮,丰富和深化演讲的主题,给演讲者的理论以有力证明,同时给听众留下深刻的印象。

当代演讲家曲啸常用这种方法结尾。他在《任何挫折动摇不了我对党的信任和共产主义的信仰》中就是用保尔·柯察金那段名言“人最宝贵的东西是生命……”作结尾的。

再看两例用名言警句给人留下深刻印象的演讲结尾:

“最后,让我们一起背诵著名教育家陶行知先生的诗句:‘滴自己的汗。吃自己的饭。自己的事情自己干。靠人,靠天,靠祖上,不算是好汉!’”

(陶行知《知行诗歌集》)

年轻的马克思曾说:“历史承认那些为共同目标劳动因而自己变得高尚的人是伟大人物;经验赞美那些为大多数人带来幸福的人是最幸福的人。”

(马克思《青年在选择职业时的考虑》)

(7) 诗歌式。借用诗歌来结束演讲,可使演讲典雅而富有魅力,使听众产生清新和优美的感觉。下面请看刘晓晴《做一个充满自信的女大学生》演讲的结尾：

“最后，我把一首诗献给80年代全体女大学生：

雏燕凌空，志向在高高的蓝天！/百花争春，好山河分外娇艳。那沉甸甸的果实，摇晃在耕耘的田间，一片豪情，一片甘甜！让我们把一代女大学生的信心，写上洁白的信笺。寄给事业，寄给明天！等到下一个收获的季节，让我们和勇士们一起，并肩站在那——高高的山巅！”

(8) 对比式。对比式结束语是演讲者运用对比的方式来结束演讲。对比方式的结束语，可以使听众从比较中得到鉴别，更能明辨真伪，具有一种征服听众的力量。下面是《强者之歌》的结尾，演讲者将同在一辆车上两种截然不同的人生观作了对比阐述，并用一连串的排比再次阐述自己的演讲主题，铿锵有力，形象生动：

“亲爱的同学们，同在一辆车上，有人在奋进，有人在沉思，有人在昏睡，有人在挥霍，还有人可能中途下车，销声匿迹……生活给予我们每个人的，可能不像天平量过的那么均衡、准确，我们学习、工作和生活的环境和条件也许有各自的不同，但通向理想的、成功的道路只有一条，就是我们用什么动力、什么速度，怀着何种目的，以什么样的方式前进！”

演讲的结束语有多种形式，但作为结束语艺术，都必须遵循四条原则：

一是必须能收拢全篇，揭示题旨。无论用哪种方式结束演讲，都应把全篇集中到一点上，这一点就是题旨，只有这样才能首尾呼应，通篇浑然一体。

二是必须表达新颖不落俗套，杜绝用陈词滥调来结束演讲。如：

“由于水平有限，准备又不充分，讲得不好，请大家原谅。”

“我讲得不好，浪费了大家宝贵时间，实在抱歉！”

三是必须铿锵有力，富有鼓动性。如闻一多的《最后一次的演讲》的结束语：“我们不怕死，我们有牺牲的精神，我们随时像李先生一样，前脚跨出大门，后脚就不准备再跨进大门！”

四是必须简洁明快，耐人寻味。结束语不可说与主题无关的话，对演讲来说，没有结束语的结尾是贫乏无力的。但没完没了的结尾则又是令人生厌的。好的结尾，如咀嚼甘果，品尝香茗，令人回味再三。

四、演讲的有声语言艺术

(一) 语音艺术

演讲是有声语言的一种表达形式，因此，它表情达意的方式，一是语音，二是语义，靠抑扬顿挫、起伏多变的语调来表现和传达自己的情感。语音是口语区别于书面语的主要标志。演讲者的演讲可以反映其语言功底。普通话是否标准，读音是否规范，吐字是否清楚，将直接影响演讲的效果。如某些演讲者把“有的(dì)放矢”说成“有的(de)放矢”，本来的意思是射箭要对准靶子，被他这么一读，就成了“有的人放箭”，意思完全走了样，原因在于他没搞清这个“的”什么时候读轻声(de)，什么时候不读轻声，而读去声(dì)。

此外，有人演讲时，口头禅太多，如“这个，这个……”“嗯”“唔”“是不是”等赘语连篇，必将影响演讲效果。所以,演讲者应努力丢弃口语中的不良习惯,掌握语调变化的规律,巧妙地利用有声语言的魅力,以情发声,以声带情,声情并茂,这样才能引起听众情感上的强烈共鸣。

(二) 语言重复的艺术

语言的重复艺术,主要是指演讲中对相同的语言形式反复使用的艺术。艺术的重复,绝非简单的机械式的啰嗦,而是最简单、最有效的强调。如《我们是无产阶级接班人》这篇演讲稿的结尾是:"共产主义的大厦谁来建,回答是:我们!我们!我们!"再如一演讲家在某警官学校的演讲结尾是:"……谁有权利在头顶的帽子上缀上我们庄严的国徽呢?你们!只有你们!人民的卫士!"

五、演讲的体语艺术

演讲者在台上的站姿,能显示演讲者的风度。演讲者要挺胸、收腹、立腰、端正庄重,才能显示出一种伟岸的形象。演讲者在台上应有一个基本的立足点,并根据演讲内容的需要,可以前后左右做些小范围的移动。登台后,多数人习惯站到桌子后面的中间部位,认为这样显得庄重。其实为使听众看清演讲员的动作和姿势,站在台前正中,不要桌子更好。这样讲起来洋洋洒洒,虽然没有走动,但可视舞台是自己演讲的整个空间,显得有气势。特别是小个子,如果站在桌后,上半身露得太少不雅观。

(一) 表意作用

演讲者的姿势和表情应和情意相一致,与声调相和谐,这样对演说词才有着表意、强化和补充的作用。

1. 眼睛的动作

往上看——表示高深、景仰、遐想的意思。

往远看——表示目标广阔。

眉飞色舞——表示高兴激动。

环视——表示与听众交流感情。

2. 手势

手心朝上——心际坦白真诚。

手心朝下——不愿意。

握拳——情绪激烈,暗下决心。

前伸手掌渐渐向上——表示进步,兴旺发达。

两手前伸,手掌向下,并渐渐下抑——表示退步、落后。

两手从左右外方渐渐向里合拢,做抱物状——表示团结齐心。

两手前伸,两掌向外并向下,分别向左右渐渐移动——表示分化割裂不团结。

手指太阳穴——表示思考琢磨。

3. 脚的动作

向前移动——表示积极进取。

向后退却——表示消极、拒绝、疏远、歉意、否定。

以足用力踏地——表示勇悍、愤恨。

向左右移动——表示对某一侧听众特别关照。

应注意的是,在使用默语时,不宜移动脚步和身体,以免分散听众注意力,影响演讲效果。

(二) 强化作用

演讲者的态势语言,还可对演说起强化、助势的作用。比如说:“我非常赞成!”跟着把双手举起来;说:“我坚决不同意!”把手从空中劈下来。手势可以加强演讲气势。

(三) 补充作用

演讲者为了对语意进行直观描述,往往动用姿态、动作予以补充。比如说“这么大一块石头”,说着就用手比划一下,以便让听众看到这块石头的大小,增强直观印象。

演讲者的体态语最忌呆板,但动作也不宜太大、太多,更不能使用舞蹈动作,一定要做到适度,面部表情要自然,要恰到好处。

总之,演讲者的全部姿势和表情,给听众的总印象应当是:这是一个朝气蓬勃、精神焕发的人。

第四节 演讲的自控与控场

演讲的自控能力是指演讲者对自己情绪的控制和驾驭能力。演讲的控场能力是指演讲者主动而有效地控制演讲场面的能力。

一、培养自控能力

如果上台演讲时止不住心慌,甚至出现反常的口吃,注意力无法集中,背好的讲稿全忘了,讲话语无伦次,这种现象叫作“自控失效”。演讲怎样才能克服自控失效呢?一般有三种方法:

1. 心理镇定法

即坚信自己的演讲肯定能打动听众。首先树立心理优势。因为惧怕演讲和过分紧张的心理常常导致演讲的失败。演讲时的过分紧张心理,有一大半是由于演讲者缺乏自信造成的。不少人是害怕自己讲不好会当众出丑,或是担心自己讲得不如别人而面子上过不去。其实,这都是多余的。要明白其他演讲者都和你一样紧张,你要对自己的能力和演讲的成功充满信心,要把台下人当成你的听众,他们能从你的演讲中得到启发,受到教育。相信自己一定能成功,这种强烈的心理暗示,能有效地抑制紧张的心理。

2. 目光交流法

脱稿讲话,眼睛要看着听众,把他们当作知心朋友,有意消除自己与听众的心理距离,这样面对面地讲话,就会忘却紧张、羞涩和忸怩,从而实现对自我情绪的有效控制。

3. 充分准备,反复实践

演讲者要对演讲的内容熟记在心,最好能多进行几次试讲。可以在镜子面前讲,以观察自己的口型、表情和动作是否恰当;也可以用录音设备将自己的试讲录下来,听一听自己的声音如何;可以在同事和朋友面前试讲,听取他们的意见。此外还需要了解听众的兴趣、职业、文化程度,做到心中有数。最好能早点熟悉演讲场合,早点到场。经验证明,演讲者对于演讲场合较熟悉,紧张的心理就会减少。另外,演讲的心理素质是平时锻炼的结果。平时要利用一切机会,大胆锻炼,积累经验。锻炼得越多,演讲时的紧张程度就越低。

二、培养控场能力

演讲者有无控场能力,是衡量其演讲技巧是否高超的尺度。因为在演讲的过程中,听众的注意力、情绪以及会场秩序和气氛经常会变化,演讲者如果没有察觉这些变化,没有主动采取措施,或者在这些变化面前手足无措、心慌意乱,使会场骚动起来,出现这种现象叫作“控场失效”。那么怎样才能克服“控场失效”?

1. 登台亮相,稳住阵脚

演讲员一上台,他的一举一动都会给听众留下十分重要的“首次印象”。假如你是急匆匆、几乎是跑步上台的,那么听众可能会想:“你急什么?”“这可能是个轻浮的人”。假如上台时忸怩作态,步履缓慢,听众可能会感到厌烦,心想:“你快点行不行?这慢腾腾的劲儿,不知讲到什么时候去呢。”等等。所以上台的步子要有力、稳健,表现出充满信心的样子。登台亮相,这是控场的第一步。

一登台,不要急于开口,首先应扫视一下会场听众,眼光开始交流,意思是说:让我们认识认识;再点点头,或微笑着欠一下身子,表示对听众的尊敬。这是控场的第二步。

2. 观察试探,取得反馈

演讲者要一边演说,一边“眼观六路,耳听八方”,学会从听众的表情、神态和动作中判断:听清楚了吗?理解了吗?赞成还是反对?是不是感到疲倦了?以调整自己演讲的内容、语调和时间。

3. 设置悬念,调动情绪

演讲者为了调动听众的情绪,故意在演说过程中设置一些“悬念”,以吸引听众的注意力。例如,让听众产生一种关心事件发展和人物命运的紧张心理,以及急切了解问题结论的期待心情等,当听众兴味正浓时戛然而止。

4. 遇乱不慌,设法应变

一旦会场秩序有些乱,人声嘈杂,演讲者千万别慌张,更不要厉声呵斥听众,要冷静地分析混乱的原因。如果是有人不同意自己的观点而引起的喧哗,可以采取商榷的态度:“对这一点,可能有人不同意是吗?这也没什么,我很愿意在演讲结束后,和这些同志讨论一下。好,现在我接着讲……”如果只是个别人在那里说话、吵闹,可以用目光注视他们,让他们觉得你已经发现了他们的行为,从而有所收敛。如果是由于听众疲劳带来的精神不振,小声耳语,那就设法在演说中适当插些小故事、小典故,调节一下气氛,把听众的注意力再次吸引过来。如果是自己忘记了演讲词或将演讲词讲错了，造成了台下秩序的混乱，也必须沉着冷静或跳过一段，或临场发挥，台下听众有可能发现不了，即使发现了，也会因你的应变能力而报以会心的一笑或热烈的掌声。李克强总理 2013 年 5 月 21 日在印度新德里发表演讲时，刚一开始麦克风就出现问题，发出“嘟嘟嘟”的声音。面对这略显尴尬的场面，李克强轻松地笑着说：“这是前奏，表明我下面将有郑重的讲话。”台下听众会心地笑起来，并为他的幽默报以热烈的掌声。李克强总理的沉着应变，达到了理想的控场效果。

第五节　即兴演讲

一、即兴演讲的概念

即兴演讲，就是无准备的演讲，是演讲者对眼前的事物、场面、情景有所感触，当场所作的边想边说的演讲，也叫即席演说。

即兴演讲，既无讲稿又无提纲，更没有背熟的台词，全靠组合头脑中储存的可用材料，当场捕捉信息，展开联想，边想边说，而且要求中心突出，有理有据，说到“点子”上。这就有一定的难度。因此即兴演讲是一种高超的艺术，是语言表达中的最高形式。

即兴演讲在演讲的类型中，是使用率最高、应用范围最广的一种。在日常生活中，参加会议时谈意见、感想，受表彰或批评时表明自己的态度，都需要即兴演讲的基本功。即兴演讲应用的普遍性是其他各类演讲形式无可比拟的。如果说命题演讲还只是少数人、部分人的事，那么，即兴演讲则是每个人都必须用到且经常用到的。

总之，即兴演讲是在一定场景或主题的诱发下，或自发要求，或由他人提议，或抽签命题即刻进行的演讲。

二、即兴演讲的特点与要求

（一）坦诚实在

即兴演讲是一种被动的演讲形式，它是演讲者被眼前所发生的事物所刺激，从而激发兴趣而产生的一种临时性演讲。因此一定要坦诚实在，有兴才说。它没有背稿演讲的刀斧痕迹，也不会给听众留下“演戏”的不真实印象。因此即兴演讲切忌无兴勉强、无情凑合。

例如陈翠婷获得奥运会自由体操冠军后，记者立即采访她，问她现在最想说的一句话是什么，陈翠婷不假思索，脱口而出：“我想爸爸妈妈。”仅六个字，自然亲切，非常符合人物的年龄身份。

（二）短小精悍

即兴演讲针对性特别强，是边想边讲，要求根据不同场合、不同气氛、不同对象，使用不同风格的语言，或热情诚恳，或幽默风趣，但却必须简明扼要，言之有物，切忌长篇大论，无的放矢。

曾有一位奥斯卡最佳女主角奖获得者,她在接过奖品后,只说了一句话:“我是当之无愧的!”话音刚落,台下掌声雷动,观众无不为其直率坦诚、简洁扼要的话语所折服。

(三) 持据有力

即兴演讲同有稿演讲一样,也是亮观点,发议论,具有宣传性、号召性、鼓动性,同样需要富有说服力的典型论据,所不同的是,有稿件演讲的论据写在纸上,而即兴演讲则是要在自己的大脑里去搜寻,做到招之即来,妙语偶得。

例如,1944 年叶剑英召集中央警卫团开会,他作了即席讲话:“中央警卫团应该改名,不叫警卫团,叫‘钢盔团’。”一句话把大家说懵了。接着叶剑英同志解释说:“钢盔是干什么的?钢盔是保护脑袋的!中央警卫团是保护全党的脑袋——党中央的,所以应该叫它‘钢盔团’,你们说对不对?”大家都笑了,异口同声地说:“对!”“你们都是英雄好汉,到前方去,可以杀千万个鬼子,但是没有党中央来领导,抗战能不能把鬼子打出去?”“不能!”

叶剑英用战士们极为熟悉的“钢盔”作比喻,用“钢盔是保护脑袋的”这通俗而又无可辩驳的事实作论据,说明了深刻的道理,使警卫团的同志了解到自己工作的重要性,终于安心工作了。假如没有这一形象有力的论据,只抽象地说警卫团的工作如何如何重要,是难使战士们口服心服的。

三、即兴演讲比赛的技巧

即兴演讲比赛是登台前几分钟才见到论题。对参赛者来说,组织讲稿是一个必须迅速或者说是仓促完成的任务。不仅要在限定的时间内完成演讲,还要在限定的准备时间内完成“讲”和“演”两方面的准备工作。即兴演讲只能在构思讲稿的同时,稍微顾及甚至来不及顾及“表演问题”,而只能寄希望于现场发挥,从这一角度看,即兴演讲比赛要求更高,难度更大。

(一) 重点突出,不面面俱到

即兴演讲比赛的参加者在见到论题之后,由于受时间的制约,与其“面面俱到”,不如集中精力于某一点,力求以某一方面的突出取胜。譬如在表演方面,能注意到表情、姿势即可,若再有适当的动作则更佳,有时实在来不及,不做动作也无伤大雅,而不必像命题演讲比赛那样,强调动作与语言、表情的配套;再譬如在“讲话”方面,则可将注意力集中到语句流畅、吐字清晰等基本要求上,而不必过多追求“抑扬顿挫,慷慨激昂”。

(二) 先声夺人,开门见山

命题演讲比赛由于受总题目的制约,使得后上场的演讲者在调动听众情绪方面难度很大。而即兴演讲的题目是多变的,一般不重复出现,每一道新论题的公布,都犹如一剂“兴奋剂”,刺激听众保持情绪上的激动。即使前面几名参赛者很不成功,但对紧接而来的登台者,听众和评委也仍然会报以希望和期待。场上听众饱满的情绪对参赛者是有利的,不必为求得一个“心理相容”的开场白过于耗费有限的准备时间,可以开门见山直接回答或说明问题。一开头就可用典型生动的例证画龙点睛,道出主题,引起听众的兴趣,切忌平铺直叙。

如在综合治理社会治安会上做即兴演讲，最好不要说："刚才听了 ×× 的讲话，使我深刻认识到……"之类毫无意义的话，不如一开头就说："昨天夜里，在 ×× 路又有一行人被抢劫，这是本月在我市发生的第 × 起抢劫案，社会治安到了非狠抓不可的时候了……"即兴演讲最忌"我没有思想准备""随便凑合几句吧"之类的客套话，耽误听众的时间。

(三) 目的明确，举例妥切

即兴演讲者，在短暂的构思中，首先要明确自己要讲什么。如果即兴者抽到的题目是《遵守交通规则人人有责》，不妨来个"危言耸听"："不守交通规则，火葬场也许等待着你，等待着我，等待参加今天会议的每一个人和我们的家属。"这一步很重要，可使听众产生危机感，于是大家都会专心致志地听你演讲。

即兴演讲更需要用事实说话。举例要做到信手拈来，妥切得当。为了使听众把演讲者的论点、形象简洁地印入脑海，必须列举生动典型的例证，这样才能迅速吸引听众。

(四) 结尾明确，不虎头蛇尾

即兴演讲的结尾，必须告诉听众"怎么办"，不能只提问题，不讲解决问题的办法。

和命题演讲比赛相比，即兴演讲不追求命题演讲那种"响开头、曲主体、蓄结尾"的格局，而应形成一种"淡开头、趣主体(注重生动性)、响结尾"的风格。由于即兴演讲比赛每一次开场常常是听众情绪较"热"时，一般还应避免"响开头"，因为它很容易导致以"热"对"热"的局面，开头格调过高(如语句过于华丽，气魄显得很大等)，反而使得后面(主体或结尾)难以出现高潮，结果导致听众注意力降低。

因此结尾一句要在演讲开始时想好，也可在演讲过程中拟定。它可以确保即兴演讲不至于"虎头蛇尾"。如果是讲交通安全问题，可以用一句现成的话结尾："为了您和您亲人的幸福，请遵守交通规则。"

脱口而出，明快洒脱，不矫揉，不做作，应是即兴演讲者必须具备的才能。

思考与练习

一、为什么说演讲是现代企业家必须具备的才能？

二、演讲的本质属性是什么？演讲与其他说话形式相比的区别和相同点是什么？

三、以恩格斯《在马克思墓前的讲话》(见本练习后附文)一文为例编写一份演讲的详细提纲。

四、写演讲稿应注意哪些问题？

五、演讲的开场白和结束语应遵循哪些基本原则？

六、举办一次班长就职模拟演讲会，并根据所学的演讲艺术知识拟写一份就职演讲稿。

七、用态势语强化、补充下列语句表情达意的作用。

(1) 抗洪抢险的艰巨任务应该谁去完成？我们！我们！我们！

(2) 不！我们绝不能这样做！

(3) 面对这一切我能说什么呢？

(4) 这个难题我们一定要解决!

(5) 他就是在这样一个艰苦的环境里一步步成长起来的。

(6) 我们班在他的带领下,终于形成了一个团结向上的集体。

(7) 由于人生观不同,哥俩最后选择了两条完全不同的道路。

(8) 这个问题怎么办,我还没想好。

八、不同语气可表达不同的意思,请用“你来一下”这句话分别表达下列意思。

(1) 我命令你来一下。 (2)我恳求你来一下。

(3) 我要你来一下。 (4)我敦促你来一下。

(5) 我请你来一下。 (6)我想你来一下。

九、各用几个形象可感的词或短语代替下列词中的“很”字:

例如:很绿——绿油油

很红 很黑 很慢 很美 很丑 很高 很矮 很滑 很刁 很高兴 很悲伤

十、演讲语言追求新颖独创,请你给下列语句本体想出几个新颖独特的喻体。

(1) 他面黄肌瘦得像……

(2) 他胖得像……

(3) 车子慢得像……

(4) 天热得像……

(5) 澡堂挤得像……

(6) 他急得像……

附文

在马克思墓前的讲话

恩格斯

(1883 年 3 月 17 日)

3 月 14 日下午两点三刻,当代最伟大的思想家停止思想了。让他一个人留在房里还不到两分钟,当我们进去的时候,便发现他在安乐椅上安静地睡着了——但已经永远地睡着了。

这个人的逝世,对于欧美战斗的无产阶级,对于历史科学,都是不可估量的损失。这位巨人逝世以后所形成的空白,不久就会使人感觉到。

正像达尔文发现有机界的发展规律一样,马克思发现了人类历史的发展规律,即历来为繁芜丛杂的意识形态所掩盖着的一个简单事实:人们首先必须吃、喝、住、穿,然后才能从事政治、科学、艺术、宗教等等;所以,直接的物质的生活资料的生产,从而一个民族或一个时代的一定的经济发展阶段,便构成基础,人们的国家设施、法的观念、艺术以至宗教观念,就是从这个基础上发展起来的,因而,也必须由这个基础来解释,而不是像过去那样做得相反。

不仅如此,马克思还发现了现代资本主义生产方式和它所产生的资产阶级社会的特殊的运动规律。由于剩余价值的发现,这里就豁然开朗了,而先前无论资产阶级经济学家或者社会主义批评家所做的一切研究都只是在黑暗中摸索。

一生中能有这样两个发现,该是很够了。即使只能作出一个这样的发现,也已经是幸福的了。但是马克思在他所研究的每一个领域,甚至在数学领域,都有独到的发现,这样的领域是很多的,而且其中任何一个领域他都不是浅尝辄止。

他作为科学家就是这样。但是这在他身上远不是主要的。在马克思看来,科学是一种在历史上起推动作用的、革命的力量。任何一门理论科学中的每一个新发现——它的实际应用也许还根本无法预见——都使马克思感到衷心喜悦,而当他看到那种对工业、对一般历史发展立即产生革命性影响的发现的时候,他的喜悦就非同寻常了。例如,他曾经密切注视电学方面各种发现的进展情况,不久以前,他还密切注视马赛尔·德普勒的发现。

因为马克思首先是一个革命家。他毕生的真正使命,就是以这种或那种方式参加推翻资本主义社会及其所建立的国家设施的事业,参加现代无产阶级的解放事业,正是他第一次使现代无产阶级意识到自身的地位和需要,意识到自身解放的条件。斗争是他的生命要素。很少有人像他那样满腔热情、坚韧不拔和卓有成效地进行斗争。最早的《莱茵报》(1842年),巴黎的《前进报》(1844年),《德意志—布鲁塞尔报》(1847年),《新莱茵报》(1848—1849年),《纽约每日论坛报》(1852—1861年),以及许多富有战斗性的小册子,在巴黎、布鲁塞尔和伦敦各组织中的工作,最后,作为全部活动的顶峰,创立伟大的国际工人协会,——老实说,协会的这位创始人即使没有别的什么建树,单凭这一成果也可以自豪。

正因为这样,所以马克思是当代最遭嫉恨和最受诬蔑的人,各国政府——无论专制政府或共和政府,都驱逐他;资产者——无论保守派或极端民主派,都竞相诽谤他,诅咒他。他对这一切毫不在意,把它们当做蛛丝一样轻轻拂去,只是在万不得已时才给以回敬。现在他逝世了,在整个欧洲和美洲,从西伯利亚矿井到加利福尼亚,千百万革命战友无不对他表示尊敬、爱戴和悼念,而我可以大胆地说:他可能有过许多敌人,但未必有一个私敌。

他的英名和事业将永垂不朽!

(选自《马克思恩格斯选集》(第三卷),人民出版社2012年版)

第十四章　论辩的才能

第一节　论 辩 概 说

一种观念，一种思想的形成，仅靠孤立的思考是不够的，还要在争辩中发展，在争辩中定型。随着人际交流活动的扩大，论辩的应用也更加广泛，论辩的作用更加得到人们的承认和重视。大千世界纷繁复杂，是非优劣都需要一个比较的过程，这个过程就是思辨和论辩的过程。论辩作为一种现实活动，它的功能和作用越来越为人们所认识。

一、论辩的概念

论辩又称辩论，它是持不同见解的各方，就同一话题阐述己见，批驳对方，所进行的话语交锋。

例如，在一次国际会议期间，一位西方外交人士挑衅性地对我国代表说："如果你们不向美国保证不用武力解决台湾问题，那么显然就没有和平解决的诚意。"我国代表义正辞严地驳斥道："台湾问题是中国的内政，采取什么方式是中国人民自己的事，无须向他人做什么保证。请问你们竞选总统也需要向我们做出什么保证吗？"一句反问，使这位西方外交人士哑口无言。由于我方观点符合客观事实，所以战胜了对方，可见真理才是论辩胜败的根本。

但是社会生活中的论辩，并非都属于是非之争，并非都须分出对错，决一雌雄。论辩问题必须把不同的考察结果放在整体中来思辨，全面地把握事物的本质属性。

二、论辩的特点

论辩与演讲都是口语表达的一种高级形式。论辩者对自己的观点和思想的阐述，是为了赢得听众的共鸣与支持。但论辩又有着日常说话或演讲不可比拟的魅力，它不仅具有吸引人的力量，而且还是双方智慧和意志的较量。论辩有以下主要特点：

（一）反馈及时

反馈及时是指论辩双方在论辩时必须针对对方提出的问题迅速作出反应。由于论辩具有现场性的特点，要取得论辩的胜利就必须思维敏捷。如果不注意洞察，不及时应对论辩现场的风云变幻，就不能适时地把握辩机，反应迟钝就会处于守势，甚至可能败北。

例如，有一次，一位英国电视台的记者采访中国作家梁晓声，他突然提出一个问题："没有'文化大革命'，可能也不会产生你们这一代青年作家，那么'文化大革命'在你看来是好还是坏？”梁晓声一怔，因为他无论怎么回答，都可能陷入对方的圈套，未料到对方会提出如此难以回答的问题。他灵机一动，立即反问：“没有第二次世界大战，就没有因反映二战而著名的作家，那么你认为二战是好是坏？”这样反问置对方于同样的两难境地。谁都没有真正走出困境，但又都不再深究，这个问题只好不了了之。尽管如此，梁晓声后发制人，气势上还是稍胜英国记者一筹。这充分体现了反馈及时的特点。

（二）辩答巧妙

辩答巧妙是指论辩不是平淡地申明或反驳，而是高明、新颖地进行辩答。

如 1986 年亚洲大学生论辩会，在北京大学同香港中文大学争夺第一名的决赛中，香港中文大学队以论题“发展旅游事业好”问北京大学队是否赞同，这时回答赞成或反对，都不能取胜。因为如果赞同就意味着认输，而硬说发展旅游事业不好，其理由又不充足，易被认为是诡辩。北京大学队的回答是：“如果不分时间和环境，盲目地发展旅游事业则是有害的。”北京大学队出奇制胜，巧妙地击败了香港中文大学队。

（三）用语精练

用语精练是指论辩者必须用简短明快的语言击中对方要害，达到“一语中的”。论辩择词应力求简短、犀利，因为任何一方的论辩时间是与对方思考的时间成正比例的，一方的论辩时间越短，对方考虑辩驳的时间也就越少，给对方造成的困难也就越大。倘若一方语言冗长，必然留给对方更多的回旋余地，使其获得充分的思考时间，容易被对方抓住突破口而让对方获胜。

古代有姓王的和姓范的两位大臣因排座次而互不服气，王姓排在后面，于是讽刺范姓：“簸之扬之，糠秕在前。”范随即反驳道：“淘之汰之，沙砾在后。”语言精练，针锋相对，十分有力。

（四）不留破绽

破绽，就是话语中的漏洞。有时，话语的基本意思是对的，但因为有了一个小漏洞，别人就可能抓住这个漏洞来否定整个意思。例如在北京大学一次辩论赛中，历史系与国政系就“仓廪实而知礼节”而展开辩论。正方历史系在论证历史与文化的关系时提出：“在德国这样一个经济发达的国家产生了巴赫、贝多芬、门德尔松等伟大的音乐家……”，反方国政系立即抓住了正方论证中出现的“贝多芬”进行反击：“对方错了，贝多芬恰恰是在贫困交迫的情况下才写出《命运交响曲》这样辉煌的作品的。”谁知，正方错上加错，说道：“那他也必须在吃饱饭的情况下才能进行创作呀！”反方步步紧逼：“那么请问，贝多芬在哪一顿吃饱了之后才写出《命运交响曲》的？”在这个事例中，由于反方抓住了正方的破绽，正方被问得哑口无言。假如正方没有说到贝多芬，那么，反方就没有辫子可揪了。

三、论辩的类型

（一）日常论辩

日常论辩是指人们在日常工作、生活中随时随地发生的争辩。日常论辩是即兴的，一般都是为眼前突然触发的一件事而发生的争辩。它和争吵不同，论辩采取的是摆事实、讲道理、以理服人的方式，而争吵一般多为谩骂。

如一长者在菜市场买菜，拿起一把青菜自言自语道："这菜太老了。"卖菜的十分不满地回了一句："老？还有你老？"于是你一言我一语便吵开了。这叫争吵，不属于论辩。再看，北京一个四合院新搬进一名住户，他执意要将院中的一棵树砍掉，其理由是"宅院正方如口，口中有木，是个困字，不吉利。"另一名住户劝导说："我们几户住了这些年，生活都甜甜美美，谁也未被困住呀！再说宅院正方如口，口中有人，是个囚字，也不吉利，难道把人也给砍掉？"从此对方就不再言砍树了。像这样的日常论辩，采取以理服人的做法，便能取得良好的效果。

此外，论辩的题目必须符合客观实际这条论辩规则，否则可不与之论辩，因为出这样辩题的人不是出于对论辩的无知就是为了抬杠或者别有用心。但有时辩与不辩不由你决定，比如，如果你不辩，对方不放过你，或者羞辱你、惩罚你，此时，你就必须应辩。应辩这种辩题的有效方法是说："你出一个歪题难我，我也出一个歪题难你，你不能回答我的问题，我就有理由不回答你的问题，因为你对我问题的回答是我回答你的问题的前提。"这叫作以其人之道还治其人之身。

（二）专题论辩

专题论辩是指在专门的场合下进行的有特定论题的论辩。如毕业答辩、法庭论辩及各种谈判中发生的论辩。

专题论辩的形成，标志着人类已进入了一个语言激烈竞争的时代。竞争的武器由金属制成的枪和剑转变为唇枪舌剑，人类已真正认识到"一言之辩重于九鼎之宝，三寸之舌强于百万雄师"的深刻含义。

（三）模拟论辩

模拟论辩也称赛场论辩，它是将论辩作为一种比赛项目来进行的演练活动，是前两种论辩的模拟。模拟论辩是目前世界上正在兴起的比赛项目，是一种侧重于人们言辞表达能力的比赛。

比赛前，先确立辩题，辩论可涉及人们关心的各类问题。比赛双方可分为正题方和反题方，正方支持这一辩题，反方则反驳这一辩题。

评分以参赛人员的立论、辞令和演讲风度三项为标准，总分最高者获胜。比赛分规则论辩和自由论辩两个阶段，规则论辩由正反双方轮流派一名代表依次按规定时间发言，自由论辩则不按顺序，自由发言。

模拟论辩的方式一般有两种：一种是团体式论辩，另一种是个体式论辩。

1. 团体式

这是论辩赛中的"团体"项目，论辩各方在规定时间内可以由多人发言而增强论辩的实力和效果。比赛时按一定的程式进行较量，不仅依赖个人的才识、辩术，而且讲求整体的攻防配合，以使整个队伍达到最佳的竞技状态，产生出整体大于部分之和的效应。这种论辩方式常常规定每方每轮 3—4 分钟，每场比赛在四五轮之间完成。

2. 个体式

这是论辩赛中的"单打"项目，双方都只有一个人。比赛时按一定程式进行较量，完全依赖个人的才识、辩术，比较容易显示出个人能力水平的高低。

四、论辩的战术

论辩的战术主要包括论、驳、护、接几个方面。

1. 论

论就是对己方观点进行阐述，即论述、阐明己方的命题。这种技能一般体现在对演绎论证、归纳论证和类比论证三种基本论证方法的灵活运用上。

演绎论证是先总说后分说的说理方法。即在总说部分提出命题，再在分说部分用带有普遍性的论据，来证明总说部分提出的命题。这种论证方法不仅要求论据和命题之间存在必然的联系，而且要求论据具有普遍性和真实性。

归纳论证是先分说后总说的说理方法。具体地说，就是先在分说部分用多个论据来证明某个命题，然后在总说部分归纳出结论。它是通过把握众多的个别材料的共同点，进而归纳出带有普遍性、真实性的结论来说理的。运用这种方法，要求尽可能多地考察被归纳的某类事物的对象（即当作论据的材料要尽可能地多），考察的对象越多，结论就越可靠，也就越能说清道理，让人信服。

类比论证是用已知的事物所具有的某种特点、性质来论证同类或者与之相似的某种事物也具有相同特点、性质的说理方法。它要求相比的两类事物必须具有内在联系或相同之处。

2. 驳

驳就是反驳对方的观点。主要通过反驳命题、反驳论据、反驳论证三种方法来体现。

反驳命题就是直接针对对方的命题，运用事实论据或理论论据予以驳斥，揭示其荒谬不实，使其命题不能成立。

反驳论据就是直接反驳对方论据是虚假的或片面的，使对方的命题失去支撑而摇摇欲坠。

反驳论证就是揭露对方的命题和论据之间缺乏必然的联系，论据证明不了命题，从而使对方的命题不能令人信服。

3. 护

护就是对遭到对方驳斥的己方命题进行辩护。这里的辩护是指提出理由、事实来证明己方命题。如果说反驳是进攻的长矛，那么辩护就是护身的盾甲。假如置对方的反驳于不顾而不作必要的辩护，己方的反驳就会让人觉得是在强词夺理。唯有辩护得法，反驳才能有力。

在论辩的过程中，有时对方自知理亏而又不肯认输，有意无意地用一个似是而非的命题来替换我方原有的正确命题，以求取胜。这时，我方也应当运用护的战术来澄清自己的命题，揭示对方的谬误。

4. 接

接就是对双方言论的接对，要求迅速、利落。包括包容性接对、排斥性接对、回避性接对三种。

包容性接对，就是先承认对方命题的合理性，继而在更加宏观的领域里提出一个新的命题，将对方的论述包容其中,使对方的命题相形见绌而被否定。

排斥性接对,就是全盘否定对方的命题。常用的方法有借题发挥、以牙还牙、欲擒故纵等。

回避性接对,就是在不愿、不宜而又不能不接对方言论的时候,以答非所问或者避而不答等技法与之周旋。

五、几种论辩形式的比较

一般说,日常论辩和专题论辩的相同点较多,二者和模拟论辩相比,有以下不同之处:

1. 在目的上

日常论辩和专题论辩都是说服和证明并举,双方都抱着力图说服对方(包括听众)的愿望参加论辩,各方都有被对方说服的心理准备和客观可能,而模拟论辩则以争取听众、击败对方为目的。因为模拟论辩的观点可能不是自己的观点(抽签决定的),因此不是悍卫真理,而是把辩题当作真理去捍卫。

2. 在范围上

日常论辩和专题论辩都可以针对对方的人或行为,如就对方的某种品性或某个行为进行论辩。如革命烈士夏明翰就义前在法庭上与敌人进行的一场舌战:

敌:“你姓什么?”

夏:“姓冬。”

敌:“胡说!你明明姓夏,为什么乱讲?”

夏:“你们把黑说成白,把天说成地,把杀人说成慈悲,把卖国说成爱国,我姓夏,就当然应该说姓冬!”

在这场意志的较量中,夏明翰针对敌人提问,既理直气壮又机智敏捷地揭露对方颠倒黑白的品性。而模拟论辩只针对对方的观点而不涉及对方的人品、能力和行为。

3. 在环境上

日常论辩和专题论辩有时可能只有双方在场,两者各执一词,故双方只是针对对方来发言。而模拟论辩必定有裁判和听众参与,可称之为多方论辩,因此它既要考虑充足的论据和有力的论证,使对方失利,又要考虑如何在论辩中争取第三方、第四方的同情和支持,以绝对的优势压倒对方。

4. 在方法上

日常论辩和专题论辩若要指出对方错误,或证明自己正确,可以用委婉的方法,以不刺激对方为要点。而模拟论辩却不怕刺激对方情绪,如果对方失态、激动,对己反而有利。

六、论辩与演讲的区别

论辩和演讲各有特色。作为一名辩论家,必定是很有口才的演说家,而演说家不一定是出色的论辩家。因为演说可以事先作好准备,先写好演讲稿,或把关键的话语记在心里。作为论辩家还必须具有准确的听说能力、敏锐的辨别力、快速的反应力和察言观色的能力，善于捕捉对方论断中的矛盾和漏洞，并立即予以反驳。论辩与演讲有以下主要区别：

(1) 论断的区别。论辩是以双方思想见解明显对立为基础的，论断具有不相容性；而演讲则是以演讲者个人的思想见解为基础的，论断具有单一性。

(2) 形式的区别。论辩是对话式，演讲是独白式。

(3) 目的的区别。论辩是针对对方所言，目的在于驳倒对方；而演讲则是针对大多数听众所言，目的在于宣传自己的主张。

(4) 话题展开的区别。论辩是从对方的论断展开话题的，而演讲则以自己的论断展开话题。

(5) 讲话结构的区别。大多数论辩者一开始就要击中对方要害，快速切入论题，做到先声夺人，使自己处于不败之地；而演讲者则大都是把高潮放在结尾，以求最后一次打动听众。

第二节 论辩的技巧

一、一般论辩的技巧

论辩的技巧，即人们常说的“辩术”，主要是指反驳对方的论点、论据以及论证过程所采用的方法和技巧。

(一) 利用矛盾反驳法

利用矛盾反驳，就是要善于抓住对方立论中相互矛盾之处，据理反驳。以首届国际大专论辩赛为例，由于论辩双方各由四位队员组成，四位队员在辩论中常常会出现矛盾，即使是同一位队员，在自由辩论中，由于出语很快，也可能出现矛盾。一旦出现这样的情况，就应当马上抓住，竭力扩大对方的矛盾，使之自顾不暇，无力进攻己方。比如，在剑桥大学队辩论发言时，剑桥大学队的二辩认为法律不是道德，三辩则认为法律是基本的道德。这两种见解显然是相互矛盾的，复旦大学队乘机扩大对方两位辩手之间的观点裂痕，迫使对方陷入窘境。又如剑桥大学队一辩最初把“温饱”看作是人类生存的基本状态，后来在复旦大学队凌厉的攻势下，又大谈“饥寒”状态，这就与先前的见解发生了矛盾，复旦大学队“以子之矛，攻子之盾”，使对方于急切之中，理屈词穷，无言以对。

(二) 事实反驳法

常言道“事实胜于雄辩”，诡辩是一种特殊的逻辑谬误，其实质是为错误的观点作论证。

例如，一次，声称能用神功灭大兴安岭火灾的“大师”派人找到司马南谈合作，司马南说：“合作可以，但要验证真伪。”来人面有难色，说：“大兴安岭灭火不好重复。”司马南说：“可否灭一根我带来的蜡烛？若蜡烛被你发功灭了，我愿一桶汽油浇身点燃！”司马南这番话十分机智，来人以“大兴安岭灭火不好重复”来搪塞，司马南就让他先灭一根蜡烛，如蜡烛灭不了，对方的骗局就不攻自破了；同时，司马南这句话也表明了他敢以生命为代价与伪科学相抗争的决心和勇气。听了司马南这句锋芒毕露而又气贯长虹的话,来人吓得落荒而逃。

再如,首届国际大专论辩赛中,关于“温饱是谈道德的必要条件”的辩题,复旦大学队是这样反驳剑桥大学队的:“请对方举例说明,哪怕是一个,人类社会在何时、何地、何种情况下,一点道德都不谈。”这个问题在复旦大学队一辩的陈述中就明确提出,由于对方一直没有有效地回答这个问题,所以在整场比赛中,复旦大学队不时用这个问题交替紧逼对方,直到对方无法举出我方要求的实例时,说了句引起全场哄笑的话:“我方的观点,对方没有任何批驳,所以我方定义已经成立。”

(三)二难推理反驳法

二难推理是个复杂的思维过程,其中包括各种情况的平衡和对不同结局的比较,正是这些权衡和比较,才掂出了功过得失,才分辨了是非曲直。

(1) 二难推理是揭露谬误的有效方法。人们常说“上帝万能”,到底是不是万能?有人曾经提出这样的问题:上帝能否创造一块连他自己也举不起的石头呢?这个问题实际上是一个机智的二难推理。如果能,那么上帝并非万能,因为上帝毕竟还有一块石头举不起;如果不能,上帝也不是万能的,因为上帝毕竟还有一块石头不能创造出来。由此可见,只要正确地构成了一个二难推理,论敌就无法逃脱困境了。

(2) 二难推理可出奇制胜,绝处逢生。在泰国流传着这样一个故事:有个叫西特努赛的人,在皇宫做官。一天上朝之前,他对每个官员说:“我可以洞察你们的内心,你们心里想的什么,我全都知道,不信咱们打赌!”官员们虽然知道西特努赛足智多谋,但绝不相信他会聪明到这种地步,他们想让他在皇帝面前出丑,于是一致同意以 100 两银子为赌注,与他打赌,皇帝也认为西特努赛输定了。打赌开始后,西特努赛不紧不慢地高声说道:“在座的诸位大人心里想的什么,我十分清楚,诸位想的是:‘我的思想十分坚定,我的整个一生都要忠于皇上,永远不会背叛谋反,诸位大人是不是这样想的?哪位不是请立即站出来!’”官员们听到这里,面面相觑,张口结舌,没人敢站出来!只好认输。西特努赛制胜的秘诀在于他预先给官员们设下了这么一个“二难”之境:如果你认为我猜对了,就得输给我 100 两银子;如果你认为我猜得不对,就得承认对皇上不忠,就得掉脑袋。所以,你或者输给我 100 两银子,或者丢掉脑袋。两弊权衡取其轻,官员们自然都愿认输了。

可见,二难推理是辩论的有效武器之一,在特殊场合可以使你在山穷水尽之时出奇制胜,绝处逢生。

(四)对比反驳法

对比不但是一种有效的认识事物的方法,而且也是一种有力的论辩手法。论辩反驳所采用的对比手法通常有两种:

(1) 相关对比。是将两个近似的对象加以对照,使人们通过对照来识其同、别其异,从而使自己的观点更鲜明,更突出,更有攻击力。

例如,1932 年 9 月,国民党当局以“危害民国”的罪名逮捕了陈独秀。次年 3 月,由苏州高等法院开庭审判，大律师章士钊先生自愿充当陈独秀的辩护人。开庭的那天，章士钊先生辩护道："本法庭高悬孙总理遗像，国人奉为国父，所著三民主义，党人奉为宝典，孙总理有云：民生主义即共产主义……为何孙总理宣传共产主义被奉为国父，而陈独秀宣传共产主义即为危害民国？于理于情，能服人乎？"章士钊先生运用的即是对比说理中的相关对比。同是宣传共产主义，为什么一个被奉为国父，另一个则视为罪人？日月分明，一目了然，因而达到辩护的目的。

(2) 正反对比。正反对比是把两类具有相反意义的对象摆在一起，通过正反对比，强化论据，使反驳更有攻击力。

一位美国记者曾当着周总理的面提出这样一种观点：一个国家向外扩张，是由于该国人口过多。周总理反驳道："我不同意你这种看法，第一次世界大战前，英国人口只有 4 500 万，不算太多，但英国在一个很长的时期内，曾经是'日不落'的殖民帝国。美国的面积略小于中国，而美国的人口不及中国的五分之一，但美国的军事基地遍于全球，美国的海外驻军达 150 万。中国人口虽多，却没有一兵一卒在外国领土上，更没有在外国建立军事基地。可见一个国家是否向外扩张并不决定于他的人口多少，而决定于他的社会制度。"此例用英美人口不多却向外扩张、中国人口多却没有向外扩张形成鲜明对比，更具有说服力，使对方无任何反驳余地。

但是，在运用对比进行论辩说理时，应注意两个对象必须具有某些相同的因素，这是对比的前提。如一位工程师与一位歌唱演员之间就不存在贵贱之分，因为职业不同，衡量一个人业绩与作为的标准也不一样。同样的道理，两者之间所比的各方面应该是对应的，不可拿一个人的品格与另一个人的能力相比，也不可拿一个人的性情与另一个人的特长相比。不同的职业、不同的岗位都是不好对比的，只能是相貌与相貌比，品德与品德比，特长与特长比，能力与能力比。

二、模拟论辩的技巧

模拟论辩不仅要使对方失利，还要争取第三方的同情和支持。那么，怎样才能在多方论辩中取胜呢？

(1) 取得"地利"的优势。尽量争取有利于自己的环境，取得地利的优势。所谓有利于自己的环境，即论辩的赛场最好安排在自己活动、工作和生活的场所，或自己熟悉的单位和住处。如国家间进行的谈判，一般都希望将距离对等、恪守中立的第三国作为谈判的地点，其道理就在于此。

(2) 取得"人和"的优势。即与听众融为一体，取相近相亲的"人和"优势。现实生活告诉我们，那些经历相似、认识相同的人，彼此容易互相喜欢和亲近，容易互相支持，一致对"外"。基于这种心理，论辩者应该在论辩中很快发现自己与听众、与评判员的相似之处，巧妙地进行表白，最大限度地缩小自己与其他各方的认识差距，抓住对方与听众之间的矛盾，加以扩大和渲染，以拉开对方与听众之间的距离，使之陷入孤立无援的境地。这就是论辩者争取"人和"优势，以制敌取胜。

(3) 提出强有力的引证。在论辩中，向听众，特别是向那些尚未拿定主意赞同和支持哪一方的听众提供强有力的、高度可靠的权威性材料，可以获得更大程度的支持和信任。不过也不宜过多地引用权威人士的话，尽量避免造成以势压人的感觉。

(4) 充满自信，沉着应变。在赛场论辩中，形势往往多变，当自己处于不利地位时，尤其需要保持冷静和充满自信，即使发现自己的发言中有不妥之处，也不要急于辩白。当发现听众对你的论辩不感兴趣时，不可埋怨听众，而应立即采取补救措施，寻找听众关注的热门话题，注意与听众保持友好的目光接触，寻取信任和支持的面孔，吸取论辩的力量。

总之，在模拟论辩时，眼睛不应只盯着论辩对手，而应该看着听众，用美好的形象和有力的论辩去赢得听众。只要赢得人心，论辩就有望获得胜利。

第三节　论辩的语言艺术

论辩是一门综合艺术。一场精彩的论辩，是技巧密集的语言艺术、幽默艺术、形体角色艺术与心理素质的综合体，其核心是思辨和言辩。论辩的语言应根据事态的发展和情况的变化，不失时机地灵活应对，以做到据理力争，稳操胜券。

一、论辩语言的艺术性

1. 含蓄有力

论辩中有时双方剑拔弩张，言辞激烈；有时也需气氛轻松，话语委婉含蓄。

例如，拿破仑对他的秘书说："布里昂，你也将永垂不朽了。"布里昂迷惑不解，拿破仑提示道："你不是我的秘书吗？"布里昂明白了他的意思，微微一笑，从容不迫地反问他："那么请问，亚历山大的秘书是谁？"拿破仑答不上来，便高声喝彩："问得好！"拿破仑认为布里昂能借着他的名声而扬名后世，布里昂没有直接发起攻击，而是迂回前进，用亚历山大的秘书和自己相比。既然你不知道亚历山大的秘书是谁，那么后人也将忘记拿破仑的秘书是谁。可见，"布里昂，你也将永垂不朽"的观点是不正确的。

这种反驳是将推理隐含在语言形式之中，尽管在语言的表层上不显山、不露水，但在语言的深层却蕴含着难以置辩的力度，使反驳含蓄有力。

2. 幽默诙谐

幽默是以一种令人愉悦的方式，或让别人获得精神上的快感，或接受对方的批评。幽默的力量绝不仅仅在于博人一笑，它能润滑人际关系，针砭某种社会弊端，既可使对方茫然失措，尴尬难堪，又可使自己获得同情与好感，有利于己方在论辩中获胜。如一位作家对厨师说："你没有从事过写作，因此你无权对我的作品提出批评。""岂有此理？"厨师反唇相讥，"我这辈子没下过一只蛋，可我能品尝出炒鸡蛋的味道。母鸡能吗？"厨师机智地将作家写书和母鸡下蛋进行类比，反驳了只有从事过写作的人才有权对文学作品进行批评的论题，使人忍俊不禁，产生幽默诙谐的效果。

3. 言辞犀利

论辩时，应善于向对方薄弱环节发起攻击，及时地抓住对方的要害，以犀利的言辞置对方于窘境。

1988年，美国第41届总统竞选，民主党总统候选人杜卡基斯嘲笑布什不过是里根的影子，没有自己的政见，理由是布什60年代初追随保守的戈德华特，80年代初又遵从于温和的洛克菲勒，后来再附骥里根。作为一个政治家，其自身的政治标记不明显。当杜卡基斯用嘲弄式语气发问"布什在哪里"时，布什开始反驳。首先布什轻松地回答了他的发问："噢，布什在家里，同夫人巴巴拉在一起，这有什么错吗？"平淡的一句话，却语意双关，既表现了布什的道德品质，又讥讽了杜卡基斯的风流癖好，置杜卡基斯于极尴尬的境地；其次，布什对自己在政治上的四方追随表现了强烈的自我意识，抨击杜卡基斯虽然长期自诩为民主党的自由派，却不得不坚持民主党的一贯立场，而使他的政治自诩黯然失色。因此杜卡基斯给选民留下了一个"投机政客"的不良形象；再次，抓住杜卡基斯习惯眨眼睛的弱点，共和党借用电视屏幕炮制了布什与戈尔巴乔夫握手的镜头，再现了布什在外交方面富有经验、刚强果断的形象。旁白说："布什能与戈尔巴乔夫抗衡，两眼直视，坚定不移，与爱眨眼的杜氏形成鲜明的对照。"同时讽刺地说："怎能相信，总是眨眼的人能推行坚定的外交？"最后竞选结果是布什取得了胜利。

4. 迅捷机敏

在与对手论辩的过程中，反驳者要善于"以子之矛，攻子之盾"，运用语言一定要迅捷机敏，使对方措手不及，无言以对，从而出奇制胜。

如20世纪70年代末的一次外贸谈判，中方代表拒绝了一位红头发的外商的无理要求。他竟恼羞成怒，出口伤人："代表先生，我看你皮肤发黄大概是营养不良造成的思维紊乱吧？"我方代表迅捷机敏地立即反击道："经理先生，我既不会因为你皮肤是白色的就说你严重失血，造成你思维紊乱；也不会因为你头发是红色的就说你吸干了他人的血，造成了你头脑发昏！"我方代表因反应机敏，回击了外商的嘲讽，维护了国家的利益和民族的尊严，使论敌难以招架。

再如一个牧师向一位黑人领袖提问诘难："先生既有志于黑人解放，非洲黑人多，何不去非洲？"黑人领袖反驳道："阁下有志于灵魂解放，地狱灵魂多，何不下地狱去？"这样的反驳出乎对方意料，使其猝不及防。

5. 形象直观

论辩时可就近取比，运用真实可感的事例，通过事物间的微妙联系进行推理，使辩驳具体直观、形象生动，避免枯燥的抽象说理。

例如，国外有位年轻的作者将自己的长篇小说投稿给一家出版社。几星期后，稿件被退了回来，她很生气，立马给出版社打电话："你们凭什么没有看完我的稿子就将它退回，稿件寄出前，我把稿件中间相邻的某两页粘在一起，当我打开退回的稿件时，发现这两页还粘在一起。"编辑心平气和地回答："亲爱的作者，您别生气。今天早晨我吃鸡蛋时，吃第一口即发现它是一个坏蛋，在你看来，难道我非得把这个鸡蛋全部吃完，才能判断它是坏的吗？"该例证中的编辑用"坏鸡蛋”的类比，对那位作者的作品作了巧妙的评价，也很好地解释了退稿的原因。

6. 礼貌文明

论辩不是以势压人，而是以理服人，因此论辩，尤其是赛场论辩的语言更要礼貌文明，尊重对方，注意说话的分寸。比如，不说“我倒要问你……”，而说“我想请问对方辩友”；不说“难道这个问题你们都看不出来吗”，而说“很遗憾，对方却忽略了这个问题”，或“不知道你们注意到这个问题没有”；不说“你们为何要故意歪曲我方立场”，或“你们怎么这样无知，竟然没弄清我方立场”，而说“我想再重申一下我方的立场”。

二、论辩中辩手应掌握的规则

1. 减轻被进攻的威胁

在激烈的论辩中，唇枪舌剑，双方均要设法减少对方发问的机会，减轻被进攻的威胁。为此必须抓住机会，在自由论辩时间多说几句，你说的时间越长，讲得越有道理，就越能吸引观众的注意力，特别是对手的问题正中你下怀时就更应该抓住这个有利时机，充分表达自己的观点。

2. 遭遇棘手问题的对策

如果对手提的问题的确比较棘手，你想采取躲避措施时千万不可搭不着边，让观众都能看出你是在无奈之下的躲闪。要记住，你的回答可以不与他正面交锋，但在你的词句中必须有哪怕只是一句话与问题沾边，切勿不着边际、含混不清、支支吾吾地应付。

3. 莫让对手抓住破绽的方法

论辩中，对某些概念，特别是一些冷门词的理解通常会有些困难，此时除了保持冷静外，切不可把话说死，把概念框死，否则一定会被对手抓住破绽，因此一定要为自己留有余地。

总之，论辩中的语言交锋瞬息万变，要使自己的论点站得住脚，必须对论辩的每一辩词单元作出准确的定义，限定在某范围内来讨论问题，这样就能争取主动。另外，词语的组合、语句的排列、句式的选用，乃至语调语速，都要符合论辩场合的气氛，都要恰到好处，否则就有可能被对方抓住把柄。

第四节　论辩赛的准备与进行

一、论辩赛的准备

论辩赛的成功取决于周密、有效的准备工作。论辩赛的准备要从以下几方面入手。

（一）认识准备

认识准备，就是指参赛队员在赛前对论辩赛的特点和性质要有所认识。论辩赛一直是作为比赛项目来进行的模拟论辩（即论辩演习）。这种论辩往往不问论辩者本人的立场和主张，而侧重于人们的论辩技巧。比赛双方都不能说服对方或被对方说服，而以驳倒对方、争取评委的裁决和听众的反响来击败对方。

（二）核对准备

论辩赛的规模有大有小，层次有高有低，各主办单位的具体要求也会因时因地而不尽相同，所以论辩赛的规则也很难趋于统一。既然目前论辩赛的规则难于统一，这就要求参赛者在接到比赛通知后，主动找主办单位仔细核对一下通知上的各项比赛规定和要求是否属实，包括辩题确切的字面内容、正反方所属、论辩程序细则、各论辩队员的分工和允许发言的时间等，这既是为了确保本方准确无误地准备辩词，又是为了防止主办单位工作上可能出现的失误。一些主办单位本身可能由于初次主办论辩赛，缺乏经验，难免出现疏忽，包括信息通知时的差错，这就要求参赛者每次都要主动认真地核对有关比赛事宜，以使比赛获胜得到基本保证。

（三）立论准备

立论准备包括三个过程：审题、确立具体论点、设计相配的战略战术。这三个过程是整个论辩赛准备的灵魂，论辩者不应把立论准备看作是一个孤立的静止的准备阶段，而是应在辩词撰写和试辩过程中随时审视先前的论点及战略战术设计有无不慎之处，以便及时修正。

（四）试辩准备

如同其他比赛一样，论辩者要想在正式比赛中获胜，一定要在正式比赛前模拟一次比赛，以检验自己的赛前准备是否充分。为了达到检验的效果，试辩条件和气氛要尽量逼真些，这就需要在正式参赛队员进入准备阶段的同时，有一支与之实力相当的假设对方也进入准备阶段，并且双方都应处于“保密”状态。

试辩一般宜在正式比赛前一两天举行，这类似于赛前的热身赛，使论辩者保持最佳竞技状态。试辩的程序应严格按照正式比赛的程序进行，无论正式比赛是否设有赛后听众提问，试辩赛一定要有听众提问的环节，听众赛后提问可弥补“假设对方”论战的不得力。

试辩结束后，参赛队员应与“假设对方”共同进行总结，对原先准备的辩词和论辩技巧作相应的调整、修正和补充，这样赛前所有的准备便完成了。

（五）立场的确立

古人云：“上兵伐谋，攻心为上。”专业的论辩赛首先是论辩双方在论辩思路与立场上的较量。对于一个已经确定下来的辩题，如果能找到最佳的思路，确立好自己的立场，那么就能使己方占有更大的优势。确立立场就是针对对方可能出现的思路，在可以选择的各种思路中找出对己方观点论证最有利、例证材料最丰富的思路。确立立场要强化对方命题，弱化己方命题。尽量选择不易受攻击、逻辑性强的立场。做到立意要新颖，“言人所未言，见人所未见”。

二、论辩赛事的组织与评比

（一）论辩赛的程序

(1) 采用题目分组对决方式，即由抽出的题目决定分组进行对决。各队将在比赛前指定时间进行抽签，决定辩题和场次。抽到同一题目的正、反两方参赛单位为一组进行对决。

(2) 在组合确定之后公布辩题。

(3) 辩题由主办方拟定，辩题公布后参赛队伍不得随意要求改换。

(二) 比赛组织

(1) 主席开场白。介绍比赛规程、参赛队及所持观点、评判团成员，然后宣布比赛开始。

(2) 参赛双方进行论辩。

(3) 论辩结束，现场互动，观众就辩题发表观点。

(4) 评判团成员商议比赛结果。

(5) 评判团代表点评赛况。在论辩结束后，评判团将推选一名代表，综合所有评委意见，发表对该场论辩的评语。分析两队的表现及优缺点，提出双方需要改进的地方。由于时间限制，评语应言简意赅。

(6) 主席宣布结果，比赛结束。

(三) 论辩流程

1. 第一阶段(陈词阶段)

由正反双方的一辩选手完成，要求立论的框架明确，语言通畅，逻辑清晰，能够正确阐述己方的立场。

(1) 立论陈词。正方一辩陈词 3 分钟，反方一辩陈词 3 分钟。

(2) 立证陈词(进一步阐述己方观点)。正方二辩陈词 3 分钟，反方二辩陈词 3 分钟。

2. 第二阶段(盘问阶段)

(1) 正方三辩提问，反方任一选手(只限一名)选手回答。

(2) 反方三辩提问，正方任一选手(只限一名)选手回答。

提问用时累计 1 分钟，回答用时累计 3 分钟。

3. 第三阶段(自由论辩阶段)

由正方首先发言，然后反方发言，正反方轮流发言。共用时 10 分钟，每方用时 5 分钟。

4. 第四阶段(总结陈词阶段)

反方四辩总结陈词，用时 4 分钟。正方四辩总结陈词，用时 4 分钟。

5. 观众提问

观众可分别向正反方提问 1~2 个问题。观众提问不影响得分。

(四) 论辩赛论辩规则

1. 时间提示

当辩手发言时间剩余 30 秒时，计时员以一次短促的琴声提示，用时满时，以两响琴声终止发言，辩手继续发言则作违规处理。

2. 盘问规则

(1) 每个队员回答应简洁，提问应明了(每次提问只限一个问题)。

(2) 对方选手提出问题时，被问一方必须回答，不得回避，也不得反问。

3. 自由论辩规则

(1) 自由论辩发言必须在两队之间交替进行，首先由正方一名队员发言，发言队员坐下后，由反方一名队员发言，双方轮流，直到时间用完为止。

(2) 各队耗时累计，当一方发言结束即发言队员坐下后，即开始计算另一方用时。

(3) 在总时间内，各队队员的发言次序、次数和用时不限。

(4) 如果一队的时间已经用完，另一队可以继续发言，直到时间用完为止。也可以放弃发言。放弃发言不影响打分。

4. 论据形式要求

辩手不可以宣读预先准备好的书本，或展示准备好的图表或海报，但可以带小卡片，出示或引述书本、报刊的摘要，以加强论据。

5. 其他规则

比赛中，辩手不得离开座位，不得打扰对方或本方辩手发言，辩论时不得进行人身攻击。

(五) 论辩赛评分方式

(1) 每场比赛由 5 名专家组成评判团。

(2) 评判办法。通常比赛采取打分制，团体和个人分别记分。

比赛的胜方由 5 位评委所打分数总和决定，得分高的一队取胜。每场优秀辩手由得分最高者获得，总分为各评委所打分数之和。辩手个人得分只作为个人奖项的评审依据。

(六) 评判标准依据

1. 团体得分部分(100 分)

(1) 审题(20 分)。对所持立场能否从逻辑、理论、事实等多层次、多角度理解，论据是否充足，推理关系是否清晰，对对方的难点是否有较好的处理方法。

(2) 论证(25 分)。论证是否有说服力，论证是否充足，推理过程是否合乎逻辑，事实引用是否恰当。

(3) 辩驳(25 分)。提问是否抓住对方的要害，问题明了。在规定时间内没有提出问题或提问不清，应适当扣分。是否正面回答对方问题，是否给人有理有据的感觉。不回答或不正面回答问题应适当扣分。

(4) 配合(20 分)。是否有团队精神，能否相互支持，论辩衔接是否流畅，自由论辩时发言是否错落有致，回答是否形成一个有机整体，给对方有力的打击。

(5) 辩风(10 分)。语言流畅、用词得当、语调抑扬顿挫、语速适中；尊重对方辩手，尊重评委，尊重观众；表演得体、落落大方，有幽默感。

2. 个人得分部分(100 分)

(1) 论辩技巧(40 分)。辩手是否语言流畅、立意明确，能否从多角度、多层次分析、理解、认识辩题，叙述是否有层次性、条理性，论证是否有说服力。

(2) 内容资料(20 分)。论证是否充分、合理、恰当有力，引述资料是否翔实。

(3) 表情风度(20 分)。辩手表情、手势是否恰当、自然、大方,不强词夺理,尊重对方,尊重评委和观众,富有幽默感。

(4) 自由论辩(20 分)。是否始终坚持自己的立场,主动、准确、机智地反驳对方的观点,思路清晰,立场坚定,逻辑正确,应对灵活。

思考与练习

一、试比较论辩与演讲各有何特点。

二、论辩有哪几种类型? 试比较它们之间的异同。

三、学校拟举办一场"先博后精好,还是先精后博好"为题的论辩赛。作为主持人,请设计一段有吸引力的开场白和不落俗套的结束语。再想一想中间应如何风趣幽默地串词。

四、指出下面这则诡辩错在哪里? 如果你是那位工友,你打算如何驳斥?

工友:"同学,请不要乱扔果皮纸屑!"

学生:"如果大家都不把这地方弄脏,还要你们干什么? 你们不就要下岗了?"

五、假如碰到这样的诡辩你应如何应答?

几个小伙子看电影高声谈话,旁边一观众规劝他们:"请你们不要讲话了好吗?"其中一小伙子嬉皮笑脸地说:"嘿嘿,你现在不也在讲话吗?"

六、请举一个例子,说明事实胜于雄辩。

七、一位蛮横的国王在大路上放一块石头,规定路过此处的人都必须给石头剥下一层皮,否则不让通过,不一会路上行人越集越多,大家都让这道歪题给难住了。一位犹太人胸有成竹地说:"我有办法。"你知道这位犹太人是用什么办法驳倒歪题使国王不得不让他过去的吗?

八、辩题:学分制是否适合当代中国的教育制度?

正方:适合　　反方:不适合

反方:放眼望去,中国有几个大学生是因为学分制得以提前毕业的呢? 你认为这样的方式对中国大学生合适吗?

正方该如何反驳?

第十五章　主持人的语言艺术

一提到主持人，人们便会立即想起那些风度翩翩、光彩照人的电视屏幕上的明星。是的，他们的神采、语态和气度令人难忘，他们的形象使人感到可敬、可爱、可亲，甚至他们中的有些人会成为人们的偶像，潜移默化地影响着个人，乃至我们民族的语言风格和社交风度的形成。

电台、电视屏幕上的明星主持，毕竟为数不多，且又具有专业水平，一般人难以企及。我们在这里介绍只是一般工作或生活中，作为主持人必须具备的语言基础知识和表达艺术。

第一节　会议主持

会议的性质是多种多样的，有领导作的政治报告会，有专家学者作的学术讲座会，有英雄模范人物作的事迹报告会，还有为日常生活、工作举办的各种活动和会议。无论是举办活动，还是召开大小会议，必须有主持人开场、操持程序和总结。

主持人在会前会后说的话大部分都是即席发言，总的原则是少而精。开场只需讲此次会议的背景、意义、程序、希望和要求；会议结束，要对所做的工作作出科学正确的判断。报告者开始主持人要引导观众以掌声欢迎作报告者，结尾要引导观众报以热烈的掌声表示感谢。

一、会前介绍，要实话巧说

无论大小会议，与会者急于目睹的是主讲人的风度形象，急于了解的是会议程序、主讲内容，因而主持人的当务之急是迅速把主讲人推向讲台，把主讲题目公之于众。最简易的操作办法就是实话实说。如："老师们，同学们：今天下午的大会有两项议程，第一项是××××年年终总结表彰大会，第二项是布置假期工作和下学期主要任务。大约需要两小时，下面先请校长×××作总结报告。大家欢迎。"这样朴实无华的大实话、大白话，听起来虽无特色，倒也明白清楚，该传递的信息都传递了，与会者也无可非议。因为它适合主持人的身份和当时的场合，是常用的基本方法。

当然，主持人有时也肩负着活跃会场气氛、调动听众积极性的重任，尤其是对与会者不太熟悉的主讲人，对大家普遍关心的热点问题，主持人若能巧妙地开好头，为主讲人出场创造出良好的气氛，就能倍增会议效果。如某大学从校外请来一名教授给学生作《红楼梦》的学术报告，主持人是这样开头的："同学们，据我所知，世界上专为某个作家成立而且其影响经久不衰的学会只有两个，一个是研究莎士比亚戏剧的'莎学会'，一个是研究中国曹雪芹《红楼梦》的'红学会'。《红楼梦》是咱们国家文化宝库中的宝中之宝，是一部百读不厌的优秀著作。《红楼梦》一百二十回，数十万字之巨，我们设想一下，有没有人真的把《红楼梦》读了一百遍？我告诉大家，有！今天我们请来的×××教授，一生痴爱《红楼梦》，读了不下一百遍，甚至能把其中的大部分内容熟练地背出来。×××教授对《红楼梦》很有研究，出版了六部专著，发表了四十多篇论文，是国内外知名的‘红’教授。现在我们就欢迎×××教授来给大家讲一讲‘大学生如何欣赏《红楼梦》’。”主持人的话音刚落，听众的掌声便如潮涌起。显然这掌声是给×××教授的，表达了听众的仰慕之情，但谁又能说这掌声与主持人无关呢？

主持人在介绍主讲人时，少不了赞美之词，但切忌吹吹拍拍，无限拔高，如“这位是最最著名的文学家”“这位是青年人最最崇拜的歌坛新秀×××”，这些话语会给人以溜须拍马之嫌。当然，主持人对主讲人的身份、地位、成就、事迹做一些实事求是的介绍，对他们的光临表示感谢和欢迎，那是完全必要的，关键是要把握好“度”。

二、会后小结，概括为主，评价为辅

报告结束后，主持人可即兴作总结式发言，原则是巧概括、少评价，尤其是对自己不熟悉的内容，以免出现讲外行话的尴尬。会后的小结，往往难于会前的介绍，会前的介绍可事先做些准备，了解主讲人的背景资料，只要讲得实在，即使是大白话，与会者也不会过分挑剔。而会议结束时的小结要短小精悍，因为与会者在会场坚持了几个小时以后，急迫难耐的心情可以想见，长篇大论的总结不会受欢迎。会议主持人作小结时必须注意：首先，必须从会议一开始就做有心人，用心听，用心记，边分析，边判断，及时地把自己当场产生的思想火花记录下来。这样即兴演讲时就能高屋建瓴，以简驭繁。其次，要打好腹稿，把会议过程产生的灵感，按一定的逻辑关系排列组合好，不能东扯西拉。再次，平时要注意提高自己的辞采修养。会议结束时，主持人有一两句点睛之语才好。最后，小结时一般不宜做过多的评价，且评价宜粗不宜细，尤其是下级对上级，外行对内行的报告作评价更应慎重。另外，无论是点评还是小结，最好使用概括性强、提纲挈领式的语言，既节省时间，又便于巩固或升华会议内容。如“同志们，刚才×××给我们做了一场生动形象、很有教育意义的报告，从他身上体现出了四种精神，这就是：把癌症当作纸老虎的斗争精神，把荣誉当作起点站的进取精神，把金钱当作淡水的洒脱精神，把事业当作生命的实干精神。这些精神都非常值得我们学习，×××同志不愧是我们的学习榜样。让我们再一次以热烈的掌声对×××同志表示衷心的感谢和崇高的敬意。会议到此结束，散会。”

此外，主持人必须意识到，无论大小会议，主持人永远只能充当“配角”，只在开头结尾有点“戏”，应甘当配角，并当好配角。说话无论开头还是结尾切勿跑题，有些主持人小结时大谈形势，大谈个人感受，信马由缰，越走越远，时间越拖越长，到头来不知所云，自己无法自控，这点必须引以为戒。

总之，会议主持人的即席发言，要做到浅谈辄止，短小精悍。“说”的内容应来源于主持者对会议内容的理解和领悟，也就是应根据当场会议的内容、感受、气氛等因素而起兴，使即兴发言“源于会议，高于会议”，使与会者听后感到既不是会议的简单重复，也不是离题万里的任意拔高。

第二节 论辩主持

论辩比赛又称赛场论辩,或论辩演讲赛,是指在比赛主持人的组织下,围绕一个事先拟定的辩题,由所持观点截然相反的双方,即正题方(正方)和反题方(反方)各寻论据、各施技法进行论辩以决胜负。这种论辩,由于正方、反方的立场是由抽签决定的,是有意扮演的,因此具有一定的表演性。既然是一种表演活动,必须设置主持人。主持人是"不参战"的"核心人物",他导演并调度整场比赛,好的主持人不仅可以使论辩赛井然有序,而且可以精彩纷呈。

论辩赛的主持人,一般承担下述任务:

第一是宣布辩题,介绍双方阵式及评判成员,提出必须注意的事项,一般作为主持人的开场白。

第二是是调度赛程,指挥赛事。

第三是掌握论辩主题,把握论辩的方向。

论辩赛的主持人根据论辩的规模、参赛对象,再根据主持人自身的风格来把握方向,有严谨型,也有活泼型。串词之间逻辑严密,形式比较规范,遣词造句十分准确,这种风格适合于大规模的、正规的论辩赛。一般在企业、学校自己举办的论辩演练性质的比赛,形式可以活泼、随意些,主持人只要掌握好赛场规则,串词可不必刻板,也不必机械式宣布赛程、终止或指定发言。为给赛场创造气氛和增加风采,可以以潇洒的风度和多彩的语言促使观众为比赛的双方助兴。

请看某高校举办的一场以"学精一门,不如学会十门"为题的模拟论辩赛中,主持人的开场白、结束语和串词艺术:

开场白:"同学们,我们的论辩赛马上就要开始了,这场论辩赛由我主持。作为主持人,我虽然缺少潇洒的风度和口才,但参赛的各位却是具有雄才大略的论辩家,我相信他们的论辩,一定会让各位大饱耳福,不信就请洗耳恭听吧!"

结束语:"各位同学还记得开头我说的他们的论辩一定会让各位大饱耳福吗?有人不信,实践是检验真理的标准,这回你们总该信了吧!"(众:信了)"好,你们信了,我作为主持人就满足了,经过激烈的角逐和评委们认真的评议,现在我宣布决赛比赛结果:反方 ×× 学院为优胜队。下面请校团委书记 ××× 颁奖……论辩赛圆满结束,谢谢大家。"

赛场串词:正方一号辩论员发言结束后,主持人便说:"正方观点亮出来了,举出了大量事例,证明学精一门不如学会十门的道理。现在请反方一辩亮亮你们的观点。当然,机会均等,时间亦是三分钟。"当反方一辩结束发言后,又说:"反方也提出了大量例证,说明'学会十门,不如学精一门'的道理,看来双方旗鼓相当,各不相让,官司还得继续打下去。好,就请正方二辩发言吧。"就这样,一直到反方四辩发言完毕。

这位主持人的风格随意而又活泼,开场白与结束语首尾呼应,活跃了会场的气氛。中间的串词,主持人恰当地加以评述:"双方旗鼓相当,各不相让,官司还得继续打下去。"幽默而又风趣,为赛事增添了风采。

第三节 文艺节目主持

提起文艺节目主持,人们首先就会想到屏幕上众多优秀的主持人。他们用自己的独特风格塑造了节目主持人的美好荧屏形象。要达到电视文艺节目主持人的水平,需经过专业训练和多年实践。然而一般的文艺晚会、联欢会等,许多企业、机关、学校都会举办,有节目就要有主持。

不论是在哪种文娱活动中,主持人都应掌握以下技巧:

一、要协调好关系

参加联欢会的人,既是观众,又是演员。首先,主持人应尽其所能调动全场积极性。对其中的活跃分子要发挥他们的骨干作用,这些“寝室歌星”“走廊舞迷”,是活跃联欢会气氛的关键。如果有来宾,领导中途参加,主持人除了热情接待外,应适时在活跃分子中“调兵遣将”,这样做既表达了对领导、客人的尊敬,又显示出联欢会的实力。

其次,对那些热情高、自信心不足的人,应予以鼓励,寻找他们的闪光点,使其闪光。如不会唱歌会吹笛子的,不会跳舞会说笑话或讲故事的,不会唱、不会跳、不会说的说不定他还会口技、会玩魔术……一旦掌握了这些情况,主持人就要为他们提供机会,鼓励他们上台表演。

还有少数人,自尊心很强,胆子小,认为节目不如别人,拿不出手或者怕表演不好当众难堪,他们像一座长久沉默的火山。然而,主持人只要恰当地引导他们,消除其心理症结,使其有一瞬间的爆发,说不定会给联欢会带来惊喜。

最后,对联欢过程中的来访者,主持人要代表大家接待好,来时表示欢迎,安排就座,走时别忘了说“谢谢光临!”对不同的对象侧重点应不同。对领导、上级重在做好介绍,介绍时要注意沟通,别把别人“晾”在一边。比如,对一位老教授不妨这样介绍,面对同学时:“这位是 ××× 教授,学识渊博、工作卓有成效,××× 教授在我们学校是举足轻重的人物。”面对老教授时:“× 教授,了解您的人都说,您不仅是个著述颇丰的学者,还是一位忠厚可亲的长者,请您为大家说点什么好吗?”

二、注意整体设计和局部处理

联欢会都有开场、高潮和结束。主持人要精心设计,巧妙安排,要有选择有目的地穿插好节目。开场节目要能烘托气氛,一组合唱争取开门红,高潮时的节目应热烈,参加人数多,节奏感强,台上台下会产生共鸣,压轴戏自然放在最后。

整体设计完毕,还应考虑局部处理,如在一个节目前可就节目的背景用表演者特长、趣事等做些简明的介绍,表演后适当做些引申和总结。节目间可插些谜语、有奖竞猜,谜语不要太难,如果太难,大家都猜不出,会耽误时间,影响晚会情绪,这就与主持人的愿望背道而驰了。

有时候主持人还要掌控好现场,及时捕捉和调整现场情绪,确保谈话或节目沿着正常的轨道进行。例如在《名人面对面》中主持人许戈辉采访朴树的时候,朴树总是不自觉将话题引向悲观消极的一面，而主持人却能够随机应变地把气氛暖化，很好的掌控现场。在谈到钱的问题时，朴树大发感慨："忽然觉得生活其实很艰难，其实我挺需要钱。"主持人立刻抛出一个暖色调的问题："咱们来说说钱对你的作用吧，假如你口袋里有一百万，你会用他来做什么？"正是这一问题的提出很好地掌控了现场。这就是主持人良好的专业素养的体现。

三、即兴发挥，为节目增色添辉

在主持艺术的百花园里，即兴发挥是一朵鲜艳的奇葩。对一个优秀的节目主持人来说，必须具备即兴发挥的才能，这样方能巧妙地应对，调度有方，游刃有余。

（一）变贬为褒法

《正大综艺》是中央电视台制作播出的综艺益智栏目，创办至今已有30年的时间。该节目知识丰富，趣味十足，接地气又充满正能量，透过屏幕看世界，开阔了视野，又满足了好奇心。

《正大综艺》每期都有猜答环节。一次放映一段录像，荧屏上出现了一个庞大的外国建筑物镜头，之后节目主持人问一位嘉宾："外面的长廊与里面的音乐厅有没有关系？"嘉宾答："有关系，起扩音作用。"这时节目主持人十分爽快地否定说："不对！没关系，只是一种装饰。"这位嘉宾是位年纪很大的厂长，顿时，他那种充满自信、叱咤风云的豪迈气概化为乌有，随之而来的则是焦急难堪，手足无措。应当肯定，这位节目主持人的评判，从其语言反映的真实性来看，无可挑剔，体现了她的直率和实事求是，然而语言的交际效果是很不好的。她的直言因其对象的特殊身份和场景的临时需要而变成了一句置人于尴尬境地的蠢话。另一位节目主持人见状，立即采取了应急补救措施，她说："现代的建筑构思复杂，有许多问题值得研究，这位嘉宾的思路广阔……"转向嘉宾，接着说："大约这就是您成功的原因吧。您勇于回答的精神值得佩服，让我们以热烈的掌声表示欢迎！"

主持人对自己伙伴的失言采取了保护策略予以圆场。首先将嘉宾的错误答案用"现代建筑构思复杂，有许多问题值得研究"搪塞过去，取得现场公众对嘉宾的理解和同情，同时把嘉宾事业上的成功和他因"思路广阔"所产生的错答联系起来，以平复嘉宾的尴尬心情，使他迅速得到解脱，"勇于回答的精神"才是真正值得肯定的。

（二）机智敏捷应变法

演播节目有时会出现意外情况，需要主持人随机应变，使"大事化小，小事化了"。比如，有位主持人说："请欣赏一首歌曲。"但音响设备出现了故障，无法播放歌曲，他边等待工作人员调整，边不经意地说道："连月劳累，音响大概也要休息一下，不过这出戏你还得给唱完啊……好，演出可以开始了。"一个小事故就这么轻描淡写地对付过去了。上述应变法说的都非"正经"语，而是情急之下的托词，偶尔为之，会有不错的效果。但应把握好"胡说"的度，不可信口开河、漫无边际。

（三）风趣幽默诙谐法

近年来，中央电视台新闻频道的一名主持人成了"网红"。因为他用一本正经的播音腔讲段子，引起了广大观众的注意。他被网友称为“宝藏男孩”。他的风格特色，打破了大家对主持人的刻板印象，对主持人有了一个全新的认识，有网友调侃，我又爱上看新闻了！他就是全程押韵的段子手朱广权。他第一次讲段子引起大众的注意是在2017年1月份，在观众询问他们是否放假时，他一本正经地用播音腔讲段子回答了观众的提问：“地球不爆炸，我们不放假。”当时，这一段子播出来以后，在网上疯传，网友感叹，新闻还可以这样播报！2018年，全国各地遭受高温侵袭，央视主播朱广权说：“本来想空调WIFI西瓜，却热得差不多能出锅撒把葱花。”网友喊话：有毒！不得不佩服主持人的风趣幽默。

2020年4月下旬，开学在即，朱广权在新闻播报中说：“同学们，经过了漫长的假期，现在是不是语文不会、数学崩溃、生物鸡肋、物理心碎、历史没背、英语颓废、化学很醉。就体育还好，武功全废。这种痛直传心肺、欲哭无泪，让你更清醒地认识到时间紧迫，机会宝贵，珍惜时光，不进则退。孩子很累，家长也没有一点点防备。”生动有趣的语言，精辟地总结了疫情期间学生和家长的辛酸喜乐，很多网友纷纷点赞。

朱广权的每一个段子后面都透露着他广泛的人文知识，透露着他饱读诗书的一面。他多年的新闻从业经验，也使他拥有宽阔的眼界。他总是能巧妙地运用段子给观众传递正确的有价值的思想内容，赋予节目独特的风格特色，这也是他受欢迎的一个重要原因。朱广权幽默风趣的语言往往信手拈来，出其不意，却妙不可言，这与其修养、才气是不无关系的。

（四）实话实说，获得观众赞赏法

主持人贵在说实话。主持人如能把实际情况如实而又恰如其分地表述出来，往往能博得观众的喝彩。当然这不仅需要胆量、勇气，更需要机智。

如在金话筒颁奖仪式上，为了真正展示主持者的风采，组织者在获奖主持人毫无准备的情况下，现场出题，让获奖主持人即兴回答。上场的第一位获奖主持人被问到的问题是：“你认为目前电视文艺晚会的通病是什么？”他随机答道：“节目老一套，掌声挺热闹，不看舍不得，看了全忘掉！”对于他的幽默诙谐而又切中时弊的顺口溜，观众情不自禁地报以长时间热烈的掌声。掌声刚停，获奖主持人又问现场主持者，能否再补充一句话，现场主持者说：“行啊。”于是他又加了一句：“刚才我说的这些通病，今天的晚会一点也没有！”这下观众更乐了，掌声、笑声把晚会推向了高潮。

四、“冷”“热”“困”三场的处理方法

任何一次活动，不管主持人事先如何做准备，总会碰到一些意想不到的场面或情况。这些场面或情况，可能是参与者造成的，也可能是主持人自己的疏忽造成的，主持人需要临变不惊，灵活应对。

（一）“冷”场热处理

有些活动，如联欢晚会、茶话会等。开场和活动中间常出现冷场，大家坐在那里，一声不吭。这时就需要主持人想方设法给冷场“升温”，让场上的气氛宽松活跃起来。自己可以先做表率，

主动为大家表演点什么。如一节目主持人说:“我说的比唱的好听,人家扬长避短,我来一次扬短避长的,给大家唱一支歌怎么样?”会场的气氛一下就活跃起来了,一曲歌完,赢得了热烈的掌声。主持人接着又说:“谢谢大家鼓励的掌声,我明白这掌声不是因为我的水平,而是因为我积极参与的态度,对吗?在座的有水平比我高的,也有态度比我好的,是唱歌、是跳舞、是朗诵、是说笑话,八仙过海,各显神通吧!”话说到这里,那些憋不住的人定会站起来,一展歌喉或舞姿。如果下面再冷场还可采用“点将法”。被点的人一般都会表演一个节目,即使被点的人会“忸怩”一番,但这过程中观众“一二三四五六七,我们等得好着急”的催促声及掌声,也可起到化冷场为热闹的作用。

(二)“热”场冷处理

有些活动,像论辩、讨论等出现意见不一致时双方便会发生争执,互不相让,唇枪舌剑,你来我往,争得面红耳赤。主持人此时便要设法使现场“降温”,作冷处理,或接过话题谈谈自己的看法,或岔开话题换一个新话题,分散注意力,或找出共同点,缩短双方距离,使双方趋于一致,达成共识。可是文艺活动一旦出现“热”的场面,很难“降温”。如某市举办一专题晚会,晚会上一位演员邀来了自己的同学——一名刚刚因为选秀而走红的歌星,该消息不胫而走,观众硬要他为大家唱一曲。因他确实身体不适,不能上台表演。下面的呼叫声伴着掌声弄得整个会场秩序乱糟糟的,节目无法进行。主持人开始了她的冷处理:“观众朋友们,对不起!我们的信息不灵,不知道 ×× 来到了我们的会场。我知道大家喜欢他的歌,可我们这里的音响设备很差,加之 ×× 又感冒了,如硬要他献歌,他还是会唱的,我看就不勉为其难了吧,万一因设备和感冒影响了效果我想大家也不愿意,那就让我们在心中保留一份美好。有机会我们专门请 ×× 来给大家演出好吗?为答谢大家的盛情,他想和大家见面交朋友。”在一阵热烈的掌声中,×× 走上了舞台,微笑着指指喉咙,给大家鞠了一个躬。大家也就满意了,于是晚会继续进行。

(三)“困”场巧处理

有时,活动中会出现一些令人尴尬、难堪、甚至“危险”的场面,需要主持人巧于处理,善于解“困”。2015 年,《我是歌手》第三季总决赛孙楠退赛,汪涵临危不乱,沉着应变,成就了主持界一个经典案例。主持词如下:

楠哥,我特别想问一下刚才您说的每一句话都是您此时此刻内心所想所感,都是你自己拿定主意之后的观点?

既然我是这个舞台的节目主持人,接下来就由我来掌控一下。

首先请导播抓紧时间为我准备一个三到五分钟的广告时间,谢谢!我待会儿要用。接下来我要说的这段话有可能只代表我个人的观点,而不代表湖南卫视的立场。我从二十一岁进入到湖南广电,所以我觉得我自己身上的很多优点和很多缺点似乎都打上了湖南广电的很多烙印,包括所谓没事儿不惹事儿,事儿来了也不要怕事儿。

对于一个节目主持人在这么大一场直播当中,一个顶尖级的歌手,一个顶梁柱一样的歌手,突然间宣布退出接下来的比赛,我想应该是摊上事儿了,甚至是摊上大事儿了。但是说实话，我的内心一点儿都不害怕，因为一个成功的节目有两个密不可分的主体，除了这个舞台上的七位歌手之外，还有电视机前的亿万观众和现场的这么多的观众。

我之所以不害怕是因为你们还真诚地踏踏实实地坐在我的面前，我还可以从各位期待的眼神当中读到你们对接下来每一位要上场的歌手，他们即将演唱歌曲的那一份期许。我还可以从各位的姿态当中感受到你们内心的那种力量，这个力量足够给楠哥，给红姐，给The One，给李健，给维维，给黄丽玲，给所有的歌手，给彦斌，已经准备好了，会有千万个掌声要送给他们。楠哥，不信，你听。这是我要说的第一层意思。

第二层意思我想表达的是，我虽然不同意楠哥的一些观点，但是我誓死地捍卫您说话的权利。所以刚才我由话筒听到那一段的时候，我并没有试图打断您要说的话，虽然我可以这么做。其实每一位歌手来到这个舞台，他都有权利选择我来或者是不来。

当然，您自然也有权利选择在您认为是对的时刻，依着自己认为对的那个心情做出你要离开的这个决定，所以我相信我们应该尊重一个成熟男人在这一刻做出的决定。当然，我们在这里提出一个希望和请求，就是希望您以一个观众的身份继续坐在这个地方，来看你最爱的弟弟妹妹们向歌王的舞台进军，我也相信我们现场的500位大众评审已经做好了准备，用掌声来接纳这位不期而至的观众，不信，你听。

接下来，对于我个人，一个主持人不可能有这么快的反应速度，不可能有这么大的权力，来调整接下来因为楠哥的退出而要改变的比赛规则，因为有一个歌手要退出，所以比赛规则要作出相应的改变，所以有请导播在这一刻放三到五分钟的广告，我要跟我们的制作团队，跟我们的领导一起商量，怎么样进行节目上和赛制上相应的调整，各位观众朋友，真的千万不要走开，真正精彩的时刻或许会从广告之后再开始。

汪涵首先与孙楠沟通，得到对方要退赛的肯定答案；接下来紧急提醒工作人员做好播放广告的准备及时长，并表明自己的立场；紧接着说明自己尊重选手的选择，也具备应变的心理能力；接下来解释自己所具备的这一切是基于观众的期许和选手的力量；再次与孙楠沟通，请求他能转换角色，成为一名观众；最后恳请观众以掌声接纳孙楠，并提示比赛规则可能变化，提醒播放广告，强调真正精彩时刻将在广告后。整个过程，有礼有序、有理有情，化解了一次重大尴尬和危机。汪涵无愧于“‘华鼎奖’最佳主持人”这一荣誉称号。

各类活动困场的情况是常有的，有的是由主持人自己失误造成的，有的是观众无心导致的，也有的是参与者造成的。不管是什么情况都应设法救场，如坦诚认错求得谅解、将错就错巧妙弥补、因势利导疏通情感、灵机一动调侃排解等。对那些恶意和居心不良者，则应外绵内利，予以制止，或正面批评，使不良用心暴露无遗；也可借对方话题，顺水推舟，置对方于狼狈、难堪的境地；也可置之不理，不屑一顾，使其自感没趣，无心再“难”。

总之，主持人是一场活动的“当家人”“指挥者”，应该以“宗旨为中心，发挥串导性”“基调口语化，话语少而活”，从多方面提高个人的文化素养，陶冶自己的高尚情操，积累丰富的知识，苦练语言表达基本功，努力探索口语艺术奥秘，培养磨炼自己良好的心理素质、创造性的思维、鲜明的个性、灵活的应变能力和卓越的组织能力，使自己成为受欢迎的出色的主持人。

思考与练习

一、会议主持人应注意些什么？争取担任一次主题班会或团支部会议的主持人。

二、北京某大学邀请话剧《光绪政变记》中慈禧太后的扮演者、著名演员郑毓芝同志做演讲。演讲前她和蔼可亲、热情诚恳地与主持人闲聊说，她曾扮演过《秦王李世明》中的贵妃娘娘、话剧中的宋庆龄。如果你是演讲会的主持人，能来一段调动现场情绪的开场白吗？

三、论辩主持人应承担哪些任务？请你组织并主持一次班级论辩赛。

四、文艺节目主持人应掌握哪些技巧？

五、文艺节目主持人即兴发挥十分重要，假如出现下面的意外情况：在热烈的掌声中 A 同学急匆匆登台，突然被话筒的电线绊倒，弄得 A 同学十分狼狈，一脸尴尬。作为主持人你应该如何处理？

阅读文献

1. 陶文鹏编著:《一蓑烟雨任平生》,河南文艺出版社2003年版。
2. 董乃斌主编:《唐宋名篇(唐诗卷)》,山东教育出版社2003年版。
3. 陈戍国:《诗经校注》,岳麓书社2004年版。
4. 陶尔夫,诸葛忆兵:《北宋词史》,黑龙江教育出版社2002年版。
5. 杨义主编:《宋词选评》,三联书店(香港)有限公司2006年版。
6. 孙望、常国武主编:《宋代文学史》,人民文学出版社1996年版。
7. 游国恩、王起、萧涤非、季镇淮、费振刚主编:《中国文学史》,人民文学出版社1963年版。
8. 林庚:《中国文学简史》,北京大学出版社1995年版。
9. 郭预衡主编:《中国古代文学简史》,首都师范大学出版社1992年版。
10. 刘大杰:《中国文学发展史》,上海古籍出版社1982年版。
11. 袁行霈主编:《中国文学史》,高等教育出版社1999年版。
12. 章培恒,骆玉明主编:《中国文学史》,复旦大学出版社1997年版。
13. 董乃斌、陈伯海、刘扬忠主编:《中国文学史学史》,河北人民出版社2003年版。
14. 秦惠民主编:《中国古典诗词选》,华中理工大学出版社1996年版。
15. 贺新辉主编:《古诗鉴赏辞典》,中国妇女出版社1988年版。
16. 吴小如、王运熙等:《汉魏六朝诗鉴赏辞典》,上海辞书出版社1992年版。
17. 萧涤非、程千帆等:《唐诗鉴赏辞典》,上海辞书出版社1983年版。
18. 缪钺等:《宋诗鉴赏辞典》,上海辞书出版社1987年版。
19. 钱仲联等:《元明清诗鉴赏辞典》,上海辞书出版社1994年版。
20. 唐圭璋主编:《唐宋词鉴赏辞典》,江苏古籍出版社1986年版。
21. 朱东润主编:《中国历代文学作品选》,上海古籍出版社1979年版。
22. 袁梅译注:《屈原赋译注》,齐鲁书社1984年版。
23. 陶文鹏:《唐宋诗美学与艺术论》,南开大学出版社2003年版。
24. 吴熊和:《唐宋词通论》,商务印书馆2003年版。
25. 王力主编:《古代汉语》,中华书局1962年版。
26. 乔力主编:《先秦两汉诗精华》,广西师范大学出版社1996年版。
27. 钱仲联等:《元明清诗鉴赏辞典》,上海辞书出版社1994年版。
28. 钱鸿瑛:《唐宋名家词精解》,山西教育出版社1994年版。
29. 王庆生主编:《中国当代文学》,华中师范大学出版社1999年版。
30. 孔范今主编:《二十世纪中国文学史》,山东文艺出版社1997年版。
31. 凌宇主编:《中国现代文学史》,湖南师范大学出版社2006年版。

32. 董振泉、黄树红主编:《中国现代文学作品选析》,湖南师范大学出版社 1990 年版。
33. 叶雪芬、舒其惠主编:《中国现当代文学教程》,湖南师范大学出版社 1993 年版。
34. 舒其惠、汪华藻主编:《新中国文学史》(试用本),湖南文艺出版社 1990 年版。
35. 张炯、邓绍基、樊骏主编:《中华文学通史》,华艺出版社 1997 年版。
36. 洪子诚:《中国当代文学史》,北京大学出版社 1999 年版。
37. 陈思和主编:《中国当代文学史教程》,复旦大学出版社 1999 年版。
38. 武占坤、王勤:《现代汉语词汇概要》,内蒙古人民出版社 1983 年版。
39. 倪宝元:《词语的锤炼》,甘肃人民出版社 1981 年版。
40. 徐流等主编:《汉语言文字基础知识读本》,西南师范大学出版社 1996 年版。
41. 宋学农主编:《古代汉语辅导与练习》,陕西人民教育出版社 1993 年版。
42. 张静、张桁:《古今汉语比较语法》(修订本),河南人民出版社 1979 年版。
43. 陈蒲清、刘衍等:《教学语法答疑》,湖南人民出版社 1984 年版。
44. 王希杰:《汉语修辞学》,北京出版社 1983 年版。
45. 郑远汉编著:《现代汉语修辞知识》,湖北人民出版社 1979 年版。
46. 彭先初:《修辞自学入门》,湖北人民出版社 1981 年版。
47. 姜宗伦:《古典文学辞格概要》,云南人民出版社 1984 年版。
48. 胡裕树主编:《现代汉语》,上海教育出版社 1981 年版。
49. 孙灵瞻、高立红主编:《应用写作新编》,北京航空航天大学出版社 1997 年版。
50. 徐中玉主编:《新编大学写作》,复旦大学出版社 2018 年版。
51. 盛鲁杰、李莱:《新编公文写作技巧》,中国青年出版社 1995 年版。
52. 苗枫林主编:《中国当代公文写作》,山东大学出版社 1993 年版。
53. 李福林、朱若茜:《论文写作导论》,海洋出版社 1993 年版。
54. 邓石麟、刘玉峰编著:《论文写作》,机械工业出版社 1997 年版。
55. 欧阳造主编:《文秘写作学》,北京师范大学出版社 1994 年版。
56. 司有和主编:《科技写作学》,中国科学技术出版社 1991 年版。
57. 刘玉瑛主编:《干部常用公文格式与范例》,中共中央党校出版社 2003 年版。
58. 劳动和社会保障部中国就业培训技术指导中心组织编写:《秘书国家职业资格培训教程》,海潮出版社 2003 年版。
59. 吴雅杰、蔚然主编:《实用文体写作格式与技巧大全》(修订本),中央民族大学出版社 1997 年版。
60. 臧宣衡、赵爱萍、陈小艳等编著:《现代文秘写作实用范例》,青岛出版社 1995 年版。
61. 史玉峤、陶特主编:《现代文秘写作》,青岛出版社 1995 年版。
62. 任文贵主编:《公文写作指要》,南海出版公司,1997 年版。
63. 王景丹、吕传龙、师公有主编:《应用写作新编》,蓝天出版社 1992 年版。
64. 张衡、杜生渝主编:《应用写作教程》,北京经济学院出版社 1993 年版。

65. 郭恩吉、周介钧主编:《管理写作应用文选析》,中国人民大学出版社 1991 年版。
66. 司有和、蒋瑞松主编:《大学科技写作》,光明日报出版社 1987 年版。
67. 刘春生主编:《公务文书写作教程》,复旦大学出版社 2001 年版。
68. 陈合宜:《秘书学》,暨南大学出版社 2001 年版。
69. 孙立湘主编:《实用写作与口才》,机械工业出版社 2004 年版。
70. 黎运汉主编:《公关语言学》,暨南大学出版社 1990 年版。
71. 潘肖珏:《公关语言艺术》,同济大学出版社 1991 年版。
72. 邵守义:《实用演讲学》,中国青年出版社 1985 年版。
73. 姚亚平:《人际关系语言学》,辽宁教育出版社 1988 年版。
74. 刘建祥:《实用演讲学》,军事谊文出版社 1995 年版。
75. 李建南等:《口头交际的艺术——通用口才学》,中国青年出版社 1991 年版。
76. 邓天然、阳述周主编:《实用法律口才学》,高等教育出版社 1991 年版。
77. 高捍东编著:《有效演讲口才技能》,中南工业大学出版社 1995 年版。
78. 郭谷新、陈立明:《法庭论辩艺术》,中国检察出版社 1992 年版。
79. 陈果安、彭在钦、李明主编:《新编大学语文教程》(第 2 版),中南大学出版社 2008 年版。
80. 黄高才主编:《新编大学语文》,高等教育出版社 2008 年版。
81. 全国干部培训教材编审指导委员会组织编写:《古今文学名篇》,人民出版社 2001 年版。
82. 杨朴主编:《中国现当代文学史》,人民教育出版社 2005 年版。
83. 张保忠:《党政机关公文处理工作条例释义与实务全书》,人民出版社 2012 年版。
84. 刘访:《党政机关公文处理工作条例精解与范例》,中国法制出版社 2012 年版。
85. 谢伯端编著:《实用演讲与口才教程》(第 3 版),华中科技大学出版社 2014 年版。
86. 刘伯奎:《口才交际能力训练》,中国人民大学出版社 2011 年版。
87. 王晓莉主编:《演讲与口才》,机械工业出版社 2015 年版。
88. 张晶、蒋红梅主编:《演讲与口才》,人民邮电出版社 2020 年版。
89. 梁海明主编:《大学》,山西古籍出版社 1999 年版。
90. 颜晶峣:《管子校释》,岳麓书社 1996 年版。
91. 戴震:《屈原赋注》,中华书局 1999 年版。
92. 朱彬:《礼记训纂》,中华书局 1996 年版。
93. 林语堂:《生活的艺术》,湖南文艺出版社 2016 年版。
94. 屈原、宋玉等:《楚辞》,吴广平注译,岳麓书社 2001 年版。